天下文化
BELIEVE IN READING

心·理·勵·志· 233

人性向善

傅佩榮談孟子

《人性向善——傅佩榮說孟子》目錄

自序

傳統文化以儒家與道家最具主導作用。這兩家思想的代表人物，分別是孔子與孟子，以及老子與莊子。由於代表孔子思想的《論語》，既是學派開山之作，又有簡明扼要的特質，以致千古傳誦、深入人心。至於《孟子》一書，則相對而言並未受到應有的重視。這種情況在道家的《老子》與《莊子》二書，亦頗有類似之處。

《孟子》為什麼重要？因為孔子曾經感嘆：「莫我知也夫！」（《論語・憲問》）如果孔子認為同時代的弟子與朋友未能了解他的思想，那麼誰可以了解？孟子可以，而證據就在《孟子》一書裡面。既然如此，大家對孟子又不太熱衷，這是怎麼回事？

司馬遷說他每次閱讀《孟子》，看到梁惠王問孟子「何以利吾國」，就廢書而嘆。如果談利益，天下不可能太平，而這是歷史所證明的；但是如果談仁義，天下就會像孟子所說的成為理想國嗎？這一點卻從未得到檢驗的機會，因此我們無法判斷孟子的對錯。事實上，孟子很希望說服當時的國君。他在一再失敗之後，寫出作品傳諸後世，希望後代的人可以明白他的理想，進而予以實踐。但是，即使《孟子》被宋代的朱熹編入四書，成為大家熟知的「論孟學庸」之一，其中許多精彩的語句與簡單的概念也普遍受到肯定，我們還是要問：誰真正了解孟子？

閱讀《孟子》，要有耐心。這種耐心的回饋是非常豐富的。先就語文來說，孟子善於使用比喻，又能創造成語，其中至今依然膾炙人口的有：一暴十寒、緣木求魚、杯水車薪、遷於喬木、事半功倍、守望相助、綽綽有餘、出爾反爾、流連忘返、自暴自棄、反求諸己、手舞足蹈、心悅誠服、獨善其身、兼善天下、有為者亦若是、獨樂樂不如眾樂樂……等等。

再就歷史來說，孟子廣泛引述《詩經》（三十五次）與《書經》（二十九次），對古代聖君賢相的事蹟津津樂道，可謂取法乎上。舜在他的筆下宛如重獲生命，使讀者可以親見其言行，進而心生嚮往。他自行分類聖人，如伯夷之「清」、柳下惠之「和」、伊尹之「任」，然後是集大成的孔子之「時」。這無疑是他的創見。

對於孔子為何是集大成，則理由是完美的德行加上隨機應變的「智慧」。他贊成孔門弟子（如子貢、宰我、有若）對孔子的評價，認為孔子是「自有生民以來，未有孔子也」。只要想起孟子以「好辯」知名於天下，說過「說大人，則藐之」，甚至對管仲也不屑於多談，就可以明白他對孔子的認識是如何深刻，而評價又是如何崇高了。

真正畫龍點睛之處，則是孟子自成一家之言的人性論。他把孔子的人性觀點說清楚了。孔子以「仁」為其一貫之道，肯定仁包含「人之性、人之道、人之成」三個層次，貫穿人的一生。他強調「殺身成仁」，孟子則倡言「捨生取義」，這兩者如出一轍而其基本立場則是人性「向善」。以此為基礎，才可推而建構經濟、教育、社會規範、政治制度方面的合理內容。並且，人生才找得到修養的途徑以及由內而發的快樂。

二十多年以來，我每談儒家，必定揭示人性向善（而非本善）的微言大義，也得到不少批評與指教，但是更多的回應則是告訴我：在明白之後付諸實踐，並在實踐之後深有心得，因而改善了人生，活得充實而有意義。

本書名為「人性向善」，可謂一語道破我對儒家哲學數十年的研究心得。我的說法是否正確，則請讀者耐心細品本書再做判斷。知我罪我，皆在本書。是為序。

緒論

我們今天常講的「性善」一詞，就是從《孟子》書中開始使用的。有人認為「性善」就是「性本善」，因為《三字經》一開頭就說：「人之初，性本善。」但這種說法與實際的生活經驗還有一段落差。讀古書最大的快樂之一，就是可以把它的原始面目——所謂原版原典——直接掌握住。兩千多年以來，讀書人都讀這些書，並且以其做為最基本的材料，從中學習許多做人處事的方法，以及人生重要的觀念和信念。中國歷代讀書人的心態，從儒家的經典裡就可以發現基本的脈絡。

孟子的生平

關於孟子的生平年代，至今並無定論，一般認為是在西元前三七二至西元前二八九年間，亦即戰國時代（西元前四七五至西元前二二一年）的中期。還有其他說法，這些說法之間相差十幾年，這是因為古代沒有明確的記載，再加上他的名聲在當時不是那麼顯赫，等到後代再去探究已經來不及了，連司馬遷都難以確定孟子的生卒年月。

司馬遷《史記》裡的〈孟子荀卿列傳〉，把孟子和荀子放在一起，因為他們都是儒家。儒家由孔子開始，在孟子的書上經常提及孔子，並且對孔子推崇備至。《論語》的一些材料，可以在《孟子》書裡看到，而《孟子》書裡有一些地方引述孔子的話，在《論語》反而沒有記載。這就説明孔子還有一些言行資料，並未收在《論語》裡面，所以後代在研究儒家的時候，尤其是研究孔子，會以《論語》為主，還會以《孟子》、《易傳》、《禮記》做為佐證。

在進入《孟子》正文之前，應該先了解一些基本情況。在《史記》裡，司馬遷對孟子的描述有短短的兩百多字。古代的歷史大部分是在為帝王將相立傳揚威，而像孟子這樣的學者，能夠被司馬遷寫在《史記》裡面，是很不容易的。《史記・孟子荀卿列傳》記載：

> 太史公曰：余讀孟子書，至梁惠王問「何以利吾國」，未嘗不廢書而嘆也。曰：嗟乎，利誠亂之始也！夫子罕言利者，常防其原也。故曰「放於利而行，多怨」。自天子至於庶人，好利之弊何以異哉！
>
> 孟軻，鄒人也。受業子思之門人。道既通，游事齊宣王，宣王不能用。適梁，梁惠王不果所言，則見以為迂遠而闊於事情。當是之時，秦用商君，富國彊兵；楚、魏用吳起，戰勝弱敵；齊威王、宣王用孫子、田忌之徒，而諸侯東面朝齊。天下方務於合從連衡，以攻伐為賢，而孟軻乃述唐、虞、三代之德，是以所如者不合。退而與萬章之徒序《詩》、《書》，述仲尼之意，作《孟子》七篇。其後有鄒子之屬。

司馬遷説他常讀孟子的書，但是每次翻開書，看到開篇「何以利吾國」這句話，就「廢書而嘆」，他嘆的是「利誠亂之始也」——利真的是亂的開始啊。「夫子罕言利者，常防其原也」，「夫子」指的是孔子。

在《論語．子罕》提到：「子罕言利」，意即孔子很少談到利，因為孔子知道要防備亂的來源。一旦多談「利」，大家就會勾心鬥角。「故曰：『放於利而行，多怨』」，也是引用孔子〈里仁篇〉的話，「放」就是依靠，意即做任何事都要問：「這對我有什麼好處呢？」任何事都依靠利來決定的話，常會招來別人的怨恨。

接著，「自天子至於庶人，好利之弊何以異哉」，意即自天子、大夫、士、百姓，愛好利益所造成的後遺症有什麼差別嗎？都一樣。不管是大官還是百姓，只要愛好利益的話，造成的弊端都是很嚴重的。

司馬遷接著介紹孟子，「孟軻，鄒人也」。這個「鄒」還有個寫法，即「騶」。古代夏朝有萬國之稱，大多是小部落，歷經商朝，到了周朝實施封建，約有一百多國。鄒國是很小的國家，是魯國的附庸國。春秋時代，「亡國五十二」，各國互相爭戰，強國吞併弱國，到戰國時代初期還有二十幾國，接著演變為戰國七雄，最後由秦始皇一統江山（西元前二二一年）。

孟軻是鄒國人，「受業於子思之門人」，子思是孔子（西元前五五一～四七九年）的孫子，而孟子受業於子思的門人。可見孔子到孟子是第五代，時間相差一百多年，孟子來不及直接受教於孔子，他當然覺得遺憾，只能「私淑孔子」。

接著是「道既通」。能夠讓司馬遷說「道既通」，並不容易，等於是說孟子學習「道」，已經融會貫通了。孟子「道既通」之後，「游事齊宣王」，「事」是指事奉國君，有如子女事奉父母，這是古代的習慣說法。

孟子曾擔任齊宣王的國家顧問，但是齊宣王沒有聽從他的構想。之後，他前往梁國，梁國就是魏國，梁惠王就是魏惠王。「梁惠王不果所言」，梁惠王也不能落實他的建言。「則見以為迂遠而闊於事情」，孟子的說法被認為迂迴遙遠而不切實際。梁惠王想要立刻讓國家強盛、征服各國，孟子卻說要推行仁政、善待百姓，那不是風馬牛不相及嗎？梁惠王要的是日起有功，而孟子要他從根本做起，學習古代聖君。這種想法不能回應王者當下的需求，所以孟子被批評為「迂遠而闊於事情」。

「當是之時，秦用商君」，在那個時候，秦考公任用商鞅，商鞅變法之後，秦國國富兵強，變為一等強國。楚國、魏國就曾任用吳起。當時有很多懂得謀略與兵法的人物周遊各國。今天效力於甲國，在甲國不能發揮才華，就去乙國效力，反過來對付甲國，朝秦暮楚，這就是當時各國之間複雜的情況。

「齊威王、宣王用孫子」，「孫子」是指孫臏；「而諸侯東面朝齊」，因為齊國位於東邊，在山東靠海處，「天下方務於合從（縱）連衡（橫）」。「合縱」是蘇秦之策，就是聯合六國來對付秦國，這麼一來，秦國怎麼吃得消呢？主張「連橫」的是張儀，是指將結盟的國家各個擊破，促使秦國得到勝利。這就是有名的「合縱連橫」。蘇秦、張儀是縱橫家的代表，當時聲威顯赫，許多國君看到他們都會害怕。「以攻伐為賢」，大家都認為能夠戰爭攻伐是最了不起的。

「而孟軻乃述唐、虞、三代之德」，「唐、虞」是指唐堯、虞舜，「三代」是指夏、商、周，其開國的君王，夏朝是大禹，商朝是商湯，周朝為周文王、周武王。而孟子的言論「是以所如者不合」，與他所往見的諸侯不合。國君希望可以立刻變法，成為強國，能夠指揮軍隊打勝仗；而孟子卻暢談唐堯、虞舜、夏禹、商湯、周文武行仁德之事。如此一來，孟子和這些諸侯當然就合不來了。

於是「與萬章之徒序《詩》、《書》」，與幾位學生一起把《詩經》、《尚書》重要的內容加以介紹。「述仲尼」，發揮孔子的思想，然後作《孟子》七篇。司馬遷短短兩百多字，就是孟子一生簡單的說明。

司馬遷對孟子的介紹，最大的貢獻在於：他正式把孟子與孔子連在一起，後代並稱孔孟，進而尊孟子為「亞聖」，都是從這裡開始的。他一說「王何必曰利」，接著談到孔子當時也不喜歡言利；再指出孟子「述仲尼之意」，即把孔子的思想加以發揮；孟子周遊列國的過程不順利，孔子也不順利。所以司馬遷從生平和思想方面把孔子和孟子聯繫在一起。後代學者在深入研究之後，發現也確實只有孟子可以接得上孔子的真傳。

孟子是如何學習的呢？

孟子有一位賢慧的母親，關於這部分有很多傳說。

其一是著名的「孟母三遷」。孟家最初住在墳墓區附近，三、四歲時的孟子很調皮，經常帶著鄰近的小朋友遊玩，玩的是挖墳墓、作揖跪拜的遊戲。孟母一看，覺得不好，於是搬到市場旁邊。結果孟子模仿別人做生意，稱斤論兩，同小朋友談價錢。孟母覺得這樣也不太好，就搬到第三個地方——學校旁邊。當時孟子年紀太小，還沒有資格讀書，就跟著學文唱詩，孟母這才放下心來。這個故事也說明了教育環境的重要。

其二是孟母「斷機杼」的故事，也就是《三字經》裡的：「子不學，斷機杼。」有一天孟子在讀書，讀著讀著忽然停下來，孟母就把她正在織布的線割斷，孟子嚇了一跳，趕緊追問是什麼緣故。孟母說，只要孟子讀書一停下來時，她就要把正在織的布割斷。從此以後，孟子讀書時再也不敢隨便停止了。

其三，有一天孟子問母親：「隔壁在做什麼？」孟母回答：「隔壁在殺豬。」孟子說：「他們殺豬幹什麼？」孟母順口說：「給你吃啊！」這本來是句玩笑話，但是孟母後來一想：「我不能欺騙小孩。」於是馬上買豬肉回家給孟子吃。

其四，孟子成家後，有一天向母親說他要休妻，孟母問他理由，他說：「有一天我進了房間，看到我妻子直接坐在地板上。」古代規定的坐姿很嚴格。孟子之妻因為坐姿不雅，就可能被休掉。

孟母問他：「你進門之前，有沒有先打招呼？」因為古代有個習慣，「入其室，先揚其聲」，意即進別人房間之前要提高聲音，清清喉嚨，走路的聲音要大一點，讓別人知道有人來了。進別人房間時眼睛要看地板，不可以隨便看人，說不定人家衣冠不整。孟子並沒有預先提醒妻子自己要進房間，孟母認為這是孟子有錯在先，休妻是毫無道理的。

孟子的時代背景

一般歷史界大致認同的分野是：春秋時代從西元前七二二年到西元前四八一年，戰國時代從西元前四七五年到西元前二二一年。孔子過世是在西元前四七九年，春秋時代結束不久，孔子隨後也過世了。春秋、戰國期間有幾年是混亂的情況，並沒有被算在裡面。西元前二二一年，秦始皇統一中國。春秋和戰國都屬於東周，整個周朝分為兩段，先西周，後東周——周平王東遷洛陽，把國都遷到中原東邊，就稱為東周。

孟子的生平，屬於戰國時代。戰國時代有兩百多年歷史，開始時有二十幾國，後來是戰國七雄：韓、趙、魏三家分晉，韓、趙、魏三家本來都屬晉國。晉國在春秋時代很強盛，春秋五霸有晉文公，晉國勢力很大，它的三家大夫也各擁土地軍隊，後來把晉國給三分了；燕國，在地圖上是屬於北方；齊國在東邊靠海；楚國在南；秦國在西邊，陝西一帶。戰國七雄在當時既然要爭奪天下，就必須富國強兵、兼併他國，以至戰爭迭起、民不聊生。為了爭奪一座城、一塊地，殺人盈野。

看秦始皇時留下的兵馬俑，就覺得古代人很可憐，軍人打仗等於被當成工具，「一將功成萬骨枯」是稀鬆平常的事。當時許多人一輩子都在築長城，後來研究發現，長城旁邊埋的骨頭就達幾十萬具，這些人都是在修築時死的，死了就埋在旁邊，根本沒有留下名字。築長城的大多是打敗仗被抓來當俘虜的人，死了就地掩埋，如此人的生命還有什麼價值呢？

儒家，尤其是孟子的傑出觀點，在於他強調每一個人的生命都是可貴的，肯定百姓才是最重要的，不能為了少數幾個國君個人的欲望而被犧牲。當時合縱連橫的謀略大為盛行，而孟子依然以自信的口吻說：「仁者無敵。」由於沒有任何一位國君可以做到仁者，所以孟子的理論也無法獲得驗證。但是，光憑著對話，就能讓梁惠王、齊宣王這兩位大國君主時而驚喜、時而沮喪、時而憤怒、時而盼望，雖然最後沒有產生重大成效，也足以流芳千古了。

孟子想要匡正天下，特別選擇魏、齊兩大國為遊說目標。行不通時就去開導如鄒、宋、薛、滕、魯等小國。孟子充滿信心，見到小國的國君，就說：小國也可以稱王天下，只要學習周文王的仁政。孟子的理想很簡單，只要做個好國君，得到百姓支持，進而得到天下人支持，要當帝王自然沒有問題。但首要的條件就是，國君自己不能享受，也不能作威作福。於是，那些國君就有意見了，如果不能享受，為什麼要當國君？擁有天下也沒有用。當帝王就是要享受，尤其是在世襲制度下，父子相傳；加上從小在深宮之中成長，難以體諒百姓的痛苦。如果要求他們不能有過度的享受，恐怕有很多國君會說：「我才不要想那麼遠呢，過一天算一天，吃飽喝足算了，誰知道將來會怎麼樣。」而這正是亂世的特色——虛無主義！

孟子的風格

其一，學問充實。孟子擅長引用《詩》、《書》來佐證。古代的學問在於《詩》、《書》、《禮》、《樂》、《易》。《禮》是禮儀、道德與行為規範；《樂》是音樂，可以實際操作；《易》是《易經》，代表哲學思想；《詩經》、《書經》材料最多，一個是文學，一個是歷史，兩、三千年前的古人生活經驗都涵蓋在其中，《詩經》、《書經》讀得好的話，可以掌握古代的人情世故與人生智慧。

孔子強調學習要「溫故而知新」，不斷地溫習過去看過的書，以求產生新的體會。看過的書之所以值得再看，是因為可以藉此測量從上次閱讀到這次之間，自己有沒有成長，有沒有變化。

其二，經驗深刻。孟子通曉人情世故，明白百姓的需求，可謂經驗深刻。他知道百姓所求的不過是豐衣足食，然後再接受教育。此外孟子的過人之處是「知言」，就是別人一說話，他就知道對方心裡想什麼和為什麼這麼說。「知言」一詞是孟子描寫自己的，他和國君們說話，開導他們的時候，常有精彩表現。有的國君聽了孟子一席話，就說：「太好了，《詩經》上說別人心裡想什麼可以猜得到，說的就是你啊！」以此形容孟子，可見孟子可以清楚知道別人的心思，讓別人願意聽他說話，國君會說：「我自己都不知道是怎麼回事，你居然幫我說出來了。」這是因為他有豐富的生活經驗。

其三，創意十足。讀了《孟子》之後，會很驚訝地發現，孟子的理解力、聯想力、回應力都很強。全書比喻非常靈活，成語層出不窮。《孟子》的成語至少幾十句，例如：率獸食人、緣木求魚、出類拔萃、守望相助……等等，早就成為我們文化裡常用的語彙。

其四，信念堅定。這是最特別的一點。一個人信念不夠堅定的話，受挫到某種程度很容易就放棄原則。孟子信念堅定，肯定「人性向善」。他對人性有基本的信念，但是並不因而忽略物質需求，不會忽略百姓的實際需要。如果要求一個人做好人，但是不管他怎麼生活，試問他如何做好人？如果吃不飽、穿不暖，難免就會饑寒起盜心。可見，孟子很了解實際的情況，以此為基礎，再設法「自得其樂」，要活得快樂，不一定靠各種外在的成就。

孟子的思想

每個人的言論，都受限於特定的時空條件，同時也有他想要解決的問題。我們在閱讀古人的思想理論時，首先要研究其歷史背景以及主要議題。

研究《孟子》也是如此。本書原為戰國時代集結孟子與學生和諸侯的對話的思想集，而孟子在當時急需面對的首要問題就是「人性」——亦即在政治紊亂動盪的時空背景之下，人生所應遵循的原理原則是什麼？藉由孟子的不斷探討，提供了在當時社會上生存發展的原理與原則。

人在社會上生存發展的原則，簡而言之，就是「行善避惡」。理由有三：

一、遵守社會規範。倡導行善避惡，才可以維持社會整體的秩序，也才能保持和諧。如果一個人違背原則，做了壞事，社會當然會給與壓力及懲罰，否則秩序就有可能崩潰，人民亦將無所適從。

二、基於宗教信仰。信仰宗教之後，把善惡的報應寄託於來世，人們自然而然就願意行善。

三、個人良心的要求。這就是儒家所強調的，也是《孟子》通篇所強調的重點，只不過在實踐的時候考慮守經達權的問題。儒家強調個人真誠所引發的良知要求，但是同時從不排斥宗教信仰，也堅定支持守法重禮的社會規範。

在儒家思想裡，所謂「個人良心的要求」，是指一個人行善是因由內而發的力量所驅使。「力量」這兩個字是關鍵，一個人真誠的話，就會發現內心有一種要求自己做「該做的事」的力量，而「該做的事」就是善。

儒家的思想與立論根基簡述如下。如果行善避惡的要求來自社會規範，而社會規範又依據時代、地區的不同而產生相對性；其次，對於沒有或不同宗教信仰的人，遵守的戒律不盡相同，也會產生相對性；因此，要看第三點，只要是人就有良心，如果能教導每一個人從內在要求自我去行善，這不是行善避惡、建立社會規範最好的辦法嗎？

因此，孟子通過教育、宣傳、討論或例證，歸納出一個人由於真誠由內而發的力量，再努力去行善避惡，最後將能為他帶來無比的快樂。

假設一個人真誠地行善，但一直未曾獲得福報，而總是讓別人得到好處，那麼他還願意堅持下去嗎？恐怕不容易。所以儒家要設法證明的第一點，就是人如果行善，內在的快樂將勝過外在的一切快樂。像孔子的學生顏淵，「一簞食，一瓢飲，在陋巷，人不堪其憂，回也不改其樂」（《論語．雍也》）——顏淵生活極端窮困，但照樣快樂，而外在的貧富對他完全沒有影響，全是因為他能夠真誠，讓自己按照良心的要求去行事。

儒家的學說就是要設法讓人了解：人的價值與尊嚴是由內而發的。掌握這一點之後，就要向內養氣，培養自己的浩然之氣。「氣」這個觀念，當然不是指空氣，而是一種屬於精神的力量。

天下大亂的時候，尤其是孟子所處的戰國時代，真理晦暗不明，正好足以顯示出人內在的力量是一切價值的根本。有了內在的力量，人活著的時候才會感覺到生命的自由與修德的可貴，進而將一個人的潛能與特質完全實現出來。

孟子的主要觀點

接著，我們再由以下五個角度總結孟子的主要觀點：

其一，人性在於人心的四端，四端代表四個萌芽或開始。四端擴而充之，就變成仁、義、禮、智。所謂的善是什麼？就是仁、義、禮、智：要有仁德，要做義行，要守禮儀，要有明智。換言之，善不是生來就有的，一個人只有善的萌芽或開始，有了內在的向善力量做為根據，然後將它實現出來，才叫做真正的善。

其二，有關政治。人活在世界上本來就是要相處在一起，構成政治的活動。政治領袖應該保民、養民、教民、與民同樂，否則百姓可以起來革命。「革命」一詞是孟子認同的，「活不下去就革命」，這種思想聽起來很激進。一般人以為古人是生下來就認命了，其實不然，以夏、商、周三代為例，周朝革了商朝的命，商朝革了夏朝的命。孟子把這種思想推演到當時的情況，讓人民有革命的權利。這是在政治方面的觀點。

其三，在教育方面，孟子強調這是不可或缺的，所教的主要是五倫。五倫是指人際之間五種最重要的關係，「父子有親、君臣有義、夫婦有別、長幼有序、朋友有信」，就是孟子引述古人的說法。孟子更進一步闡述，五倫還要「推而廣之」，亦即「老吾老，以及人之老；幼吾幼，以及人之幼」，這句名言正是出於孟子之口。最後的目標則是「兼善天下」，讓天下人的生活都因為這樣的努力而得以改善。所以，讀《孟子》的時候會發現，原來我們經常使用的一些成語，對人生有很高的期許目標的，都是來自《孟子》。

其四，人生的快樂「在己不在人，在內不在外」。如果「在人」的話，就要靠別人來支持，萬一與別人有了誤會怎麼辦？如果人生的快樂在於別人、朋友，需要許多外在的條件，那麼就很難快樂了。「在內不在外」，「在外」的名聲、地位、權力、財富，都是沒有保障的，所以要主張「心安為上」，《孟子》最後談到的〈盡心篇〉，就與這個主題有關。

其五，肯定天命存在。孟子在這個重點上就與孔子銜接上了。一般人都覺得天命很抽象，因為它和信仰有關。信仰的對象稱為「超越界」，肯定是比個人的生活層次高，當然顯得抽象。但是孟子相信及肯定天命存在，並且認為人心有理解及符合天命的能力。只要真誠在自己內心裡面省察，就可以覺悟心之四端，由此努力行善避惡，最後可以修養成為聖人。天命就是要求人以此做為人生的目的。

孟子提醒我們：人生的目的，就是要完成天命。人既然活在世界上，就要有活下去的使命，這是上天給與的。要從當下開始，去思考自己為什麼要活著，活著應該做什麼事。簡單說來，人生所做的一切絕不只是為了外在的成就，如果認定這一生一定要當上總統，那麼全世界有幾個人可以實現自我呢？所以人生的目的不在於外在的成就，而在於每一個人都可以充分實現自己的天命，成為君子，成為聖賢。

以上這些原則代表了儒家的基本思想。把這些原則說清楚，讓大家都樂於接受，人間自然會日趨美好。這就是孟子的想法。

《孟子》篇章概說

《孟子》一書共有七篇，每篇再分為上下，其中有六篇是採用人名。首先是〈梁惠王〉，是孟子與之談話的一位梁國國君。其二是〈公孫丑〉，一般認為是孟子的學生。其三〈滕文公〉，是滕國的國君，他不稱王而稱「公」，是小國的國君，因為要勢力夠大才敢稱王。第四篇是〈離婁〉，離婁是古代眼睛最好的代表，可以看得又遠又清晰，直至「秋毫之末」，即秋天野獸新長出的毛的尖端。其五是〈萬章〉，孟子的學生。其六是〈告子〉，是當時一位學者，他講了一句名言，叫做「食色性也」。最後一篇不採用人名，叫做〈盡心〉，等於是做一個總結，孟子思想的精華也在於此。

《孟子》前面幾篇的內容有許多具體的事件和談話，因為這些篇章中出現幾位國君，他們程度有限，並不是做學問的人，只是負責治理國家。孟子是哲學家，所以在同他們談話時，難免表現遇強則強，遇弱則弱。

至於孟子與告子辯論的時候，就十分精彩了，人性是善？還是向善？或是不善不惡？在〈告子篇〉裡都有深入的探討。

這是《孟子》七篇的名稱概說。

閱讀《孟子》的方法

閱讀任何古典資料都要考慮四個步驟。第一步要問：原文在說些什麼？這就要根據原文的材料了。

第二步要問：它想說什麼？很多時候我們看了原文，卻不懂它的意思。因為想說的往往是意在言外，真正的意思沒有表現出來。因此，要了解經典，首先要分辨原文的字句，參考專家的研究成果，並且充分了解作者的時代與思想背景，才能把握其言外之意。這一方面歷代學者和中文系教授們的研究，可以提供很多材料。

第三步要問：它能說什麼？「能說」包括歷代注解與專家的意見，顯示多元理解的可能性。古人說一句話，後代的人提出不同的解釋，因為古代的文字比較扼要精簡。譬如現在說，保護百姓就可以稱王天下。那麼所謂的「可以」，是指一種「可能性」，還是一定可以做到的「必然性」？到底哪一個才對？不說清楚的話，很容易引起誤解。

歷代對於《孟子》「性善」一詞有很多注解，像宋朝朱熹就說是指「性本善」，但也有很多學者認為孟子沒有談「本善」，他談的是人能夠行善。但是光談「能夠」行善的話，就表示人可以做也可以不做，這樣說就不夠精確。

所以我要強調孟子的意思是「向善」，人能夠行善，並且應該行善。向善是說行善的力量由內而發，人如果不行善，就覺得沒辦法向這個力量交代，這是我的解釋。這個解釋不是獨一無二的，只是歷代有很多學者解釋到某個程度就停了下來，我們現在讀書受過西方的訓練，就要求有完整的系統。

接著要問的是第四步：它該說什麼？對原文要做合理的判斷，由思想的一貫性來理解，讀書最難的地方就在這最後一步：要怎麼選擇詮釋。歷代有幾十位學者注解了《孟子》，那麼誰說得對？我們要設法下判斷，這是個艱鉅的挑戰。

閱讀孟子的心理準備

讀者要有以下的心理準備：第一，關於文字方面的障礙，由於古今相隔久遠，需要仔細翻譯。我在翻譯時，不會漏掉原文的任何一字，譯文也很少有廢話，儘量不浪費語詞，都是扣緊著原文來翻譯的，這樣才可以突破文字的障礙。

第二是關心的題材有差距，因為孟子談論當時的政治與經濟，與現在的情況有很大的落差。在這方面，我們要把握住孟子「借事說理」的方法，以及背後的核心理念。

第三是人性問題，孟子提出一套普遍的觀點，充滿哲學家的洞見。也就是說，大家關心什麼是人性，但由於孟子是哲學家，他說的話不是一般人可以簡單理解的。

第四是可以藉此欣賞古典世界，並且迅速提升中文能力。尤其是學生，不妨驗證一下。

最後，是可以體驗人生的意義，譬如培養浩然之氣。至於什麼是浩然之氣，將來談到相關的材料就會明白，並且可以由此自得其樂。看在自得其樂的分上，我們一起努力吧。

卷一〈梁惠王篇〉上

〈1・1〉

孟子見梁惠王。王曰：「叟！不遠千里而來，亦將有以利吾國乎？」孟子對曰：「王何必曰利？亦有仁義而已矣。王曰，『何以利吾國？』大夫曰，『何以利吾家？』士庶人曰，『何以利吾身？』上下交征利，而國危矣。萬乘之國，弒其君者，必千乘之家；千乘之國，弒其君者，必百乘之家。萬取千焉，千取百焉，不爲不多矣；苟爲後義而先利，不奪不饜。未有仁而遺其親者也，未有義而後其君者也。王亦曰仁義而已矣，何必曰利？」

孟子謁見梁惠王，梁惠王說：「老先生！你不以千里爲遠，來到這裡，將爲我的國家帶來什麼利益吧？」

孟子回答說：「大王何必談到利益呢？只要有仁德與義行就夠了。大王說，『怎樣才對我的國家有利？』大夫說，『怎樣才對我的封邑有利？』士人與平民說，『怎樣才對我自己有利？』上上下下互相奪取利益，國家就陷於危險了。在擁有萬輛兵車的國家裡，殺掉國君的，必定是國內擁有千輛兵車的大夫；在擁有千輛兵車的國家裡，殺掉國君的，必定是國內擁有百輛兵車的大夫。在擁有萬輛兵車的國家裡，大夫擁有千輛兵車；在擁有千輛兵車的國家裡，大夫擁有百輛兵車，這些大夫的產業不能不算多了。如果忽視義行而重視利益，那麼大夫不把國君的產業奪去，是不會滿足的。沒有講求仁德的人會遺棄他的父母的，沒有講求義行的人會怠慢他的君主的。大王只要談論仁德與義行就夠了，何必談到利益呢？」

孟子見梁惠王，這裡的「見」，我譯成「謁見」，代表禮貌。有人翻譯成「孟子去見梁惠王」，好大的口氣！哪有讀書人去「見」國君的？即使在春秋戰國時代，還是講究禮儀的，尤其是孟子。所以不譯成「去見」或「拜見」，而譯成比較合乎禮儀的「謁見」。

春秋戰國時代本來只有周天子可以稱「王」，其他諸侯是不能稱「王」的。但是在南方的楚國，天高皇帝遠，率先大膽的自稱爲王，還讓楚國官員比周朝各國官員都高了一階。後來在戰國七雄——韓、趙、魏、燕、齊、楚、秦的爭霸過程中，緊接著稱王的是魏國國君，是爲魏惠王，後來遷都大梁（今日的開封），又名梁惠王。之後其他各國勢力逐漸擴張，也相繼稱王。

「叟」字是古代尊稱年紀比較老的人，並沒有輕視之意，更何況梁惠王怎麼敢輕視孟子？當時的君主都以「卑禮厚幣」邀請學者，希望能幫他富國強兵，而學者也渴望「得君行道」——覓得好國君，去實踐自身的理想抱負。所以梁惠王一見到孟子，還是尊敬地稱呼他爲「老先生」，其實，梁惠王的年紀比孟子大多了。「不遠千里」，其實是一種比喻，因爲各國間有很多阻隔，並不是眞的有千里之遠。

孟子喜歡演講，別人問一句，他會回一百句，甚至把整套道理都說出來。這裡要注意的是，「孟子對曰」的「對」字，代表下對上的禮貌回應。孟子在回答別人的問題時，都用「孟子曰」，直接說了；只有對國君或地位比較高的人，會用「對曰」，表示禮貌。

原則唯有「仁義」二字

孟子接下來說的大道理，重點即在強調「仁義」二字。

「仁義」是孟子的原則，無論做人處事還是治國平天下，都以此爲準則。而且孟子特別強調「仁義」源於人性，人的一生不行仁義，那要走什麼路？不仁不義嗎？這顯然講不通，所以人生沒有第二條路可走。

我特別將「仁義」譯成仁德與義行。「仁」可以用仁政、仁者、仁民愛物等很多方式解釋，之所以譯爲「仁德」，是因爲在《孟子》裡，仁和內在的「德」有關，亦即仁要靠自覺之德由內而發。

「義」當然也是由內而發，不過它指的是正義的行爲。告子與孟子最大的差別，在於告子認爲「仁內義外」，而孟子則認爲「義」也是由內而發，因爲任何道德行爲都不可能離開主體性——如果不是「我」這個主體願意做某件事，而是受到別人的脅迫，那麼我的行爲就不能說是有價值的。譬如，有人拿槍逼著我到孤兒院捐錢，我迫於情勢只能認捐，這並不是我在行善。

此外，「義」字原來就有「宜」之意，是指一個人在什麼情況之下，怎麼說話、做事，都要隨時調整到適宜，因此「義」包含了對行動的判斷與實踐，亦即牽涉到行動，沒有行動就不能稱作義了。

提出仁義之後，孟子接著探討當時國家處境的問題。

古代以兵車來衡量國家的大小，戰國七雄皆爲萬乘之國，代表有一萬輛兵車，是有武裝力量的大國。另外還有五個千乘之家：宋、魏、中山、東周、西周，都是小國。「千乘之家」的「家」是指卿大夫的封邑，又稱采邑，他們也擁有一定數目的兵車。

如果忽視義行而重視利益，那麼大夫不把國君的產業奪去，是不會滿足的，因爲大夫「後義而先利」，後和先，一個代表忽視，一個代表重視。「不奪不饜」，因爲講利益，當然希望取而代之。

利益就是資源，而且是有限的，如果在上位者得到好處，底下的人就被剝削了；同理，底下的人得到好處，在上位者就沒有什麼可以拿取了，所以如果從上到下的各階層都「交征利」，整個國家就會亂成一團。

所以孟子針對當時的政治環境，舉了一個非常生動的例子，他說：「在擁有萬（千）輛兵車的國家裡，能殺掉國君的必定是國內擁有千（百）輛兵車的大夫」，因爲當這些卿大夫聯合其他大夫，有機會勝過君王一人的力量時，就有可能造反成功。

那麼，在這樣的政治環境中，治國之道究竟是什麼？

國家富強之源

孟子認爲，如果一個國家的大夫們只重視利益而忽視義行，一定會把國君的產業奪走。所以孟子重申仁德與義行的重要。講求仁德的人，不會遺棄父母；講求義行的人，不會怠慢君主，如此國家才能夠建立應有的秩序，進而強大。因爲每個人都跟父母的關係最親密。如果對別人好，而不從對待父母開始做起，就變成墨家了。

墨家主張「兼愛天下」，一個人不能偏愛自己的父母，要把別人的父母也看成是自己的父母一樣。這個理想雖然很了不起，卻不是常人所能接受的。最大的問題就在於別人是否也能夠做到「兼愛」，如果別人不能這麼做，到最後自己的父母反而變成沒有子女的了。

譬如，我在車上，我的父母和別人的父母也在，只有一個座位時，我應該讓位給誰？如果要用猜拳決定，或是誰的年紀大就讓給誰，那麼父母養小孩要幹什麼呢？這樣一來叫做「不要父母」了！

孟子的批評雖然嚴厲，卻有他的道理。他不是故意罵人，而是經過合理的推論之後才這麼說的。

《論語・鄉黨》曾提到「君命召，不俟駕行矣」，是說孔子一聽到君主下令召見，等不及車準備好就立刻出門，然後車子才追上來。這是古時候的禮，說明不怠慢君主的態度。

最後孟子做出總結：如果一位國君眞正想達到國泰民安、國富民強，只要奉行仁義，就可以做到；相反的，如果講求利益的話，上下交相利，國家就危險了。其實孟子所要表達的，無非是希望君王們要有耐心，不要尋求捷徑，眼光要看得長遠一點，從根本上改善體制。

從這裡開始，我們進入了孟子的世界。

〈1・2〉

孟子見梁惠王。王立於沼上，顧鴻雁麋鹿，曰：「賢者亦樂此乎？」

孟子對曰：「賢者而後樂此，不賢者雖有此不樂也。《詩》云：『經始靈台，經之營之；庶民攻之，不日成之；經始勿亟，庶民子來。王在靈囿（ㄧㄡˋ），麀（ㄧㄡ）鹿攸伏，麀鹿濯（ㄓㄨㄛˊ）濯，白鳥鶴鶴。王在靈沼，於牣（ㄨ　ㄖㄣˋ）魚躍。』文王以民力為台為沼，而民歡樂之；謂其台曰靈台，謂其沼曰靈沼，樂其有麋鹿魚鱉。古之人與民偕（ㄐㄧㄝ）樂，故能樂也。《湯誓》曰：『時日害（ㄏㄜˊ）喪，予及女（ㄖㄨˇ）偕亡！』民欲與之偕亡，雖有台池鳥獸，豈能獨樂哉？」

孟子謁見梁惠王。梁惠王站在池沼旁邊，一面觀賞成群的大雁小雁與大鹿小鹿，一面對孟子說：「賢良的人也會以此為樂嗎？」

孟子回答說：「只有賢良的人才能享受這種快樂，不賢良的人即使有這種快樂，也是無法享受的。《詩經．大雅．靈台》說：『開始度量靈台的規模，籌劃準備所需的材料；百姓一起來建造，靈台很快就落成；開始度量時並不急著完成，百姓卻像幫父母那麼賣力。文王巡遊到靈囿，母鹿安靜臥伏著，母鹿肥潤有光澤，白鳥羽毛很潔白。文王遊觀到靈沼，滿池魚兒在跳躍。』周文王使用百姓的力量建造高台深池，可是百姓非常歡喜，把他的台稱為『靈台』，把他的池稱為『靈沼』，並且很高興他有各種麋鹿魚鱉。古代的賢君與百姓一起快樂，所以能夠享受快樂。《尚書．湯誓》說：『這個太陽什麼時候滅亡？我們要與你同歸於盡！』百姓痛恨夏桀，要與他同歸於盡，即使他擁有高台深池與各種鳥獸，難道能獨自享受嗎？」

梁惠王為自己蓋了一個漂亮的「囿」。「囿」就是在宮廷附近建的大園林，裡面種滿花草，養些珍禽異獸，讓君主可以觀賞狩獵，等於是他休閒活動的地方。他請孟子來了之後，當然心情愉快，於是問了：「賢良的人也會以此為樂嗎？」

此處的「賢」是指傑出優秀的人。古時候「賢」是與「不肖」做為對比，不肖就是不像，也就是做得不好。反之，「賢」代表傑出，表現在三處：善良、明智與能力；善良代表德行，明智代表聰明，能力則代表能幹。古文裡一個字往往有不同的意思，此處譯成賢良、賢明、賢能都可以，只要基本的觀念掌握住，理解上就不會有太大問題。

《詩經》中的理想境界

接著，孟子引用了一大段《詩經》的內容來回答。

「經始靈台」的「經」是指度量，「靈」則有偉大、崇高、神妙莫測的意思。我們常說某某人有靈氣，代表靈巧神妙的潛質；「靈台」指的即是一個很吉祥、很美妙的東西。「經之營之」，就是好好準備、規劃，「經營」一詞的典故，就是從這裡來的。

「攻」是「治」的意思，不是說庶民來攻打，而是老百姓來工作，幫忙建造靈台；「不日」代表很快，好像沒有幾天就做完了；「經始勿亟」的意思是開始度量的時候不要急；「庶民子來」的「子來」這兩個字很有趣，意思是百姓就像子女幫父母親做事一樣。一般人叫我們做事，我們都要看時間、看條件，要想半天；但父母叫我們做事，那眞是心甘情願、開心得很，馬上就來幫忙了。

「麀鹿」的「麀」就是牝（母）的意思，古代認爲陽動陰靜，所以用母鹿休息的樣態，描寫環境的安詳。「麀鹿濯濯」的「濯濯」是指肥潤有光澤。動物飼養得好，就會有光澤，皮毛很亮；養得不好的，譬如路邊的野貓、野狗，看起來完全不一樣。「白鳥鶴鶴」的「鶴鶴」即潔白的意思。這說明整個環境非常好，生活其中的動物都很安詳快樂。

「文王以民力爲台爲沼」，爲什麼百姓反而很快樂，稱他建築的高台爲「靈台」，池沼叫「靈沼」呢？原因是他「與民偕樂」。靈台、靈囿、靈沼含有出神入化、美善之至的意思，由此顯示百姓的虔誠心意，然而眞正的重點是在「與民偕樂」，爲政之道不外乎此。

借古喻今用心良苦

〈湯誓〉來自《尙書》，是商湯號召部下作戰時的宣誓，呼召大家說要革命推翻夏桀了，與今天「誓師」的意思差不多。這裡的「時」與「是」相通，即「這個」的意思；「日」代表夏桀，因爲夏桀曾經說過：「吾有天下，如天之有日，日亡吾乃亡耳。」意即：我就是太陽，我擁有天下就好像天上有太陽一樣，太陽滅亡了，我才會滅亡。這句話很囂張。因此，百姓在宣誓時借他的話來說：「這個太陽什麼時候滅亡？」

注意「害」字，音義都同「何」。「予及女偕亡」，等於同歸於盡算了，反正活著也那麼苦。有一句俗話叫「光腳的不怕穿鞋的」，意思是反正我沒有鞋子，沒什麼東西好輸的，而你有鞋子怕弄髒啊！兩者相拚，當然是光腳的贏，家財萬貫的人反而輸不起。這就是百姓當時痛恨夏桀，才說出這樣的話。

孟子眞是高手，梁惠王請他參觀花園，才問一句話，他便又是引《詩經》，又是引《書經》的，梁惠王是否聽得懂？會不會聽得心驚膽戰？孟子事先並沒有準備，一定是平常就有這些想法，一有機會就說出來，這也等於提醒梁惠王，要設法「與民偕樂」，否則，即使擁有台、池、鳥、獸，豈能獨樂及享受？這就是孟子用心良苦的地方。

〈1・3〉

梁惠王曰：「寡人之於國也，盡心焉耳矣。河內凶，則移其民於河東，移其粟於河內；河東凶亦然。察鄰國之政，無如寡人之用心者；鄰國之民不加少，寡人之民不加多，何也？」

孟子對曰：「王好（ㄏㄠˋ）戰，請以戰喻。塡然鼓之，兵刃既接，棄甲曳兵而走，或百步而後止，或五十步而後止；以五十步笑百步，則何如？」

曰：「不可。直不百步耳，是亦走也。」

曰：「王如知此，則無望民之多於鄰國也。不違農時，穀不可勝（ㄕㄥ）食也；數罟（ㄕㄨㄛˋ ㄍㄨˇ）不入洿（ㄨ）池，魚鱉不可勝食也；斧斤以時入山林，材木不可勝用也；穀與魚鱉不可勝食，材木不可勝用，是使民養生喪死無憾也；養生喪死無憾，王道之始也。

「五畝之宅，樹之以桑，五十者可以衣（ㄧˋ）帛矣；雞豚狗彘（ㄓˋ）之畜，無失其時，七十者可以食肉矣；百畝之田，勿奪其時，數口之家可以無饑矣；謹庠（ㄒㄧㄤˊ）序之教，申之以孝悌之義，頒白者不負戴於道路矣；七十者衣帛食肉，黎民不饑不寒；然而不王（ㄨㄤˋ）者，未之有也。

「狗彘食人食而不知檢，塗有餓莩（ㄆㄧㄠˇ）而不知發；人死，則曰：『非我也，歲也。』是何異於刺人而殺之，曰：『非我也，兵也。』王無罪歲，斯天下之民至焉。」

梁惠王說：「我對於國事，眞是用盡心力了，河內發生饑荒，就把部分百姓遷到河東，又把河東的部分糧食運到河內。河東發生饑荒，也依類似的方式來做。考察鄰國的政務，沒有哪個國君，像我這麼用心的；可是鄰國的百姓並未減少，我國的百姓並未增多，這是什麼緣故呢？」

孟子回答說：「大王喜歡戰爭，就用戰爭來做比喻。戰鼓鼕鼕響起，刀刃劍鋒相碰，就有士兵丟掉盔甲拖著兵器逃跑，有的跑了一百步才停下來，有的跑了五十步就停下來，那些跑五十步的嘲笑那些跑一百步的，說得過去嗎？」

梁惠王說：「不可以的，只不過是沒有跑一百步罷了，這同樣是逃跑啊。」

孟子說：「大王如果懂得這個道理，就不必指望百姓會比鄰國多了。不耽誤百姓耕種及收穫的季節，糧食自然吃不完；細密的漁網不放入大池捕撈，魚鱉自然吃不完；砍伐樹木按照一定的時間，木材自然用不盡。糧食和魚鱉吃不完，木材又用不盡，這樣就使百姓養家活口、辦理喪事都沒有什麼不滿。百姓養家活口、辦理喪事都沒有什麼不滿，就是王道的開始啊！

「在五畝大的宅園中種桑養蠶，五十歲的人就可以穿上絲棉襖了。雞、狗與豬這些家畜，不要錯過繁殖的季節，七十歲的人就可以有肉吃了。一家人百畝的田地，不要占奪他們耕作的時機，幾口人的家庭就可以不挨餓了。認眞辦理學校教育，反覆講述孝親敬長的道理，那麼頭髮花白的人就不會背著及頂著重物在路上行走了。如果七十歲的人，有絲棉襖穿也有肉吃，一般百姓不挨餓也不受凍，這樣還不能稱王天下，那是從來不曾有過的。

「現在，豬狗吃掉了百姓的糧食，卻不知道制止；路旁有餓死的屍體，卻不知道開倉賑濟。有人死了，就說：『這不是我害的，是年成不好。』這和用刀殺人，卻說：『不是我殺的，是刀子殺的。』又有什麼不同呢？大王不再歸罪於年成，那麼天下的百姓自然就會來歸順了。」

盡心治國為何沒有成效？

河東和河內是魏國的兩個地方，河內發生饑荒，梁惠王把部分百姓遷到河東，部分糧食運到河內。這樣做固然不錯，但顯然還不夠。

因爲他並沒有開倉賑濟百姓，而只是把兩邊的百姓遷來遷去，自己的倉庫依然滿滿的，還認爲自己已經很用心了，眞是天眞。不過，梁惠王算是有點好奇心的，常想：「奇怪，我的百姓爲什麼沒有增加？」因爲百姓增加，表示納稅的人更多，國力也就更強大了。

孟子聽出梁惠王的抱怨，於是說：「王好戰，請以戰喻。」這裡的「請」字是客氣的用法，「塡然鼓之」裡「塡然」，是擊鼓的聲音。「兵刃既接，棄甲曳兵而走」的「走」字是跑的意思。古代講到人的行走，有三個簡單的區分：走路叫做「步」；走得很快叫做「趨」；講「走」的時候，反而是「跑」的意思。《莊子．田子方》說：「夫子步亦步，夫子趨亦趨」。意思是老師慢慢走，我也跟著慢慢走；老師快走，我也快走。

孟子說，跑了五十步的人，看到別人跑了一百步，就認爲別人怎麼那麼怕死，這說得過去嗎？由此也引出了「五十步笑百步」這個有名的典故。這個比喻非常精彩，梁惠王聽了不禁也說：「只不過是沒有跑一百步罷了，但同樣是逃跑啊。」

知道梁惠王明白了，孟子接著就說明具體的做法。

務實民生，順時生養

當時的社會是以農業爲主，農時即春耕、夏耘、秋收、冬藏。在春、夏、秋三季，要耕、耘、收，冬季才有空閒。古代國家的防備工事，是由百姓來服勞役，沒有工錢可領。每一家的壯丁，三人出一人，五人出兩人。如果在春、夏、秋季服勞役，田地無人耕種，收成就會有問題。所以要百姓服勞役，最好利用冬天，也就是「不違農時」，糧食自然吃不完。

「數罟不入洿池」，「數罟」即細密的漁網，古代規定漁網不能小於四吋，換算成今天的尺寸，等於漁網不能小於九公分。用這麼大的網口撈魚，小魚就可以游走，等牠長大之後才抓上來，這樣魚鱉自然源源不絕。

砍伐樹木也需要看時間。譬如秋天樹葉凋零，適宜砍樹；春、夏季是樹木成長的時候，此時砍伐就很可惜，如果等到秋季，讓樹長大再砍，這樣樹木就用不完了。由此可見儒家非常重視行動的時機。

每天都有人出生，也有人死去，生生死死是自然的現象，所以要讓人「養生喪死無憾」。按照上面的做法，稻米和魚鱉是用來養活人的；樹木很多，棺材就夠用，因爲大樹可做棺材。這麼一來，自然能使百姓養家活口、辦理喪事都沒有什麼不滿，滿足了百姓所有的生活需求，就是王道的開始。

安頓百姓身心，就是推行王道

古代一家人住的地方大約五畝地，自然就會有很大的院子，可以種桑樹養蠶。養蠶可以有絲，就可以做衣服。「五十者可以衣帛矣」，「帛」就是絲，爲什麼要到五十歲才能穿呢？因爲古人認爲五十歲時身體開始衰老，要穿絲棉襖才會暖和。

「雞豚狗彘之畜，無失其時，七十者可以食肉矣」，「豚」與「彘」都是指豬。古代祭祀的時候必須用漂亮的小豬，所以特別叫「豚」，指的是小豬；「彘」是指大豬，屬於食物的一種。古人認爲人到七十體自衰，非肉不飽，而家禽、家畜有繁衍的天性，人不可混淆牠們的生產時間，免得錯過繁殖的季節，這樣七十歲的人也有肉吃了。

古代的井田制度，每一家可以分到百畝田。一家平均是八口人，八口之家表示有兩三個壯丁，如果要耕種百畝田地，也夠忙的了，所以不要占奪他們耕田的時機，這幾口的家庭就不必挨餓了。

「謹庠序之教，申之以孝悌之義，頒白者不負戴於道路矣」，「庠序」是指古代的鄉村或地方教育；中央的教育叫大學。「申」即反覆叮嚀、耳提面命。「頒白者」與「斑白者」通用，意思是頭髮花白。背上背的叫「負」，頭上頂的叫「戴」。要教「孝悌」，孝順父母，友愛並尊敬兄長。看到老人家背著、頂著重物在路上走，就會感到不忍心而去幫忙，這就是教育孝悌的成效。

讓七十歲的老人，有絲棉襖穿也有肉吃，讓一般百姓不挨餓也不受凍，「黎民」是指黑頭髮的人，亦即青少年、壯年。孟子認爲，如果爲政者如此顧念百姓，這樣還不能稱王天下，那是從來不曾有過的。

誠懇面對錯誤，才能獲得民心

「狗彘食人食而不知檢，塗有餓莩而不知發」，「檢」是指節制，「莩」專門指餓死的人。豬狗吃的飼料，其中很多人也可以吃，正所謂「朱門酒肉臭」，有錢人家餵給豬吃的食物，甚至比窮人家吃得還好；若已經「路有凍死骨」，還不知開倉救濟百姓的話，這根本就是草菅人命了。

「歲」代表年，代表收成。收成不好，有人餓死，就說「非我也，歲也」，這個與「刺人而殺之，曰：『非我也，兵也』」有什麼差別呢？這種比喻多生動啊！孟子能夠以這種方式說話，就知道他學問充實、經驗深刻，無庸置疑。

由本章可見，梁惠王雖然有心，但是並未想要與人民同甘共苦。在孟子看來，如果不懂仁義之道，而在技術層面做改革，結果就只是「五十步與一百步」的差別而已。政治領袖找藉口的毛病，很難根絕。至於教育，一定要從孝悌開始。這是孟子的主要原則。孟子當時五十幾歲，面對政治領袖，談話不卑不亢，目的是要告訴對方，有權力不代表有學問；他心裡不諛不求，沒有要討好，也沒有什麼要求，合則來，不合則去，只講正確的道理。這就是孟子的特色。

〈1・4〉

梁惠王曰：「寡人願安承教。」

孟子對曰：「殺人以梃（ㄊㄧㄥˇ）與刃，有以異乎？」

曰：「無以異也。」

「以刃與政，有以異乎？」

曰：「無以異也。」

曰：「庖有肥肉，廄有肥馬，民有饑色，野有餓莩，此率獸而食人也。獸相食，且人惡（ㄨˋ）之；爲民父母行政，不免於率獸而食人，惡（ㄨ）在其爲民父母也？仲尼曰：『始作俑者，其無後乎！』爲其像人而用之也。如之何其使斯民饑而死也？」

梁惠王說：「我很樂意接受你的指教。」

孟子回答說：「用木棍打死人，與用刀殺人，有什麼不同嗎？」

梁惠王說：「沒有什麼不同。」

「用刀殺人，與用苛政害死人有什麼不同嗎？」

梁惠王說：「沒有什麼不同。」

孟子說：「廚房裡有肥肉，馬廄裡有肥馬，可是百姓面帶饑色，野外有餓死的屍體，這等於率領野獸來吃人。野獸互相殘食，人們尚且厭惡；身爲百姓父母，推行政事，卻不免於率領野獸來吃人，這又怎麼配做百姓的父母呢？孔子說：『最初製作木偶人來陪葬的，該會斷絕子孫吧！』因爲木偶像人，卻用來殉葬。那麼，又怎麼可以讓百姓饑餓而死呢？」

仁民是治國的根本

孟子已經與梁惠王談過三次了，梁惠王對孟子也有一定的了解，知道他有學問也有見解。梁惠王很羨慕周文王可以受到百姓愛戴，就想自己爲什麼不學習他呢？這表示他心裡還是有向上的意念，所以他見了孟子就說：「願安承教。」「承教」就是接受指教，「安」就是樂意，算是很客氣說法了。

孟子以一貫的風格回答說：「用木棍打死人，與用刀殺人有什麼不同嗎？」梁惠王說：「沒有什麼不同。」孟子再問：「用刀殺人，與用苛政害死人有什麼不同嗎？」梁惠王說：「沒有什麼不同。」這是孟子高明的類比方法。用刀殺人、用木棍打死人，和用政治的手段、苛政、苛捐雜稅把人逼死，最後都是害死人。就像孔子說的「苛政猛於虎」，故事中的婦人，寧可一家三代都被老虎咬死，也不願意活在社會上受人虐待，由此可見苛政的殘忍與恐怖之處。

於是孟子開始發揮，連著四句話都是描寫客觀的現象，但一氣呵成，力道很強：「廚房裡有肥肉，馬廄裡有肥馬，可是百姓面帶饑色，野外有餓死的屍體。」廚房裡有肉，一般是指豬肉，豬長得很肥，才會有肥肉。把豬養肥需要很多飼料，而飼料當中也有人的食物，就等於是把一般百姓的食物拿去餵豬，如此一來，豬長肥了，大官才有肥肉吃。

馬是重要的財產，馬養得肥壯，可以賣人或送人，也可以自己使用。「民有饑色」，可想而知許多百姓看起來就面黃肌瘦，一點營養都沒有的模樣。最慘的是，野外有餓死的屍體。

孟子接著提到「率獸食人」，更是一語道盡亂世的荒謬。這四個字是成語，意思是說，會有肥豬、壯馬是因爲人的食物被吃掉，因而餓死，這就等於是帶著野獸來吃人一樣。「且人惡之」，這是古代的句法，就是「人且惡之」。「獸相食」的鏡頭在電視上經常可見，老虎抓羚羊，畫面殘酷血腥；等老虎年老或受傷時，換成野狗來吃牠，免不了「獸相食」的結局。我們看到這些情景，都會覺得於心不忍，更何況是「率獸食人」呢？

人人生而平等，擁有同樣的尊嚴

「始作俑者」的「俑」是指殉葬的土偶或木偶。古代曾用活人殉葬，後來大家覺得活人還有一點用處，可以用來耕田、打仗，如果多陪葬幾個，打仗時兵力少了也不太好，於是造了一些俑來代替活人。這個舉措已經算改善許多了，但即使是人俑，也因爲像人而使孔子深覺不忍。

爲什麼孔子會說出「最初製作木偶人來陪葬的，該會斷絕子孫」這樣的話呢？孟子的解釋是：「因爲木偶像人，卻用來殉葬。」意思是把很像人的木偶埋在墳墓裡，難道心裡不會難過嗎？如果把木頭丟在墳墓裡，木頭上面沒有刻出鼻子、眼睛，也沒有手腳，就沒有什麼感覺；但把木頭刻成像人的模樣，心裡不免會不安，何況做成人形的俑呢？

接著，孟子對梁惠王提出了教訓，連用像人的木偶陪葬都不忍心，卻眼睜睜地讓活著的人餓死，這不是太慘了嗎？

由本章可見，儒家人文主義顯示的深刻人道情懷，便是珍惜每個人的生命價值。不過「人人生而平等」的觀念，並不是自古就有的。古代的人很不幸，生下來就有階級之分，如果不幸屬於奴隸或百姓階級的話，人命是不值錢的。孔子之所以了不起，是因爲他在那麼早的時代，就看出每個人都具有同樣的尊嚴。

何謂「同樣的尊嚴」？當人沒有飯吃時，還有尊嚴嗎？孔子認爲有，因爲「人性向善」。「向善」兩字代表人有豐富的潛能可以行善，行善之後，人的價值自然呈現，改變自己生命的形態，最後成爲君子、成爲聖人。

儒家偉大之處就在這裡，肯定向善的力量是由內而發的，所以人人平等。社會上各行各業有各種能力的要求，競爭的條件也不一樣，因此由外在看來，人永遠不可能平等。眞正的平等是指內在的平等，是實現價值的平等機會，這就是儒家的特色。

〈1・5〉

梁惠王曰：「晉國，天下莫強焉，叟之所知也。及寡人之身，東敗於齊，長子死焉；西喪地於秦七百里；南辱於楚。寡人恥之，願比死者一洒（ㄒㄧˇ）之，如之何則可？」

孟子對曰：「地方百里而可以王。王如施仁政於民，省刑罰，薄稅斂，深耕易耨（ㄋㄡˋ）；壯者以暇日修其孝悌忠信，入以事其父兄，出以事其長上，可使制梃以撻（ㄊㄚˋ）秦楚之堅甲利兵矣。彼奪其民時，使不得耕耨以養其父母。父母凍餓，兄弟妻子離散。彼陷溺其民，王往而征之，夫（ㄈㄨˊ）誰與王敵？故曰：『仁者無敵。』王請勿疑。」

梁惠王說：「晉國的強大，以前天下沒有比得上的，這是老先生你所知道的。可是到了我手中，在東邊被齊國打敗，我的長子也犧牲了；在西邊被秦國打敗，割讓了七百里土地，在南邊又被楚國欺侮，占去了八個城池。我對此深感羞恥，想爲戰死的人報仇雪恨。要怎樣才辦得到呢？」

孟子回答說：「縱橫各一百里的小地方也可以讓天下歸服。大王如果對百姓施行仁政，少用刑罰，減輕賦稅，深耕細作，勤除雜草。安排年輕人在閒暇時學習孝悌忠信的道理，進而在家侍奉父兄，在外敬重長上，這樣可以讓他們拿起木棍打贏擁有堅實盔甲、銳利刀槍的齊國與楚國的軍隊了。齊國與楚國占奪了百姓耕種的時間，使他們不能耕田除草，沒有收穫去奉養父母。父母受凍挨餓，兄弟妻子各自逃散。他們讓百姓陷入痛苦之中，大王前往討伐，還有誰能與大王對抗呢？所以古語說：『有仁德的人，天下無敵。』希望大王不要懷疑了！」

梁惠王繼續向孟子請教，這裡談的問題，牽涉到一些歷史背景。韓、趙、魏三家分晉，只有魏國自稱是晉國。戰國初期，魏國確實勢力最大，後來歷經幾次敗仗，到梁惠王時，國勢已從強盛走向衰弱了，但他仍然念念不忘自己才是正宗的晉國。

從春秋五霸之一的晉文公之後，晉國一直很強大，到了梁惠王手中，卻開始連吃敗仗，先是古代有名的「馬陵之役」。那時孫臏在齊國，龐涓在魏國，梁惠王本來以爲有龐涓這些軍師輔佐，太子（長子）帶兵，必勝無疑。不料，龐涓碰到孫臏，這對師兄弟，新仇舊恨一起算，結果龐涓輸了，竟連太子的性命也一起賠上，梁惠王非常痛心。

接著又連續在東、西、南三邊都打了敗仗。本來是國勢最強的，反而招致禍患，並因爲地方大，防線太長，三個強敵自三面圍攻，國家的精銳部隊被分成三份，軍力就減弱了，到最後三面作戰都失敗了。

梁惠王就問孟子有什麼辦法可替戰死的人洗刷恥辱呢？「願比死者一洒之」，「洒」在古時候通「洗」，是指洗刷恥辱，「比」是替的意思。

順應人性，仁者無敵

孟子回答：「縱橫各一百里的小地方也可以讓天下歸服。」「方百里」三字是一個詞，即「縱橫各一百里」。這裡指的是商湯、周文王原有的國土。

國君使用刑罰是擔心百姓不聽話，提高賦稅是爲了自己要享受，因此孟子希望梁惠王對百姓能施行仁政，做到兩件事——少用刑罰、減輕賦稅；而深耕細作、勤除雜草，則是針對當時農業社會耕種的需要而言。

接下來是「安排年輕人在閒暇時學習孝悌忠信的道理。」「孝悌忠信」這四個字是最基本的，對父母是「孝」、對兄弟姊妹是「悌」、對長官是「忠」、對朋友是「信」。儒家孟子的思想，絕不只是追求具體的生活改善、經濟發展、政治清明、法律上軌道等，還要讓年輕人學習做人的道理。

孟子認爲只要政治上軌道，再教導百姓做人處事的道理，人民就會過得快樂，自然也會效忠國家，憑著木棍就可以勝過堅甲利兵，這叫做「仁者無敵」。

戰國時代是個亂世，孟子認爲，這些大國雖然表面強盛，但是並不得民心。因此，他提出「仁者無敵」的觀念，希望梁惠王推行仁政，百姓就會願意歸附。孟子眞是苦口婆心，至於梁惠王聽信與否，就難說了。

這一章開始出現「仁政」一詞，意指「有仁德的政治」，代表國君「愛民如子」，這是孟子的政治主張。其做法不外乎「養民、教民、與民同樂」，養育百姓、教育百姓，與百姓一起快樂，國家所有資源都能共同享用。

「仁」字指的是人性的歸趨，由內而發可稱爲仁德，用於政治則是仁政。「仁者無敵」是因爲所做的都是符合人性的要求，讓好人過得快樂，讓壞人有所忌諱，順應人性，自然人人都會支持。

孟子在面對這些有權力的國君時，他的意見都是直接去關心具體的生活，例如他常提到：百姓有沒有吃飽？有沒有挨餓？由此可以看出他的實際性，很多地方談到經濟，甚至談到井田制度，連怎麼耕田都會說明，這證明了哲學家不是只會談抽象的問題而已。

〈1・6〉

孟子見梁襄王。出語（ㄩˋ）人曰：「望之不似人君，就之而不見所畏焉。卒（ㄘㄨˋ）然問曰：『天下惡（ㄨ）乎定？』吾對曰：『定於一。』『孰能一之？』對曰：『不嗜殺人者能一之。』『孰能與之？』對曰：『天下莫不與也。王知夫苗乎？七八月之間旱，則苗槁矣。天油然作雲，沛然下雨，則苗浡（ㄅㄛˊ）然興之矣。其如是，孰能禦之？今夫（ㄈㄨˊ）天下之人牧，未有不嗜殺人者也。如有不嗜殺人者，則天下之民皆引領而望之矣。誠如是也，民歸之，由水之就下，沛然誰能禦之！』」

孟子謁見梁襄王，出來之後對人說：「遠遠看他，不像一個國君的樣子；就近看他，也沒有什麼威嚴可言。他突然發問：『天下怎樣才會安定？』我回答說：『統一了就會安定。』『誰能統一？』我回答說：『不喜歡殺人的國君就可以統一。』『誰來跟隨他呢？』我回答說：『天下的人沒有不跟隨他的。大王了解禾苗生長的情況嗎？七八月間遇到天旱，禾苗自然枯槁了。這時天上湧起烏雲、降下大雨，禾苗又立刻蓬勃地生長起來了。像這樣，誰能夠阻擋呢？現在天下的國君沒有不喜歡殺人的。如果有不喜歡殺人的，那麼天下的百姓都會伸長脖子盼望著他了。果眞如此，百姓歸附他，就像水向下奔流，來勢洶湧又有誰能夠阻擋呢？』」

梁惠王過世以後，由兒子梁襄王繼位爲王，這一章就是講他的故事，比較特別的是，這整個過程是由孟子轉述的。

愛民之君是蒼生的企盼

孟子謁見梁襄王，覺得他沒有威嚴，不像一個國君。「就之而不見所畏焉」，「所畏」是指讓別人感覺到敬畏。

戰國時期二十多個國家一直在互相競爭，梁襄王忽然問孟子怎麼安定天下，感覺好像很有魄力、大有可爲似的，他當然希望自己有機會能統一天下。「卒然問曰」是指問的問題太突然了。

當時的國君都喜歡殺人，百姓並不受尊重珍惜。因此孟子回答得很巧妙：「不喜歡殺人的國君就可以統一。」而且「天下莫不與也」，天下人沒有不跟隨他的。

接著，孟子以禾苗生長的情形做比喻。當時正值七八月，剛好是禾苗待雨的季節，若遇天旱，禾苗必定枯萎。這個比喻顯得很具體，如果是在冬天下雪時談七八月的稻子，恐怕梁襄王不見得能理解。

當時使用的是周曆，周曆的七八月相當於夏曆的五六月，現在用的黃曆就是夏曆，黃曆的好處在於配合農業社會。

「油然」是指雲像油一樣聚在一起；「沛然」形容雨的聲勢浩大。比方說乾旱期間，當大雨下過之後，草木的生長就特別有力量，這樣的情況誰可以阻擋呢？所以說「孰能禦之」。

「誠如是也，民歸之」，是一個假設語句。「由水之就下」，「由」同「猶」，在此是一樣的意思。在孟子的思想裡，這個比喻特別重要，就是要想像「如同」水往下奔流一樣。

行善之君得人心

孟子談到人和社會的根本問題時，有時沒辦法多講，因為還沒有實現他所描繪的理想。別人會問：「何以得知根據這個說法去做，將來就會產生那個好的結果呢？」他就說，「由水之就下」，擋也擋不住。好的政治領袖，就是要行「善」，有了「善」的言行，百姓自然會跟隨，就好比水往下流，擋也擋不住。

由上可知，孟子因材施教，回答簡單明瞭，不過，梁襄王不見得能懂；即使懂了，也未必做得到。

〈1．7．1〉

齊宣王問曰：「齊桓、晉文之事，可得聞乎？」

孟子對曰：「仲尼之徒，無道桓、文之事者，是以後世無傳焉，臣未之聞也，無以，則王乎？」

曰：「德何如則可以王矣？」

曰：「保民而王，莫之能禦也。」

曰：「若寡人者，可以保民乎哉？」曰：「可。」

曰：「何由知吾可也？」

曰：「臣聞之胡齕（ㄏㄜˊ）曰，王坐於堂上，有牽牛而過堂下者；王見之，曰：『牛何之？』對曰：『將以釁（ㄒㄧㄣˋ）鐘。』王曰：『舍之！吾不忍其觳觫（ㄏㄨˊ ㄙㄨˋ），若無罪而就死地。』對曰：『然則廢釁鐘與？』曰：『何可廢也？以羊易之！』不識有諸？」

齊宣王問說：「齊桓公、晉文公的事蹟，可以講給我聽聽嗎？」

孟子說：「孔子的學生沒有談論齊桓公、晉文公事蹟的，所以沒有流傳到後代，我也不曾聽說過。如果一定要我說，那就談談稱王天下的道理吧！」

齊宣王說：「那要有怎麼樣的德行，才可以稱王天下？」

孟子說：「保護百姓進而稱王天下，就沒有人可以阻擋了。」

齊宣王說：「像我這樣的人，可以做到保護百姓嗎？」孟子說：「可以。」

齊宣王說：「憑什麼知道我可以呢？」

孟子說：「我聽胡齕說過：有一天大王坐在堂上，有人牽著一頭牛從堂下經過，大王見了就問：『牛要牽到哪裡去？』那人回答：『要用牠來祭鐘。』大王說：『放了牠吧！我不忍心看牠恐懼發抖的樣子，好像沒有犯罪就被置於死地。』那人便問：『那麼，要廢除祭鐘的儀式嗎？』大王說：『怎麼可以廢除呢？用羊來代替牠吧！』不知道有沒有這回事？」

以德服人，稱王天下

齊宣王知道孟子有學問，而齊桓公是齊國的先君，他想藉著談論先祖來榮耀祖先。但孟子不願多談，因爲不想引起對方稱霸天下的念頭，所以他巧妙地閃避了。「無以」的「以」字是指停止。

孟子的觀點很清楚，就是以德服人，稱王天下。如果講齊桓公、晉文公的事蹟，就等於宣傳用武力征服別人，稱霸天下。所以他故意說孔子的學生中沒有人談論齊桓公和晉文公。

不過，孔子也的確很少談論齊桓公、晉文公，《論語》裡眞正談到兩人的只有〈憲問篇〉的一句話：「晉文公譎而不正，齊桓公正而不譎。」亦即晉文公耍手段而不太正直，齊桓公正直而不耍手段。

齊宣王也知道稱王天下需要德行，於是問孟子要有怎麼樣的德行才行，孟子要他「保護百姓，進而稱王天下」。齊宣王接著問：「我這樣的人可以做到保護百姓嗎？」這句話表達了他想要努力的心願。所以當他聽到孟子說可以時，非常開心，這表示他還有機會，於是趕緊追問理由。

動物也懂得愛惜生命

孟子就轉述胡齕說過「以羊代牛」的故事，胡齕是齊宣王的大臣之一。

「王坐於堂上」，這時並非上朝的時間，而是下班之後的事。齊宣王可能坐在堂上，等著接見別人，正好看到堂下遠處，有人牽著一頭牛要去「釁鐘」。

鐘在古代是重要的禮器，尤其是祭祀的時候，鐘鼓是主要的樂器。「釁」是空隙的「隙」。以前的鐘在鑄好之後，依禮要用牛血或其他動物的血把空隙塗滿，才可以正式使用，這叫做「釁鐘」，就是祭鐘之禮。古代在完成某些大事時，會殺牛羊或豬來祭祀，都成爲一種禮俗了。

牛察覺自己將要被殺，所以一直發抖，大概是因爲牽牛的人是專門殺牛的，動物的本能在生命受威脅時會直接反應。齊宣王看牠發抖哀鳴，好像沒有犯罪就被置於死地的樣子，很不忍心，就下令叫人放了牠。但是，祭鐘儀式是國家重要的典禮，可以隨便廢除這個儀式嗎？齊宣王很聰明，就想到用羊來代替牛。

〈1・7・2〉

曰：「有之。」

曰：「是心足以王矣。百姓皆以王爲愛也，臣故固知王之不忍也。」

王曰：「然，誠有百姓者，齊國雖褊（ㄅㄧㄢˇ）小，吾何愛一牛？即不忍其觳觫，若無罪而就死地，故以羊易之也。」

曰：「王無異於百姓之以王爲愛也，以小易大，彼惡知之？王若隱其無罪而就死地，則牛羊何擇焉？」

王笑曰：「是誠何心哉？我非愛其財而易之以羊也，宜乎百姓之謂我愛也。」

曰：「無傷也，是乃仁術也，見牛未見羊也。君子之於禽獸也，見其生，不忍見其死；聞其聲，不忍食其肉。是以君子遠庖廚也。」

齊宣王說：「有的」。

孟子說：「這樣的心意就足以稱王天下了，百姓都以爲大王是吝嗇，我本來就知道大王是不忍心啊。」

齊宣王說：「是的，確實有這樣議論的百姓。齊國雖然狹小，我怎麼會吝惜一頭牛？就是不忍心看牠恐懼發抖的樣子，好像沒有犯罪就被置於死地，所以才用羊代替牠啊。」

孟子說：「大王不必責怪百姓以爲您吝嗇。用小的代替大的，他們怎麼了解您的想法？大王如果可憐牠沒有犯罪就被置於死地，那麼牛和羊又有什麼分別呢？」

齊宣王笑著說：「這究竟是什麼樣的心思呢？我不是吝惜錢財而以羊換牛的。也難怪百姓要說我吝嗇了。」

孟子說：「沒有關係，這正是仁德的具體表現，是大王見到牛而沒有見到羊的緣故。君子對於禽獸，看到牠活著，就不忍心看到牠死去；聽到牠的哀鳴，就不忍心食用牠的肉。正是因爲如此，所以君子總是與廚房保持距離。」

求生本是天性

孟子認爲，齊宣王不忍心看見牛恐懼發抖的模樣，因此想到用羊來代替，並非出於吝嗇，有這樣的心意就足以稱王天下了。

齊宣王聽了這番話，顯得很開心。因爲一般百姓只是聽說此事，以爲用羊代替牛是因爲牛比較貴。但齊國國土那麼大，不至於連一頭牛都捨不得，一定是當時的「不忍心」表現出來了。

孟子要齊宣王不必責怪百姓誤會他吝嗇，並且進一步指出，如果可憐牛沒有犯罪就被置於死地，那麼牛和羊又有什麼分別呢？「則牛羊何擇焉」，每一種動物都會怕死，用羊來代替牛，也會遇到同樣的問題啊。

齊宣王忍不住笑了，哎呀，他以前怎麼沒想到這一點呢？於是他說：「這究竟是什麼樣的心思呢？我不是吝惜錢財而以羊換牛的。也難怪百姓要說我吝嗇了。」「是誠何心哉」，這句話是齊宣王問自己的，眞不知道自己當時是怎樣的心思。最後他總算懂了，所以人與人之間有誤會時，要進一步溝通，把道理說清楚。

有仁德的人珍惜生命

孟子認爲齊宣王「見牛而不見羊」，仍是仁德的具體表現。「仁心」是內在的好心，「仁術」就牽涉到具體的做法。光有仁心不夠，必須擴而充之，把仁落實在具體的做法上，也就是「仁術」。

君子，在古代指有官位或者有德者，大多是受過教育出來做官的人。如果他常在廚房，看多了那些殺雞、殺鴨的情況，就難免對殺生之事日益麻木無覺。「君子遠庖廚」是擔心「君子的不忍」因爲接近庖廚而減損，最後對人也不再憐惜。君子負責治理百姓，少接觸死亡（尤其是殺生）這個題材，比較容易珍惜百姓的生命。這是孟子的用意。

〈1・7・3〉

王說（ㄩㄝˋ）曰：「《詩》云：『他人有心，予忖度（ㄉㄨㄛˋ）之。』夫子之謂也。夫我乃行之，反而求之，不得吾心。夫子言之，於我心有戚戚焉。此心之所以合於王者，何也？」

曰：「有復於王者曰：『吾力足以舉百鈞，而不足以舉一羽；明足以察秋毫之末，而不見輿薪。』則王許之乎？」

曰：「否。」

「今恩足以及禽獸，而功不至於百姓者，獨何與？然則一羽之不舉，爲不用力焉；輿薪之不見，爲不用明焉；百姓之不見保，爲不用恩焉。故王之不王，不爲也，非不能也。」

曰：「不爲者與不能者之形何以異？」

曰：「挾（ㄒㄧㄝˊ）太山以超北海，語人曰：『我不能。』是誠不能也；爲長者折枝，語人曰：『我不能。』是不爲也，非不能也。故王之不王，非挾太山以超北海之類也；王之不王，是折枝之類也。老吾老，以及人之老；幼吾幼，以及人之幼；天下可運於掌。《詩》云：『刑於寡妻，至於兄弟，以御於家邦。』言舉斯心加諸彼而已。故推恩足以保四海，不推恩無以保妻子；古之人所以大過人者，無他焉，善推其所爲而已矣。今恩足以及禽獸，而功不至於百姓者，獨何與？權，然後知輕重；度，然後知長短，物皆然，心爲甚。王請度之。抑王興甲兵，危士臣，構怨於諸侯，然後快於心與？」

齊宣王高興地說：「《詩經．小雅．巧言》上說：『別人想什麼，我能揣摩到。』說的正是先生啊！我做了這件事，反過來追究原因，自己心裡也不明白。先生這麼一講，使我內心怦然相應。這樣的心思合乎稱王天下的要求，又是什麼緣故呢？」

孟子說：「如果有人向大王報告：『我的力氣能夠舉起三千斤，卻舉不起一根羽毛；我的眼力能夠看清楚秋天獸毛的尖端，卻看不見一車薪柴。』大王會認可這樣的話嗎？」

齊宣王說：「不會。」

孟子說：「現在恩惠能夠推廣到禽獸身上，可是功績卻照顧不到百姓，到底是怎麼回事呢？事實上，一根羽毛都舉不起，是因爲不肯用力氣；一車薪柴都看不見，是因爲不肯用眼力；百姓不能受到保護，是因爲不肯施行恩惠啊。所以大王沒有稱王天下，只是不去做，而不是不能做。」

齊宣王說：「不去做和不能做的情形，有什麼不同？」

孟子說：「用手臂夾著泰山跳過北海，對別人說：『我辦不到』，這是眞的不能做到。給年長的人彎腰行禮，對別人說：『我辦不到』，這就是不去做，而不是不能做。所以，大王沒有稱王天下，不是屬於用手臂夾著泰山跳過北海一類；大王沒有稱王天下，是屬於給年長的人彎腰行禮一類。尊敬自己的長輩，然後推及尊敬別人的長輩；愛護自己的子弟，然後推及愛護別人的子弟。這樣要治理天下，就像在手掌上轉動東西一樣。《詩經．大雅．思齊》上說：『（文王）先給妻子做一個榜樣，再影響到兄弟們，再進而影響到封邑與國家。』這裡說的，不過是要把這樣的心思用到其他人身上。所以，推廣恩惠就可以保住天下，不推廣恩惠就連妻子兒女都保不住。古代的君主所以能夠遠遠地超過一般人，沒有別的原因，只是善於把他的作爲推廣出去罷了。現在恩惠能夠推廣到禽獸身上，可是功績卻照顧不到百姓，到底是怎麼回事呢？秤一秤，然後才知道輕重；量一量，然後才知道長短。所有的東西都是這樣，人心更是如此。大王請仔細考慮。難道大王要動員軍隊，使將士冒險犯難，與別的國家結下仇怨，然後心裡才覺得痛快嗎？」

不去做和不能做的差別

齊宣王聽到孟子說他是不忍心，好像很了解他，就高興地說：「夫子言之，於我心有戚戚焉。」其實人與人相處，只要體貼別人就很容易心意相通。「於我心有戚戚焉」這句成語，就是從此而來的。「此心之所以合於王者」，表示齊宣王開始要想了解是怎麼回事了。

孟子舉了兩個例子來說明。第一個是「力足以舉百鈞，而不足以舉一羽」，一鈞等於三十斤，「百鈞」就是三千斤了。古時候的斤與現在的公斤不同，能舉起三千斤，眞是力大無比。

第二個是「明足以察秋毫之末，而不見輿薪」。秋天的時候，野獸準備過冬，會長出新的毛來，剛長出來的毛非常細，尤其是毛的尖端，此謂「秋毫之末」。意思是如果可以看到這麼細的東西，難道會看不到一大車子的木材？

很顯然，人不是舉不起羽毛，而是不肯舉，不用力氣當然什麼都舉不起，羽毛也不例外。不肯用眼力的話，眼睛張開視而不見，是不願意看，而不是不能。對待百姓也是如此。

齊宣王對牛尙且不忍心，想給牠一條活路，那爲什麼不能照顧百姓，以致還有百姓餓死，這是怎麼回事呢？

其實，做官的人想要照顧百姓，太容易了。古人有一句話說得好：「人在公門好修行。」做官就是要照顧百姓、體諒百姓，所以說，做官的修行機會很多。尤其是做法官，審判時總是想盡辦法兼顧情理，當然也不能姑息養奸、放縱壞人。

孟子這番話是要提醒齊宣王，因爲他不肯施行恩惠，所以沒有稱王天下。這不是做不到，而是不去做。

凡事都要推己及人

孟子進一步說明做不到和不能做的不同。「挾泰山以超北海」，泰山何其大，夾在手臂下，跳過北海，當然是辦不到的幻想。「爲長者折枝」，「枝」即是「肢」，意思是給年長的人彎腰行禮，表示尊重，這是很容易做到的事。就好像搭公車時讓座給老人家，是很容易做到的。容易的事應該是隨時可以做到的，但是自己不去做，誰也沒有辦法。

儒家的道理，在於「推己及人」，所以說「老吾老，以及人之老；幼吾幼，以及人之幼」，一切都要從自己的長輩或孩子做起才行。譬如，照顧好自己的小孩，有能力再去照顧別人的小孩，這樣一來，別人也會跟著去做，對大家都有好處。推廣開來之後，整個社會風氣就和諧快樂了。

如此一來，「天下可運於掌」，這個比喻十分生動，意思是要治理天下，就好像把東西放在手掌上轉動一樣，容易得很。

接著孟子再引《詩經．大雅．思齊》的話：「刑於寡妻，至於兄弟，以御於家邦。」「刑」是典型的「型」，意即自己要先做示範，文王做爲丈夫，要先給妻子做榜樣，接著再影響到兄弟們，最後就是影響到封地與國家。由近及遠，修身、齊家、治國、平天下，慢慢推廣出去。

換句話說，這與「老吾老，以及人之老」一樣，把同樣的心思加在別人身上就可以了。這也就是孔子所主張的「恕道」——己所不欲，勿施於人，都是出於一樣的原則，對待別人和對待自己一樣。

「故推恩足以保四海，不推恩無以保妻子」，「推恩」意即推廣恩惠，就是自己得到什麼照顧，讓別人也都可以得到，這樣的話大家都快樂。推恩，會有好的結果；相反的，不能推恩的話，「不足以保妻子」。一個人若是只顧自己享受好處，最後難免眾叛親離。

治理天下的祕訣

推廣出去之後可能有兩種效果，一種是受到反彈，表示這個作爲是壞的，所以別人反彈。第二種是受到歡迎，代表這是好的作爲。百姓一般來說很單純，只是希望能夠得到好的照顧，因此讓天下每一個人都得到照顧，肯定是好事。

齊宣王能把恩惠推廣到禽獸身上，但功績卻照顧不到百姓，此時就必須經常去「權」去「度」，隨時用心衡量，替別人設想一下，到底怎麼做才是對的？

所以孟子要齊宣王好好想想，難道一定要「興甲兵，危士臣，構怨於諸侯，然後快於心與？」意思是一定要弄到打仗，使大家陷入困境，才會覺得快樂嗎？這當然是一句反話了，孟子等於故意問宣王，看看他要怎麼回答。

儒家對人性充滿信心，是肯定人性的內在就有行善避惡的力量。至於人生其他的成就，像富貴，則往往有「是不能也」的情況，因而不必強求。孟子認爲，如果爲了做成一件事而不擇手段，當然是不恰當的。道德上的實踐才是合乎人性的作爲。

〈1・7・4〉

王曰：「否。吾何快於是？將以求吾所大欲也。」

曰：「王之所大欲，可得聞與？」王笑而不言。

曰：「爲肥甘不足於口與？輕煖（ㄒㄩㄢ）不足於體與？抑爲采色不足視於目與？聲音不足聽於耳與？便嬖（ㄆㄧㄢˊ ㄅㄧˋ）不足使令於前與？王之諸臣皆足以供之，而王豈爲是哉？」曰：「否，吾不爲是也。」

曰：「然則王之所大欲可知已。欲辟土地，朝秦楚，蒞中國而撫四夷也。以若所爲，求若所欲，猶緣木而求魚也。」

齊宣王說：「不，對此我有什麼痛快的呢？我是想藉此實現我最大的願望。」

孟子說：「大王最大的願望可以說來聽聽嗎？」齊宣王笑而不答。

孟子說：「是爲了肥美的食物不夠吃嗎？輕暖的衣服不夠穿嗎？還是豔麗的色彩不夠看嗎？美妙的音樂不夠聽嗎？乖巧的侍從不夠使喚嗎？這些，大王的群臣都能夠供應，難道大王眞是爲了這些嗎？」

齊宣王說：「不，我不是爲了這些。」

孟子說：「那麼大王最大的願望就可以知道了。您是想要開拓疆土，讓秦國與楚國都來朝貢，君臨天下並且安撫四周的外族。然而，以您的做法去追求您的願望，就好像爬到樹上去捉魚一樣。」

緣木求魚，適得其反

上文孟子問齊宣王：「你要打仗，讓軍隊陷於危險，與別的國家結怨，你才會高興嗎？」齊宣王說：「否。吾何快於是？將以求吾所大欲也。」「何快於是」即「於是何快」，意即：對此我有什麼痛快的呢？由齊宣王的回答可知，他並不反對打仗，他以爲可以靠打仗實現願望。

當孟子問齊宣王最大的願望爲何時，他笑而不答，是因爲不好意思說，怕說了又要被批評一番。孟子是傑出的老師，對方不說話，他就用引導的方式來啓發。吃、穿、看、聽、用，這些都是物質生活的享受。孟子先把所有的物質享受都排除在外，因爲這些都已經有了，只是程度多少而已，這表示齊宣王一定有別的欲望。「便嬖」代表口才很好又受到寵幸的人。嬖人，有時候是指宦官，一般是指左右的親侍，在古代叫「便嬖」。「煖」與「暖」相通。

由本段內容可以欣賞孟子說話的技巧，他先問一些反話，把許多問題排除，讓範圍愈來愈小，到最後目標浮現，就可以進一步深究了。

「朝秦楚」的「朝」是動詞，意即讓他們來朝見我。「蒞中國」，君王面對整個中國，只有帝王才有這樣的架式。至於「四夷」，以前的中原各國，把四周的少數民族叫做「夷」。

孟子知道齊宣王的願望是想稱王天下，但以宣王目前的做法來說，要達成願望「猶緣木而求魚也」，意即好像是爬到樹上捉魚一樣。「緣木求魚」這個比喻非常有創意，爬到樹上怎麼可能捉到魚呢？表示此事絕無可能。

孟子能靈活地掌握思想要點，並且善用日常比喻來表達，是因爲他有中心思想——人性向善。只要有中心思想，看待任何問題都不會離開基本原則。

〈1・7・5〉

王曰：「若是其甚與？」

曰：「殆有甚焉。緣木求魚，雖不得魚，無後災。以若所爲，求若所欲，盡心力而爲之，後必有災。」

曰：「可得聞與？」

曰：「鄒人與楚人戰，則王以爲孰勝？」

曰：「楚人勝。」

曰：「然則小固不可以敵大。寡固不可以敵眾，弱固不可以敵彊（ㄑㄧㄤˊ）。海內之地，方千里者九，齊集有其一；以一服八，何以異於鄒敵楚哉？蓋（ㄏㄜˊ）亦反其本矣。今王發政施仁，使天下仕者皆欲立於王之朝，耕者皆欲耕於王之野，商賈（ㄍㄨˇ）皆欲藏於王之市，行旅皆欲出於王之塗，天下之欲疾其君者，皆欲赴愬（ㄙㄨˋ）於王，其若是，孰能禦之？」

王曰：「吾惛（ㄏㄨㄣ），不能進於是矣。願夫子輔吾志，明以教我，我雖不敏，請嘗試之。」

齊宣王說：「會像你說的這麼嚴重嗎？」

孟子說：「恐怕比這個更嚴重。爬到樹上去捉魚，雖然捉不到魚，不會有什麼後患。以您的做法去追求您的願望，如果費盡心力去做，一定會有禍害在後面。」齊宣王說：「可以說來聽聽嗎？」

孟子說：「鄒國與楚國打仗，大王認爲誰會打勝？」

齊宣王說：「楚國會勝。」

孟子說：「由此可見，小的原本敵不過大的，人少的原本敵不過人多的，勢力弱的原本敵不過勢力強的。現在四海之內的面積約九百萬平方里，齊國全國土地占了其中九分之一。以一份來對抗另外八份，那和鄒國與楚國爲敵有什麼不同呢？何不回到根本上來呢？現在大王改革政治、施行仁德，使天下做官的都想來大王的朝廷任職，農夫都想來大王的田野耕種，商人都想來大王的市場經營，旅客都想在大王的道路來往，天下有痛恨本國君主的人都想來大王這兒控訴。果眞做到這樣，誰能抵擋得住呢？」

齊宣王說：「我頭昏腦脹，沒有辦法了解這一步。希望先生輔佐我實現志向，明白地教導我。我雖然不夠聰明，也要嘗試一下。」

用錯方法，得不償失

孟子繼續談比喻，而且進一步結合現實來談。

齊宣王所想的是稱霸天下，所做的卻與這個目標背道而馳，不行仁政而稱霸天下，必定變成夏桀、商紂第二，這就叫做後患無窮。

孟子接著問齊宣王，如果鄒、楚兩國打仗，誰會打勝？孟子是鄒國人，鄒國是小國，怎麼跟楚國相比呢？在正常情況下，小不敵大，人少不敵人多，勢力弱不敵勢力強。因此這個答案顯而易見，齊宣王當然是回答楚國會勝。

「方千里」是指一百萬平方里。齊國想要稱霸，而別國不同意，就會聯合起來對付，這等於是以一敵八，怎麼打得過呢？雙拳難敵四手，正是此意。小國打不過大國，人少打不過人多，還不如回到根本處著手。

人民歸向善的政治

那麼，根本處是什麼呢？就是要齊宣王改革政治、施行仁德。如此一來，做官的、農夫、商人、旅客，還有痛恨本國國君的人，都願意歸附，自然人多勢眾。

痛恨本國國君的人當然是指別國百姓。「欲疾其君者」，「疾」是指痛恨，原本是指生病，好像痛恨一個人到希望他生病這麼嚴重的程度。「皆欲赴愬於王」，意即要來這邊控訴他們的國君不好。「愬」通「訴」，是指上訴。

一國的人愈來愈多，自然土地也占得愈多，誰又能抵擋得住呢？這番話很動聽，天下人才都來支持的話，等於是自動把你當做天子了。

齊宣王聽了之後，說出了：「我雖不敏，請嘗試之。」整部《孟子》裡面，只有這裡有人承認「我雖不敏」。這四個字在《論語》倒是經常出現，比如〈顏淵篇〉提到：「顏淵問仁……回曰：『回雖不敏，請事斯語矣。』」意即：我雖然不聰明，但是我想好好做這幾件事，這是顏淵的自謙之詞。齊宣王能承認自己「不敏」，實在是不容易啊！

齊宣王的願望，其實是戰國七雄的共同願望。在正常情況下，小國不能打勝大國，但是孟子卻堅信他的仁政理想可以所向無敵。這是由於他對人性的洞見，亦即人民自然也必然歸向於善的政治。

儒家因爲對人性有一套完整的看法，才敢提出一個大的原則理想。而齊宣王在當時能承認自己不夠聰明、無法理解此一原則，已經十分可貴了。

〈1・7・6〉

曰：「無恆產而有恆心者，唯士爲能。若民，則無恆產，因無恆心。苟無恆心，放辟邪侈，無不爲已。及陷於罪，然後從而刑之，是罔民也。焉有仁人在位，罔民而可爲也？

「是故明君制民之產，必使仰足以事父母，俯足以畜（ㄒㄩˋ）妻子，樂歲終身飽，凶年免於死亡。然後驅而之善，故民之從之也輕。今也制民之產，仰不足以事父母，俯不足以畜妻子，樂歲終身苦，凶年不免於死亡。此唯救死而恐不贍（ㄕㄢˋ），奚暇治禮義哉？

「王欲行之，則盍反其本矣。五畝之宅，樹之以桑，五十者可以衣帛矣。雞豚狗彘之畜（ㄒㄩˋ），無失其時，七十者可以食肉矣。百畝之田，勿奪其時，八口之家可以無饑矣。謹庠序之教，申之以孝悌之義，頒白者不負戴於道路矣，老者衣帛食肉，黎民不饑不寒，然而不王者，未之有也。」

孟子說：「沒有固定產業卻有堅定心志的，只有讀書人做得到。至於一般百姓，沒有固定的產業，因而也就沒有堅定的心志。如果沒有堅定的心志，就會違法亂紀，什麼事都做得出來。等到他們犯了罪，然後加以處罰，這就等於設下羅網陷害百姓。哪裡有仁德之君在位，卻做出陷害百姓的事呢？

「所以英明的君主在規劃百姓的產業時，一定要使他們對上足夠侍奉父母，對下足夠養活妻小，豐年可以天天吃飽，荒年也不至於餓死。這樣之後，督促他們走上善道，百姓也就容易聽從了。現在所規劃的百姓產業，讓他們對上不夠侍奉父母，對下不夠養活妻小，豐年還要天天吃苦，荒年就免不了餓死。這樣，他們連救活自己都怕來不及，又哪有空閒講求禮儀與義行呢？

「大王想要實現願望，那麼何不回到根本上來呢？在五畝大的宅園中，種桑養蠶，五十歲的人就可以穿上絲綿襖了。雞、狗與豬這些家畜，不要錯過繁殖的季節，七十歲的人就可以有肉吃了。一家人百畝的田地不要占奪他們耕作的時機，八口人的家庭就可以不挨餓了。認眞辦理學校教育，反覆講述孝親敬長的道理，那麼頭髮花白的人就不會背著及頂著重物在路上行走了。老年人有絲綿襖穿也有肉吃，一般百姓不挨餓也不受凍，這樣還不能稱王天下，那是從來不曾有過的事。」

生活無虞才能走上善道

「恆產」是固定的產業，足以使人衣食無缺。「恆心」是堅定的心志，要「擇善固執」，孟子對讀書人的期許由此可見。

這句話並不是歧視沒有讀書的人，而是說人讀了書之後就能明白道理。古代的經典，無論是歷史，像《書經》，或文學，像《詩經》，都反應了時代背景和百姓的心聲。這些經過長期的蒐集，再選擇淘汰之後留下來的，肯定是人類生命經驗裡面極有價值的資料。所以啓蒙教育很重要，如果從小就明白道理，表現正確的言行，自然對自己和周圍的人都會產生正面的效應。

「若民，則無恆產，因無恆心。」這話出於同理心，很能體諒別人。因爲古代接受完整教育的人很少，一般人生活窮困的話，很容易饑寒起盜心。所以孟子認爲，一般百姓無恆產，也就沒有行善的恆心。

窮困之時，要堅持原則及遵守法紀，是很不容易的。爲了吃飽喝足、保住性命，就會爲所欲爲，什麼事都做得出來。

政府如果不分給百姓田地，或者不讓他們安心工作，結果百姓吃不飽、穿不暖，一旦犯罪就抓來處罰，這樣就等於是設下陷阱羅網來對付百姓。

所以，孟子認爲理想的情況，應該是「仰足以事父母，俯足以畜妻子，樂歲終身飽，凶年免於死亡」，如此百姓自然樂意跟隨而走向善道；如果情況相反，比如戰爭的時候，百姓連活下去都有困難時，又怎麼可能要求他們講義行、講禮貌呢？

滿足民生實際需求是治國之本

所以，齊宣王想要實現願望，必須回到根本上來。儒家重視「回到根本」，就是注意到人的基本需要。人要吃飽喝足，然後接受教育。教育內容是配合人性內在的需求，就是教導什麼是善，鼓勵人行善避惡。

接下來「五畝之宅……」的一段文字，在〈1．3〉有類似的說法。以前一般百姓的生活很簡樸，到七十歲才期盼有肉吃。這是以最低限度來考量，就是讓最窮人家的七十歲老人都可以吃到肉。如果大家生活都豐衣足食，上下必定齊心協力。

由此可知，孟子的理想不是憑空去想，他肯定讓百姓吃飽喝足是必要條件。但是，儒家當然不是只談經濟而已，經濟是必要的，但是還不夠。百姓吃飽喝足之後，就要想到更高的層次，就是如何發展心智的潛能、追求靈性的修養等等，這些方面就可以接著開發出來。

往更高層次的方向很明確，就是要讓一個人成爲更完整、更完美的人。方法是藉由不斷地行善，實現人與人之間的適當關係。因爲一個人行善時，相關的人一定會受惠、受益，如此慢慢形成良性循環的開始，在整個社會推廣開來之後，自然天下和樂太平。

由本文最後一段，可以再度看出孟子對一般人物質生活的重視。孟子做爲哲學家，自然有他深刻而高明的見解，但是談及現實人生，像政治與經濟問題，則必須具體而可行。孟子從具體生活入手，最後可以暢談浩然之氣，直至上下與天地同流。

卷二〈梁惠王篇〉下

〈2．1．1〉

莊暴見孟子，曰：「暴見（ㄒㄧㄢˋ）於王，王語（ㄩˋ）暴以好樂（ㄩㄝˋ），暴未有以對也。」曰：「好樂何如？」孟子曰：「王之好樂甚，則齊國其庶幾乎！」

他日，見於王曰：「王嘗語莊子以好樂，有諸？」

王變乎色，曰：「寡人非能好先王之樂也，直好世俗之樂耳。」

曰：「王之好樂甚，則齊其庶幾乎！今之樂，由古之樂也。」

曰：「可得聞與？」

曰：「獨樂（ㄩㄝˋ）樂，與人樂（ㄩㄝˋ）樂，孰樂？」曰：「不若與人。」

曰：「與少樂樂，與眾樂樂，孰樂？」曰：「不若與眾。」

齊國大臣莊暴來見孟子，說：「我被大王召見時，大王告訴我，他愛好音樂，我沒有話可以回答他。」接著又說：「愛好音樂到底好不好？」孟子說：「大王如果非常愛好音樂的話，齊國大概就可以平治了。」

過了幾天，孟子被齊宣王召見。他說：「大王曾經對莊暴說過愛好音樂，有這回事嗎？」

齊宣王臉色一變，說：「我不是愛好古代聖王的音樂，只是愛好世俗流行的音樂罷了。」

孟子說：「大王如果非常愛好音樂，齊國大概就可以平治了。現代的音樂和古代的音樂是一樣的。」

齊宣王說：「可以說來聽聽嗎？」

孟子說：「獨自欣賞音樂的快樂，比起同別人一起欣賞音樂的快樂，哪一種更快樂？」齊宣王說：「不如同別人一起。」

孟子說：「同少數人一起欣賞音樂的快樂，比起同多數人一起欣賞音樂的快樂，哪一種更快樂？」齊宣王說：「不如同多數人一起。」

善用音樂的正面價值——創造和諧

莊暴是齊國的大臣，孟子稱他莊子，在古代是禮貌的稱呼，與道家的莊子無關。這裡的「何如」就是如何，但比「如何」的意思更深一點，就是這件事情到底怎麼樣去理解呢？

齊宣王告訴莊暴他喜歡音樂，莊暴不知道該怎麼說，只好轉而請教孟子。孟子認爲：「齊國其庶幾乎」，意即齊國差不多可以國泰民安了。

過了幾天，孟子被齊宣王召見，他開門見山問起宣王與莊暴的對話。齊宣王不敢對孟子亂講話，所以他臉色一變，立刻承認自己不是喜歡古典的音樂，而是喜歡當時流行的靡靡之音。

孟子沒有責備他，反而語多勉勵：「大王如果非常愛好音樂，齊國大概就可以平治了。現代的音樂和古代的音樂是一樣的。」孟子在任何地方，說話都是一樣的心態，無論是對大臣、國君，既不會狂妄也不會卑屈。

齊宣王得到孟子的稱讚，忽然間心情大好，原來喜歡世俗音樂也可以推而治國，他當然很興奮了。

欣賞音樂是沒有人數限制的，眾人一起聽，大家的情感在美妙的旋律中交流，立即產生和諧的氣氛，音樂的目的就在於和諧。禮儀與音樂不同，「禮」的作用在於分辨尊卑秩序，規矩訂得很清楚；「樂」的作用則是和。

同許多人一起欣賞音樂，那種共鳴的氣氛當然更快樂。孟子的意思是：不管大王喜歡的是雅樂或俗樂，都不妨從音樂的和諧效果來設想，然後由己及人推廣出去，讓天下百姓都能共享這樣的快樂。他接著就以案例來加以說明。

〈2・1・2〉

「臣請爲王言樂。今王鼓樂於此，百姓聞王鐘鼓之聲、管籥（ㄩㄝˋ）之音，舉疾首蹙頞（ㄜˋ）而相告曰：『吾王之好鼓樂，夫何使我至於此極也！父子不相見，兄弟妻子離散！』今王田獵於此，百姓聞王車馬之音，見羽旄（ㄇㄠˊ）之美，舉疾首蹙頞而相告曰：『吾王之好田獵，夫何使我至於此極也！父子不相見，兄弟妻子離散。』此無他，不與民同樂也。今王鼓樂於此，百姓聞王鐘鼓之聲，管籥之音，舉欣欣然有喜色而相告曰：『吾王庶幾無疾病與，何以能鼓樂也？』今王田獵於此，百姓聞王車馬之音，見羽旄之美，舉欣欣然有喜色而相告曰：『吾王庶幾無疾病與，何以能田獵也？』此無他，與民同樂也。今王與百姓同樂，則王矣。」

孟子說：「請讓我爲大王談談音樂。假設大王在這兒奏樂，百姓聽到鐘鼓的聲音，簫笛的演奏，大家都頭痛皺眉互相議論說：『我們大王愛好音樂，爲什麼讓我們陷入這樣的絕境？父子不能見面，兄弟妻兒離散。』假設大王在這兒打獵，百姓聽到大王車馬的聲音，看見旗幟的華美，大家都頭痛皺眉互相議論說：『我們大王愛好打獵，爲什麼讓我們陷入這樣的絕境？父子不能見面，兄弟妻兒離散。』這沒有別的原因，只是不同百姓一起快樂的緣故。假設大王在這兒奏樂，百姓聽到鐘鼓的聲音，簫笛的演奏，大家都眉開眼笑互相談論說：『我們大王大概沒什麼病吧，不然怎麼能奏樂呢？』假設大王在這兒打獵，百姓聽到大王車馬的聲音，看見旗幟的華美，大家都眉開眼笑互相談論說：『我們大王大概沒什麼病吧，不然怎麼能打獵呢？』這沒有別的原因，只是同百姓一起快樂的緣故。如果大王可以與百姓一起快樂，就可以稱王天下了。」

孟子切入正題了，要同齊宣王談談音樂，由此可見孟子不只是滿口仁義道德，他也談音樂、休閒、打獵等，但都是爲了一個共同的立場。

為政之道就是與民同樂

「管籥」，是指像笛子、蕭這些中空的樂器。「舉」是指「皆」，即指所有人都怎麼樣了。「疾」代表非常討厭，如「疾惡如仇」。「極」就是絕境，沒有路走了。

百姓窮困之至，導致「父子不相見，兄弟妻子離散」，因爲兒子去服勞役或去參戰，父子見不到面，兄弟妻兒也離散了。百姓生活困苦，當然會有怨言：國君喜歡音樂，但爲什麼讓我們這麼苦呢？爲什麼不能讓大家都快樂呢？

孟子爲了證明他的論點，再舉田獵做爲例子，田獵就是打獵。在此，孟子是醜話講在前面，後面就講正面的了。

君主的鼓樂與田獵都是正當娛樂，但前提是要讓百姓豐衣足食，也能過得平安快樂。問題在於：君主的享受往往是由剝削百姓而得到的，因而很難兩全其美。但是建立一個合理的制度，儘量減少錯誤的政策，至少可以讓百姓活得有希望。

最後孟子提出結論，即「與民同樂」，這四個字，就是爲政之道。百姓喜歡什麼，君王可以同他們一起快樂。

這一段話提到兩件事，一是鼓樂，一是田獵，都是君王的休閒活動。休閒活動的快樂，只要不是一個人獨占，而是讓百姓也能快樂的話，恩澤就會擴及所有百姓，治理天下自然沒有什麼困難了。

〈2・2〉

齊宣王問曰：「文王之囿，方七十里，有諸？」

孟子對曰：「於傳（ㄓㄨㄢˋ）有之。」

曰：「若是其大乎？」

曰：「民猶以爲小也。」

曰：「寡人之囿，方四十里，民猶以爲大，何也？」

曰：「文王之囿，方七十里，芻蕘（ㄖㄠˊ）者往焉，雉兔者往焉，與民同之；民以爲小，不亦宜乎？臣始至於境，問國之大禁，然後敢入。臣聞郊關之內有囿方四十里，殺其麋鹿者，如殺人之罪，則是方四十里爲阱於國中。民以爲大，不亦宜乎？」

齊宣王問說：「周文王的園林縱橫各七十里，有這回事嗎？」

孟子回答說：「在史籍上有這樣的記載。」

齊宣王說：「這樣不是很大嗎？」

孟子說：「百姓還覺得太小了呢。」

齊宣王說：「我的園林縱橫各四十里，百姓還覺得太大，這是什麼緣故？」

孟子說：「周文王的園林縱橫各七十里，割草砍柴的可以去，打鳥捕兔的可以去，那是與百姓一同享用的；百姓認爲太小，不是應該的嗎？我剛到貴國邊境的時候，先問清楚齊國重要的禁令，然後才敢入境。我聽說在國都郊區有一處園林，縱橫各四十里，殺了其中的麋鹿，就如同犯了殺人罪；這等於在國內設下縱橫各四十里的陷阱。百姓認爲太大了，不也是應該的嗎？」

以資源共享來創造更大價值

「囿」是指古代蓄養草木鳥獸的園林，沒有圍牆的稱作「囿」，有圍牆的稱作「苑」。囿也是君主田獵之所。

齊宣王先確認周文王的園林有七十里，然後再問爲什麼自己的園林只有四十里見方，而百姓還是認爲太大，這表示他也想了解一下民情。

「芻蕘者」是指割草、砍柴的人；「雉兔者」是指打鳥捕兔的人。當時的許多百姓就是靠「芻蕘、雉兔」爲生的。以前百姓的生活很簡單，不會拿園林來休閒。周文王的園林不是獨家專屬的，誰都可以去割草、砍柴、打鳥、捕兔，如此百姓當然認爲地方太小。

孟子很聰明，一到齊國邊境時，就問這個國家有什麼重要的禁令，深怕弄錯了規矩，到時候被抓還不知道是怎麼回事，這就是「入境問俗」。

接著孟子提到：「郊關之內有囿方四十里，殺其麋鹿者，如殺人之罪，……」「郊關」，國都之外，百里爲郊，郊外有關。有關，就要設關卡。關卡有兩個作用，一是檢查有沒有非法入境者，二是要收稅。

要是殺了園林的一隻鹿，就等於殺人一樣，因爲那兒的鹿只有國君可以處置。殺人者死，所以要爲鹿償命。這樣百姓就覺得恐怖，覺得這個地方很多陷阱。經過這個園林隨時都有危險，如果一隻鳥掉下來，自己會不會有罪呢？所以百姓覺得四十里太大了，不是應該的嗎？「民以爲大，不亦宜乎？」說得多麼合理。周文王的作風是「與民同之」，政治沒有什麼特別之處，就是要「與人民同之」。看似簡單的一句話，卻不容易做到。

這一段所說的園林也與實際生活有關，可見哲學家並不是脫離人間的。孟子這些話說得十分親切，顯示他平常對於實際生活也很留意。

〈2・3・1〉

齊宣王問曰：「交鄰國，有道乎？」

孟子對曰：「有。唯仁者爲能以大事小，是故湯事葛，文王事昆夷。唯智者爲能以小事大，故太王事獯鬻（ㄒㄩㄣ ㄩˋ），勾踐事吳。以大事小者，樂天者也；以小事大者，畏天者也。樂天者保天下，畏天者保其國。詩云：『畏天之威，於時保之。』」

齊宣王問：「與鄰國交往有什麼原則嗎？」

孟子回答說：「有的。只有仁德者能以大國的身分事奉小國，所以商湯服事葛伯，周文王服事昆夷。只有明智者能以小國的身分事奉大國，所以太王服事獯鬻，勾踐服事吳國。以大國身分事奉小國的，是以天命爲樂的人；以小國身分事奉大國的，是對天命敬畏的人。以天命爲樂的人可以保住天下，對天命敬畏的人可以保住他的國家。《詩經．周頌．我將》上說：『敬畏天的威嚴，所以保住福佑。』」

對鄰國的外交原則

齊宣王問：「與鄰國交往有什麼原則嗎？」當時大大小小總共有二十幾國，以戰國七雄爲首，齊國是其中之一。這裡提及古代的歷史資料。湯是商朝的創建者商湯，葛是古代的小國，這件事在〈滕文公下〉，有較詳細的介紹。商湯征伐各國時，首先征伐的就是這個鄰居葛國。

葛國的國君葛伯作風惡劣，不肯祭祀。在古代，一個國君不肯祭祀，是很大的罪過。因爲祭祀的時候，會有敬畏之心，表現超越的情操。君主平常吃喝玩樂，至少要去祭祀之前，會齋戒、沐浴幾天，收斂心思，這表示一年裡面有機會回到生命的本源之處，同祖先連上線。以後即使故態復萌，但是至少可以定期齋戒。

古代強調「國之大事在祀與戎」，祀就是祭祀，尤其對君王而言特別重要，表示珍惜祖先的傳統。人難免一死，如果對死後世界完全不在乎的話，現在就很難安排正當的生活。一個人認定死了之後一切結束，那就是虛無主義的心態。如果相信死後還有不同形態的生命，要求子孫去祭祀，那麼生者就會收斂，國家和百姓也才可以找到生活的重心。

所以，商湯討伐各國，是先從葛開始，故事內容將來再說。這就叫做「以大事小」，因爲商湯是大國。「文王事昆夷」，昆夷是周朝初年的西戎國名。文王是西伯，西方的霸主，昆夷只是小國，但文王對它也非常客氣。這就是大國度量大，不跟小國計較，這是出於仁者的心。

「太王」是指周文王的祖父古公亶父。「獯鬻」是指北方的少數民族，也就是狄人。東夷、西戎、南蠻、北狄，代表沒有開化的少數民族，當地的原住民。秦漢時稱狄人爲匈奴。

越王勾踐於西元前四九四年被吳王夫差所敗，後來演變出「臥薪嚐膽」、「勾踐復國」等事蹟。這些孟子都很熟悉，因爲是在他不久之前的歷史。前面講求仁德，後面講求明智。因爲國家小，所以特別需要聰明。

樂天知命，高枕無憂

以天命爲樂，「樂天者也」，「樂天知命」後來成爲成語。樂天要對照後文的畏天，一個是以天命爲樂，一個是對天命敬畏。

先說「對天命敬畏」。既然是小國，面對大國若不順從會被消滅。既然天命如此，那就接受及敬畏天命，聽從大國的話，不會發生戰爭。一旦打仗，不會有好結果，實在太不明智了。至於以天命爲樂，則大國既然已是大國，天命如此，不妨以此爲樂，不必計較太多，對小國要多加包容。一個是「畏」，一個是「樂」，態度不一樣。敬畏天命，至少可以保存國家，不至於被消滅。

孟子所謂的「天」，是指一個超越的主宰、至上的神。天不是指自然之天，誰會在意上天下雨或不下雨？但是誰都會害怕天的威嚴，所以就老老實實敬畏天命，有這樣的「天」，才有必要「畏天命」。

〈2・3・2〉

王曰：「大哉言矣！寡人有疾，寡人好勇。」

對曰：「王請無好小勇。夫撫劍疾視曰：『彼惡（ㄨ）敢當我哉！』此匹夫之勇，敵一人者也。王請大之！《詩》云：『王赫斯怒，爰整其旅，以遏徂（ㄘㄨˊ）莒，以篤周祜（ㄏㄨˋ），以對於天下。』此文王之勇也。文王一怒而安天下之民。《書》曰：『天降下民，作之君，作之師，唯曰其助上帝寵之，四方有罪無罪唯我在，天下曷敢有越厥志？』一人衡行於天下，武王恥之。此武王之勇也，而武王亦一怒而安天下之民。今王亦一怒而安天下之民，民唯恐王之不好勇也。」

齊宣王說：「這番話太偉大了！不過我有一個毛病，就是愛好勇敢。」

孟子回答說：「希望大王不要愛好小勇。手按劍柄、怒目而視，說：『他怎麼敢抵擋我！』這是平凡人的勇敢，只能對付一個人。希望大王擴而大之。《詩經．大雅．皇矣》上說：『文王勃然大怒，於是整頓軍隊，阻止侵略莒國的敵人，以增強周朝的福佑，並以此報答天下人的期望。』這是文王的勇敢。文王一發怒就安定了天下的百姓。《尚書．泰誓》上說：『天降生萬民，為萬民立了君主也立了師傅，要他們協助上帝來愛護百姓。因此，四方百姓有罪的與無罪的，都由我來負責，天下誰敢超越他的本分？』有一個人在天下橫行，武王覺得可恥。這就是武王的勇敢。武王也是一發怒就安定了天下的百姓。」如果大王也是一發怒就安定了天下的百姓，那麼百姓還只怕大王不愛好勇敢呢。」

安定天下才是真正的勇敢

孟子前面描述仁德者、明智者的作爲，是要化解戰爭的威脅。接著宣王承認自己有毛病，喜歡打仗，希望孟子來指教。

針對齊宣王的「好勇」，孟子期許他不要愛好小勇。小勇就是「手按劍柄、怒目而視，說著：『他怎麼敢抵擋我！』」這確實是平凡人的勇敢，只能對付一個人。所以孟子希望宣王能擴而大之。這話說得非常生動。

孟子接著引用《詩經．大雅》，裡面提到文王一發怒就安定了天下的百姓，這才叫做大勇。「王赫斯怒」，「赫斯」是指生氣的樣子，意即國君發怒了；「爰整其旅」，於是整頓他的軍隊，「旅」代表人數眾多；「以遏徂莒」的「遏」是指遏止，「徂」是指前往。

接著再引用一段《尚書》，裡面提到武王也是一發怒就安定了天下的百姓。「天降下民」，百姓可以誕生於世，古代的人相信天是造生者，人的生命推源於天，把天當做一切生命最後的來源。其他動物是物競天擇、適者生存，只能自生自滅。但是人不一樣，天還要「作之君」、「作之師」，替人找到君主、找到老師。

沒有君主的話，人群就變成一盤散沙。人類沒有合作就不可能生存，爲了驅逐猛獸、疏導洪水，需要有人領導，這叫做「作之君」。而「作之師」，是指需要有人來「教導」如何做人處事，因爲百姓不是生下來就懂道理的，要靠學習才知道什麼該做什麼不該做。所以天會選擇老師與國君，要求他們協助上帝來愛護百姓。

《詩經》、《書經》裡面常常提到天與上帝，這在孟子看來是很自然的。因爲萬物要有最後的來源，人類也要有決定善惡的最後的判斷力量，那就是天或上帝，君與師是代替上帝來愛護百姓的。

在古代，天代表萬物的最後歸屬。「四方有罪無罪唯我在」，是指沒有罪的我負責照顧，有罪的我負責懲罰。但是懲罰的時候，要先問自己有沒有照顧好，有沒有教好百姓。所以古代的聖王，看到天下發生災難，都是先自我反省，問自己是不是沒有盡到責任；而後代的暴君一看到國家有問題，就怪罪百姓。這是完全不同的心態。

勇敢與抉擇有關

「天下何敢有越厥志」，「厥」是指這個，「志」是指應該有什麼樣的自我要求。「一人衡行」，「衡」即橫，就是橫著走路，與螃蟹一樣。周武王認爲可恥的是，讓紂王這樣一個壞人到處橫行霸道。

最後，孟子的話題回到現場：「如果大王也是一發怒就安定了天下的百姓，那麼百姓還只怕大王不愛好勇敢呢。」由此可知，勇敢總是與抉擇有關。採取某種行動時，如果出發點是血氣之勇，這口氣忍不下去，非要出來計較不可，這叫做「小勇」。「大勇」代表出於正義感。

西方談到憤怒時，也分得很細。譬如上帝發怒，《聖經》裡面描寫那是被祝福的憤怒（the blessed rage），叫做「義怒」，代表正義的憤怒。這種怒不是爲了自己，而是爲了人們的行爲不符正義而發怒，它是充滿力量的。

說到愛好勇敢，孟子總是希望國君能夠變成像周文王、周武王這樣的人。小勇是逞強好鬥，出於意氣衝動。大勇則是主持正義，爲了照顧百姓。

孟子說話條理分明，總是把每一個概念都分辨清楚。因爲人生的問題往往來自概念的混淆，把一些不相干的東西湊在一起，出發點一片模糊；逐步澄清之後，概念不再混淆，問題就化解了。根據客觀事實，不必浪費口舌，道理自然明白，就不會陷入似是而非的迷惑之中。

〈2・4・1〉

齊宣王見孟子於雪宮。王曰：「賢者亦有此樂乎？」

孟子對曰：「有。人不得，則非其上矣。不得而非其上者，非也；爲民上而不與民同樂者，亦非也。樂民之樂者，民亦樂其樂；憂民之憂者，民亦憂其憂。樂以天下，憂以天下，然而不王者，未之有也。昔者齊景公問於晏子曰：『吾欲觀於轉附朝儛（ㄨˇ），遵海而南，放於琅邪；吾何修而可以比於先王觀也？』

齊宣王在他的離宮雪宮裡接見孟子。齊宣王說：「賢良的人也有這種快樂嗎？」

孟子回答說：「有。人們得不到這種快樂，就會抱怨他們的君主。得不到就抱怨君主，是不對的；做爲百姓的君主卻不同百姓一起快樂，也是不對的。君主以百姓的快樂爲自己的快樂，百姓也會以君主的快樂爲自己的快樂；君主以百姓的憂愁爲自己的憂愁，百姓也會以君主的憂愁爲自己的憂愁。同天下人一起快樂，同天下人一起憂愁，這樣還不能稱王天下，那是從來不曾有過的事。從前齊景公問晏子說：『我想去遊覽轉附、朝儛這兩座山，然後沿著海岸向南行，一直走到琅邪山；我要怎樣修養才能與先王的遊覽相比擬呢？』」

學習用同理心相互對待

齊宣王在雪宮接見孟子。有人把「雪宮」翻譯成別墅，感覺太現代了，我譯成「離宮」，亦即古代帝王出巡時的行宮，感覺較貼切。齊宣王說：「賢良的人也有這種快樂嗎？」他這樣說當然是肯定自己的離宮富麗堂皇，是讓人感到愉快的地方。孟子說：「有的，賢者也會有這樣的快樂。」

他接著說，身爲百姓，得不到就抱怨君主，質疑爲什麼自家環境那麼差，國君住的地方卻那麼好呢？但是，身爲國君卻不讓百姓像他一樣快樂，也有責任。這兩方面都有問題。

孟子隨即切入正題：「樂民之樂者，民亦樂其樂；憂民之憂者，民亦憂其憂。」這是互相的同理心，孟子一再提及類似的觀念。再看，人生有快樂，也有憂愁。身爲一個領袖人物，如果沒有與百姓同樂同憂，百姓當然不能接受，這是可以理解的。「樂以天下，憂以天下」，孟子說得很實在，國君要同天下人一起快樂，同天下人一起憂愁。

宋朝的范仲淹說：「先天下之憂而憂，後天下之樂而樂。」他的說法根本不可能實現。如果眞有人「後天下之樂而樂」，那麼他永遠不可能快樂了，因爲天下總是有人處於痛苦之中。相對於此，孟子說的「樂以天下，憂以天下」就平實可信多了，並且無損於「與民偕樂」的理想。由此可見，偉大的哲學家不必高唱美麗的口號，而是要視民如親，以同理心看待百姓苦樂。

孟子知道齊國人喜歡談論齊桓公、齊景公這些祖先，所以就引述一段故事。齊景公知道先王，如周文王和周武王，經常到處遊覽，受到百姓的支持和歡迎，於是想知道怎麼樣可以效法他們。孟子引述齊國的往事，是希望啓發齊宣王的上進心，所謂「取法乎上，得乎其中」，先王可以做到的，他爲什麼不能做到？與其在戰國時代與各國諸侯爭霸權，不如轉移焦點，向古人請益，看看怎樣才是傑出的君王。

〈2・4・2〉

「晏子對曰：『善哉問也！天子適諸侯曰巡狩。巡狩者，巡所守也。諸侯

朝於天子曰述職。述職者，述所職也。無非事者。春省耕而補不足，秋省斂而助不給。夏諺曰：「吾王不遊，吾何以休？吾王不豫，吾何以助？一遊一豫，爲諸侯度。」今也不然：師行而糧食，飢者弗食，勞者弗息。睊（ㄐㄩㄢˋ）睊胥讒，民乃作慝（ㄊㄜˋ）。方命虐民，飲食若流。流連荒亡，爲諸侯憂。從流下而忘反，謂之流；從流上而忘反，謂之連；從獸無厭，謂之荒；樂酒無厭，謂之亡。先王無流連之樂，荒亡之行。唯君所行也。』

「景公說（ㄩㄝˋ），大戒於國，出舍於郊。於是始興發補不足。召太師曰：『爲我作君臣相說之樂！』蓋『徵招（ㄓˇ ㄕㄠˊ）』、『角招（ㄐㄩㄝˊ ㄕㄠˊ）』是也，其詩曰：『畜君何尤？』畜君者，好君也。」

「晏子回答說：『問得好啊！天子前往諸侯之國，稱爲巡狩。所謂巡狩，就是巡視諸侯所守的疆土。諸侯去朝見天子，稱爲述職。所謂述職，就是陳述自己所盡的職責。沒有不與工作相結合的。春天視察耕種情況，幫助不足的人；秋天視察收成情況，周濟缺糧的人。夏朝的諺語說：「我王不出來巡遊，我們哪會得到休息？我王不出來走動，我們哪會得到補助？他的巡遊與走動，都是諸侯的榜樣。」現在卻不是如此，出巡時興師動眾，並且徵集糧食，使得饑餓的人沒有飯吃，勞累的人不得休息。大家怒目而視，互相抱怨，百姓也開始爲非作歹了。違背天意，虐待百姓，吃喝浪費如同流水；流連忘返，荒亡無行，使諸侯也深感憂愁。從上游玩到下游，樂而忘返，叫做流；從下游玩到上游，樂而忘返，叫做連；拚命打獵不知厭倦，叫做荒；好酒貪杯不知滿足，叫做亡。先王沒有流連的享樂、荒亡的行徑。就看您怎麼做了。』

「齊景公聽了很高興，先在都城內做好充分準備，自己再駐紮到郊外去，然後開倉救濟窮人。他召來大樂官，說：『為我作一首君臣相悦的歌曲！』那就是『徵招』與『角招』啊。其中有一句說：『關心君主，有什麼過錯？』關心君主，就是愛護君主的意思。」

賢德的君主時時心繫民生

孟子借用一段史實，來教導齊宣王。晏嬰與齊景公的對話，是齊國先王的軼事，齊宣王應該聽得進去。

我們至今還在使用「述職」一詞。「無非事者」，任何作為都不能沒有正當理由，國君要到某地遊覽就說是去巡狩，諸侯要去朝見天子就說是去述職，都是為了視察各地的民生情況。

「不足」是擔心春天耕田的人手不夠，要派一些人幫忙；「斂」是指收穫，秋天收成不好就需要周濟。意思是國君春、秋兩季到各地視察，是為了幫助百姓。

「豫」也是「遊」的意思。天子的巡遊與走動都是諸侯的榜樣，因為他是出來幫助百姓，為了「春省耕，秋省斂」。

以公共資源滿足私欲將引起民怨

「師行」，古代以五百人爲一個師，這麼多人出門正是勞師動眾。國家的元首有這種特權，但百姓卻要跟著受苦。於是百姓「睊睊胥讒，民乃作慝」。「睊睊」即怒目而視，眼睛瞪得很大，斜眼看人的樣子；「胥讒」，是指互相抱怨。「慝」是指藏在心中的壞念頭，「匿」底下有一個「心」，代表動了念頭要做壞事。

「方命虐民」的「方」是阻礙的意思，表示違背了天意。身爲天子而違背天意，虐待百姓。「飲食若流」，有如今天所謂的流水席，吃喝浪費如同流水。

晏子接著提醒齊景公：「先王無流連之樂，荒亡之行。唯君所行也。」從上游玩到下游比較容易，即順「流」而下；「連」則需要有人拉船，古時候沒有馬達，船要逆流而上得有縴夫來拉，兩岸有人拉船，從下游往上游去，勞苦不堪。

「從獸」就是追逐野獸，打獵不知厭倦，叫做「荒」。什麼叫「亡」呢？即「樂酒無厭」也。前者「從獸無厭」，後者「樂酒無厭」，這些享受都很容易讓一個人耽溺其中。一早起來就去打獵，不用費什麼腦筋，大家相約喝酒作樂，好像忘了責任。如此而不厭倦，一直下去怎麼得了？

用正面的方式鼓勵人向善的心

聽到大臣這樣建議，齊景公當然有心學好，認爲自己這麼做的話，會受到百姓的謳歌與稱讚。

所以景公決定「發補不足」，因爲百姓太窮了，就開倉救濟窮人，發一點米給大家。接著「召太師」，「太師」是指樂師，即製作音樂的大樂官。「君」是指景公，「臣」就是晏嬰。國君接受臣子建議，馬上改過遷善，那就作一首歌曲做爲紀念吧。「畜君者，好君也」，愛好君主，喜歡他就要關心他，要勸他做好事，百姓也會稱讚他。「徵招」、「角招」。「招」同「韶」，即韶樂，是一種音樂的類型。所作的就是

從這一段史實可以看到，齊景公想去旅遊，又怕師出無名，於是晏嬰告訴他以前的情況，「流連荒亡」是不好的，照顧百姓就是好的。所以景公立刻開倉救濟百姓，百姓自然感念恩德，景公也因此覺得自己很了不起，就派人作樂，來紀念此事。

齊景公之名在《論語》裡面出現過，晏子是他的宰相。孔子也曾見過齊景公，但是對他評價不高。《論語．季氏》裡說：「齊景公有馬千駟，死之日，民無德而稱焉。」意思是齊景公有四千匹馬，當他死的時候，百姓找不到任何德行可以稱讚他。

孟子總是以正面鼓勵的方式，肯定好心與善行，目的是爲了啓發聽者自覺其「向善」的心志。譬如，齊宣王以前看到牛的恐懼模樣便不忍心殺牠，孟子都認爲這是好事。然而孟子不是只停留在這個層面，而是要往上提升。例如，宣王說喜歡勇敢，他就要將它提升成大勇；說樂於觀賞，他就舉齊景公爲例做爲示範。他總是一有機會就循循善誘，鼓勵人努力行善。這是孟子的一大特色。

儒家由於肯定人性向善，所以總是顯示樂觀的心情，即使在面對沉迷於享樂的君主時，也要想盡辦法開導他們的行善心志。國君位居要津，動見觀瞻，他們如果從善如流，則天下有道的機率就更高了。孟子這種做法，正如孔子，是「知其不可而爲之」。事後驗證並未成功。理論無法得到驗證，並不表示儒家所說的是錯的。關於這

一點，將來還有更深入討論的機會。

〈2・5・1〉

齊宣王問曰：「人皆謂我毀明堂，毀諸？已乎？」

孟子對曰：「夫明堂者，王者之堂也。王欲行王政，則勿毀之矣。」

王曰：「王政可得聞與？」

對曰：「昔者文王之治岐也，耕者九一，仕者世祿，關市譏而不征，澤梁無禁，罪人不孥（ㄋㄨˊ）。老而無妻曰鰥（ㄍㄨㄢ），老而無夫曰寡，老而無子曰獨，幼而無父曰孤，此四者，天下之窮民而無告者，文王發政施仁，必先斯四者。《詩》云：『哿（ㄍㄜˇ）矣富人，哀此煢（ㄑㄩㄥˊ）獨。』」

王曰：「善哉言乎！」

曰：「王如善之，則何爲不行？」

齊宣王問說：「別人都建議我拆毀明堂，要拆毀呢？還是不要？」

孟子回答說：「明堂是古代君王會見諸侯的殿堂。大王如果想要施行王政，就不要拆毀它。」

齊宣王說：「王政的情況，可以說來聽聽嗎？」

孟子回答說：「從前周文王治理岐地，農民抽九分之一的稅。做官的人世代繼承俸祿，關卡與市場只稽查不徵稅，湖泊、池沼不設捕魚禁令，懲罰罪犯不牽連妻小。年老無妻叫做鰥，年老無夫叫做寡，年老無子叫做獨，年幼無父叫做孤。這四種人是天下最困苦而又無所依靠的人。周文王發布政令、施行仁政，一定最先考慮他們。《詩經・小雅・正月》上說：『有錢的人過得不錯，要可憐這些孤獨無依的人。』」

齊宣王說：「這番話說得好啊！」

孟子說：「大王如果覺得好，那麼爲什麼不實行呢？」

慎重看待道統的傳承

「王者」原本是指天子，天子在各地巡狩時，在山東地區蓋了一座明堂，用來召見諸侯。因此明堂的存在，可以提醒諸侯不要忘了天子是天下的共主。

在《論語・八佾》有一句話：「子貢欲去告朔之餼羊。」古代天子統治天下，諸侯每個月要行告朔之禮，用一隻活羊去祭拜，表示接受天子所頒的月曆，亦即表明自己是服從與支持天子的。到了春秋時代末期，天子勢力大衰，子貢是孔子的學生，聰明而且口才很好。他認爲應該廢除告朔時所準備的活羊，因爲根本就沒有人在乎周朝天子，又何必用一隻羊徒具形式呢？

子曰：「賜也，爾愛其羊，我愛其禮。」孔子說：「子貢啊，你捨不得這隻羊，我捨不得這個禮啊。」子貢捨不得一隻羊，但是孔子捨不得這個禮，因爲只有繼續維持這個以羊祭祀的舉動，可以讓人想起來還有天子，還有周朝。

這裡的情況也是類似的。天子根本不敢來了，明堂留在那裡，沒有什麼用處。但是拆掉明堂的話，大家更容易忘記還有一個天子存在。既然想行王政，那就保存明堂，又何必非拆不可呢？孟子說的是這個意思。

用合理的原則治國

齊宣王想聽聽王政的情況，孟子就以周文王治理岐地為例來說明。

「九分抽一」，因為有井田制度。一塊地，劃一個「井」字，中間的叫公田，由八家共耕。八家各有私田，公田要一起負責，公田耕好後才能耕私田，這叫九分抽一，一共有九份田，一份是歸公家，「耕者九一」也。

「仕者世祿」，做官的人世代繼承俸祿叫「世祿」。為什麼要世代繼承俸祿呢？因為他們對國家有所貢獻，照顧公務人員很重要，讓他們可以專心為社會服務。

「關」是指設在郊外的，市場則設在都市裡，至少是人群往來集中的地方，「譏」是指稽查。檢查貨物，但不徵稅，此謂「關市譏而不征」。

中國湖泊很多，如洞庭湖、太湖都像海一般，一望無際。許多人在這些地方捕魚，賴以為生，因此就不要禁止，這叫「澤梁無禁」。

「孥」原是用手提起來的意思，在此是指妻小家人。一人犯罪，罪不及妻小。誰犯罪誰負責，不要連累妻小，就是「罪人不孥」。文王的作風在古代堪稱仁政了。

弱勢族群最需要社會的照顧

《禮運．大同》提到的理想國：「鰥、寡、孤、獨、廢疾者皆有所養。」前三者都與年老有關。所以孔子的志向就把「老者安之」放在第一位。人都會老，並且要很幸運才會老；不幸的話就先走了。人若是想到自己將來的樣子，就會對老年人體貼一點。第四者叫做孤，是指小孩而言，屬於孔子所說的「少者懷之」。這四種情況都應該由社會來救濟，因爲這些人眞的無依無靠。

年老、年幼、殘疾者，都應該受到照顧。這樣一種制度，可以幫助社會弱勢團體，大家也都樂意做。古代周文王在發布政令、施行仁政時，就是這麼做的，這些都出於自然又平常的同理心。

孟子再舉《詩經．小雅．正月》上說的：「哿矣富人，哀此煢獨。」「哿」即是可，過得可以了。「煢獨」是指孤獨無依的人。齊宣王聽完當然有些感動，被引發了善的衝動，孟子也打鐵趁熱：「大王如果覺得好，爲什麼不實行呢？」既然覺得好，爲什麼不去做呢？且看下文。

像孟子這樣引經據典來說明他的主張，當然需要一個前提，就是大家都接受傳統的價值觀，認同周文王的德政以及他們受百姓的愛戴。不過，身爲哲學家，孟子必須進一步指出：周文王的德政不是出於任意的選擇，而是合乎人性的需求。那麼，人性的需求是什麼？孟子後來一再講述人性與善的關係，就是爲了說清楚其中的道理。主要的討論可參看〈告子上〉。

〈2・5・2〉

王曰：「寡人有疾，寡人好貨。」

對曰：「昔者公劉好貨，《詩》云：『乃積乃倉，乃裹餱（ㄏㄡˊ）糧，於橐（ㄊㄨㄛˊ）於囊，思戢（ㄐㄧˊ）用光。弓矢斯張，干戈戚揚，爰方啓行。』故居者有積倉，行者有裹糧也，然後可以爰方啓行。王如好貨，與百姓同之，於王何有？」

王曰：「寡人有疾，寡人好色。」

對曰：「昔者太王好色，愛厥妃。《詩》云：『古公亶（ㄉㄢˇ）父，來朝走馬，率西水滸，至於岐下，爰及姜女，聿（ㄩˋ）來胥（ㄒㄩ）宇。』當是時也，內無怨女，外無曠夫。王如好色，與百姓同之，於王何有？」

齊宣王說：「我有個毛病，我愛好財物。」

孟子回答說：「從前公劉愛好財物，《詩經・大雅・公劉》上說：『糧食屯積在倉庫，包裹乾糧裝橐囊，安定百姓顯聲威。把箭張在弓弦上，干戈刀斧都齊備，這才出發向前行。』因此，留守的人有屯積的倉庫，出行的人有滿載的乾糧，然後才可以出發遠行。大王如果愛好財物，與百姓共同享用，要稱王天下有什麼困難呢？」

齊宣王說：「我有個毛病，我愛好美色。」

孟子回答說：「從前太王愛好美色，寵愛他的妃子。《詩經・大雅・綿》上說：『古公亶父，清晨騎馬奔馳，沿著西邊河岸，到了岐山腳下，於是姜氏女子，一起來此居住。』在那個時候，沒有不嫁而抱怨的女子，也沒有不娶而單身的男子。大王如果愛好美色，與百姓共同分享，要稱王天下有什麼困難呢？」

愛財的正道——與人分享

齊宣王自承「好貨」，亦即愛好財物，孟子就舉《詩經．大雅．公劉》上的：「乃積乃倉，乃裹餱糧，於橐於囊，思戢用光。弓矢斯張，干戈戚揚，爰方啓行。」「囊」、「橐」都是袋子，用來裝乾糧。「思戢用光」的「思」是語助詞，「戢」是指安定、集合，「用光」是顯出光輝，就是安定百姓顯聲威。「干戈戚揚」是古代四種基本的武器，「戚揚」是所謂的斧、鉞，用來作戰的，干、戈亦然，這代表武器都齊備了。

這首詩描寫倉庫滿了，乾糧、武器也都齊備，表示財力雄厚。孟子藉它說明國君愛財沒有關係，公劉也擁有很多錢財和物力。有倉庫給留守的人，有乾糧給出發的人，這樣才可以往外擴張勢力。在此，「與百姓同之」才是關鍵，只要財物與百姓一起享用，要稱王天下有什麼困難呢？

善用「欲望」的正面價值

齊宣王繼續說自己「好色」，孟子以《詩經．大雅．綿》提到的古公亶父爲例。「來朝走馬」，清晨騎馬奔馳，「率」是指循著、沿著。「水滸」是指水邊。「聿來胥宇」的「胥」是指相、一起；「宇」是指居住的屋宇。

古公亶父清晨騎馬尋找姜氏女子，表示他很愛他的夫人，他夫人也長得美。孟子引這首詩來說明「內無怨女」、「外無曠夫」，如果沒有怨女也沒有曠夫，讓男有分，女有歸，豈不是很好嗎？大家都愛好美色，每個人都娶得佳人歸。這就是「好色」的最終用意了。

其實，好貨與好色都不是壞事，關鍵在於是否「與民同之」。只要百姓都可以滿足這些自然的欲望，國泰民安就沒有問題了。

齊宣王先後談及他的毛病有好勇、好色、好貨三點。這不免使人想起孔子在《論語·季氏》所說的：「君子有三戒，少之時，血氣未定，戒之在色；及其壯也，血氣方剛，戒之在鬥；及其老也，血氣既衰，戒之在得。」孔子把人的一生分成少年、壯年、老年三個階段，由於血氣（本能、欲望、衝動）的影響會分別出現三種毛病。事實上，孔子說得還算客氣，因爲許多人不論在什麼年紀，都同時具備三大毛病。

像齊宣王這樣的政治領袖，有眞誠反省及坦白認錯的心意，實在難能可貴。自古以來，有幾個政治領袖願意承認自己有疾、有病呢？人說「醫者父母心」，病患看到醫生，就像看到父母一樣，齊宣王顯然把孟子當成醫生了。

孟子的思維方式，由此可見一斑。當一個人承認自己有毛病時，孟子就說這個毛病是出於人性弱點，大家都有的。如果把利己的念頭擴充出去，讓每個人的欲望都得以滿足，不就是好事了嗎？

〈2・6〉

孟子謂齊宣王曰：「王之臣有託其妻子於其友而之楚遊者，比其反也，則凍餒（ㄋㄟˇ）其妻子，則如之何？」王曰：「棄之。」曰：「士師不能治士，則如之何？」王曰：「已之。」曰：「四境之內不治，則如之何？」王顧左右而言他。

孟子對齊宣王說：「假如大王有個官員，把妻小託付給朋友照顧，自己前往楚國遊歷，等他回來時，發現他的妻小在受凍挨餓，對這樣的朋友應該怎麼辦？」

齊宣王說：「與他絕交。」

孟子說：「司法官不能管好他的下屬，應該怎麼辦？」

齊宣王說：「撤換他。」

孟子說：「一個國家治理不好，應該怎麼辦？」齊宣王轉頭去看左右兩邊，談起別的事情了。

賢君懂得從別人的過錯來反省自己

在這一篇裡，孟子問了三個問題，就讓齊宣王覺得羞愧。

第一個問題是把妻子小孩託朋友照顧，回來卻發現他們在受凍挨餓。齊宣王認爲這種朋友當然不可原諒，要與他絕交。

第二個問題是「士師不能治士」。「士師」是指古代的司法官，下屬有鄉士、遂士，就是鄉里中管治安的。司法官是中央官員，如果沒有管好屬下，就必須撤換。對不義的朋友如此，對不好的法官也是如此。總之，齊宣王也同意不能寬貸不忠不義的人。

孟子步步進逼，接著再問：「一個國家治理不好該怎麼辦？」這時，齊宣王轉頭去看左右兩邊，談起別的事情。他知道責任在於自己，心中慚愧而無法回應。既然答不上來，只好「顧左右而言他」了。

孟子眞是說話高手，他先說朋友該怎麼做，再說司法官該怎麼做，最後說的是齊宣王自己該怎麼做。絕交、撤換別人都很容易，答案都很清楚，但自己的過錯怎麼辦？要處罰自己嗎？這話直接說出來會讓人受不了。所以他一樣一樣漸次舉例，最後再讓宣王自己去反省。這就是說話的藝術。

在《孟子》上篇中，到此爲止，他的談話對象都是國君，這些都是大權在握的人，周圍有很多人在奉承、討好他，所以爲君者不太容易聽到眞話，連比較有道理的、深刻的話也難以聽到，很少有人會像孟子這樣直言不諱。

〈2．7〉

孟子見齊宣王，曰：「所謂故國者，非謂有喬木之謂也，有世臣之謂也。王無親臣矣，昔者所進，今日不知其亡也。」

王曰：「吾何以識其不才而舍之？」

曰：「國君進賢，如不得已，將使卑踰尊，疏踰戚，可不愼與？左右皆曰賢，未可也；諸大夫皆曰賢，未可也；國人皆曰賢，然後察之；見賢焉，然後用之。左右皆曰不可，勿聽；諸大夫皆曰不可，勿聽；國人皆曰不可，然後察之；見不可焉，然後去之。左右皆曰可殺，勿聽；諸大夫皆曰可殺，勿聽；國人皆曰可殺，然後察之；見可殺焉，然後殺之。故曰，國人殺之也。如此，然後可以爲民父母。」

孟子謁見齊宣王，說：「所謂歷史悠久的國家，不是說國中要有高大的樹木，而是說要有世代從政的官員。現在大王沒有親信的官員了，過去任用的人，現在不知哪裡去了。」

齊宣王說：「我怎麼辨識哪些人沒有才幹，而不任用他們呢？」

孟子說：「國君任用傑出的人，如果不得不做，將會使地位低的超過地位高的，關係遠的超過關係近的，對這種事能不愼重嗎？因此，左右近臣都說他傑出，還不行；大夫們都說他傑出，還不行；全體國人都說他傑出，這才去考察他，看他確實傑出，然後才任用他。左右近臣都說他不可用，不要聽信；大夫們都說他不可用，不要聽信；全體國人都說他不可用，這才考察他，看他確實不可用，然後才撤換他。左右近臣都說他可殺，不要聽信；大夫們都說他可殺，不要聽信；全體國人都說他可殺，這才考察他，看他確實可殺，然後才殺死他。所以說，這是全體國人殺死他的。這樣，才可以做為百姓的父母。」

明君敬重傳統的智慧

孟子去謁見齊宣王，說：「所謂故國者，非謂有喬木之謂也，有世臣之謂也。王無親臣矣，昔者所進，今日不知其亡也。」

「故」是指過去的、有傳統的、歷史的。有時候去到一個地方，看到那兒的樹木高大，就會覺得那個地方歲月悠悠，好像有久遠的歷史。「喬木」是指高大的樹木。平常說的「喬遷之喜」，就是從幽暗的山谷飛向高大的樹木，那兒有陽光照耀。所以朋友搬家，不管是從高樓搬到樓下，還是從都市搬到鄉村，都要祝賀他是喬遷。

孟子特別強調的是「有世臣之謂也」，一個國家歷史悠久，一定有一些大臣是世代從政的。如此一來，國家的政策與作風就有連續性。孟子認爲國君沒有理由隨便更換官員。要不然，以前任用的人都被開除了，都被放逐了，還有誰可以信任呢？

齊宣王下不了台，只好替自己找藉口說：「吾何以識其不才而舍之？」意思是有些人以前被他任用，後來被他開除，那麼該如何辨別不可任用的人？此話其實有推卸責任的意味。

「國君進賢，如不得已」，被提拔任用的人也會尷尬。一個人當上大官後，發現有此部下是以前的長官，大家見面時，情何以堪；但是國君不管這些，憑自己喜好隨便用人，以至於內部難免發生衝突。

政治不是一人獨斷獨行

孟子針對這一情況，提了三點考慮。任用人有三個步驟：第一是左右近臣都肯定，因爲身邊的人說話，國君比較容易聽得進去；第二是大夫，得到這些從政官員的肯定；第三要等全體國人都說他傑出。第三點在古代也許可能，但在現今恐怕是個幻想。這是第一種，有關用人的原則。

第二種情況是，「左右皆曰不可，勿聽；諸大夫皆曰不可，勿聽；國人皆曰不可，然後察之；見不可焉，然後去之。」「去」是指撤換。反過來說，有關撤換官員也是一樣的步驟。國君要保持超然心態，聽取各方的意見。

第三種情況是，「左右皆曰可殺，勿聽；諸大夫皆曰可殺，勿聽；國人皆曰可殺，然後察之；見可殺焉，然後殺之。」這些話聽起來很合理，好像到了民主時代，完全尊重民意，但卻不容易實現，因爲很難知道是否全體國人「皆曰可殺」。

關於古人在抉擇時的考慮因素，可以參考《尚書．洪範》的一段資料。在我的《哲學與人生》一書中，特別列出以供參考。在治理國家時，任何重大的決策都要考慮五個步驟：第一是「謀及乃心」，「謀」就是要商量，要與自己的內心商量，自己先想清楚該怎麼做。第二是「謀及卿士」，「卿士」是指各部門負責的官員。第三是「謀及庶人」，「庶人」是指百姓，要與百姓商議。第四與第五個步驟是「謀及卜筮」，就是要占卦卜筮。一共有謀及乃心、謀及卿士、謀及庶人、謀及卜、謀及筮五個方法。

「乃心」是指自己要用心去想，不能推卸責任。孟子知道這些國君已經不談什麼「乃心」；而且不喜歡談卜筮，因爲用占卦來算，不如靠具體的武力。但是孟子至少還重視兩種人：卿士和庶人。卿士還分兩種，一種是左右近臣，一種是所有的大夫。由此可見，對於官員的任用、撤換、處死，孟子的態度是如何慎重。

孟子認爲，一個國家的從政大臣不能穩定下來，光靠國君代代相傳是很難長期維持安定的，因爲國家是一個龐大的組織，施政要廣納各方的建言，有如民主程序，還要親自仔細考察，尋求可靠實證，如此一來才可出現「世臣」。國家的大臣可以穩定下來工作，才可以符合「故國」的條件。

這說明中國古代政治上的運作，並不是靠一個人獨斷獨行的。如果國君能夠依照孟子所說的去做，政治自然上軌道，而社會也自然安定了。

〈2．8〉

齊宣王問曰：「湯放桀，武王伐紂，有諸？」

孟子對曰：「於傳有之。」

曰：「臣弒其君，可乎？」

曰：「賊仁者，謂之賊，賊義者，謂之殘。殘賊之人，謂之一夫。聞誅

一夫紂矣，未聞弒君也。」

齊宣王問說：「商湯放逐夏桀，周武王討伐商紂，有這些事嗎？」

孟子回答說：「史籍上有這樣的記載。」

齊宣王說：「臣子殺害他的國君，這是可以做的嗎？」

孟子說：「破壞仁德的人，稱做賊害；破壞義行的人，稱做殘酷；殘酷賊害的人，稱做獨夫。我只聽說殺了獨夫商紂，沒有聽說殺了國君啊。」

不仁不義將會衆叛親離

齊宣王問孟子是否可以「臣弒其君」，國君當然都不願意看到這種事情發生。齊宣王如果熟知齊國的歷史，就知道春秋末期「田氏篡齊」的史實。田氏（田常，或稱陳恆）弒君，取而代之。換言之，宣王的祖先就是「臣弒其君」的例子。

到了明朝的朱元璋，當上皇帝之後，就想把孟子趕出孔廟，因爲孟子說了許多反動的話。結果要請出孟子牌位的當天，雷雨大作，一片漆黑。大臣就說天象有變，表示上天不允許把孟子趕出孔廟。朱元璋不敢違逆天意，只好下令把孟子書裡反動的言論統統刪掉，其中像「湯放桀，武王伐紂」這些句子就被刪掉了。齊宣王自己是國君，當然會認爲大臣殺國君是大逆不道了。

孟子採取實話實說的態度。「賊仁者」、「賊義者」，傷害仁德叫做賊害，因爲仁德來自人性，傷害人性的話，誰還願意做好人？「義」是義行，就是什麼事該做，是什麼角色、什麼身分就要做什麼事情。把仁德、義行破壞了，天下的人都將無路可走。這樣的人就是獨夫，眾叛親離，所以該殺。因此，這是剷除獨夫，而不是殺害國君。「一夫」不仁不義以至眾叛親離，成爲獨夫。

尊重人的內在價值

孟子這種思想對歷代統治者是一大警惕。不過即使面臨「獨夫」在統治，若無商湯與周武王這些仁君，大家依然無可奈何。在古代，暴虐的國君很多，爲什麼還可以長期維持政權呢？因爲沒有相對的商湯、周武王這些仁君出現。百姓總是聽天由命，缺少反抗或革命的條件。但即使如此，孟子的立場也毫不含糊。

孔子、孟子肯定每一個人都有最基本的價值，只要是人，就具有共同的人性。人權來自人性，亦即每一個人都有內在的價值，可以使他覺悟自己有尊貴之處。如果因貧窮就被別人歧視，或者因地位低下就被別人輕視，就表示人的價值是由外而來的。

儒家認爲，人的價值在內不在外，尤其在於人有行善的能力，因此人只要行善，就自然展現人的尊嚴與可貴。反之，人若爲非作歹，那麼即使是國君，也難逃獨夫的下場，受到大家的唾棄。

〈2・9〉

孟子見齊宣王，曰：「爲巨室，則必使工師求大木。工師得大木，則王

喜，以爲能勝其任也。匠人斲（ㄓㄨㄛˊ）而小之，則王怒，以爲不勝其任矣。夫人幼而學之，壯而欲行之，王曰，『姑舍女（ㄖㄨˇ）所學而從我』，則何如？今有璞玉於此，雖萬鎰（ㄧˋ），必使玉人雕琢之。至於治國家，則曰，『姑舍女所學而從我』，則何以異於教玉人雕琢玉哉。」

孟子謁見齊宣王，說：「建築大房子，就一定要派大工匠去尋找大木材。大工匠找到了大木材，大王就高興，認爲他能稱職。如果木匠把木材削小了，大王就發怒，認爲他不能稱職。一個人從小學習一種專業，長大了便想學以致用，大王卻說，『暫且放棄你所學的，照我的辦法去做。』這樣怎麼行呢？假設這裡有一塊原始的玉石，就算它價值二十萬兩，也一定要請玉匠來雕琢。談到治理國家，卻說，『暫且放棄你所學的，照我的辦法去做。』這與指導玉匠去雕琢玉石，又有什麼不同呢？」

尊重專業，避免剛愎自用

「巨室」是指大房子，古代的巨室有規定，一百畝的地方要蓋三百戶，外國使節來參訪時就都有地方住。所以一定要派大工匠——工師；「匠人」則是指一般木匠。如果木匠把木材削小了，要蓋大的房子，棟樑就不夠粗巨，兩根木頭拼在一起，又不夠堅固。好不容易找來巨大的木材，反而被削短了，大王看了當然會生氣。

「幼而學之，壯而欲行」，讀書當然希望能夠找到學以致用的機會。如果要人放棄所學的，譬如蓋房子，大王就說，不要管工匠專業怎麼做，照我的想法來做，那麼房子一定垮掉。大王有權力，但是並不代表他有學問。

孟子繼續舉「璞玉」爲例，璞玉是指玉在石中，還未經雕刻。一「鎰」是二十兩，萬鎰就貴重了。如果因爲這塊玉很貴重，就請大王親自來雕琢，弄到最後一定是破壞了事。玉石貴重，所以要請專家來雕刻，那麼國家不是更貴重千萬倍嗎？

「姑舍女所學而從我」，這就是大王的口吻，對各行各業的專家與從政的人員說：照我的辦法去做，這邊蓋城牆，那邊修水庫。也不問專家，自己瞎指導。玉石再怎麼貴重，也要請專家負責雕琢才行。事實上愈是重大的任務，愈需要專業人才，何況是治理國家？但是君主未必承認自己沒有治國能力，甚至往往認爲自己最懂得治國。

孟子當時已經有了權能分治的觀念，有權者與有能者分工合作，各司其職，才可造就國家整體的福祉。

〈2・10〉

齊人伐燕，勝之。宣王問曰：「或謂寡人勿取，或謂寡人取之。以萬乘之國，伐萬乘之國，五旬而舉之，人力不至於此。不取，必有天殃。取之，何如？」

孟子對曰：「取之而燕民悅，則取之。古之人有行之者，武王是也。取之而燕民不悅，則勿取。古之人有行之者，文王是也。以萬乘之國伐萬乘之國，簞食壺漿以迎王師，豈有他哉？避水火也，如水益深，如火益熱，亦運而已矣。」

齊國攻打燕國，大獲全勝。齊宣王問說：「有人勸我不要奪取燕國，也有人勸我奪取燕國。以一個擁有萬輛兵車的國家去攻打同樣擁有萬輛兵車的國家，五十天就成功了，光靠人力是做不到的。不奪取它，必定會有天降的災禍。奪取它，怎麼樣？」

孟子回答說：「奪取它而燕國百姓高興，就奪取它。古代有人這麼做過，就是周武王。奪取它而燕國百姓不高興，就不要奪取它，古代有人這麼做過，就是周文王。以擁有萬輛兵車的國家去攻打同樣擁有萬輛兵車的國家，百姓用筐裝飯、用壺盛酒來迎接大王的軍隊，難道會有別的意思嗎？只是想避開水深火熱的痛苦罷了。如果水淹得更深，如果火燒得更熱，那就只能轉而指望別人來拯救了。」

這一章是齊國與燕國作戰，起因於燕王噲把王位讓給相國子之。燕王噲是一個糊里糊塗的人，他大概以爲堯禪讓給舜，舜禪讓給禹，成爲千古美談，他也要來效法，便把王位禪讓給他的宰相子之。

其實堯和舜有親戚關係，堯讓位給舜是讓給女婿，兩個女兒都嫁給他。燕王噲把王位讓給子之，子之居然接受了，國人不服，造成內鬥，動亂就開始了。這時候齊宣王趁機攻打燕國，燕人打開城門歡迎，他們以爲齊國會來主持正義。於是，齊宣王的軍隊很快就占領燕國的幾個重要都城，時間是在齊宣王五年（西元前三一六五年）。

順應民心是治國者的行事原則

齊國攻打燕國，大獲全勝，齊宣王很是得意，認爲是上天讓他戰勝的，而不是他自己想要占領燕國，而且如此可讓齊國的勢力擴大一倍，他怎麼捨得拒絕呢？

孟子分別以周文王、武王的例子來說明。周武王革命成功，百姓很高興，但是做爲父親的周文王爲什麼不革命呢？那是因爲時機還未成熟，所以要等武王來完成建國目標。文王不是不願奪取，而是因爲當時商紂氣數未盡，還沒有到滅亡的關頭。

城門自動打開歡迎軍隊進來，百姓送上飯與酒慰問軍隊，是因爲太痛苦了，所以想「避水火也」。如果水淹得更深，火燒得更熱，就只能轉而指望別人來拯救了。

後續的史實不幸被孟子說中。兩年之後，燕國人就起來把齊國人趕走，還聯合別的國家一起對付齊國。因爲如果齊國加倍強盛的話，對別的國家是一大威脅，並且燕國百姓也不願接受異國統治。被異國統治好像低人一等，誰願意長期忍受？

齊宣王使用「天殃」一詞，表示當時的人相信「天」有某種能力給人災殃，如果不依天的意願去占領燕國的話，上天就會降下災禍。表面看來對「天」仍有某種信念，但事實上是以天做爲實現個人野心的藉口。

「天」所代表的力量，叫做超越界。古代帝王自稱「天子」，正是來自傳統的信仰。孔子「五十而知天命」，此時的天命已由政治名詞轉化爲個人使命與理想的標誌了。齊宣王以天爲藉口而未能反省自己何德何能，所以種下失敗的因素。

〈2・11・1〉

齊人伐燕，取之，諸侯將謀救燕。宣王曰：「諸侯多謀伐寡人者，何以待之？」孟子對曰：「臣聞七十里爲政於天下者，湯是也。未聞以千里畏人者也。《書》曰：『湯一征，自葛始。』天下信之，東面而征，西夷怨；南面而征，北狄怨，曰：『奚爲後我？』民望之，若大旱之望雲霓也。歸市者不止，耕者不變，誅其君而弔其民，若時雨降。民大悅。」

齊國攻打燕國，乘勝奪取了它，別的諸侯商議出兵去救燕國。齊宣王說：「很多諸侯商議要來攻打我，怎麼對付呢？」

孟子回答：「我聽說憑藉縱橫各七十里的土地統一天下的，就是商湯。沒有聽說擁有縱橫各一千里的土地還害怕別人的。《尚書》上說：『商湯的征伐，從葛國開始。』天下的人都信賴他，他向東方征伐，西邊的夷人就抱怨；他向南方征伐，北邊的狄人就抱怨，說：『爲什麼把我們放在後面？』百姓盼望他，就像久旱時盼望烏雲與虹霓一樣。去市場的不停止，耕田的照常工作，他殺了那兒的暴君，慰問那兒的百姓，像是及時雨從天而降，百姓非常歡喜。」

仁君是衆望所歸

齊國奪取了燕國，因爲燕國也有一些駐外大臣、使節，遊說別的諸侯去幫他們的祖國，所以各國正想聯合起來對付齊國，這是十分危險的情況。

齊宣王向孟子請教因應的對策。孟子認爲，齊國是「方千里」的大國，這麼大的國家要保護自己絕對沒有問題，只要與別國建立外交關係、好好相處，遠交近攻，更沒有問題，何必擔心戰爭呢？

他接著引用《尚書》裡商湯的征伐，從葛國開始的例子。葛伯是商湯的鄰國之一，主要的罪名是他不肯祭祀。在古代不祭祀祖先，簡直無法無天，沒有任何信仰；沒有信仰的人，任何事只看現實的利益。

烏雲與虹霓是將下大雨的徵兆，天上烏雲密布，虹霓也出現在西方。「奚爲後我」，亦即前往征伐，別人不但不討厭，反而忙著歡迎，就像久旱逢甘霖一樣。

「歸市者不止」，是指商湯的軍隊來了，百姓不以爲意，去市場的照樣去市場，好像沒有事一樣，這是因爲商湯的軍隊不會傷害百姓。別國軍隊來到，百姓一切照常進行，這是很難想像的畫面。

〈2・11・2〉

「《書》曰：『徯（ㄒㄧ）我后，后來其蘇。』今燕虐其民，王往而征之，民以爲將拯己於水火之中也，簞食壺漿以迎王師。若殺其父兄，係累其子弟，毀其宗廟，遷其重器，如之何其可也？天下固畏齊之強也，今又倍地而不行仁政，是動天下之兵也。王速出令，反其旄倪，止其重器，謀於燕眾，置君而後去之，則猶可及止也。」

「《尚書》上說：『等待我們的君主來，才有重生。』現在燕國虐待它的百姓，大王前去征討，百姓以爲您會把他們從水深火熱中拯救出來，所以用筐裝飯、用壺盛酒來迎接大王的軍隊。如果您殺害他們的父兄，囚禁他們的子弟，拆毀他們的宗廟，搬走他們的寶物，那怎麼可以呢？天下各國本來就害怕齊國強大，現在齊國土地增加一倍又不施行仁政，那是自己在招致各國興兵動武啊。大王趕快發布命令，送回俘獲的老人與小孩，停止搬運他們的寶物，與燕國百姓商量選立一個國君，然後撤離燕國，那麼還來得及阻止諸侯出兵。」

擄掠強奪必招惡果

這一段是孟子的建議。他繼續引用《尚書》上的：「徯我后，后來其蘇。」「徯」是指等待，「后」是指君主。國君來臨，照顧百姓，等於是給大家重生的機會，「蘇」就好像從睡夢中再醒過來。百姓仰賴國君，國君又怎能不珍惜這份情意？

「係」是用繩子綁起來，「累」是囚禁起來。拆毀宗廟，搬走寶物，就是所謂的「遷其重器」，把一個國家的文化資產都給偷走，這與強盜行徑有什麼差別呢？

如果土地增加一倍，並且開始施行仁政的話，那還可以與人為善。現在齊國國力強大，又不行仁政，等於是自己去「動天下之兵也」，是自己去鼓動天下各國的軍隊來攻打的。責任在己不在人。

孟子的建議十分具體，他從人性的需要來考慮，就是為燕國設想：「己所不欲，勿施於人」。由此可見，孟子不但可以暢談理論，也可以考量具體處境，提出明確的建議。小聰明與大智慧的分野，在於後者總是從整體及長遠的眼光，來判斷當前的狀況，而不會病急亂投醫，像救火隊一般疲於奔命。孔子說：「人無遠慮，必有近憂。」也顯示了類似的觀點。

〈2・12〉

鄒與魯鬨，穆公問曰：「吾有司死者三十三人，而民莫之死也。誅之，則不可勝誅；不誅，則疾視其長上之死而不救。如之何則可也？」

孟子對曰：「凶年饑歲，君之民老弱轉乎溝壑，壯者散而之四方者，幾千人矣；而君之倉廩（ㄌㄧㄣˇ）實，府庫充，有司莫以告，是上慢而殘下也。曾子曰：『戒之戒之！出乎爾者，反乎爾者也。』夫民今而後得反之也。君無尤焉！君行仁政，斯民親其上，死其長矣。」

鄒國與魯國發生衝突。鄒穆公問說：「我的官吏死了三十三人，而百姓沒有一個肯爲長官赴死的。殺了他們吧，沒有辦法殺光；不殺他們吧，又痛恨他們看著自己的長官被殺而不去救，怎麼辦才好呢？」

孟子回答說：「遇到災荒的年頭，您的百姓，年老體弱的餓死在田溝山溪中，年輕力壯的逃散到四方去，大概有上千人了。然而您的倉庫中堆滿糧食，府庫中積滿財物，那些官吏卻沒有向您報告，這是對上怠慢國君，對下殘害百姓。」曾子說過：『警惕啊，警惕啊！你所做的事，後果會報復到你的身上。』百姓現在才有報復的機會。您不要責怪他們了。您若施行仁政，百姓就會親近他們的長官，並且爲長官赴死了。」

自己做的事，後果都會回到自己身上

鄒國與魯國發生衝突。「鬨」是指爭戰狀態。孟子的祖國是鄒國，在當時是個小國。鄒穆公不滿百姓沒有一個肯爲長官赴死，而在殺與不殺間猶豫，眞把這些百姓殺光，國家又如何存續？國君只看到官吏的委屈，而完全不明白百姓出了什麼問題。

孟子並不同情那些官員。「轉」是指屍體被丟棄。這些官吏戰死，不能怪百姓不來救援，因爲百姓以前死喪的時候，他們並未盡責，沒向國君報告災情。國君住在深宮裡，不清楚百姓的慘狀，官吏們只知諂媚阿諛，報喜不報憂。

釋迦牟尼從小住在皇宮中，所見的每個人都豐衣足食，就以爲人生美好安詳。他到了二十九歲第一次離開皇宮，才發現原來還有老人、病人、死人，心中大爲震撼。一旦發現後就無法遏止內心的衝動，想要找出一切痛苦的原因，他立刻出家修行，希望普渡眾生。當然這是聖賢的用心，一般國君念不及此啊！

這是宗教家的慈悲精神，看到有人受苦，就想知道他為何受苦？能幫上忙嗎？孟子是哲學家，他從互動的角度提醒國君：你責怪百姓，別忘了百姓也在責怪你。

接著，他引用曾子的話：「戒之戒之！出乎爾者，反乎爾者也。」「出爾反爾」這句成語，古今用法不同。原本的意思是：一個人所做的事，後果會回到自己身上。今天的「出爾反爾」，意思是一個人把自己說過的話收回去了，不守信用。

我們也可以從報應的觀點來省思「出爾反爾」一語。一個人從起心動念開始，他的言行首先會在自己心中產生某種效應。言行皆善，則心境愉快；反之，則如網羅糾結，愈陷愈深。想靠外在功業來肯定自身價值的人，注定會失望的，也正如孟子所謂的「緣木求魚」。

〈2・13〉

滕文公問曰：「滕，小國也，間於齊、楚。事齊乎？事楚乎？」

孟子對曰：「是謀非吾所能及也。無已，則有一焉：鑿斯池也，築斯城也，與民守之，效死而民弗去，則是可為也。」

滕文公問說：「滕是個小國，處在齊國與楚國之間。是服事齊國呢？還是服事楚國？」

孟子回答說：「這個謀略不是我能提供的。一定要我說，就只有一個辦法。挖深護城河，築牢城牆，與百姓一起守衛，百姓寧死也不離開，那就可以有些作爲。」

治理小國更需要民心支持

滕是個小國，處在齊國與楚國之間，滕文公不知該服事哪一國才好，正所謂兩大之間難爲小，古代也有這種情況。孟子很有分寸，無法回答的問題，不會亂出主意。他要滕文公挖深護城河，築牢城牆，與百姓一起守衛，百姓寧死也不離開，那就可以有些作爲。因爲如果百姓大量移民，國家就沒有了人民，當然是無路可走。所以先增加外在的條件，護城河與城牆築得好一點，然後推行仁政，讓百姓願意爲國君拚命。得到百姓全力支持，就不用太擔心。這是孟子提供一個小國的建議。

我想起歐洲有個小國，叫做奧地利。這個國家的百姓與鄰近強大的德國是同文同種，要移民很容易。但是奧地利的人民依然堅守自己的家園，原因之一是他們的文化教育非常成功。譬如，每天的媒體廣播在結束時，會重複一句口號：「沒有奧地利就沒有歐洲，沒有歐洲就沒有世界。」這話並非出於杜撰，而是根據奧匈帝國的一段史實。如此可以激發國民的榮譽感與愛國心，讓青少年從小就以身爲奧國人爲榮，這樣的小國依然可以受到世人的尊重。

〈2・14〉

滕文公問曰：「齊人將築薛，吾甚恐，如之何則可？」孟子對曰：「昔者大王居邠（ㄅㄧㄣ），狄人侵之，去之岐山之下居焉。非擇而取之，不得已也。苟爲善，後世子孫必有王者矣。君子創業垂統，爲可繼也。若夫成功，則天也。君如彼何哉？強（ㄑㄧㄤˇ）爲善而已矣。」

滕文公問說：「齊國要修築薛地的城牆，我很害怕，要怎麼辦才好？」孟子回答說：「從前太王住在邠地，狄人前來侵犯，他就離開，遷到岐山下定居，不是他要選擇住在那兒，而是不得不如此。如果多做善事，後代子孫必定會有稱王天下的。君子創立基業，傳下典範，是爲了可以繼承下去。至於將來能否成功，就只有讓天來決定了。您怎樣對付齊國呢？只有努力多做善事了。」

創下好的傳統，後代就有遵循的典範

薛是一個小國，已經被齊國攻滅了。滕文公很擔心，齊國下一步可能要對付他了。人活在世界上，很多事情都是不得已，很少人可以隨心所欲。

「苟爲善，後世子孫必有王者矣」，孟子不是預言家，而是哲學家，他說的話是出於他的理性判斷，但是涉及對未來的構想，則須憑他的信念，顯示他對人性的堅定信念。這種信念也是來自他的經驗與智慧。行仁政做好事，後代子孫當然就稱王天下。

問題是：行仁政到什麼程度，做好事又要持續多少代人？

他所舉的例子是商朝、周朝的祖先，像太王就是周朝的祖先。「若夫成功，則天也」，人間的一切最後還是由天決定。目前要對付齊國就只有努力多做善事，團結民心，然後就算暫且被滅，將來子孫也許還會復國。「創業垂統」，創立基業，傳下典範，是爲了可以繼承下去，每一個人創立事業都是希望後代將來可以承繼。

國家的主體如果界定在人民身上，則太王遷居就是正確的做法。但是，如果只想到一家一姓要擁有國家，就難免擔心害怕失去權位了。孟子後來宣稱：「民爲貴，社稷次之，君爲輕。」他的立場十分明確。

〈2・15〉

滕文公問曰：「滕，小國也，竭力以事大國，則不得免焉。如之何則可？」

孟子對曰：「昔者大王居邠，狄人侵之。事之以皮幣，不得免焉；事之以犬馬，不得免焉；事之以珠玉，不得免焉。乃屬其耆老而告之曰：『狄人之所欲者，吾土地也。吾聞之也：君子不以其所以養人者害人。二三子何患乎無君？我將去之。』去邠，踰梁山，邑於岐山之下居焉。邠人曰：『仁人也，不可失也。』從之者如歸市。或曰：『世守也，非身之所能爲也。效死勿去！』君請擇於斯二者。」

滕文公問說：「滕是個小國，竭盡心力去服事大國，還是無法免於威脅，要怎麼辦才好？」

孟子回答說：「從前太王住在邠地，狄人前來侵犯。他獻上皮裘絲綢，不能免遭侵犯；獻上好狗良馬，不能免遭侵犯；獻上珍珠寶玉，不能免遭侵犯。於是召集父老對他們說：『狄人想要的是我們的土地。我聽說過：君子不拿他用來養活人的東西害人命。各位何必擔心沒有君主？我要離開這裡了。』於是離開邠地，越過梁山，在岐山下建築城邑定居下來。邠地的人說：『這是一位有仁德的人，不能失去他啊。』追隨前去的人，多得像趕往市場一樣踴躍。也有人說：『土地是要世世代代守護的，不是我自己所能做主的，犧牲生命也不能離開。』請您就這兩種辦法做個選擇。」

忍辱求全，能屈能伸

滕文公問孟子，對於大國的予取予求，小國要怎麼辦才好？

孟子還是介紹周朝祖先太王的一段史實。「皮」是指皮裘，毛皮所製成的衣服，「幣」不是錢財，而是指絲綢。皮裘絲帛雖然値錢，但還是不能免遭狄人侵犯。連好狗良馬、珍珠寶玉也起不了作用。

土地原是用來養人的，結果爲了保衛土地，居然死了許多人，這似乎本末倒置了。如果保護土地的代價是會死去許多人，那就把土地給狄人，自己搬走，讓大家繼續活著。就算不願遷移也沒有關係，狄人入主的話，百姓照樣耕田、納稅、過活。

「從之者如歸市」，這種景觀，令人嚮往，很多百姓跟隨他，就像去趕集一樣，民心所向令人感動。

「世守也，非身之所能爲也」，「身」在古代常是指自己，意思是；這不是你我個人所能做主的。

於是在此有兩派主張，一派主張土地讓給別人，自己搬家算了；另一派主張土地是祖先留下來的，就算犧牲生命也要堅守。孟子最後說：「您做一個選擇吧。」這種事情，他也無法替滕文公選擇。

孟子的說法，合乎孔子「扣其兩端而竭焉」的原則。在面對別人的請教時，「兩端」是指正反兩種對立的選擇，不選甲就選乙，沒有妥協的餘地。因此，爲了避免選錯，必須思考清楚：每一種選擇的理由是什麼，後果又將如何。這樣想透澈了，自然知道怎麼選擇了。孟子又怎能代替文公來決定滕國百姓的命運呢？

〈2・16〉

魯平公將出，嬖人臧倉者請曰：「他日君出，則必命有司所之。今乘輿已駕矣，有司未知所之，敢請。」

公曰：「將見孟子。」

曰：「何哉？君所爲輕身以先於匹夫者？以爲賢乎？禮義由賢者出；而孟子之後喪踰前喪。君無見焉。」

公曰：「諾。」

樂正子入見，曰：「君奚爲不見孟軻也？」

曰：「或告寡人曰：『孟子之後喪踰前喪』，是以不往見也。」

曰：「何哉，君所謂踰者？前以士，後以大夫；前以三鼎，而後以五鼎與？」

曰：「否，謂棺槨（ㄍㄨㄛˇ）衣衾（ㄑㄧㄣ）之美也。」

曰：「非所謂踰也，貧富不同也。」

樂正子見孟子，曰：「克告於君，君爲來見也。嬖人有臧倉者沮君，君是以不果來也。」

曰：「行，或使之；止，或尼之；行止，非人所能也。吾之不遇魯侯，天也。臧氏之子焉能使予不遇哉？」

魯平公準備外出，他的寵臣臧倉請示說：「平日國君外出，一定告訴執事官員要去的地方。現在車馬已經預備好了，執事官員還不知道您要去哪裡，因此冒昧請示。」

魯平公說：「要去見孟子。」

臧倉說：「國君降低自己的身分主動去見一個普通人，是爲了什麼？是認爲他是賢良的人嗎？賢良的人應該做到守禮與義行，但是孟子爲母親辦的喪事，排場超過先前爲父親辦的喪事。您別去看他吧！」

魯平公說：「好。」

樂正子前去謁見，說：「國君爲什麼不去見孟軻呢？」魯平公說：「有人告訴我，『孟子爲母親辦的喪事，排場超過先前爲父親辦的喪事。』所以我不去見他。」樂正子說：「您所謂的超過是指什麼呢？是指先前用士禮，後來用大夫之禮；先前用三個鼎擺設供品，後來用五個鼎擺設供品嗎？」魯平公說：「不是啊，我所指的是棺槨、衣物的華美。」樂正子說：「這不叫超過，而是前後貧富不同的緣故。」

樂正子去見孟子，說：「我向國君說過，他打算來看您的。寵臣中有個叫臧倉的阻止他，所以他最後沒有來。」孟子說：「要來，有鼓動的力量；不要來，有阻止的力量。來與不來，不是人力所能左右的。我不能與魯侯會晤，那是天意。姓臧的這個人怎能使我不與魯侯會晤呢？」

樂正子是孟子的學生，很得孟子的欣賞。雖然才華表現並不突出，但是有一個優點——好善，他聽到善的事就很開心，一心一意想要去實踐。孟子聽到樂正子要做官時，還曾經「喜而不寐」，意即高興得晚上睡不著覺。

孟子旅行到了魯國，樂正子立即向魯君說：「我的老師孟子來了，他是了不起的人才，您身爲國君一定要禮賢下士，這樣大家才會認爲您是一位好國君。」所以魯平公就準備去拜訪孟子，這本來是件好事，但是結果卻出人意外。

為父母付出，不會捨不得花錢

臧倉是魯平公寵愛的近臣，「嬖」，就是受寵的近臣。魯平公說要去見孟子，臧倉這種小心眼的人當然會想辦法阻止。

臧倉把孟子說成普通人，稱孟子「匹夫」，並且對孟子的背景也有些了解，還用「禮義」這種冠冕堂皇的話來批評孟子。他爲了不讓孟子出頭，眞是用盡心機。

「後喪」，是說孟子母親活得較久，是後來辦的喪事；「前喪」，則是說孟子的父親比較早過世。他後來替母親辦的喪事，在排場上比替父親辦的要大多了。臧倉藉此批評孟子的行爲不合禮義，因此勸魯平公不要去看他，好好的一件事就被破壞了。

樂正子很著急，說好要去的，怎麼忽然變卦了呢？於是趕快去謁見魯平公。魯平公就說，有人說孟子「後喪踰前喪」，「踰」是指超過。孟子的父親過世時，他的身分是士；後來母親過世時，他已經具有大夫身分了。士只能設三個鼎，大夫可以設五個鼎。「鼎」是祭祀時用以盛裝犧牲的。五鼎有羊、豕、膚（切肉）、魚、臘；三鼎有牲、魚、臘，需依兒子的身分來安排。

孟子先喪父後喪母，喪事花費多少，依他當時的身分與財力而定，這合乎古代的禮儀。天子、諸侯、卿大夫、士的順序，分別使用九鼎、七鼎、五鼎、三鼎。官做得愈大，鼎用得愈多。

孟子替母親準備的棺木特別貴重的理由有二：一是法律沒有規定不許使用貴重的棺木；二是他現在有錢買得起，又不是向別人借的錢，爲什麼不能選用好的棺木呢？但是國君並無主見，聽人如此批評，就覺得孟子對父親不夠孝順，給母親用的是上等的棺木，那可是有錢人才買得起的。但是孟子的理由是「君子不以天下儉其親」，君子爲父母付出的時候，是不會捨不得花錢的。

成與不成，歸之天意

樂正子無話可說，既然魯平公不願意去，他也不能勉強。「沮」是指阻止。「不果來」是指並沒有成爲具體的事實，也就是不了了之。

孟子認爲任何事的成與不成，一定有各種因素，這不是一個人可以左右的，他把這一切歸之於天，並未放在心上。

孟子對於無可奈何的事，往往都歸之於天意。臧倉固然從中作梗，但是魯侯缺乏己見，即使會晤孟子也未必能予以重用，所以孟子看得很開。這說明他有很高的理想，一時的不能得志，也只看成時機尚未成熟。換言之，做任何事情都不必勉強。

學習孔、孟、老、莊的經典之後，還有什麼好責怪別人的呢？經由理解而明白道理之後，思想通了，一切都通了，遇到任何事情發生的時候，先想通了，先看開了，心情也就自動轉到正面的軌道上，進而對於周圍身邊的人就形成一股正面的力量。

卷三〈公孫丑篇〉上

〈3・1・1〉

公孫丑問曰：「夫子當路於齊，管仲、晏子之功，可復許乎？」

孟子曰：「子誠齊人也，知管仲、晏子而已矣。或問乎曾西曰：『吾子與子路孰賢？』曾西蹴（ㄘㄨˋ）然曰：『吾先子之所畏也。』曰：『然則吾子與管仲孰賢？』曾西艴（ㄈㄨˊ）然不悅，曰：『爾何曾比予於管仲？管仲得君如彼其專也，行乎國政如彼其久也，功烈如彼其卑也；爾何曾比予於是？』」

曰：「管仲，曾西之所不為也，而子為我願之乎？」

曰：「管仲以其君霸；晏子以其君顯。管仲、晏子猶不足為與？」

曰：「以齊王，由反手也。」

曰：「若是，則弟子之惑滋甚。且以文王之德，百年而後崩，猶未洽於天下；武王、周公繼之，然後大行。今言王若易然，則文王不足法與？」

曰：「文王何可當也？由湯至於武丁，賢聖之君六七作，天下歸殷久矣，久則難變也。武丁朝諸侯，有天下，猶運之掌也。紂之去武丁未久

也，其故家遺俗，流風善政，猶有存者；又有微子、微仲、王子比干、箕子、膠鬲，皆賢人也，相與輔相之，故久而後失之也。尺地，莫非其有也；一民，莫非其臣也；然而文王猶方百里起，是以難也。」

公孫丑請教說：「如果先生在齊國掌權，管仲、晏子的功業可以再度興起嗎？」

孟子說：「你眞是個齊國人啊，只知道管仲、晏子而已。有人問曾西說：『你和子路相比，誰比較傑出？』曾西不安地說：『他是我父親所敬畏的人。』那人又問：『那麼你和管仲相比，誰比較傑出？』曾西臉色一沉，很不高興地說：『你怎麼拿我和管仲相比？管仲得到齊桓公的信任是那樣專一，執掌國政是那樣長久，而功業卻是那樣卑微。你怎麼竟拿我和他相比？』」

孟子又說：「管仲這樣的人是曾西都不願意做的，你以爲我願意學他嗎？」

公孫丑說：「管仲輔佐桓公使他稱霸，晏子輔佐景公使他揚名，管仲、晏子還不值得學習嗎？」

孟子說：「以齊國的條件要稱王天下，是易如反掌的。」

公孫丑說：「照您這麼講，學生就更困惑了。憑著周文王的德行，活了將近百年，都還沒有收服天下；周武王、周公繼承他的事業，然後教化才遍及天下。現在您把稱王天下說得好像很容易，那麼周文王也不值得效法嗎？」

孟子說：「怎麼可以和周文王相比呢？從商湯到武丁，賢明的君主有六、七位，天下歸順商朝已經很久了，久了就難以改變。武丁使諸侯來朝見，統治天下，就像在手掌上轉動東西一樣。商紂距離武丁的年代並不算久，原有家族遺留的風俗，善良政治造成的影響，都還有些保存著；又有微子、微仲、王子比干、箕子、膠鬲這些賢良的人一起輔佐他，所以過了很長的時間才失去天下。當時，沒有一尺土地不是他的疆土，沒有一個百姓不是他的臣民；然而周文王還能由縱橫一百里的地方興起，所以是很困難的。」

公孫丑是孟子的學生，由學生提的問題，就比一般國君提的問題更爲深刻。

以力服人是稱霸；以德行仁是稱王

公孫丑請教孟子，如果孟子能在齊國掌權的話，是否可以讓管仲、晏子的功業再度興起。不料孟子聽了，不以爲然，反而責備他的眼光只侷限在齊國，因爲管仲和晏子都是齊國人，管仲輔佐齊桓公，晏子輔佐齊景公。

接著孟子以曾西的例子來說明。曾西的父親是曾參，曾參敬畏子路，這兩人都是孔子的學生。曾西是曾參的兒子，要他與子路相比，當然不好意思，畢竟子路是他父親所敬畏的人啊！子路後來參加衛國的政爭而不幸被殺。

管仲的命運大不相同，他是齊桓公的宰相，「九合諸侯，一匡天下」，使齊桓公成爲春秋五霸第一霸。但是拿曾西與管仲相比，曾西卻覺得自己受到侮辱。

儒家看不起管仲，是因爲他器量有限，只能幫助齊桓公稱霸，而儒家主張的是稱王。以力服人者霸；以德行仁者王。用力量去鎮服別人是稱霸，儒家不表贊同，因爲靠力量一定會陷於興盛衰亡的交替中。以德服人就稱王，仁者無敵。儒家的原則很清楚，絕不妥協。

管仲有成就之後，就開始享受生活。《論語．八佾》裡記載，齊桓公有三歸，「管氏有三歸，官事不攝，焉得儉？」齊桓公有三處公館，管仲也要有三處公館，並且工作人員也有三組，一點都不節儉，這是因爲管仲認爲自己功勞最大。

「官事不攝」，是說三個公館裡面的主管、管家、傭人都不兼差，既浪費又奢侈，齊桓公也不敢表示反對。齊桓公稱管仲爲「仲父」，就是叔叔的意思，正好他的名字也叫做「仲」，這麼稱呼他具有雙重含義，也禮遇備至，因爲如果不是管仲，齊桓公也沒有什麼機會成就霸業。

孟子根本不屑於做管仲，公孫丑還不死心：「管仲以其君霸；晏子以其君顯。管仲、晏子猶不足爲與？」孟子卻認爲以齊國的條件要稱王天下易如反掌，亦即好像把手掌翻過來一樣容易。

平治天下需要很多外在助緣

這個回答讓公孫丑很困惑，孟子前面說齊國稱王天下易如反掌，但周文王活了九十八歲都沒有做到，直到他的兒子周武王、周公，才把整個商朝滅亡，那麼，難道周文王還不夠好嗎？

孟子接著說明他對歷史的見解。商朝有六百多年，經過幾十代，長期統治的基礎非常穩固。一代一代傳下來，到武丁的時候，「天下可運於掌」，亦即治理天下就像手掌上轉東西一樣，根本不費什麼力氣，因爲大家都接受他應該有天子的地位，沒有人想要去革命，這表示傳統打下的基礎很好。

而商紂距離武丁的年代並不算久，原有家族遺留的風俗，善良政治造成的影響，多少有些保存著；又有微子、微仲、王子比干、箕子、膠鬲等賢良的人一起輔佐他。

微子、比干這些人，大家都比較熟悉。比干死得很慘，被商紂王剖心；微子被抓去囚禁；箕子先裝瘋後逃走，最後逃到現在的韓國去了，所以在韓國還有箕子墓與箕子廟。就是因爲有這些賢者，所以過了很長的時間，周武王才有辦法革命成功。

「尺地，莫非其有也，一民，莫非其臣也」，就是所謂的「普天之下，莫非王土；率土之濱，莫非王臣」。

建立新的國家，顯然需要許多條件的配合。周文王的德行與能力不容置疑；他被商紂關在羑里七年之久，寫下《周易》的卦爻辭，據說其中還隱藏了重要的情報信息，由此亦可知他的智慧之卓越。但是，當時商朝氣數未盡，誰也奈何不了商紂這位暴君。直到武王繼文王之位，才能「順天應人」完成革命，拯救百姓於水火之中。

這件史實提醒我們：屬於社會人群的事，不可忽略相關的趨勢與條件；但是，對個人而言，就須秉持孔子的作風，「知其不可而爲之」。許多事情不能光靠理性思維，還須在實踐中促成正義的來到。

〈3・1・2〉

「齊人有言曰：『雖有智慧，不如乘勢，雖有鎡（ㄗ）基，不如待時。』今時則易然也。夏后、殷、周之盛，地未有過千里者也，而齊有其地矣；雞鳴狗吠相聞，而達乎四境，而齊有其民矣。地不改辟矣，民不改聚矣，行仁政而王，莫之能禦也。且王者之不作，未有疏於此時者也；民之憔悴於虐政，未有甚於此時者也。饑者易爲食，渴者易爲飲。孔子曰：『德之流行，速於置郵而傳命。』當今之時，萬乘之國行仁政，民之悅之，猶解倒懸也。故事半古之人，功必倍之，唯此時爲然。」

「齊國有句俗話說：『雖然有智慧，不如靠形勢；雖然有鋤具，不如等時機。』現在的時機算是容易的。夏、商、周三代興盛時，土地沒有超過縱橫一千里的，現在齊國就有這麼大的地方了；雞啼狗叫互相聽聞，一直達到四周的邊境，齊國有這麼多百姓了。土地不必再開拓，百姓不必再增加，施行仁政而稱王天下，沒有人能夠阻擋得住。並且，仁德的君主不出現，沒有比現在等得更久的；百姓受暴政壓迫的痛苦，沒有比現在更嚴重的。饑餓的人吃什麼都容易滿足，口渴的人喝什麼都容易接受。孔子說：『德政的流行，比驛站傳達政令還要快。』現在這個時候，擁有萬輛兵車的大國施行仁政，百姓的喜悅就像解除了倒懸的痛苦一樣。所以，事情做到古人的一半，功效必定是古人的一倍，只有在這個時候才是如此。」

時機是成功的關鍵

「雖有智慧，不如乘勢，雖有鎡基，不如待時。」這是當時齊國的諺語，很有道理，一個人智慧再高，但形勢比人強，時機還未成熟時，再做也只是閉門造車。

諸葛亮的才華與能力都是一等一的高手，很多人評價他是儒家的實踐者。天下大亂，隆中高臥，避世隱居，到劉備三顧茅廬，他才願意出來，代表他自有一套原則。一旦從政，就「知其不可而爲之」了。

諸葛亮的表現可圈可點，但是曹操品德再怎麼壞，終究還是贏了，因爲他可以「挾天子以令諸侯」，這就是「形勢」優越。所以智慧不如形勢，有鋤具而沒有時機，天時不能配合，也無法取得好的收成。

孟子舉夏、商、周爲例，以前國家規模很小，三代也不例外，後來才慢慢向外擴充。「夏后」的「后」是指王。堯到舜到禹是靠禪讓，到了夏朝才傳位給後代，於是出現一個習慣的稱呼「夏后」，就是指大禹的後代而言。三代時統治的土地面積並不大。

齊國則不然，領土大約等於夏、商、周三代那時候的面積。「雞鳴狗吠相聞，而達乎四境」，代表人口眾多，一直到東南西北四方的邊境，到處都聽得到雞鳴狗叫，顯示了富庶景觀。

實行德政，解百姓倒懸之苦

從春秋到戰國，很少見過仁德的君主。加上戰爭愈來愈多，百姓的痛苦也日益嚴重。「饑者易爲食，渴者易爲飲」。有誰在饑渴時還會挑食呢？

孟子以孔子說的「德之流行，速於置郵而傳命」說明，如果現在擁有萬輛兵車的大國能施行仁政，百姓的喜悅，就像解除了被頭下腳上倒掛著的痛苦一樣。「如解倒懸」這句成語，儒家、道家都使用這樣的比喻，說明百姓活著實在是苦得受不了。「事半功倍」一語，即出自此段，意思是只要下一半的工夫，效果卻與古人全部做完是一樣的。

綜上所述，孔子充分肯定管仲的貢獻，在《論語》所舉的理由是因爲他「九合諸侯，不以兵車」。刀槍無情，人命可貴，一旦打仗就會死傷無數，怎麼可以隨便輕易動武呢？管仲以外交取代戰爭，這一點做得非常好，孔子在評論時也很客觀，能夠體察別人的偉大貢獻。所以孔子不去批評管仲的功業，反而替管仲辯護，說他這個人「合乎行仁」的要求。但孟子的看法卻不一樣，他認爲管仲沒有幫助齊桓公「修其仁政，由霸而王」。

孟子有關周文王處境的分析，出於合理的歷史見識。他相信齊國如果行仁政就可以稱王天下，並且是「由反手也」，這種說法若非源於他對「人性向善」的堅定信念，實在不易理解。

行仁政而王，爲什麼易如反掌，可以平治天下？因爲推行仁政就是行善，而百姓無不向善，所以國君一行善，大家都會自動支持，這是很簡單的道理。

〈3・2・1〉

公孫丑問曰：「夫子加齊之卿相，得行道焉，雖由此霸王，不異矣。如此，則動心否乎？」

孟子曰：「否，我四十不動心。」

曰：「若是，則夫子過孟賁遠矣。」

曰：「是不難，告子先我不動心。」

曰：「不動心有道乎？」

曰：「有。北宮黝（ㄧㄡˇ）之養勇也：不膚撓（ㄋㄠˊ），不目逃，思以一毫挫於人，若撻（ㄊㄚˋ）之於市朝；不受於褐（ㄏㄜˊ）寬博，亦不受於萬乘之君；視刺萬乘之君，若刺褐夫；無嚴諸侯，惡聲至，必反之。孟施舍之所養勇也，曰：『視不勝猶勝也；量敵而後進，慮勝而後會，是畏三軍者也。舍豈能爲必勝哉？能無懼而已矣。』孟施舍似曾子，北宮黝似子夏。夫二子之勇，未知其孰賢，然而孟施舍守約也。昔者曾子謂子襄曰：『子好勇乎？吾嘗聞大勇於夫子矣：自反而不縮，雖褐寬博，吾不惴（ㄓㄨㄟˋ）焉；自反而縮，雖千萬人吾往矣。』孟施舍之守氣，又不如曾子之守約也。」

公孫丑請教說：「先生如果擔任齊國的卿相，可以實行自己的主張，那麼即使由此建立了霸業或王業，也是不足奇怪的。如此一來，會不會動心呢？」

孟子說：「不，我四十歲就不動心了。」

公孫丑說：「這麼看來，先生遠遠超過孟賁了。」

孟子說：「這個不難，告子比我更早做到了不動心。」

公孫丑說：「不動心有方法嗎？」

孟子說：「有。北宮黝這樣培養勇氣：肌膚被刺不退縮，眼睛被戳不逃避；他覺得受到一點小挫折，就像在公共場所被人鞭打一樣；既不受平凡小民的羞辱，也不受大國君主的羞辱；把刺殺大國君主看成刺殺平凡小民一樣；毫不畏懼諸侯，聽到斥罵一定反擊。孟施舍這樣培養勇氣，他說：『對待不能戰勝的，就像對待足以戰勝的一樣；如果衡量敵得過才前進，考慮可以勝才交戰，那是畏懼眾多軍隊的人。我怎能做到必勝呢？不過是無所畏懼罷了。』孟施舍的作風像曾子，北宮黝的作風像子夏。這兩個人的勇氣，不知道誰比較傑出，但是孟施舍把握了要領。從前曾子對子襄說：『你愛好勇敢嗎？我曾經聽孔子談過大勇的作風：反省自己覺得理屈，即使面對平凡小民，我怎能不害怕呢？反省自己覺得理直，即使面對千人萬人，我也向前走去。』孟施舍保持勇氣的方法，又不如曾子的那麼扼要。」

不為外境牽動內心的境界

有些人取得富貴的時候，就變得趾高氣揚，甚至心浮氣躁。公孫丑請教孟子，如果被賜予爵位的話，是否會動心。

孟子回答得很巧妙：「不，我四十歲就不動心了。」這和孔子的「四十而不惑」

有點接近。不動心是指不會爲了別人說自己好或不好，而高興或難過，因爲他知道自己在做什麼，以及爲什麼如此做。公孫丑聽了很佩服：「先生遠遠超過孟賁了。」孟賁是古代的勇士。

《孟子》當中有〈告子篇〉，告子在人性論上是與孟子針鋒相對的人，是他學術上的對手之一，但是孟子承認告子比他更早先不動心。乍聽之下，會覺得孟子虛懷若谷，但是稍後孟子會分辨告子的不動心，並且指出他的困難及謬誤所在。

學生接著又問不動心有沒有什麼方法，孟子舉北宮黝和孟施舍做例子，這兩個人都是古代有名的勇士。從此段舉例可知，不動心與勇敢的修練有關。

北宮黝這個人自尊心極強，「視刺萬乘之君，若刺褐夫」，聽來像是刺客，去刺殺大國國君時，居然毫不在意。「不膚撓，不目逃，思以一毫挫於人，若撻之於市朝，不受於褐寬博，亦不受於萬乘之君」，多麼大的氣魄。他不受任何一點點委屈，眼中沒有什麼帝王將相或販夫走卒的區別，是個有仇必報的江湖人物。

第二位人物叫做孟施舍，他的必勝方法，不過是無所畏懼。明明是以一對十，但是他打仗時衝鋒陷陣，好像相信自己會勝，那種氣勢甚至可以以一敵百。明明知道一定會死，照樣全力衝殺過去，那種氣魄就是孟施舍所表現的。此謂「對待不能戰勝的，就像足以戰勝的一樣」。這是第二種勇氣，專注於培養內在的信心與力量。

第一種是外發，表現出凶悍的架勢。第二種是內斂，掌握住自己的信心。孟子覺得孟施舍的作風像曾子，北宮黝的作風像子夏。曾子與子夏都是孔子學生，可以拿來加以比較。如果參考《論語》，我們很難把子夏與北宮黝連在一起。因爲子夏在孔子口中是比較退縮保守的類型。至於曾子與孟施舍則有些相似，都會強調內在的修練。

理直氣壯，就無所畏懼

孟施舍能夠掌握到自己的內心狀態，當然比北宮黝「不膚撓、不目逃」更為深刻而持久。他培養的是第二種勇敢，即使表面上打不過，也要激發堅強的意志，產生由內而發的力量。

但是這兩種勇敢都不夠，孟子進一步說明「大勇」的作風：「自反而不縮，雖褐寬博，吾不惴焉；自反而縮，雖千萬人吾往矣。」《論語》裡並沒有這句話，孟子顯然是從別的地方聽到的。「雖千萬人吾往矣」，重點不在於對立的一方有多少人，而在於自己是否理直氣壯。這說明「理」是天下人都要遵守的共識，放諸四海而皆準。在此，孔子所說的境界才是孟子真正佩服的。

今天要引述孔子「自反而縮」一語時，切不可忽略前半句「自反而不縮」。反省自己時有對有錯，可能理直也可能理屈，最怕的是自以為是，以致口誦孔子之語而表現卻荒腔走板。

綜上所述，不動心，首先必須沉得住氣，所以孟子先談養勇。北宮黝的方法是「外發」，靠外在的過人氣勢來彰顯勇敢。孟施舍的方法是「內求」，以堅定自己的信念來彰顯勇敢。內求比起外發當然更能把握住要領，亦即不受限於外在條件，全憑一種內在的力量。

曾子轉述孔子的一段話則是「上訴」，從外到內再到上，「上訴」於人人心中共有的義理，這種義理是天下人都要接受的。人人心中共有的義理，超越個人的氣勢與意念，務求放諸四海而皆準，所以稱之為大勇，這才是養勇的正確途徑。

換句話說，我們做任何事都要問自己合不合理，合不合道義。如果合的話，就無所懼怕，可以清楚表現出來，讓大家感覺到這是人人都有的嚮往，是合乎人性向善的普遍要求。

〈3・2・2〉

曰：「敢問夫子之不動心與告子之不動心，可得聞與？」

「告子曰：『不得於言，勿求於心；不得於心，勿求於氣。』不得於心，勿求於氣，可；不得於言，勿求於心，不可。夫志，氣之帥也；氣，體之充也。夫志至焉，氣次焉。故曰：『持其志，無暴其氣。』」

「既曰『志至焉，氣次焉』，又曰『持其志，無暴其氣』者，何也？」

曰：「志壹則動氣，氣壹則動志也。今夫蹶（ㄐㄩㄝˊ）者趨者，是氣也，而反動其心。」

公孫丑說：「請問，先生的不動心與告子的不動心，可以說來聽聽嗎？」

孟子說：「告子說過：『言論上有所不通，不必求助於思想；思想上有所不通，不必求助於意氣。』思想上有所不通，不必求助於意氣，這是可以的；

言論上有所不通，不必求助於思想，這是不可以的。心志是意氣的統帥，意氣是充滿體內的。心志關注到哪裡，意氣就停留在哪裡。所以說：『要持守心志，不要妄動意氣。』」

公孫丑說：「既然說『心志關注到哪裡，意氣就停留在哪裡』，卻又說『要持守心志，不要妄動意氣』，這是爲什麼？」

孟子說：「心志專一就能帶動意氣，意氣專一也能帶動心志。譬如跌倒與奔跑，都是意氣的運作，反過來卻帶動了心思。」

道理說不通的時候，別鑽牛角尖

孟子的「不動心」和告子的「不動心」有何區別呢？

告子的方法有兩個步驟：「不得於言，勿求於心」和「不得於心，勿求於氣」。第一個「勿求」，意思是理論上說不通的事，不要多想是怎麼回事，因爲光用想的未必會有結果。

「不得於言，勿求於心」，譬如與別人談話時，話不投機，或者聽不懂別人在說什麼，或者自己說的別人不了解，都是「不得於言」。「勿求於心」，不要在心裡想太多，想太多容易鑽牛角尖，最後連與別人溝通都有困難。

其次，「不得於心，勿求於氣」，思想上有所不通，不必求助於意氣。告子認爲，一方面不要在思想上鑽牛角尖，非要想通不可；另一方面，在思想上想不通時，不要意氣用事，不要衝動行事。

孔子在《論語．述而》說：「不憤不啓，不悱不發。」「憤」是生氣，學生想懂而懂不了，快要生氣的時候，老師再給與啓發。「悱」是學生想說而說不出來，臉都脹紅了，這時老師再予以開導。意思是在學生憤、悱之後，老師的啓發才會產生效果。

孟子認爲「不得於心，勿求於氣」是可以的，但是「不得於言，勿求於心」則不宜。在言論上說不通時，就須求助於思想，因爲思想可以有方法、有結果。如果求助於思想而最後能夠想通的話，那不是很好嗎？與別人談話，若是無法互相了解，還不肯用心去思想，那麼只好與別人保持距離。這樣的「不動心」其實只是消極地逃避問題，甚至只是思想上的怠惰。

另一方面，如果在思想上不能溝通，則千萬不要動氣，這也是一種修養。孟子贊成這個做法，他同意「不要動意氣」，但是言論上不能互相溝通的話，就須在思想上深入了解，否則人的理性又有何用呢？人的理性就是要用來思考的。所以，孟子認爲告子的修練方法，後面一半可以成立，而前面一半則有問題。

心志和意氣兩者互相牽引

「夫志，氣之帥也」，這一句話很重要，「志」字是上「士」下「心」，就是指讀書人的心思，選定某種價值，準備讓自己的生命產生變化，日起有功。「帥」是統帥，就是要以心思、心志來統帥氣，「氣」是「體之充」也。

我們的身體充滿了氣，「氣」也代表有形可見的身體，包括其中的欲望、衝動、能力。孔子講的「血氣」也有類似的意思。「意氣」的重點在於「氣」，氣是具體的生命，人的身體裡面充滿的就是氣。這也可以理解為，一個人的生命要靠呼吸，呼吸就是氣的運作。

至於「志至焉，氣次焉」，是說我的心志指向何處，意氣就跟著過去。心志去哪裡，意氣——身體的行動——就跟著走。譬如，走在路上總是有個目標，這時你心思一轉，想去別的地方或者想做什麼事，隨後身體立即就會有所行動。心志決定了血氣的運作。至於「持其志，無暴其氣」，「暴」是亂的意思，這裡譯成妄動，意即輕舉妄動。

孟子這兩句話合而觀之，顯然有一點矛盾，公孫丑就問，既然說「志至焉，氣次焉」，那為何還說「持其志，勿暴其氣」呢？「氣」本來跟著「志」走的，而且意氣怎麼會妄動呢？如果不是自己的「志」讓「氣」妄動的話，「氣」憑什麼可以妄動？難道「氣」有自主的力量嗎？公孫丑問得非常好。

孟子說：「志壹則動氣，氣壹則動志也。今夫蹶者趨者，是氣也，而反動其心。」譬如，心志專一的時候，不吃飯也不覺得餓。心志專一，所有的能量與行動都跟著投注下去。這是一方面。

另一方面，意氣專一的話，也能帶動心志。孟子所說的並不是空話，他舉了「跌倒」與「奔跑」的例子。當一個人跌倒時，身體的動作會使心思受到影響，帶動心思想要保護自己，這是本能的反應。奔跑是身體的活動，也是「意氣的專一」，一直在跑，這時心思不可能想像奔跑之外的事情。

譬如，希臘時第一位哲學家泰利斯（Thales），他抬頭觀看及研究天象時，女僕就跟在後面幫他拿東西。結果他走著走著，掉到水井裡了，女僕就說了一句至理名言：「地上都沒有搞清楚，看什麼天上！」這說明一心不能二用，走路不專心，就可能跌倒。跌倒的人或者奔跑的人，他的身體的活動也會帶動他的心思。

反之，心思專注的話，身體也可能忘了饑餓，甚至忘了痛苦。這是孟子對人的生命所做的解釋。

身心合一，活出生命的整體

這種解釋說明身與心是一個整體，是互動的整體，我稱之爲「身心合一論」。許多人把孟子說成是「唯心論」，認爲心就是人的一切，心又是如何的完美等等。其實儒家並沒有忽略身體。譬如你想做好事，沒有身體又怎麼能做呢？有人摔跤，你想幫他忙，就要眞的伸出手來，才算是眞正幫上忙。心願意幫忙，同時還要伸出手來，這才是完整的善的行爲。

綜上所述，孟子對人的生命的看法是：人有兩部分，一稱爲「志」，就是心思，會思考該怎麼做、該去哪裡；第二叫做「氣」，氣是身體，身體是有形可見的活動的能力。「志」是統帥，要讓心思來主導身體，面對任何事要先想一想該不該做，然後再去做；如果只靠盲目衝動，心思就會反過來，被身體所左右。

比如有些人吃了迷幻藥，感覺飄飄欲仙，上癮後就沉迷其中。一旦沉迷，就傷害自主神經，失去正常的判斷能力，讓身體的欲望和衝動來主導行爲。這就是孟子所說的，「志」本來是統帥，你解除了它的統治權，最後連自己在做什麼也不知道了。在孟子看來，這就是本末倒置。由此可見，孟子對人性的了解有一套完整的觀念。

告子比孟子更早達到「不動心」的境界，但是他的不動心是靠兩種勿求——勿求於心、勿求於氣。結果既不能通達義理，也不能知言養氣。因爲「勿求於心」而放棄思考的話，怎麼可能通達義理呢？自然也就無法知言養氣了。其實氣也可以求，就是要設法養氣。

「志，氣之帥也；氣，體之充也」，這句話是孟子對人的生命的基本看法。孟子認爲人的生命是兩種力量的組合，人有身體，它以氣爲內容，氣包括血氣、欲望、情緒等等，在此勉強把它譯爲意氣。同時，人還有心志，可以思考、判斷及選擇。先思考，然後判斷是非對錯，選擇則是要付諸行動了。簡而言之，孟子可以說是主張「身心合一論」與「以心統身論」，以心來領導統帥身體。

〈3・2・3〉

「敢問夫子惡（ㄨ）乎長（ㄔㄤˊ）？」

曰：「我知言，我善養吾浩然之氣。」

「敢問何謂浩然之氣？」

曰：「難言也。其爲氣也，至大至剛，以直養而無害，則塞於天地之間。其爲氣也，配義與道；無是，餒也。是集義所生者，非義襲而取之也，行有不慊（ㄑㄧㄢˋ）於心，則餒矣。我故曰，告子未嘗知義，以其外之也。必有事焉而勿正，心勿忘，勿助長也。無若宋人然；宋人有閔其苗之不長而揠（ㄧㄚˋ）之者，芒芒然歸，謂其人曰：『今日病矣！予助苗長矣！』其子趨而往視之，苗則槁矣。天下之不助苗長者寡矣。以為無益而舍之者，不耘苗者也；助之長者，揠苗者也。非徒無益，而又害之。」

公孫丑說：「請問先生的優異之處在哪裡？」

孟子說：「我能辨識言論，我善於培養我的浩然之氣。」

公孫丑說：「請問什麼叫做浩然之氣？」

孟子說：「很難說清楚的。那一種氣，最盛大也最剛強，以正直去培養而不加妨礙，就會充滿在天地之間；那一種氣，要和義行與正道配合。沒有這些，它就會萎縮。它是不斷集結義行而產生的，不是偶然的義行就能裝扮成的。如果行為讓內心不滿意，它就萎縮了。所以我說，告子不曾懂得義行，因為他把義行看成外在的東西。對這種氣，一定要在行事上努力，但不可預期成效；內心不能忘記它，但不可主動助長。不要像宋國人那樣。宋國有個擔心禾苗不長而去拔高的人，十分疲困地回去，對家人說：『今天累壞了！我幫助禾苗長高了。』他的兒子趕快跑去一看，禾苗都枯槁了。天下不幫助禾苗長高的人很少啊。以為養氣沒有用處而放棄的，是不為禾苗除草的人。主動助長的，是拔苗的人，不但沒有好處，反而傷害了它。」

內在最強大的力量是浩然之氣

孟子有什麼優點，公孫丑當然想要知道。孟子有自知之明，就指出兩點，一是「知言」，二是「善養吾浩然之氣」。

第一點就是「能夠辨識言論」。「知言」，是指聽到別人說話就知道別人的問題在哪裡。在《論語・堯曰》已經出現過：「不知言，無以知人也。」如果不知道如何分辨言論，就不可能了解一個人。這是孟子的第一個特長。

第二個特長是「善於培養我的浩然之氣」。何謂浩然之氣？孟子口才這麼好，天下很少有人辯得過他，但他也必須承認「難言也」，亦即很難說得清楚。因爲「浩然之氣」這樣的狀態，牽涉到個人的修養，要有具體的生活體驗做爲理解的基礎。假設你對十幾歲的年輕人說「人生七十古來稀」，他們根本不懂你在說什麼。

但孟子接著還是說了：「至大至剛，以直養而無害。」「直」字是關鍵，如果要培養這種「氣」的話，一定要「直」。「直」不僅是指正直，也包括眞誠在內。一個人眞誠，才能夠由內到外像一條直線一般地表現出內心的意念，沒有任何扭曲或勾心鬥角或其他的念頭。以「直」來養氣，不要阻礙它、扭曲它，如此一來，它就會充滿在天地之間。這說明人的「氣」可以與萬物相通，與一切都相順而不相逆。

孟子描寫「浩然之氣」這段是最難懂的。如何理解「至大至剛，以直養而無害」呢？光是「不加妨礙」四字就很難做到。正直是由內而發，讓生命力量直接表現出來，進而融入整個宇宙裡面。儒家的思想喜歡強調這一點，道家也有類似的觀念，這也就是《中庸》所謂的「無入而不自得」。

孟子的修養是從眞誠而正直著手。人與大自然本來就可以和諧相處，只要你不妨礙氣的發展，就是讓自己順其自然，不要被人情世故或外在權威等各種壓力，扭曲自己本來應該有的表現。這當然是不容易做到的。如果這種氣發展出來充滿在天地之間，就代表你在任何地方都可以如魚得水。

義行與正道，二者缺一不可

接下來更重要的是「配義與道」，一個是義，一個是道，再加上前面說過的直。直代表眞誠而正直，是出發點；義代表正義的行爲；道代表正確的道路，氣要和義行與正道配合。氣餒就是氣萎縮了，沒有義和道的話，它就會萎縮，也就是感覺到心虛。

孟子思想的重要觀念之一就是「集義」。孟子談的「集義」，有特別的含義，與荀子說的「積善」不一樣。積善是指不斷地累積善的行爲，最後發現自己變得很好了，這是靠累積善的「行爲」所造成的。積善，好像把善當成一種外在的行爲，可以不斷地累積。

就好像寫「功過格」。統計今天有幾個功、過，每一個再按照大小給分數。每天回家就塡表，到一定時間再做全面反省，功愈來愈多，過愈來愈少，這就叫做積善，是很具體的方法。

荀子的思想比較偏重外在，把善當作「僞」（人爲的），要設法努力改變自己的行爲模式，不斷地累積善行。孟子談的是「集義」，「集」字意思是好像它有根有源，從內在不斷地發出來。也有人認爲「集」是集結，好像不斷地從內在聚集，外顯之後就發出光芒，正如一個人「腹有詩書氣自華」，飽讀詩書，氣質自然就顯得高雅。

「非義襲而取之也」，「襲」是指從外面加一件外套，裝扮成某種樣子。如果行爲不能讓內心滿意，這種氣隨時可能萎縮。換句話說，你做的事別人說好、說壞都不算，要自己內心滿意，因爲義是由內而發的要求。自己做得好不好，自己心裡最清楚。

勿忘勿長，過猶不及

「必有事焉」，有再好的理想或道理都沒有用，一定要在事情上磨練，不能光講理論。所謂「勿正」即一定要在行事上努力，但不可預期成效或主動操控。一旦預期成效的話，很可能就會心急而不合自然之道。

換句話說，做任何事一定要把心定在當下，努力做好當下這件事，不要急躁；一急躁的話，心裡會想：要趕快把它做成，成效一定要如何，一定要勝過什麼。如此一來，就變成做事只注意到目的，而忽略了過程。

天下之事最好是水到而渠成，譬如熟能生巧到一種程度，猶如化境，表現出來非常自然。一個人在自己的領域裡如魚得水，輕鬆自在，圍觀的人緊張得滿頭大汗，他做起來舉重若輕，如入無人之境，這才叫做專家、專業。

孟子所要求的並不是一種技藝，因爲重要的是人的生命。譬如燒飯、洗碗，也有直、義、道可言。日常生活裡「必有事焉，而勿正」，在每件事上都可以修行，心裡不要存著預期的結果。每件事情都要腳踏實地去做，人生沒有任何事是浪費時間的。

「心勿忘，勿助長」。內心不能忘記它，要記得不斷地「集義」，做該做的事，但是又不能「助長」。孟子接著就舉了一個宋國人「揠苗助長」的例子。宋國人因為國勢衰弱，在當時常常被嘲笑。

「芒芒然」不是迷惑，而是累得頭昏腦脹、沒有力氣的樣子，因為那麼大一片田，把禾苗一棵一棵拔高，這實在是一個很努力工作的農夫。然後回家告訴家人說：「今天累壞了，我幫助禾苗長高了。」眞是貢獻很大。兒子一聽，「趨而往視之，苗則槁矣」。

過程比結果重要

「以爲養氣沒有用處而放棄的，是不爲禾苗除草的人。」有人認爲養那種浩然之氣是沒用的，何必去修養呢？這是第一種人。第二種人是「主動助長的，是拔苗的人，不但沒有好處，反而傷害了它。」這兩種人，一種是根本不去管，一種是管太多了。

這個例子是說明修養的方法，過程比結果重要，所以我們不要忘記，努力做該做的事，但是不要幫助它成長；若是刻意要求早些得到結果，就變成有一個外在目的，效果反而不好。所以花較多時間認眞而踏實地做好一件事，是很値得的。

〈3・2・4〉

「何謂知言？」

曰：「詖（ㄅㄧˋ）辭知其所蔽，淫辭知其所陷，邪辭知其所離，遁辭知其所窮。生於其心，害於其政；發於其政，害於其事。聖人復起，必從吾言矣。」

「宰我、子貢善爲說辭，冉牛、閔子、顏淵善言德行。孔子兼之，曰：『我於辭命，則不能也。』然則夫子既聖矣乎？」

曰：「惡（ㄚ）！是何言也？昔者子貢問於孔子曰：『夫子聖矣乎？』孔子曰：『聖則吾不能，我學不厭而教不倦也。』子貢曰：『學不厭，智也；教不倦，仁也。仁且智，夫子既聖矣。』夫聖，孔子不居。是何言也？」

公孫丑說：「什麼叫做辨識言論？」

孟子說：「偏頗的言詞，我知道它的盲點；過度的言詞，我知道它的執著；邪僻的言詞，我知道它的偏差；閃躲的言詞，我知道它的困境。這些言詞從心思產生出來，會危害政治；在政治上表現出來，會危害具體的事物。如果有聖人再出現，一定會贊成我所說的。」

公孫丑說：「宰我、子貢擅長言談；冉伯牛、閔子騫、顏淵擅長闡述德行。孔子兼有雙方優點，但還是說：『我對於口語表達，並不具備專長。』那麼，先生已經是聖人了吧？」

孟子說：「唉，這是什麼話！從前子貢請教孔子說：『先生是聖人了吧？』孔子說：『聖人，我做不到，我只是學習而不厭煩，教人而不倦怠。』子貢說：『學習而不厭煩，就是明智；教人而不倦怠，就是仁德。仁德加上明智，先生已經是聖人了。』聖人，孔子還不敢自居。你這是什麼話？」

智者具備辨識言論的能力

公孫丑向孟子請教辨識言論。詖辭的「詖」是指遮蔽，有什麼地方被遮蔽了，說話的人自己不覺得，以爲自己很客觀。但是孟子一聽就知道，這個言論有偏頗之處。這是第一點。

第二個是淫辭。「淫」在古代是指雨水下得太多，所以有過度的意思。讀《論語》、《孟子》會發現，孔子比孟子溫和些，不喜歡勉強別人，因爲「道不同不相爲謀」。如果一個人在說話時，堅持只有自己是對的，別人的看法全部有問題，那就有「淫辭」之嫌了。

第三，邪辭，「邪辭知其所離」。「邪」本來是指偏斜，當然是離開了正道。最後一點是「遁辭」。譬如前面讀過的「王顧左右而言他」，不直接談事情，左右四顧，說些別的事。

「言爲心聲」，說話代表內心的想法。所以要學習把話說得清楚，讓別人可以正確理解，不要自以爲是而引起情緒反應，這就是孟子強調「知言」的效果。知言與養氣配合，是內外兼修的方法。能「知言」的話，與人相處就不會消耗力氣在不必要的誤會上。佛教裡有一個詞，叫做「聖默然」，什麼都不說，但是充滿著很大的說服力量。能夠知言，就會明白什麼是「無聲勝有聲」。

自滿的心沒有成長空間

孟子了解四種有問題的言詞之後，接著說：「這些言詞從心思產生出來，會危害政治。」古代的百姓是被統治的階級，統治者可能會說出偏差的言論，這些言論一旦從心思表現出來就會危害政治，具體的禮樂政刑就會出現問題。

公孫丑十分好學，把握機會繼續問：「宰我、子貢善爲說辭，冉牛、閔子、顏淵善言德行。孔子兼之，曰：『我於辭命，則不能也。』然則夫子既聖矣乎？」最後一句很有趣，他居然要孟子自己與孔子比比看。

宰我與子貢口才非常好，《論語．先進》將他們二人列在言語科；至於另外三位——冉伯牛、閔子騫、顏淵更傑出了，他們列名於德行科。「善言德行」，一個人自己有德行的表現，才能闡述德行讓別人明白。自身有很好修行的人，由他來談修行的問題，更容易感動別人。如果只是口才很好，自身並無修行的經驗，那麼說話就沒有感人的力量，所以「善言德行」很不容易。

孔子強調自己不擅長辭令，是要凸顯德行在人生中的首要地位。像顏淵上課從來不提問題，所以孔子說他「不違若愚」，從來沒有違背我的意思，好像很笨的樣子。不過下課之後，私下觀察顏淵的行爲，才發現他上課聽到什麼，下課就去實踐，所以可以看到他不斷精進。於是孔子說：「吾見其進也，未見其止也。」意即：我只看到顏淵進步，沒有看到他停下來。

公孫丑當面稱讚孟子是聖人，也是對老師表達崇拜之意，但是孟子不會輕易地陷於狂妄自大的心態。如果心態是自滿的，就沒有成長空間了。

孔子與孟子都不敢自居爲聖人，因爲儒家對人格修養的要求是永無止境的，只要活著，永遠可以更上一層樓。

由上述可見，所謂浩然之氣，是把人的生命力發揮到極限，抵達與萬物相通、充塞於天地之間的地步，使自己在任何處境都很自在。因爲內心「集義」，到最後感覺到自己的生命沒有任何誘惑、困擾，或者限制、障礙。

正道是指人生的光明大道，是人人都可以走的，亦即人生要好好行善；義行是指在特定的狀況中，要隨時準備去行善，因爲義是個別的情況，看看「適宜」怎麼做。長期集結義行而生的效果，表現爲內心坦蕩而自得其樂，一無所缺而永遠上進，這也就是至大至剛的氣。

〈3・2・5〉

「昔者竊聞之：子夏、子游、子張皆有聖人之一體，冉牛、閔子、顏淵，則具體而微。敢問所安？」

曰：「姑舍是。」

曰：「伯夷、伊尹何如？」

曰：「不同道。非其君不事，非其民不使；治則進，亂則退，伯夷也。何事非君，何使非民；治亦進，亂亦進，伊尹也。可以仕則仕，可以止則止，可以久則久，可以速則速，孔子也。皆古聖人也，吾未能有行焉，乃所願，則學孔子也。」「伯夷、伊尹於孔子，若是班乎？」

曰：「否。自有生民以來，未有孔子也。」

曰：「然則有同與？」

曰：「有。得百里之地而君之，皆能以朝諸侯，有天下；行一不義，殺一不辜，而得天下，皆不為也。是則同。」

曰：「敢問其所以異。」

曰：「宰我、子貢、有若，智足以知聖人，汙不至阿（ㄜ）其所好，宰我曰：『以予觀於夫子，賢於堯、舜遠矣。』子貢曰：『見其禮而知其政，聞其樂而知其德；由百世之後，等百世之王，莫之能違也。自生民以來，未有夫子也。』有若曰：『豈唯民哉？麒麟之於走獸，鳳凰之於飛鳥，泰山之於丘垤（ㄉㄝˊ），河海之於行潦（ㄌㄠˇ），類也。聖人之於民，亦類也。出於其類，拔乎其萃。自生民以來，未有盛於孔子也。』」

公孫丑說：「從前我聽說過：子夏、子游、子張都各有聖人的部分特點。冉牛、閔子騫、顏淵已有聖人全部特點而格局較小，請問先生處於何種情況？」

孟子說：「暫且不談這個問題。」

公孫丑說：「伯夷、伊尹怎麼樣？」

孟子說：「處事的作風不同。不是理想的君主不去服事；不是理想的百姓不去使喚；天下安定就出來做官，天下動亂就退而隱居，這是伯夷的作風。對任何君主都可以服事，對任何百姓都可以使喚；天下安定出來做官，天下動亂也出來做官，這是伊尹的作風。應該做官就做官，應該辭職就辭職，應該久留就久留，應該速去就速去，這是孔子的作風。他們都是古代的聖人，我還做不到他們的表現。至於我所希望的，則是學習孔子。」

公孫丑說：「伯夷、伊尹比起孔子，算是同等的嗎？」

孟子說：「不。自有人類以來，沒有像孔子這樣的人。」

公孫丑說：「那麼，他們有共同之處嗎？」

孟子說：「有。如果能有縱橫各一百里的土地讓他們擔任君主，都能讓諸侯來朝見而統治天下；如果要他們做一件不義的事，殺一個無辜的人，因而得到天下，他們都是不會去做的。這些是他們的共同之處。」

公孫丑說：「請問孔子的不同之處在哪裡？」

孟子說：「宰我、子貢、有若三人，智力足以了解聖人，即使說話誇大也不至於偏袒他們所敬愛的人。宰我說：『以我對先生的觀察，他的傑出遠遠超過了堯、舜。』子貢說：『看見一國的禮制，就知道它所推行的政事；聽到一國的音樂，就知道它所流行的風氣；從一百代以後來評價這一百代的君主，沒有誰能違背這個道理。自有人類以來，沒有像孔子這樣的人。』有若說：『豈只是人類有這樣的不同！麒麟對於走獸，鳳凰對於飛鳥，泰山對於土丘，河海對於水漥，都是同類的；聖人對於百姓也是同類的。但是，高出了他的同類，超出了他的同群。自有人類以來，沒有比孔子更偉大的了。』」

孔門弟子代表性人物大部分在本章出現，德行：顏淵、閔子騫、冉伯牛、仲弓。言語：宰我、子貢。政事：冉有、子路，兩人從政做官表現都不錯。文學：子游、子夏，對文獻方面的資料、讀書方面的心得比較多。此謂孔子所分的四科，有十位優秀學生。

不落入與人互相比較的困境

公孫丑希望孟子能夠把自己定位於孔子的某一種學生，這實在很難回答。所以孟子說：「暫且不談這個問題。」他很聰明，因為一旦說自己像誰，就會落入人與人互相比較的困境了。

「具體而微」這個詞是個術語，譬如治理國家，目標太大了，那就治理鄉村，內容與治理國家一樣，裡面的人際關係、各種分工合作都有類似之處，只是具體而微，格局比較小。

公孫丑乾脆打破砂鍋問到底，接著問伯夷、伊尹如何。這兩個人經常被提出來當作聖人，他們各有自己的特色。孟子回說，他們兩人「不同道」，道指的是做人處事的作風。

伯夷的作風非常清高。要他做官，他要看有沒有好的國君、好的百姓，如果這兩方面都不夠水準的話，他就不做官了。

伯夷的弟弟是叔齊，這兩兄弟是同進退的，最後的遭遇也是一樣，一起餓死了。兩兄弟勸阻周武王未果，逃入首陽山，武王克商之後，他們不吃周朝的食物。司馬遷寫〈列傳〉時，伯夷叔齊排第一位。

伊尹的作風是心存責任感，從不挑三揀四。伊尹是商湯的宰相，聽說他五次去夏桀那邊做官，五次來商湯這裡做官。最後商湯取夏桀而代之，伊尹處在中間竟然沒事，這是很不容易的。但是伯夷與伊尹兩人，一個太清高，一個又太投入。

從政要秉持中庸之道

孔子則不同，他的作風是：應該做官就做官，應該辭職就辭職，應該久留就久留，應該速去就速去。這就產生了一個疑問：如何知道什麼時候應該如何呢？孔子是怎麼判斷的呢？

孔子在離開齊國的時候「接淅而行」，這一段寫在〈萬章〉中：「孔子之去齊，接淅而行，去魯曰：『遲遲吾行也，去父母國之道也。』」他離開齊國時，米撈起來就跑，好像逃命一樣；離開魯國時，走幾步就回頭，看看國君有沒有想到他，再把他請回去。因爲齊國不是孔子的祖國，孔子的祖國是魯國。可以速去的速去，可以久留的久留，眞是有原則，而運用之妙，存乎一心。

孟子認爲孔子與他們都不一樣，自有人類以來，沒有像孔子這樣的人。孟子所謂的人類，當然是指他所知道的中國人，因爲那個時候釋迦牟尼和蘇格拉底都已經出現了，我們也不易比較這些聖哲的高下。所以孟子「乃所願，則學孔子」，「乃」就是至於，他個人的願望，就是學習孔子，由此形成了孟子在孔子之後的儒家傳統。

不可為目的而不擇手段

伯夷、伊尹是古代有名的聖人，孔子也是，那麼他們有什麼共有的特色呢？商湯、周文王開始的時候只有七十里、百里的土地，而最後稱王天下，那是因爲他們行仁政。孟子認爲伯夷、伊尹、孔子都具有這樣的能力與智慧，如果給他們同樣的機會，都可以平治天下。

退一步看，「行一不義，殺一不辜，而得天下，皆不爲也。」這一句話驚天動地，自有人類以來，政治家的最高理想就是這句話——做一件不該做的事，殺一個無辜的人，就算把天下給他，他也不要。換句話說，重視每個人的生命價值超過重視天下。權力、財富都不要，但是要尊重每一個人，這是多麼偉大的情操。眞正明白儒家的思想以後，內在就會產生信心，可以不動如山。

孔子聖行的完美

公孫丑很好學，想了解最後的祕訣，向孟子請教孔子的不同之處究竟何在，於是孟子列舉了宰我、子貢、有若三個人做爲例證。這三個人是孔子的學生，由於他們的才華、智慧以及親炙機會，可以了解孔子的爲人。這裡的「汙」是指汙池，即很大很深的水池，與「誇」相通，表示誇大。

宰我認爲孔子的傑出遠遠超過了堯、舜。在子貢眼裡，孔子是天下第一，沒有像他這樣的人。因爲孔子表現出對禮制的熟悉，對音樂的了解，以及他所採取的原則。子貢對此已有深刻的認識，所以他認爲眞的讓孔子來執政，推行禮樂教化，將可帶來天下太平，貢獻也將遠超過堯、舜。「等百世之王」的「等」即差等，在此處作動詞，評價差等。

有若則說：「出於其類，拔乎其萃。自生民以來，未有盛於孔子也。」成語「出類拔萃」就出自此處，意思是高出了他的同類，超出了他的同群。

事實上這兩句話是重複的意思，這是古代的修辭手法。什麼情況是出類拔萃的呢？像泰山對於土丘、麒麟對於走獸、鳳凰對於飛鳥，自然界每一物種表現最傑出的、最優美的。鳥再怎麼美，能比過鳳凰嗎？也沒有哪一種野獸像麒麟一樣神奇的。聖人對於百姓的情況也是一樣，出類拔萃。

古代所謂的聖王，「聖」一定要當「王」，才可以平治天下，否則「聖」而不「王」，就沒辦法表現「聖」的效果，讓教化大行於世。孟子認爲「聖」是德行修養，孔子已經達到完美的地步，但能不能當王要看時機。總之，孔子成爲德行最高的聖人——至聖。這是孟子擴大聖的範圍，以孔子爲天下的首聖。

孟子以孔子爲至聖，就像莊子以老子爲「博大眞人」，各自有其學識所肯定的理由。我們與其爭論誰更偉大，不如設法了解這種說法背後的思想體系。

〈3・3〉

孟子曰：「以力假仁者霸，霸必有大國；以德行仁者王，王不待大：湯以七十里，文王以百里。以力服人者，非心服也，力不贍（ㄕㄢˋ）也；以德服人者，中心悅而誠服也，如七十子之服孔子也。《詩》云：『自西自東，自南自北，無思不服。』此之謂也。」

孟子說：「憑藉武力來號召行仁的是稱霸，稱霸必須具備大國的條件；憑藉道德來努力行仁的是稱王，稱王不必有大國的條件：商湯以縱橫各七十里的土地，周文王以縱橫各一百里的土地，就稱王了。憑藉武力使人服從，別人不是眞心服從，而是力量不夠；憑藉道德使人服從，別人內心快樂眞正順服，像七十多位弟子順服孔子一樣。《詩經・大雅・文王有聲》上說：『從西從東，從南從北，四方無不順服。』說的就是這件事。」

用德政治國，每個人都心悅誠服

「以力假仁者霸」，「假」就是拿來當藉口。拿「仁」來當藉口，並沒有眞正行仁。號召行仁是因爲這樣可以安定天下，但並沒有眞的去做。

「以德行仁者王，王不待大」，這不是假裝，而是努力去實踐「仁」而稱王。因爲眞正行仁的話，無論國家大小，百姓自然而然就會喜歡。例如周文王重視奉養老人。人都會老，如果老人的福利好，當然大家都去他那兒，而老人來了，子女自然跟著一起來。下一代看到長輩有好的待遇，也會一代一代地支持周文王了。

孟子根據史實，再舉商湯與周文王的土地各七十里、一百里，說明國家雖小，仍可以以仁稱王。現在齊國「方千里」，縱橫各一千里，已經比周朝原來的版圖大多了。如果憑藉武力使人服從，別人因爲力量不夠而屈服，並非心服，而是迫於形勢。

孟子說，七十幾個學生順服孔子是「心悅誠服」。孔子並無錢財或者勢力，他過世後，弟子們不但沒有散去，還自願在墳墓邊築室爲廬，守喪三年，這就是心悅誠服的明證。

孟子的立場很清楚，孟子一向不贊成用武力稱霸，「春秋五霸」也經常受到他的批評。即使不談國家大政，單就日常生活來說，我們也可以看到「以德服人」與「以力服人」的情況。

重點不在於是否服人，而在於自己若是努力修德，則快樂由內而發；若是專務於追求某種力量（如富貴或武力），想要藉此壓制別人，則不僅取得力量的過程很辛苦，有了力量之後別人又不服，隨時伺機離去。兩相對照，修德當然是正確選擇。

孟子肯定修德的根本理由，在於：人性向善，所以行善最樂。

〈3・4〉

孟子曰：「仁則榮，不仁則辱。今惡（ㄨˋ）辱而居不仁，是猶惡濕而居下也。如惡之，莫如貴德而尊士，賢者在位，能者在職。國家閒暇，及

是時，明其政刑。雖大國，必畏之矣。「《詩》云：『迨（ㄉㄞˋ）天之未陰雨，徹彼桑土（ㄉㄨˋ），綢繆牖（ㄧㄡˇ）戶。今此下民，或敢侮予？』孔子曰：『爲此詩者，其知道乎！能治其國家，誰敢侮之？』今國家閒暇，及是時，般（ㄆㄢˊ）樂怠敖，是自求禍也。禍福無不自己求之者。《詩》云：『永言配命，自求多福。』《太甲》曰：『天作孽，猶可違；自作孽，不可活。』此之謂也。」

孟子說：「行仁就獲得榮耀，不行仁就招來恥辱。現在的君主厭惡恥辱卻又處於不行仁的狀態，這就好像厭惡潮濕卻又處於低窪的地方。如果厭惡恥辱，最好的辦法是崇尚道德、尊重士人，使賢良的人有官位，能幹的人有職務。國家太平無事，趁這個時候修明政治法典，那麼即使大國也一定會畏懼它了。

「《詩經．豳風．鴟鴞》說：『趁著天空沒起雲、沒下雨，扒取桑樹根的皮，窗門都要纏繞好。今後底下那些人，有誰還敢欺侮我？』孔子說：『寫這首詩的人，懂得道理啊！能夠治理他的國家，誰還敢欺侮他？』如果國家太平無事，就趁這個時候追求享樂、怠惰遊玩，這是自己尋求災禍。災禍與幸福沒有不是自己找來的。《詩經．大雅．文王》上說，『永遠與天命配合，自己尋求更多的幸福。』《尚書．太甲》上說：『天降下的災禍，還有辦法躲開；自己造的災禍，就沒有活路了。』說的就是這件事。」

治國要有憂患意識

不喜歡被人批評，就不要行不仁之事，正如不喜歡潮濕，就不要住在低窪的地方。孟子藉以指出當時國君的盲點。

「國家閒暇，及是時，明其政刑。」這段話對國君而言很具體，對一般人來說，閒暇時可以思考生命要往哪裡去？此時對生命才會有質的體驗，而不再只是看到量的累積而已。

德國哲學家比柏（J．Pieper）寫過一本名為《閒暇》的書。古代所謂的閒暇，是文化的基礎。一個人要利用閒暇時恢復生命的完整性。平常工作上班時，會把自己當成某種工具，生命就割裂了也分散了。閒暇時，可以消解這種工具性的考量，從生命的整體來看待自己，然後才有文化（如文學、藝術、宗教、哲學）上的創作。

孟子接著引述《詩經》的話。「迨天之未陰雨」，陰代表起雲，太陽被遮住了。「徹彼桑土」，「徹」是取，「彼」是它；「桑土」的「土」是杜、根，桑樹根的皮。

「綢繆」本來是纏繞之意，意思是說這些人好像鳥一樣，利用天還沒有起雲，還沒有下雨的時候，趕快到處去尋找桑樹根的皮，找到之後把鳥巢纏繞好，這是從鳥的角度來說。如果時時謹慎，好好準備的話，就不會被人欺負。這是「未雨綢繆」一詞的典故。

孔子認為寫這首詩的人，懂得一些道理。他把「鴟鴞」比喻為小國，知道未雨綢繆，利用休閒的時間，居安思危，準備充分，就不會被大國欺負了。

自己招來的禍患，沒有挽救的餘地

下一句是至理名言：「禍福無不自己求之者」。看到別人碰到災禍或幸福，不必嘲笑或羨慕，而要思考他怎麼走到這個地步。當然我們也可以說「天有不測風雲」，天災人禍是難以預測的。所以《詩經．大雅．文王》說，「永言配命，自求多福」，意即要我們永遠與天命配合，自己去尋求更多的幸福。

接下來這句也是至理名言：「天作孽，猶可違；自作孽，不可活。」「天作孽」就是所謂風災、水災、自然的災害，科學發達的話，可以掌握災難的前兆，還可以想辦法避開。

至於「自作孽，不可活」，則是因為問題的根源在自己身上。希臘哲人赫拉克利圖（Heraclitus）說：「人的性格即是他的命運。」意思是：一個人的命運（指各種遭遇）主要是由他的性格所決定的。

性格是生來就具備的，那麼由它來決定命運，不是變成宿命論了嗎？實情並非如此，因為人的性格還是可以透過學習與思考而稍做調整。教育的目的在於變化氣質與培養風格，也就是要藉此改善性格，由此造就較為理想的命運。

〈3．5〉

孟子曰：「尊賢使能，俊傑在位，則天下之士皆悅，而願立於其朝矣；市，廛（ㄔㄢˊ）而不征，法而不廛，則天下之商皆悅，而願藏於其市矣；

關，譏而不征，則天下之旅皆悅，而願出於其路矣；耕者，助而不稅，則天下之農皆悅，而願耕於其野矣；廛，無夫里之布，則天下之民皆悅，而願爲之氓矣。

「信能行此五者，則鄰國之民仰之若父母矣。率其子弟，攻其父母，自生民以來未有能濟者也。如此，則無敵於天下。無敵於天下者，天吏也。然而不王者，未之有也。」

孟子說：「尊重賢良者，任用能幹者，讓傑出人才都有官位，那麼天下的士人都會高興，並且願意去那個朝廷服務了；市場，提供場地存放貨物而不徵收貨物稅，依法收購而不讓貨物滯銷堆積在倉庫，那麼天下的商人都會高興，並且願意把貨物存放在那個市場了；關卡，只稽查而不徵稅，那麼天下的旅客都會高興，並且願意經過那裡的道路了；對待耕田的人，只要他們助耕公田就不再另外徵稅，那麼天下農夫都會高興，並且願意在那兒的田野耕種了；人們居住之處，沒有勞役稅與額外的地稅，那麼天下百姓都會高興，並且願意做那兒的人民了。

「眞能做到這五方面的事，鄰國的百姓就會仰望他有如父母。率領子弟去攻打他們的父母，自有人類以來，沒有能夠成功的。像這樣，就會天下無敵。天下無敵的人，就是奉行天命的官吏。如此而不能稱王天下，那是從來不曾有過的。」

針對各種行業的需求，提出治國五法

孟子提出治國五法，首先是把讀書人安頓好。中興以人才爲本，讀書人從政做官，可以爲百姓服務。「賢」是賢良，指道德修養好的人；「能」是指專業能力強的人。

第二點是讓商人做生意不用繳稅，賣不掉的貨物政府會設法收購。「廛而不征」，「廛」是指提供場地儲放貨物。對政府來說，這是貨暢其流，任何貨物只要生產出來，一定有地方用得上，只是價錢高低而已。政府在此多做調節，如此一來，誰不願意來你的市場做生意呢？

第三點是針對旅人。關卡爲什麼要稽查呢？要看有沒有違法、違禁之物，防止從關外帶了武器來作亂這一類的事情。

第四點是針對農夫。井田中間的一塊就是公田，公田收穫的稻米交給公家叫做「助」，不再另外抽稅了；如果公田的產量不夠的話，政府會有別的方法來處分，這是古代的觀念，不會讓人以私害公。

第五點是關於一般百姓。「廛」在此是指民居，即百姓住的地方。「夫」是指男性服勞役。譬如蓋城牆、挖壕溝，都需要夫。「里」即地，地超過多大，就要繳一些額外的地稅。「布」是錢。古代有些交易是用布的，所以布代表錢，也是稅。意思是讓人住在這裡，不抽勞役方面的稅，也不抽地稅，不會再另外增加額外的負擔。

君主若眞能施行仁政，不只是本國百姓，甚至別國的百姓皆願視之爲父母。「濟」是指成，即完成一件事。因爲鄰國百姓把自己看成父母，鄰國的國君率領百姓來攻打，就是率領子弟來攻打父母，不可能成功。

孟子最後描述的結果確實是很樂觀。基本原則是「視民如親」，把百姓當成家人，按照各行各業的需要，使他們減輕負擔、增加利益，過一種比較自在的生活，亦即安居樂業。自古以來，政治領袖只需多爲人民設想，就會受到百姓的感恩戴德，望之猶如父母。我們把「善」界定爲「人與人之間適當關係的實現」，然後說儒家的主張是人性向善。從上述說法看來，還算合情合理。

〈3・6・1〉

孟子曰：「人皆有不忍人之心，先王有不忍人之心，斯有不忍人之政矣。以不忍人之心，行不忍人之政，治天下可運之掌上。所以謂人皆有不忍人之心者，今人乍見孺子將入於井，皆有怵（ㄔㄨˋ）惕惻隱之心；非所以內（ㄋㄚˋ）交於孺子之父母也，非所以要（ㄧㄠ）譽於鄉黨朋友也，非惡其聲而然也。」

孟子說：「每個人都有不忍別人受苦的心。先王有不忍別人受苦的心，才會有不忍別人受苦的政治。憑藉不忍別人受苦的心，實施不忍別人受苦的政治，治理天下就像在手掌上轉動東西一樣。我之所以說每個人都有不忍別人受苦的心，理由是：現在有人忽然看到一個孩童快要掉到水井裡，都會出現驚恐憐憫的心。不是想藉此和孩子的父母攀結交情，不是想藉此在鄉里朋友中博取名聲，也不是因爲討厭聽到孩童的哭叫聲才如此的。」

有不忍別人受苦的心，就會發展愛民的政治

「不忍人之心」，是指看到別人處於困境或災難中，會覺得於心不忍。手掌上轉動東西很容易，電影中常見有人手上拿兩顆鐵球轉來轉去，看起來很輕鬆，出不了他的手掌心。以「不忍人之心」治理天下，就像把東西放在手上轉動那麼容易，說明它自己就會順利運轉。何以如此？原因依然是：先王對百姓「將心比心」，百姓原本「向善」，自然會形成風動草偃的效果了。

孟子先說出結論，後面再來證明，接著舉「孺子將入於井」爲例。「怵惕」是驚恐，「惻隱」是憐憫，這兩個詞合在一起，意思是看到的時候很驚慌，驚慌的同時又覺得很不忍心。這個比喻已經成爲孟子思想的招牌之一，値得用心記住。

這種情形並無任何外在的考量，比如心裡盤算著他的父母是誰，可以趁此機會交個朋友，此謂「非所以內交於孺子之父母也」。

第二，「非所以要譽於鄉黨朋友也」。並不是爲了期待大家說你是好人，由此得到名聲。

第三，「非惡其聲而然也」。小孩掉下去的話，一定會大聲驚叫，但你並不是因爲不喜歡聽到小孩子的哭聲才不忍的。你的不忍完全沒有任何目的。

孟子希望以這個比喻，說明在某種狀況之下，人會直接呈現出本心。人心是一種

力量，這個力量不需任何準備的時間，也不需任何好聽的理由，而是直接就發出來憐憫的心，沒有任何其他的目的。只要是人，自然就會由內而發這種不忍之心。

孟子以「孺子將入於井」做爲比喻，是爲了強調人在來不及思考個人利害關係之時，會直接而自動地顯示出內在的人性。這是孟子的洞見（insight）。然而，一般人討論人性問題時，傾向於把它當成經驗觀察的對象，而忘了可供觀察的人類行爲，都是奠基於無法見聞的內心需求。因此，重要的不是你看到了什麼樣的行爲，而是這樣的行爲是基於何種內心狀態才有可能出現的。

譬如，看到孺子將入於井，會有怵惕惻隱之心，這就是不忍之心，亦即人性顯示爲一種「自我要求的力量」，會敦促自己順著不忍之心而採取某種行爲。行爲合乎內心所要求的，即稱爲善；否則即是惡。依此而論，人性正是向善的。

〈3・6・2〉

「由是觀之，無惻隱之心，非人也；無羞惡之心，非人也；無辭讓之心，非人也；無是非之心，非人也。惻隱之心，仁之端也；羞惡之心，義之端也；辭讓之心，禮之端也；是非之心，智之端也。人之有是四端也，猶其有四體也。有是四端而自謂不能者，自賊者也；謂其君不能者，賊其君者也。凡有四端於我者，知皆擴而充之矣。若火之始然，泉之始達。苟能充之，足以保四海；苟不充之，不足以事父母。」

「由此看來，沒有憐憫心的，不是人；沒有羞恥心的，不是人；沒有謙讓心的，不是人；沒有是非心的，不是人。憐憫心是仁德的開端，羞恥心是義行的開端，謙讓心是守禮的開端，是非心是明智的開端。人有這四種開端，就像他有四肢一樣。有這四種開端卻說自己不能行善，是傷害自己的人；說他的君主不能行善，是傷害君主的人。所有具備這四種開端的人，如果知道要去擴大充實它們，就會像柴火剛剛燃燒，泉水剛剛湧出。假使能擴充它們，足以保住天下；假使不能擴充它們，連事奉父母都做不到。」

心的四端是向善的力量

在忽然之間碰到一種狀況，就會立即表現出內心眞正的樣子。人的內心有四端，也可以說是在四種狀況下的四種心，即：惻隱、羞惡、辭讓、是非。心只有一個，但是表現出來的狀態卻有多種。孟子在此只是舉其主要的四種來說明。他連續說了四種「非人也」，我們在理解時，要稍加說明，譬如：「沒有」要增添爲「完全沒有」；完全沒有憐憫心的不是人，這樣更爲合乎孟子的意思。一個人若是完全沒有憐憫心，或者在任何情況下都沒有憐憫心，那麼你說他是「非人」，他也不會有任何感覺。

仁德是指做好事幫助別人。幫助別人是出於憐憫心，此即仁德的開端。憐憫心一發動，不會考慮外在的因素，譬如希望被別人稱讚，或者得到好處等等。這時只問自己內心是否願意幫忙。孟子強調的是仁德的根源。

「義」是該做的事，沒做到該做的事會覺得慚愧，就是出於羞恥心。我們的文化特別重視個人與群體之間的關係，就是因爲我們強調羞恥心。

這和基督宗教的原罪觀念可以做個對照。東方文化是一種恥感文化；西方文化則是一種罪感文化。

受宗教影響的西方文化認爲人有「原罪」，最初神與人訂了約，而人破壞了這個約，所以有罪。《聖經》上說，亞當、夏娃偷嚐禁果，沒有遵守他們與神的約定。後來的人就一直懷有罪惡感，總覺得自己對不起無限完美的神，心懷愧疚，感到自己的不堪。事實上，西方文化環繞著「原罪」的題材，有許多深刻的反省。

而以中國來說，我們是把個人放在群體中間來加以比較。羞恥感就是自己達不到社會上大家都接受的標準，所以覺得慚愧。例如我們的社會講究光宗耀祖、要面子、重人情，這些都與羞恥有關。

西方文化談到「罪」的時候，不太重視「我」與別人的關係，而較爲注意「我」個人生命的需求。有罪就須通過信仰、通過行善來設法彌補。在此，孟子是以羞恥心做爲義行的根源。

禮在古代的生活不可或缺，因爲它界定了每一個人的身分與責任。每一種身分都有一定的行爲規範，所以禮就包含了各種規範。像敬老尊賢，禮尚往來，其根源來自謙讓的心。

在〈告子上〉談到四端時，則稱此爲「恭敬的心」，意思是一樣的。謙讓才會守禮，大家守禮則人間有秩序，長幼尊卑言行合宜。尊重這個秩序的話，對自己也有好處，譬如我們年老時，別人也會把我們當成長輩來尊重。謙讓心是守禮的開端，不只是表面對別人有禮貌，重要的是根源在於內心。

一個人是否明智，端視他能不能分辨是非。是非這兩個字包括對錯與眞僞，亦即「是」與「不是」。「是」字很有意思，古代是以「日正」爲是，因爲太陽在正午時，大地一片光明，沒有任何偏斜的陰影，所以叫做「是」。

就像「德」字，古代以「直心爲德」，有德就一定要直接從內心發出來，沒有扭曲。德一定是以眞誠做基礎，所以說「直心爲德」。再譬如「仁」，古代的「仁」字寫成上「身」下「心」，身心合一就是仁，做爲一個人，身以心做爲基礎，亦即身體按照心的安排來表現行爲，那就是仁。

以上是心之四端。人的外在有手腳四肢，內心也有這種四種開端。値得注意的是：有四端猶如有四肢，而不是有四善（仁、義、禮、智）猶如有四體。所以不可依此而說人性本善，而只能說人性向善。

用真誠的行為來提升生命

「火之始燃，泉之始達」，是孟子經常使用的話，描寫開始發展的力量的狀態。火一定是往上燒的，愈燒愈旺；水一定往下流的，愈流愈快，這叫做力量。我常說人性向善，「向」字即指力量而言。

孟子談人性時，知道人性不可能直接加以描述，所以使用動態比喻。像火，火是動態的，火一靜下來就熄滅了；水是動態的，水如果停下來就是死水，這是孟子行文精彩之處。

如果不願意擴充的話，做不到仁、義、理、智，連事奉父母都做不到，因爲事奉父母也需要憐憫、恭敬、辭讓、是非之心運作起來；擴充出來到了最高境界就可以保住天下。像周文王、周武王就是擴充出來之後，從身邊的人推廣到天下所有百姓。有「不忍人之心」，才會實踐「不忍人之政」。

孟子談人性，有兩段完整的資料，此處是其一，另一處是〈告子上〉。人有心，心有四端，發展出來成爲四種善，叫做仁、義、禮、智。善在於仁、義、禮、智，而不在於惻隱之心、羞惡之心、辭讓之心、是非之心。

孟子認爲人的心非常敏感，看到任何狀況出現時，馬上會以四種可能性來回應：惻隱、羞恥、辭讓、是非。這四端展現出來，加以充擴的話，就像水開始流，火開始燒，實踐出來之後的善行則叫做仁、義、禮、智，亦即善在於仁、義、禮、智。

這一段的精彩之處在於孟子所說的「心有四端」，是人心在特定情況下對特定對象所表現的趨力。這些特定的趨力，形成要求自己付諸行動的力量，所針對的分別是仁德、義行、守禮、明智。

仁德是從內在的德表現爲外在的行；義行是合宜的正當行動；禮是後天學來的規定，而守禮的基礎是內在的謙讓心；有是非心就會表達明智，可以判斷各種具體的狀況。這四種善裡面，最重要的是仁，其次是義、禮、智。

換言之，心的四端即是向善的力量，是由內而發的。善必須是由內而發到行爲的完成，並且要採取適當的方法去行動，這些合起來才可說是一個善的行爲。人只要眞誠，就會發現那種力量是生動而活潑的。

〈3·7〉

孟子曰：「矢人豈不仁於函人哉？矢人唯恐不傷人，函人唯恐傷人。巫、匠亦然。故術不可不慎也。

「孔子曰：『里仁爲美。擇不處仁，焉得智？』夫仁，天之尊爵也，人之安宅也。莫之禦而不仁，是不智也。不仁、不智，無禮、無義，人役也。人役而恥爲役，由弓人而恥爲弓，矢人而恥爲矢也。如恥之，莫如爲仁。仁者如射：射者正己而後發；發而不中，不怨勝己者，反求諸己而已矣。」

孟子說：「製箭難道比製鎧甲的更爲殘忍嗎？製箭的唯恐不射傷人，製鎧甲的唯恐人被射傷。治病的巫醫與製棺的木匠之間也是如此。所以選擇謀生之術不能不慎重啊。

「孔子說：『住在有仁德的地方才最理想。選擇住處而錯過了仁德的地方，怎麼算得上明智呢？』仁德，是天所賦予的尊貴爵位，是人所擁有的安定住宅。沒有人阻擋而不行仁，是不明智的。無仁德、不明智、不守禮、無義行，這種人只能做僕役。做僕役又以被人役使爲恥，就像製弓的人覺得製弓可恥，製箭的人覺得製箭可恥一樣。如果覺得可恥，不如就行仁。行仁的人有如比賽射箭：射箭的人端正自己的姿勢再發箭；如果沒有射中，不抱怨勝過自己的人，而要反過來在自己身上尋找原因。」

對立的利益難免相互衝突

矢是箭，「矢人」是指製箭的人；「函人」是指製鎧甲的人。賣箭的人，唯恐箭不銳利，箭不能傷人誰會買？賣鎧甲的人當然希望他的鎧甲很堅固，箭都射不穿。

古人生病也會找巫醫來治病。孔子說：「人而無恆，不可以爲巫醫。」（《論語．子路》），一個人如果沒有恆心的話，連巫醫也治不好他的病，譬如他不聽醫生的吩咐按時吃藥。可見巫、醫是合在一起的。「匠」是木匠，這裡特別指做棺材的人。做棺材的人希望人有病不要治好，他的棺材生意才會興隆，和做醫生的希望相反。

選擇職業很重要，不同的職業需要不同的心思，久而久之，有些心思可能會背離人的正常情感。然而社會分工合作，各種行業都需要人，所以孟子意在提醒我們不要輕易受行業的特性所影響，並且不可因爲行業而失去行仁的心。仁是「天之尊爵」與「人之安宅」，除了努力行仁，人生沒有光明坦途。

超越相對限制，安居在仁德之所

接著孟子引用孔子的話：「里仁爲美。擇不處仁，焉得智？」「美」代表理想的作爲。

每個人都希望在社會上有高貴的地位，而仁德不但是天所賦予每個人最尊貴的爵位，同時也是人所擁有的安定住宅。立場十分明確。

「莫之禦而不仁，是不智也」，因爲「仁則榮，不仁則辱」；而「不仁、不智，無禮、無義，人役也」，也就是因爲只能聽從別人的使喚，自己根本沒有獨自走上人生正途的能力。

而做僕役、製弓的、製箭的人，都不要以自身的職業爲恥，其實做任何行業都不要覺得慚愧，只要是正當職業，一定直接或間接對社會有所貢獻，那麼就安分守己，眞誠地做人，做好分內的事情。

而「仁者如射：射者正己而後發；發而不中，不怨勝己者，反求諸己而已矣。」失敗了不會怪別人，只怪自己沒有好好練習，這就是現代運動家的精神——反求諸己：任何事覺得不滿意時，先問自己有沒有盡責。因爲自己本身就是病根，自己本身也有改善的能力。換句話說，成敗都是自己，不要怪罪別人。至少有一件事可做，就是行仁。

這一章有一句重要的話：仁是「天之尊爵，人之安宅」。換言之，人之所以可貴，就是因爲他有行仁的能力，只要行仁，活在世界上就很安穩。行仁就能心安理得，在任何地方都坦蕩蕩，人生又怎能不幸福呢？

〈3・8〉

孟子曰：「子路，人告之以有過，則喜。禹聞善言，則拜。大舜有大焉，善與人同，舍己從人，樂取於人以爲善。自耕稼、陶、漁以至爲帝，無非取於人者。取諸人以爲善，是與人爲善者也。故君子莫大乎與人爲善。」

孟子說：「子路，別人指出他的過錯，他就歡喜。禹，聽到良善的言詞就拜謝。偉大的舜更是了不起，善行與別人分享，捨棄自己而追隨別人，樂於吸取別人的優點來自己行善。從當農夫、陶工、漁夫，直到成爲天子，沒有一項優點不是向別人學來的。吸取眾人的優點來自己行善，就是偕同別人一起行善。所以君子最高的楷模就是偕同別人一起行善。」

向善之心是生命成長的最佳指引

子路是孔子的學生，個性勇敢而豪爽，但他的勇敢不是用來對付別人，而是用來對付自己。孟子說子路「聞過則喜」，聽到別人指出自己的過失就很開心，因爲可以藉此改善自己。人對自己很容易盲目，眼睛只看到別人的毛病，看不到自己的缺點。子路很了不起，勇敢面對自己。

大禹更了不起，「聞善言則拜」。禹是天子，天子聽到好的話就拜謝，表示願意與大家一起努力。舜是「樂取於人以爲善」，集眾善之長，有人稱讚他，他謙稱是向別人學的。結果自己變得愈來愈好，同時也提升了別人的生命層次。

舜的事蹟在《史記．五帝本紀》如此記載：「舜耕歷山，歷山之人皆讓畔；漁雷澤，雷澤之人皆讓居；陶河濱，河濱器皆不苦窳。一年所居成聚，二年成邑，三年成都。」意即：舜在歷山當農夫時，當地的農夫從互相侵略轉化爲互相謙讓；在雷澤捕魚時，當地漁夫願意均分漁獲量；在河邊做陶器，做出來的陶器品質都不差。一年後聚在一起的人愈來愈多，二年後成鄉鎮，三年後成都市。三年下來，舜所在地就變成一個大都市。大家都樂意與他在一起，因爲他「樂取於人以爲善」。

「與人爲善」就是同別人一起行善，這是最偉大的德行。儒家所謂的「善」，是指「人與人之間的適當關係」，因此一人行善，自然會影響周圍的人。如果能與大家一起走上善途，人生不是更美好嗎？

〈3・9〉

孟子曰：「伯夷，非其君不事，非其友不友。不立於惡人之朝，不與惡人言；立於惡人之朝，與惡人言，如以朝衣朝冠坐於塗炭。推惡（ㄨˋ）惡（ㄜˋ）之心，思與鄉人立，其冠不正，望望然去之，若將浼（ㄇㄟˇ）焉。是故諸侯雖有善其辭命而至者，不受也。不受也者，是亦不屑就已。柳下惠不羞汙君，不卑小官；進不隱賢，必以其道；遺佚而不怨，阨窮而不憫。故曰：『爾爲爾，我爲我，雖袒裼（ㄒㄧˊ）裸裎（ㄔㄥˊ）於我側，爾焉能浼我哉？』故由由然與之偕而不自失焉，援而止之而止。援而止之而止者，是亦不屑去已。」

孟子曰：「伯夷隘（ㄞˋ），柳下惠不恭。隘與不恭，君子不由也。」

孟子說：「伯夷，不是理想的君主不去服事，不是理想的朋友不去結交。不在惡人的朝廷做官，不與惡人交談。在惡人的朝廷做官，與惡人交談，就像穿戴禮服、禮帽坐在泥土炭灰上一樣。把這種討厭惡人的心情推廣出去，他會想，如果與一個鄉下人站在一起，而那人帽子戴得不正，他就會生氣地走開，像是會被玷汙一樣。因此，諸侯即使有好言好語來相請的，他也不接受。不接受，也就是不屑於接近罷了。柳下惠不以壞君主爲羞恥，也不以官職低爲卑下；入朝做官，不隱藏才幹，但一定遵循自己的原則；丟官去職而不抱怨，倒楣窮困而不憂愁。因此他說：『你是你，我是我，你即使在我旁邊赤身裸體，又怎能玷汙我呢？』所以他能隨和地與這樣的人相處而不失去自己的風度，拉他留下他就留下。拉他留下他就留下，也就是不屑於離開罷了。」

孟子又說：「伯夷器量狹隘，柳下惠態度不嚴肅，狹隘與不嚴肅，君子是不這麼做的。」

君子愛惜自己的操守

伯夷爲人清高，當武王平定了商紂的混亂後，天下都歸附周朝，可是他卻對周朝的行徑引以爲恥，所以「義不食周粟」，立志不吃周朝的東西，最後餓死於首陽山。伯夷這個人在德行上毫不妥協，對偏頗的人可謂一絲不苟。

柳下惠的作風與此大不相同，所以孟子說伯夷是「不屑就已」，亦即不屑於接近，柳下惠則是「不屑去已」，不屑於離開。這兩人的性格眞是南轅北轍，但是兩人都有自己的操守。伯夷會認爲人應該潔身自愛；柳下惠則不放棄那些比他差的人。伯夷的作風會讓人立志奮鬥，要努力往上提升；柳下惠則認爲不如寬待別人，總要爲別人留餘地。

孟子認爲，伯夷的性格固然清高，但是有些拒人於千里之外，排除了許多人向他學習的機會，未免顯得格局狹隘。柳下惠則是別人拉他留下來，他就隨和接受，有些來者不拒的意味。這兩人，一個太狹隘，一個不太嚴肅，各有所偏。

孟子要依循的是孔子的方式——中道，無可無不可，該怎麼樣就怎麼樣。這需要保持高度的警覺與明智的判斷。

孟子對伯夷與柳下惠的評價，在〈萬章下〉將有更完整的介紹。

卷四〈公孫丑篇〉下

〈4・1〉

孟子曰：「天時不如地利，地利不如人和。三里之城，七里之郭，環而攻之而不勝。夫環而攻之，必有得天時者矣；然而不勝者，是天時不如地利也。城非不高也，池非不深也，兵革非不堅利也，米粟非不多也；委而去之，是地利不如人和也。故曰：域民不以封疆之界，固國不以山谿之險，威天下不以兵革之利。得道者多助，失道者寡助。寡助之至，親戚畔之；多助之至，天下順之。以天下之所順，攻親戚之所畔；故君子有不戰，戰必勝矣。」

孟子說：「天候時機比不上地理優勢，地理優勢比不上眾人團結。面對三里的內城，七里的外城，包圍起來攻打卻不能獲勝。能夠包圍起來攻打，一定是配合了天候時機，但是卻不能取勝，這就是天候時機比不上地理優勢。城牆不是不高，護城河不是不深，兵器鎧甲不是不銳利堅固，糧食不是不多，然而很快就棄城逃走，這說明地理優勢比不上眾人團結。所以說，限制百姓不必用國家的疆界，保護國家不必靠山川的險阻，威行天下不必藉兵器的銳利。合乎正道的君主，很多人會來幫助；背離正道的君主就很少人幫助了。幫助的人少到最後，連親戚都背叛他；幫助的人多到最後，天下人都歸順他。以天下都歸順的人去攻打親戚都背叛的人，所以君子不用戰爭，若是戰爭則必定勝利。」

治國的最高境界

孟子在本章一開始，先陳述了天時、地利、人和之間的優劣，然後再來證明。天時是指自然界季節的變化，包括作戰雙方的客觀條件，得到天時，才有辦法把敵人包圍起來。攻打別人的城池，至少要比對方多六、七倍以上的兵力，但是包圍而無法攻占，就說明了「天時不如地利」。

「城非不高也，池非不深也，兵革非不堅利也，米粟非不多也；委而去之。」可能是心理防線瓦解了，被長期包圍覺得害怕了，其實城裡還有許多人，糧食、武器也都沒有問題，還可以再守個一年半載，結果大家不能同心協力，就只好棄城而逃，這說明了「地利不如人和」。

孟子進而引申其理，這三句話，一是限制百姓，二是保護國家，三是威行天下。當國君的當然都希望依序做到這三件事。

但是他們採取的辦法，往往就是孟子所警告所反對的。限制百姓，讓他們出境困難，目的是怕人逃光了；如果是政治清明的國家，還怕百姓不來歸順嗎？要保護國家，也不能只靠地理環境的優勢，而是要讓百姓同心同德。然後，威行天下靠的是文化的力量，而不是全憑武力。

這裡所描寫的似乎就是商湯、周文王這些古代聖君，不然說不出「戰必勝矣」四字。正所謂「得道者多助，失道者寡助」，行仁政自然就「得道多助」。而一個人的好名聲，是因爲他所做的事合乎人性的要求，自然就形成某種聲望，使百姓心嚮往之。

我們在社會上與人相處，首先要把握「人和」的部分，因爲它操之於己，只須尊重別人、多爲人設想，即可產生良性的互動。有了人和，再尋求「地利」，亦即根據自己所處的位置，發揮其最大的功用。譬如，同一個官位，換人來做，即有不同的領導風格與實際效益。至於「天時」，則是就大環境而言，經濟不景氣時以保守爲主，經濟起飛時則放手一搏。由人和到地利，再配合天時，則人生之如意發展將是可以預期的。

〈4・2・1〉

孟子將朝王，王使人來曰：「寡人如就見者也，有寒疾，不可以風。朝（ㄓㄠ），將視朝，不識可使寡人得見乎？」

對曰：「不幸而有疾，不能造朝。」

明日，出弔於東郭氏。公孫丑曰：「昔者辭以病，今日弔，或者不可乎？」

曰：「昔者疾，今日愈，如之何不弔？」

王使人問疾，醫來。孟仲子對曰：「昔者有王命，有采薪之憂，不能造朝。今病小愈，趨造於朝，我不識能至否乎？」使數人要於路，曰：「請必無歸，而造於朝。」

不得已而之景丑氏宿焉。景子曰：「內則父子，外則君臣，人之大倫也。父子主恩，君臣主敬。丑見王之敬子也，未見所以敬王也。」曰：「惡！是何言也！齊人無以仁義與王言者，豈以仁義爲不美也？其心曰，『是何足與言仁義也』云爾，則不敬莫大乎是。我非堯、舜之道，不敢以陳於王前，故齊人莫如我敬王也。」景子曰：「否，非此之謂也。禮曰，『父召，無諾；君命召，不俟（ㄙ）駕。』固將朝也，聞王命而遂不果，宜與夫禮若不相似然。」

孟子準備去朝見齊宣王。齊宣王恰好派人來說：「我原想來看望您的，但是著涼了，不能吹風。明天早晨我將臨朝聽政，不知您是否肯來讓我見見？」

孟子回答：「我不幸生病了，不能前往朝廷。」

第二天，孟子出門去東郭氏家裡弔喪。公孫丑就說：「昨天推說有病，今天卻去弔喪，也許不合適吧？」

孟子說：「昨天生病，今天好了，怎麼不能去弔喪呢？」

齊宣王派人來探病，還有醫生同行。孟仲子回答來人說：「昨天接到大王的命令，他正好生病，不能前往朝廷。今天病稍微好些，就趕快上朝去了，我不知道現在到了沒有？」孟仲子立刻派了幾個人去路上攔截，告訴孟子說：「您一定不要回家，趕快前去朝廷。」

孟子沒有辦法，就到景丑氏家裡過夜。景子說：「在家有父子，在外有君臣，這是人與人之間最重要的關係。父子之間以慈愛為主，君臣之間以恭敬為主。我見到大王對您的敬重，卻沒有見到您怎麼尊重大王。」

孟子說：「唉，這是什麼話！齊國人中沒有一個同大王談論仁義的，難道是認為仁義不好嗎？他們的心思是：『這種人哪裡值得同他談論仁義』等等，這才是最大的不恭敬啊。至於我，不是堯舜的正道，不敢在大王面前陳述，所以齊國人當中沒有像我這樣尊敬大王的。」

景子說：「不，我所說的不是這個。《禮經》上說，『父親召喚兒子，不能用『諾』應答；君主宣召，臣子不等馬車駕好就先走。』您本來準備去朝見，聽到大王的命令反而不去了，這恐怕與《禮經》所說的不大符合吧。」

君臣之間依照規矩行事

孟子準備去朝見齊宣王。孟子當時在齊國擔任客卿，是類似顧問的非正式的官，沒有實際的權位，隔一段時間才要去上朝。

孟子本來已經穿好衣服準備上朝，此時齊宣王正好派人來說，因為著涼，不能吹風，所以將今日之約改為明天，不知是否可以。做為一國之君，這樣說其實已經很客氣了。孟子立刻回答說：「我也不幸生病了，不能前往朝廷。」孟子並非撒謊，而是要表現出他的原則，因為他主動依規定上朝，與他被召見上朝，是兩回事。

結果第二天孟子出門去東郭氏家裡弔喪。此時齊宣王派人來探病，還有醫生同行。孟子的一個親戚孟仲子出於好意，不但幫著圓謊，還趕緊叫人去攔截孟子，並傳話給孟子，要他趕緊前往朝廷。

「采薪之憂」是古代對生病的描述詞，有病不能去山上採薪。這是含蓄而文雅的說話方式。但是，孟子打定主意之後，誰能動得了他呢？

既然齊宣王派人去家中探視，孟子不方便直接回家，只好到景丑氏家裡過夜。孟子也眞頑固，就是不去上朝。宣王派人去探病，還帶醫生同行，可見他對孟子的敬重。孟子呢？表面上看來閃閃躲躲的，好像很不大方。

以尊重之心相互對待

景子引《禮記》來批評孟子：「父召，無諾；君命召，不俟駕。」君主宣召臣子，臣子不能等馬車駕好再走，而是要立刻出門；讓馬車駕好之後再追上來，這樣做代表尊重。

古代回答別人的時候有兩個字，一是「唯」，一是「諾」。說一個人唯唯諾諾，就是說他奉命唯謹，不敢表示任何不同的意見。唯是「好的」，諾也是「好的」，但是「唯」表示禮貌。譬如，孔子對曾子說「吾道一以貫之」，曾子曰「唯」。說「諾」的口氣比較驕傲，所以父親召喚兒子時，兒子不能用「諾」應答。

本章最精彩的地方是：孟子認為對國君尊重，不能只看外在的行為，而要看自己是否爲國君陳述「仁義」。別人只知奉承國君，孟子則以言論及行動提醒國君要努力實踐仁義。換言之，肯定國君是有上進心的政治領袖，才是對國君最大的尊重。

我們交朋友也是一樣，如果只是「群居終日，言不及義，好行小慧」，就無異於對朋友不夠尊重。曾子說：「君子以文會友，以友輔仁。」所謂「以友輔仁」，就是要以朋友彼此勉勵的方式，來幫助對方走上人生正途。對朋友如此，對國君亦然。

〈4・2・2〉

曰：「豈謂是與？曾子曰：『晉、楚之富，不可及也。彼以其富，我以吾仁；彼以其爵，我以吾義；吾何慊乎哉？』夫豈不義而曾子言之？是或一道也。天下有達尊三：爵一，齒一，德一。朝廷莫如爵，鄉黨莫如齒，輔世長民莫如德。惡得有其一以慢其二哉？故將大有爲之君，必有所不召之臣；欲有謀焉，則就之。其尊德樂道，不如是，不足與有爲也。故湯之於伊尹，學焉而後臣之，故不勞而王；桓公之於管仲，學焉而後臣之，故不勞而霸。今天下地醜德齊，莫能相尚，無他，好臣其所教，而不好臣其所受教。湯之於伊尹，桓公之於管仲，則不敢召。管仲且猶不可召，而況不爲管仲者乎？」

孟子說：「難道我說的是這個嗎？曾子說：『晉國、楚國的財富是無法比得上的。不過，他憑藉他的財富，我憑藉我的仁德；他憑藉他的爵位，我憑藉我的義行；我還欠缺什麼呢？』這些話難道沒有正當性，而是曾子隨便說說的嗎？大概有另一番道理吧。天下公認爲尊貴的有三樣：爵位、年齡、品德。在朝廷上，沒有比爵位更尊貴的；在鄉里中，沒有比年齡更尊貴的；輔佐世道、教育百姓，沒有比品德更尊貴的。他怎能憑著一種就來輕視另外兩種呢？所以，想要大有作爲的君主，必定有他不能召喚的臣子；有什麼事要商量，就親自前去請教。要崇尚德行而喜歡正道，如果不這樣，就不值得同他一起有所作爲。因此商湯對於伊尹，先向他學習，然後再任用他爲大臣，所以不費力氣就稱王天下。齊桓公對於管仲，先向他學習，然後再任用他爲大臣，所以不費力氣就稱霸天下。現在天下大國諸侯，土地大小相同，德行作風相似，誰也不比誰好，這沒有別的緣故，就是因爲喜歡任用聽從他們的人，而不喜歡任用教導他們的人。商湯對於伊尹、齊桓公對於管仲，就不敢用召喚的。管仲尚且不可召喚，何況是不願做管仲的人呢？」

仁、義是儒家的法寶

孟子說：「難道我說的是這個嗎？」他這時考慮的不是一般的禮儀或規定，不是表面上誰對誰比較禮貌的問題。

接著孟子引曾子的話：「晉、楚之富，不可及也。彼以其富，我以吾仁；彼以其爵，我以吾義；吾何慊乎哉？」春秋時代，晉、楚兩國的財富超過各國，當然不是曾子比得上的。不過，彼有財富我有仁，彼有爵位我有義。以仁義來對抗富與爵，這種氣魄眞是讓人震撼。仁、義是儒家的法寶，這種法寶不是儒家發明的，而是儒家了解人性，看到人性的眞相是向善的，所以仁德、義行合乎人性，這個力量發出來必定可大可久，又怎麼是任何財富與爵位可以比擬的？

天下公認爲尊貴的有三種，也就是古代社會的穩定要靠三種秩序的配合。在朝廷上沒有比爵位更尊貴的，鄉里中沒有比年紀更尊貴的，文化及教育方面沒有比品德更有力量的。三足鼎立，國家才有眞正的安定。如果全靠爵位，等於「泛政治化」，一切都以官位來決定其價値，那麼社會風氣一定流於偏差及扭曲，許多人也將爲達目的而不擇手段了。

也因此，齊宣王怎麼可以憑其爵位，而忽視年紀、德行呢？齊宣王只有一尊（爵位），孟子有兩尊（年紀、德行），所以齊宣王尊敬孟子，是應該的。

虛心求教是眞正大氣度

一個國君在他的國家裡，一定有些人是他召喚不來的。有德行、智慧的人，是他要去請教的。如果舉國之中，沒有「不召之臣」，就表示國君找不到可以開導或教誨他的人，那麼國君不是很容易陷於一意孤行、剛愎自用的處境而不自知嗎？

國君要有所作爲，亦即努力推行仁政，讓天下百姓都可以安居樂業，進而讓天下都上軌道。

「地醜得齊」，醜是類，也就是相似。「莫能相尚」，尚就是超過。各國國君半斤八兩，都喜歡任用聽話的人，而不喜歡任用那些可以教誨自己的人。

管仲固然立下很大的功勞，孔子稱讚管仲了不起，但是他達到某種成就後就停下來享受，而未能從稱霸到稱王，所以孟子自認爲不屑於做管仲。這是第二次孟子明白說出他的抱負遠在管仲之上。

稱霸需要武力、外交手段加上聰明才智，管仲可以做到，但是如果給孟子機會的話，他會進而輔佐國君稱王。稱王要用仁政，就是減輕賦稅、免除勞役、愛民如子，讓大家過安和樂利的生活，不會像管仲一樣，志得意滿之後，就作威作福了。

所以在《論語．八佾》裡，孔子也批評了管仲：「管氏而知禮，孰不知禮？」如果管仲這個人懂得什麼是禮的話，天下有誰不知道禮的？亦即管仲有了成就之後就奢侈享受，忘記了要更加照顧百姓。當然，他通過外交手段避免了戰爭，功勞很大，但在孟子看來，還可以做得更好。

「大有爲之君，必有所不召之臣」，這就是齊宣王召喚而孟子不去的原因。孟子認爲自己至少具備伊尹、管仲的本事，如果齊宣王一召喚他就去的話，表示他不是不召之臣，而齊宣王也沒有向他學習的誠意。國君若想做到商湯、齊桓公的成就，就要有那種風度，要尊重「不召之臣」，由此才可往上看齊，不斷地革新進步。

〈4．3〉

陳臻問曰：「前日於齊，王餽兼金一百而不受；於宋，餽七十鎰而受；

於薛，餽五十鎰而受。前日之不受是，則今日之受非也；今日之受是，則前日之不受非也。夫子必居一於此矣。」

孟子曰：「皆是也。當在宋也，予將有遠行，行者必以贐（ㄐㄧㄣˋ），辭曰：『餽贐。』予何爲不受？當在薛也，予有戒心，辭曰：『聞戒，故爲兵餽之。』予何爲不受？若於齊，則未有處也。無處而餽之，是貨之也。焉有君子而可以貨取乎？」

陳臻請教說：「以前在齊國，齊王送您一百鎰上等金，您不接受；在宋國，宋君送七十鎰，您接受了；在薛國，薛君送五十鎰，您也接受了。如果以前不接受是對的，後來接受就是錯的；如果後來接受是對的，以前不接受就是錯的。先生一定處於其中一種情況吧。」

孟子說：「都是對的。在宋國的時候，我準備遠行，對遠行的一定要送些路費，宋君說：『送上路費。』我爲什麼不接受？在薛國的時候，我聽說路上有危險，需要戒備，薛君說：『聽說需要戒備，送錢給你買兵器。』我爲什麼不接受？至於在齊國的時候，就沒有什麼理由。沒有理由而送錢，那是收買我。哪裡有君子可以用錢收買的呢？」

受與不受都合於基本原則

齊國、宋國和薛國的國君，都曾送孟子上等金，孟子拒絕了齊王之贈，卻接受了宋、薛兩國之贈，他的學生陳臻有所困惑就說：「前日之不受是，則今日之受非也；今日之受是，則前日之不受非也。夫子必居一於此矣。」這是使用邏輯上的兩難法，因為兩種情況必居其一，看來孟子非認錯不可了。古代二十兩為一鎰，但「金」不是指黃金，而是黃銅。兼金是指上等的金，價格比平常的金多一倍。

但是，孟子清楚地回答：「皆是也。」因為孟子是在宋國作客，他離開宋國要遠行時，主人宋君送些路費是當時的規矩，孟子認為合理，就接受了。

戰國時代，隨時隨地都可能發生戰爭，而孟子離開薛國時，路上不太安寧，有盜賊出沒，所以薛君送錢給孟子買一些兵器，多帶幾個隨從，可以保護安全。

孟子離開齊國時，既不是遠行，路上也很安全，因此沒有理由接受齊宣王的贈金。「焉有君子而可以貨取乎？」這話說得義正辭嚴。這表示孟子不是看錢多錢少，而是要看有沒有收下的正當理由。

孟子做人處事，強調的是理，理上說得通才可以心安。他要遠行，國君送錢當然接受，這是合乎情理的，只要合情合理，把天下給他都可以接受，就像舜接受堯的天下；但是如果沒有什麼道理，則對金錢一介不取。這就是原則，君子愛財，取之有道。

定力的來源——志向

一個人安於平凡的生活，表面看來很容易，事實上要面對各種誘惑與挑戰。平常心就是「道」，能夠維持平常心，不受外界的影響，不隨喜怒哀樂而起伏，更不受一時衡動的左右。要做到這一步，內心一定要有信念與定力，而定力的來源就是志向。

考驗一個人不是看他平常的處境，而要看他遇到困難時如何去面對。一個人有了志向，任何時候都是新的開始，每遇狀況就要問自己該怎麼做？不能想別人是不是有好運，或者自己是不是受委屈，而須就事論事。任何事，該做就做，不該做就不做。孟子這種氣魄對一般人有如當頭棒喝，「該我得的我就得，不該得的一介不取」，「介」是指一點點小東西，哪怕是一根迴紋針，不是我該得的我都不拿。

第四章的往後幾節大部分談到孟子在齊國的事。孟子如何決定要不要做官，他離開的理由又是什麼？這些都牽涉客觀的歷史事實。人生最大的困難就是做選擇，選擇的時候應該考慮什麼因素？我們可以從孟子的故事裡面，慢慢地歸納出一些心得，做爲自己的參考。

〈4．4〉

孟子之平陸，謂其大夫曰：「子之持戟（ㄐㄧˇ）之士，一日而三失伍，則去之否乎？」

曰：「不待三。」

「然則子之失伍也亦多矣。凶年饑歲，子之民，老羸（ㄌㄟˊ）轉於溝壑，壯者散而之四方者，幾（ㄐㄧ）千人矣。」

曰：「此非距心之所得爲也。」

曰：「今有受人之牛羊而爲之牧之者，則必爲之求牧與芻矣。求牧與芻而不得，則反諸其人乎？抑亦立而視其死與？」

曰：「此則距心之罪也。」

他日，見於王曰：「王之爲都者，臣知五人焉。知其罪者，唯孔距心。」爲王誦之。

王曰：「此則寡人之罪也。」

孟子到了平陸，對當地的大夫孔距心說：「如果你的衛士一天三次失職，你會開除他嗎？」

孔距心說：「不必等到三次。」

孟子說：「那麼你失職的地方也夠多了。遇到災荒年頭，你的百姓年老體弱的餓死在田溝、山溪裡，年輕力壯的逃散到四方去，大概一千人了。」

孔距心說：「這不是我能夠解決的。」

孟子說：「假使有個人接受別人的牛羊而替他放牧，那麼這個人就一定要爲牛羊找到牧場與草料。如果找不到牧場與草料，那麼他是把牛羊還給主人呢？還是站在那兒看著牛羊餓死呢？」

孔距心就說：「這是我的罪過啊。」

過了幾天，孟子謁見齊宣王說：「大王的地方長官，我認識五位。明白自己罪過的，只有孔距心。」接著就把那番問答敘述一遍。

齊宣王說：「這是我的罪過啊。」

誠懇面對自己的過錯

孟子到了平陸，對當地的大夫孔距心說：「子之持戟之士，一日而三失伍，則去之否乎？」這就是說話的技巧，不直接問他有沒有盡到職責，而是先舉例，讓他自己去回答。孔距心是大夫，就是今日所謂的縣長，大夫也分上、中、下三個層級。

如果一個衛士在值班的時候擅離崗位，去查勤時不見人影，有事找他也沒有下落。「伍」在軍隊是行伍，就是行列。「失伍」是指失職，就是沒有站在該站的位置，沒有做好該做的事。孔距心倒是很有魄力，對於這種人不等三次，立即開除。

孟子接著指出孔距心「失職」之處。孔距心卻認爲，自己只是個小小的縣長，能做什麼決定呢？資源很有限，倉庫又不夠，而且是中央在管理，饑荒不是他能夠解決的。

這種回答等於是爲自己開脫責任，於是孟子用了比喻的方式，此效果遠遠勝過直接指摘別人。孔距心聽完，立即承認是自己的罪過。他算是很誠懇的，立刻就認錯了。

執政者應有擔待的氣度

幾天之後，孟子在謁見齊宣王時說：「大王的地方長官，我認識五位。明白自己罪過的，只有孔距心。」換句話說，孟子一定同這五位縣長都說過類似的比喻，但其他人都不認爲自己有罪，可見這個國家五分之四的官員都不知認錯、改過及努力。

孟子就把那番問答敘述一遍，齊宣王這一次還不錯，馬上認錯。因爲縣長能做的有限，而身爲國君，沒有幫助百姓解決困難，當然是國君的罪過最大。孟子的用意就在這裡。一個國家要治理好，責怪縣長沒有用，所以他要指向國君，希望國君知過能改，趕快推行仁政。

人最缺乏自知之明。孔距心原本也像另外四位縣長一樣，認爲自己只是小小的地方官，無法爲中央的決策負責。但是，孟子提醒他：代別人照管牛羊時，力不從心就該辭職，不能任由牛羊餓死。人須自知與自覺，不然很可能因爲自己失職而使百姓受苦。像「笑罵由人，好官我自爲之」的心態，不但是失職，更是可恥的。

〈4・5〉

孟子謂蚳鼃（ㄔˊ ㄨㄚ）曰：「子之辭靈丘而請士師，似也，爲其可以言也。今既數月矣，未可以言與？」蚳鼃諫於王而不用，致爲臣而去。齊人曰：「所以爲蚳鼃則善矣；所以自爲，則吾不知也。」公都子以告。曰：「吾聞之也：有官守者，不得其職則去；有言責者，不得其言則去。我無官守，我無言責也，則吾進退，豈不綽綽然有餘裕哉？」

孟子對蚳鼃說：「你辭去靈丘大夫的職位，請求擔任司法官，似乎是對的，因爲可以向大王進言。現在過了幾個月了，還不可以進言嗎？」孟子爲蚳鼃考慮得倒是很好，但是他怎麼爲自己考慮，我就不知道了。」

蚳鼃向大王進諫而不被採納，就辭官走了。齊國有人說：「孟子爲蚳鼃考慮得倒是很好，但是他怎麼爲自己考慮，我就不知道了。」

公都子向孟子報告這番話。孟子說：「我聽說過：有固定官位的，無法行使職權就該離去；有進言責任的，無法以言進諫就該離去。我既沒有固定官位，也沒有進言責任，那麼我的行動要進要退，不是寬綽而大有餘地嗎？」

每個職位都有應盡的基本責任

齊國的蚳鼃，辭去原本靈丘大夫的職位，請求擔任司法官。他之所以轉換職位是爲了可以接近國君，勸諫國君做一些該做的事。但是孟子認爲已經過了好幾個月，他都沒有動靜，似乎沒有盡到責任。司法官負責有關法律、制度的問題，是中央官員，可以就近向宣王進言。

於是，蚳鼃向齊王進諫而不被採納，就辭官走了。「致爲臣」的「致」是指辭掉官位，原意是「還給你」，後來辭官都用「致」字，如「致仕」。

一個官員在國君面前不受重用，甚至被罷官，但可能在百姓中有很高的聲望。民間有所謂的清議，反映了百姓的判斷。所以蚳鼃辭官之後，百姓對他的評價反而很好。

齊國人認爲孟子要求蚳鼃有爲有守，爲什麼自己好像無所作爲呢？孟子也在齊國做客卿，怎麼不表現一下呢？如果齊宣王不理他，爲何不辭職呢？公孫丑就來向孟子轉述這種意見。

孟子回答道：「有官守者，不得其職則去。」譬如負責管理鐵路的人，鐵路出狀況就得辭職，不能推卸責任。

其次，「有言責者，不得其言則去。」譬如監察委員就有進言責任，進言而國君不聽，最好辭職。

孟子沒有「官守」也沒有「言責」，那麼他的「進退」，不是綽綽有餘嗎？「綽綽有餘」一詞已成為常用的成語，與莊子的「遊刃有餘」，顯然有異曲同工之處。

孟子強調的是，人的言行要與他的身分、角色配合，尤其是擔任公職為民服務，不能尸位素餐。孟子在齊國並沒有負責任何特定的職務，只是客卿，並無固定的職位，所以不能以「無法盡責就辭職」來要求他。換言之，我們不要用同一個標準來看待所有的人，而要配合他的身分和角色來一併考量。

〈4・6〉

孟子為卿於齊，出弔於滕，王使蓋（ㄍㄜˇ）大夫王驩（ㄏㄨㄢ）為輔行。王驩朝暮見，反齊、滕之路，未嘗與之言行事也。

公孫丑曰：「齊卿之位，不為小矣；齊、滕之路，不為近矣，反之而未嘗與言行事，何也？」

曰：「夫既或治之，予何言哉？」

孟子在齊國擔任客卿，奉命前往滕國弔喪。齊王派蓋邑大夫王驩爲副使同行。王驩與孟子朝夕相見，來回於齊國、滕國的路途上，孟子卻不曾與他談論過出使的事。

公孫丑說：「齊國卿的官位不算小了，齊國與滕國之間的路途不算近了，來回一趟卻不曾與王驩談過出使的事，爲什麼呢？」

孟子說：「他既然事情都辦好了，我還說什麼呢？」

即使意見不合，也不必樹敵

這一章出現的王驩，是孟子很討厭的人。

滕文公原想好好做個國君，詳情參看〈滕文公〉，不料年紀輕輕就過世了。此時孟子在齊國擔任客卿，因爲孟子年紀比較大，輩分比較高，而且和滕文公是老朋友，所以齊王派孟子爲特使，前往滕國弔喪。

齊王同時派蓋大夫王驩爲副使同行，王驩與孟子朝夕相見，來回於齊國、滕國的路途上，孟子卻不曾與他談論出使的事。因爲孟子根本不願和他說話，連出使期間要做的事都避而不談。

公孫丑覺得奇怪，不知爲何孟子不與王驩商量事情。這個學生很聰明，知道孟子做任何事、說任何話一定有他的道理，也知道孟子一定要被問到，才願意說出緣由。孟子就說：「夫既或治之，予何言哉？」「夫」是他，本來是匹夫的意思，這句話聽起來有點酸酸的。

王驩是齊王寵信的權臣，雖然擔任副使，卻行事專擅，什麼事都自己做主。因此孟子與他保持距離，要做什麼也不與他商量，避免發生爭執。

所以，不要輕易樹敵。人可以沒有偉大的朋友，但不能沒有偉大的敵人。人在成長過程中難免會與別人產生誤會，但沒有必要到處樹敵。所謂「不能沒有偉大的敵人」，是說如果敵人不夠偉大，不足以與你互相抗衡，那麼你何必把他當成敵人呢？又何必浪費時間在這樣的人身上呢？反之，如果有個偉大的敵人，彼此勢均力敵，那麼在互動過程中，正好可以激發生命的一切潛力。

〈4・7〉

孟子自齊葬於魯，反於齊，止於嬴。充虞請曰：「前日不知虞之不肖，使虞敦匠事。嚴，虞不敢請。今願竊有請也：木若以美然？」曰：「古者棺槨無度，中古棺七寸，槨稱之。自天子達於庶人，非直爲觀美也，然後盡於人心。不得，不可以爲悅；無財，不可以爲悅。得之爲有財，古之人皆用之，吾何爲獨不然？且比化者無使土親膚，於人心獨無恔（丅幺）乎？吾聞之也：君子不以天下儉其親。」

孟子從齊國到魯國去安葬母親，返回齊國時，在嬴地停留。充虞請教說：「前些日子，您不知道我沒有才幹，派我監理棺槨的製造，當時事情匆迫，不敢請教。現在想冒昧問一下：棺木好像太華美了吧？」

孟子說：「上古對棺槨的厚度沒有規定，中古規定棺七寸，槨的厚度與棺相稱。從天子直到百姓，講究棺槨不只是爲了美觀，而是要這樣才算盡了孝心。如果受法令限制不能這麼做，就不會稱心；如果沒有錢財可以這麼做，也不會稱心。既合法令又有錢財，古代人都這麼做了，爲什麼只有我不可以呢？並且能避免泥土靠近死者的肌膚，在人子心中難道不欣慰嗎？我聽說過：君子不會因爲愛惜天下財富而儉約父母的喪事。」

父母的生命大事，不為金錢而妥協

孟子從齊國到魯國去安葬母親，再返回齊國的時候，在嬴地停留。孟子本來是鄒國人，鄒國是魯國的附庸，也算是魯國的一部分。因爲他在齊國做官時，母親跟著他住在齊國，母親過世後就要送她回鄉安葬。

學生充虞對棺木過於華美一事，有些疑惑，於是向孟子請教。「不知虞之不肖」，是非常禮貌地自謙說：「您不知道我不是一個有能力的人」。「敦」就是監督或治理，「匠」是指做棺材的人，「木若以美然」，「以」是太的意思。

孟子對此，說了一番深刻的道理：「古者棺槨無度，中古棺七寸，槨稱之。自天子達於庶人，非直爲觀美也，然後盡於人心。」棺是內棺，槨是外棺，以前的棺木是兩層。周朝以前稱作上古，周公治理中原之後，稱作中古。按照周公的方式來說，「非直爲觀美也」，不是特別爲了外表好看，而是爲了盡孝心。

孟子認爲既有法令的允許，又有足夠的金錢，那爲什麼不買最好的棺木呢？更何況棺木太薄的話，很快就會被腐蝕。雖然死人是沒有感覺的，到最後開棺揀骨，只剩下灰了，但是讓泥土靠近先人的身體皮膚，做子女的心裡難免會覺得不安。孟子做事合乎分寸，由此可見一斑。

孟子最後以「君子不以天下儉其親」做結，這一點的確如此。稍後也會提到：「養生不足以當大事，唯送死可以當大事。」父母活著的時候，奉養他們不算大事，因爲每天都要奉養，要繼續努力做好，但是人死就只有一次。所以父母過世以後，就要想辦法增加死後哀榮，再多的錢也就花這麼一次。這就是孟子的心意。

對傳統文化了解愈多，生命植根就愈深；生命有源有本，人就會變得厚道，做任何事中規中矩，並且光明坦蕩。

〈4・8〉

沈同以其私問曰：「燕可伐與？」

孟子曰：「可。子噲（ㄎㄨㄞˋ）不得與人燕，子之不得受燕於子噲。有仕於此，而子悅之，不告於王而私與之吾子之祿爵；夫士也，亦無王命而私受之於子，則可乎？何以異於是？」

齊人伐燕。或問曰：「勸齊伐燕，有諸？」

曰：「未也。沈同問，『燕可伐與？』吾應之曰，『可』，彼然而伐之也。彼如曰，『孰可以伐之？』則將應之曰，『為天吏，則可以伐之。』今有殺人者，或問之曰，『人可殺與？』則將應之曰，『可。』彼如曰，『孰可以殺之？』則將應之曰，『為士師則可以殺之。』今以燕伐燕，何為勸之哉！」

沈同以個人的身分請教：「請問燕國可以討伐嗎？」孟子說：「可以，國君子噲不應該把燕國讓給別人，相國子之不應該從子噲手中接受燕國。譬如這裡有個士人，你喜歡他，不去請示大王就私下把你的俸祿與爵位讓給他，而這個人也沒有大王的命令就私下接受了這些，這樣可以嗎？燕國的事情與這個例子有什麼不同呢？」

齊國討伐燕國。有人問說：「您勸說齊國討伐燕國，有這回事嗎？」孟子說：「沒有。沈同問，『燕國可以討伐嗎？』我答覆他說，『可以』，他以為我說得對，就去討伐了；他如果問，『誰可以去討伐？』我就會答覆他，『奉行天命的官吏才可以去討伐。』譬如有個殺人犯，有人問，『這個人可以殺嗎？』我會答覆說：『可以。』如果他再問，『誰可以殺他？』我會答覆說：『司法官才可以殺他。』現在就像用燕國來討伐燕國，我怎麼會去勸說呢？」

執政者對國家負有基本的責任

燕國在北方，與齊國爲鄰。燕國發生內亂，沈同是齊國的大夫，以個人的身分請教孟子燕國是否可以討伐。當時的情況是，子噲是燕國國君，他聽說堯舜禪讓的故事，心生羨慕，想要效法古人，就把國家讓給子之，以爲如此一來，自己就變成堯、舜了；相國子之居然也受之無愧。

但是國家政權豈能私相授受？執政者輪替得太突然，難免會發生內亂。把世襲的王位讓給別人，子孫當然受不了。燕國發生內亂，齊國趁機攻打燕國，燕國的百姓打開城門來歡迎，齊國五十天就占有了燕國。這就是當時的背景。

國家的公務需要經過法定的程序，如此才有合法的基礎。在孟子所舉的例子中，大王是權力的最後來源；而在燕國的情況中，國君傳位應以封建制度的規定爲最高依據。

遵守分際才不會天下大亂

齊國出兵討伐燕國，這時有人問孟子說：「您勸說齊國討伐燕國，有這回事嗎？」儒家在原則上反對戰爭，可以用外交手段解決的事，爲什麼要用戰爭呢？所以如果孟子眞的勸齊國討伐燕國，那將是很嚴重的問題。

由本段不難了解，爲何當時很多人認爲孟子「好辯」。孟子認爲燕國應該被討伐，但是沈同沒有進一步請教「誰可以去討伐」，就直接出兵了。齊王與沈同這些人都認爲力量決定一切，齊國既然有力量討伐混亂中的燕國，自然先下手爲強。

但是孟子不以爲然，他認爲必須師出有名。「天吏」是奉行天命的官吏，或是來自周天子指示，或是心存仁德的好國君，一心只想幫助燕國百姓。

像齊王者流，在孟子口中實在平庸得很，又憑什麼資格去征服別人？孟子被人說成「好辯」，他當然不會同意。是沈同自己沒有問清楚，孟子難道有責任一開始就把後來所說的話全部說清楚嗎？沈同等人如果要把孟子找來一起負責任，那也太過於缺乏自信了。

「以燕伐燕」四個字是很重的批評，這無異於「以暴易暴」，當然不會得到孟子的贊同。所謂天吏，是指實行仁政的君主，當時周朝尚有天子，只是並無實權，各國諸侯有共同維護秩序的責任，所以才會發生一連串與燕國有關的事件。

〈4・9〉

燕人畔。王曰：「吾甚慚於孟子。」

陳賈（ㄍㄨˇ）曰：「王無患焉。王自以爲與周公孰仁且智？」

王曰：「惡！是何言也！」

曰：「周公使管叔監殷，管叔以殷畔。知而使之，是不仁也；不知而使之，是不智也。仁智，周公未之盡也，而況於王乎？賈請見而解之。」

見孟子，問曰：「周公，何人也？」

曰：「古聖人也。」

曰：「使管叔監殷，管叔以殷畔也，有諸？」

曰：「然。」

曰：「周公知其將畔而使之與？」

曰：「不知也。」

「然則聖人且有過與？」

曰：「周公，弟也；管叔，兄也。周公之過，不亦宜乎？且古之君子，過則改之；今之君子，過則順之。古之君子，其過也，如日月之食，民皆見之；及其更也，民皆仰之。今之君子，豈徒順之，又從爲之辭。」

燕國人起來反抗齊國的占領。齊宣王說：「我對孟子覺得很慚愧。」

陳賈說：「大王不必難過，大王在仁德與明智方面與周公相比，覺得誰比較強？」

齊宣王說：「啊！這是什麼話！」

陳賈說：「周公派管叔監督殷人，管叔卻帶著殷人叛亂。明知道他會反叛而派他去，那是不仁；不知道他會反叛而派他去，那是不智。仁德與明智，周公都沒有完全具備，何況是大王呢？我願意去見孟子向他解釋。」

陳賈見到孟子，問說：「周公是怎樣的人呢？」

孟子說：「古代的聖人。」

陳賈說：「他派管叔監督殷人，而管叔卻帶著殷人叛亂，有這回事嗎？」

孟子說：「有的。」

陳賈說：「周公是知道他會叛亂而派他去的嗎？」

孟子說：「不知道。」

陳賈說：「既然這樣，聖人也會有過錯嗎？」

孟子說：「周公是弟弟，管叔是哥哥。周公的過錯，不也是應該的嗎？並且古代的君子，有了過錯就改正；現在的君子，有了過錯還順著做下去。古代的君子，他的過錯像日蝕月蝕一樣，百姓都看得到；等他改正之後，百姓都仰望他。現在的君子，不但順著過錯做下去，還要找些理由來辯解。」

聖人也有一時之過

齊國占領燕國之後大肆搜刮，胡作非爲。大約過了快兩年，燕國人群起反抗，擁立燕昭王復位。

齊宣王覺得對孟子很慚愧。當初孟子勸過他，要他不可以這麼做，就算占領了燕國也要立刻退回來，但是進言未獲採納。現在果然燕國人起來反叛，要把齊國人趕走。

陳賈勸齊宣王不必覺得難過，因爲連周公都會犯錯。他以此爲藉口，寬慰齊宣王，這是標準的阿諛之臣。

周武王滅商之後，封商紂之子武庚於其舊都，用於安撫殷商的遺民，並且派管叔、蔡叔、霍叔監督。武王駕崩之後，成王年幼，由周公攝政，管叔等人叛亂未果。

陳賈說周公派管叔監督殷人，如果早就知道管叔會反叛還派他去，豈不是故意讓他去做壞事嗎？這是不仁；如果不知道管叔會反叛而派他去，這表示缺乏先見之明，也就是不智。

陳賈很大膽，想去見孟子，叫他不要怪齊宣王。佞臣對大王也眞是體貼，他所想的也是兩難法：周公或是不仁或是不智，兩者必居其一。

孟子的解釋是：在複雜的人際關係中，有些過錯是難以避免的。譬如《論語・述而》談到孔子對昭公知禮與否的談話，被陳司敗指出他的過錯。孔子立刻承認自己的過失，但是他的過失是源自當時「不言君親之惡」的習俗。

知錯而不改，才是眞正的過錯

孟子說：「周公，弟也；管叔，兄也。周公之過，不亦宜乎？」犯錯也有應該的。既然派哥哥出馬，就不該懷疑他；即使他最後叛亂了，也是無可奈何之事。所以，周公這個過錯是合理的。也許是因爲當時管叔聽到謠言，以爲周公準備篡位，所以才生叛亂之心。周公輔佐周武王的兒子成王，大權在握，他眞要篡位的話並不困難。然而管叔爲何對周公缺乏信心呢？兩相對比，才知周公之過是可以諒解的。更何況，有了過錯，改正就好，誰不會犯錯呢？

孔子在《論語・衛靈公》說：「過而不改，是謂過矣。」有了過錯而不改，那才是眞正的過錯。「今之君子，豈徒順之，又從爲之辭。」有些人有一點學問，但是學問不用在正途上，而專門用來替國君找藉口，使國君不覺得自己有錯，然後施政江河日下，造成國家的災難。

人可能犯下各種過錯，儒家的建議是有過則改。孟子進而嚴詞批評那些順從國君的過錯，還要爲他找藉口辯解的人。

齊宣王對孟子又愛又恨。孟子給他一個仁政的理想，使他心生嚮往；但是他的左右近臣既平凡又有私欲，以逢迎附和來討好他，勸他不必在意孟子的言論。孟子後來以「一暴十寒」來描寫宣王，說自己像陽光，而別人卻總是澆冷水，那麼，再怎麼容易生長的植物也活不下去。齊宣王再怎麼有心，也很難堅持上進。對這一切，只能徒呼奈何！

〈4・10〉

孟子致爲臣而歸，王就見孟子曰：「前日願見而不可得，得侍同朝，甚喜；今又棄寡人而歸，不識可以繼此而得見乎？」

對曰：「不敢請耳，固所願也。」

他日，王謂時子曰：「我欲中國而授孟子室，養弟子以萬鍾，使諸大夫國人皆有所矜式。子盍爲我言之？」

時子因陳子而以告孟子，陳子以時子之言告孟子。

孟子曰：「然，夫時子惡知其不可也？如使予欲富，辭十萬而受萬，是爲欲富乎？季孫曰：『異哉子叔疑！使己爲政，不用，則亦已矣，又使其子弟爲卿。人亦孰不欲富貴？而獨於富貴之中有私龍（ㄌㄨㄥˇ）斷焉。』

古之爲市也，以其所有易其所無者，有司者治之耳。有賤丈夫焉，必求龍斷而登之，以左右望，而罔市利。人皆以爲賤，故從而征之，征商自此賤丈夫始矣。」

孟子辭去客卿的職位，準備回鄉。齊宣王親自去見孟子，說：「過去想看到您而不可能，後來能在一個朝廷共事，我很高興。現在又將捨棄我回去了，不知道今後還能再相見嗎？」

孟子回答說：「我不敢請求罷了，這本來就是我所希望的。」

隔了幾天，齊宣王對時子說：「我想在都城裡給孟子一棟房屋，用一萬鍾糧食供養他的弟子，讓大夫與百姓都有個效法的榜樣。你何不去替我說說呢？」

時子託陳子把這話轉達給孟子，陳子就把時子的話告訴了孟子。

孟子說：「是的，時子怎麼知道這件事不能做呢？如果我想發財，辭掉十萬鍾的俸祿而接受這一萬鍾的賞賜，這是想要發財嗎？季孫說：『子叔疑眞奇怪。自己想做官，沒被任用也就算了，卻又叫他的子弟去做卿大夫。誰不想要富貴？偏偏在富貴之中，有人想私自壟斷。』古代經商的人，以自己有的去交換自己沒有的，由相關部門的官吏去管理。有個卑鄙的男人，一定要找塊高地站上去，向左右兩邊張望，企圖網羅市場的利益。人人都認爲他卑鄙，於是抽他的稅。對商人抽稅就是從這個卑鄙的男人開始的。」

孟子辭去客卿的職位，準備回鄉。孟子有一定的名望與地位，所以，齊宣王特地親自去見孟子。「得侍同朝」是很謙虛的話，做為國君，高高在上，居然說出「一起共事，一起來侍候百姓」的客氣話。

孟子回答說：「不敢請耳，固所願也。」這八個字也非常文雅，意即：這本來是我想要的，只是不好意思自己開口，因爲讀書人總是有一點矜持。

隔了幾天，齊宣王想託時子傳話給孟子。「國」即國都，古代稱首都爲國，「中國」即在都城裡面。「養弟子以萬鍾」是古代對老師的客氣話，不能直接說給老師待遇，這樣不太禮貌，而要說這錢是讓他養活弟子的。齊宣王也知道孟子是傑出人物，言行方面皆有過人之處，可以讓國人來效法。

君子不貪求個人富貴

時子又託陳子代爲轉達，陳子就把時子的話告訴了孟子。孟子在齊國待了好幾年，大約總有十萬鍾的俸祿，辭官代表他不在乎這個俸祿。現在另外給他一萬鍾，好像是在談條件。孟子不太喜歡別人把待遇說得那麼清楚，好像他是爲了錢才留下來的。

他隨即舉了季孫氏談子叔疑的例子。「賤丈夫」一詞，丈夫是男子二十歲以上，賤指卑鄙、卑下。站得高，左右兩邊看一看，就知道這邊有利較多，先取得利再說。然後發現那邊還有利，就再去圖謀。現實的社會不也是如此嗎？做生意的人很辛苦，什麼地方有利可圖，他就努力去謀取，這是可以理解的，但不宜什麼都要，許多利益讓給別人去分享，自己就安分做熟悉的本行，這樣可以讓社會的資源分配比較自然。

孟子會這麼說，是因爲時子託陳臻轉達意思，好像擔心孟子不會答應。孟子所舉的例子，則表示了自己考量的並非利益而已。齊宣王以爲用一些利益就可以留住孟子，完全不了解孟子的儒者性格，亦即孔子所謂之「君子喻於義，小人喻於利」。

〈4・11〉

孟子去齊，宿於晝。有欲爲王留行者，坐而言。不應，隱几而臥。客不悅曰：「弟子齊（ㄓㄞ）宿而後敢言，夫子臥而不聽，請勿復敢見矣。」曰：「坐！我明語子。昔者魯繆（ㄇㄨˋ）公無人乎子思之側，則不能安子思；泄柳、申詳無人乎繆公之側，則不能安其身。子爲長者慮，而不及子思。子絕長者乎？長者絕子乎？」

孟子離開齊國，在晝縣過夜。有個想爲齊宣王挽留孟子的人，恭敬地坐著說話。孟子不加理會，靠著桌子打盹。那個人很不高興，說：「我先齋戒了一整天，然後敢來與您說話，您卻睡覺不聽，以後再也不敢與您相見了。」孟子說：「坐下來！我明白告訴你。從前，魯繆公沒有好人在子思身邊侍候，就不能讓子思安心留下；泄柳、申詳沒有好人在魯繆公身邊幫忙，就不能讓自己安居。你替我這個長輩考慮，卻沒有想到子思的待遇。這是你棄絕長輩呢？還是長輩棄絕你？」

真正的尊重不是做表面工夫

孟子眞的離開齊國了，齊宣王還是設法想要挽留他。有個想爲宣王挽留孟子的人，恭敬地坐著說話。古代沒有現在的椅子、凳子，坐的時候態度恭敬，叫做跪坐，正襟危坐，腰桿挺直。坐姿有兩種，一種是臀部靠著腳踝，坐起來比較舒服；一種是臀部離開腳踝，要撐著，比較辛苦。這個說客很有禮貌，恭敬地坐著說話。但孟子不領情，靠著桌子打瞌睡。

孟子對他態度冷淡，他受不了。孟子這時才來開導他。子思是孔子的孫子，孔子雖然一生不太得意，但是他的學問與道德受到後人敬仰，最主要還是他的學生們，像子貢等人，表現非常傑出，所以孔子的孫子就很受重視。魯繆公很在乎子思，一定要安排好人在子思那兒侍候，否則不能讓子思安心留下，這是合理也合禮的待遇了。

泄柳、申詳是魯國的大夫，他們要安排好人在魯繆公身邊，他們做大臣的才會安心。其實我們也知道，如果有壞人在國君身邊進讒言，大臣的位置也坐不穩，所以他們希望有好人在魯繆公身邊幫忙。

孟子認爲自己學問道德不亞於當時的子思，所以要他留下來，就須派一些優秀人才在他身邊侍候，並且國君也要有心採納他的建言，這樣孟子才願意留在齊國。

最後的結論是：「子絕長者乎？長者絕子乎？」這個問題有畫龍點睛的作用。因爲勸說者怪孟子打瞌睡不理他，好像是長輩不理他，但是他並沒有把孟子當成子思，沒有適當地禮遇孟子，也就是先棄絕長輩了。

國家的混亂往往從失禮開始，如果國家的元老不受尊重，沒有合乎禮制的合理待遇，那麼人與人之間的適當關係就受到挑戰了。孟子如果不計較這些就留在齊國，那麼他又如何可以做爲士人與百姓的表率呢？

〈4・12〉

孟子去齊。尹士語人曰：「不識王之不可以爲湯、武，則是不明也；識其不可，然且至，則是干澤也。千里而見王，不遇故去，三宿而後出晝，是何濡滯也？士則茲不悅。」

高子以告。

曰：「夫尹士惡（ㄨ）知予哉？千里而見王，是予所欲也；不遇故去，豈予所欲哉？予不得已也。予三宿而出晝，於予心猶以爲速，王庶幾改之！王如改諸，則必反予。夫出晝，而王不予追也，予然後浩然有歸志。予雖然，豈舍王哉？王由足用爲善；王如用予，則豈徒齊民安，天下之民舉安。王庶幾改之！予日望之！予豈若是小丈夫然哉？諫於其君而不受，則怒，悻悻然見（ㄒㄧㄢˋ）於其面，去則窮日之力而後宿哉？」

尹士聞之，曰：「士誠小人也。」

孟子離開齊國，尹士對人說：「不知道齊王不可能成爲商湯、周武王，那是不明智；知道齊王不可能做到，卻還是到齊國來，那是求俸祿。跋涉千里來見齊王，意見不合便離去，在晝縣住了三夜才走，爲什麼這麼滯留遲緩呢？我對這一點很不滿意。」

高子把這番話轉告孟子。

孟子說：「那個尹士怎能了解我呢？跋涉千里來見齊王，是我所期望的；意見不合便離去，難道也是我所期望的嗎？我是不得已罷了。我住了三夜才離開晝縣，在我心裡還覺得太快了，齊王或許會改變態度。齊王如果改變態度，一定會召我回去。我離開了晝縣，齊王沒有派人追我，我這才心意暢快地決定回鄉去。我雖然這麼做，難道是肯捨棄齊王嗎？齊王還是有能力推行善政的，齊王如果任用我，那麼豈止是齊國的百姓得到安定，天下的百姓都可以得到安定。齊王或許會改變態度的！我天天盼望啊！我難道像那種器量狹小的人嗎？向君主進諫不被採納，就立刻發怒，臉上露出忿忿不平的神色，離開時非得整天拚命趕路之後才肯投宿嗎？」

尹士聽人轉告這番話，說：「我眞是一個小人啊。」

有志難伸只好當機立斷

孟子離開齊國，尹士批評孟子來到齊國，是自己要來的，以爲齊宣王是商湯、周武王之類的明君，那是他自己不明智。「干澤」的「干」是求，「澤」就是恩澤、俸祿。對孟子離開時還在晝縣住了三夜，也覺得不滿意。由此可見，孟子的言行成爲許多人議論的題材，但是天下又有誰能眞正明白孟子的心意呢？

尹士並不了解孟子。齊宣王擺出「禮賢下士」的姿態，孟子有理想有學問，當然希望得君行道，可惜齊宣王無法採納孟子的建言。他怎麼知道齊宣王廣招賢士又無法分辨眞正的智慧呢？兩人意見不合並不是孟子所期望的。「王庶幾改之」，「庶幾」是表達期許的副詞。

「浩然」代表什麼？就好像一方面是死了心，絕了意，從此與齊王分道揚鑣；另一方面也好像水勢盛大，擋也擋不住——「浩然有歸志」，現在看開了、看破了，從此以後告老還鄉，不問齊國的事。

孟子還是堅持推行仁政，必定可以稱王天下，齊宣王如果請孟子當宰相，對他言聽計從的話，齊國就會變成一個理想的國家，甚至整個天下也可以得到安定。讀書人的偉大就在這裡，孟子希望照顧的是天下百姓，正如孔子的志向是「老者安之，朋友信之，少者懷之」。

他第二次說「王庶幾改之」、「予日望之」，孟子很少說出如此殷切期待的話語。

尹士聽人轉告了孟子的這番話，還算懂得反省，承認自己誤會了孟子。

孟子的動機很簡單，齊宣王昭告天下歡迎賢才，孟子就來了，來了之後才知道觀念不合，這不是孟子願意的。離開時在晝地待了三個晚上，是希望齊宣王或許會改變態度。等了三個晚上，齊王並未正式派人請他回去，他這才「浩然有歸志」，如同大江東去不再回頭。

自古以來，讀書人總有一番抱負，一旦發現理想與現實無法妥協，那麼要迎合政治現實呢，還是要堅持原則？孟子在齊國努力嘗試過，最後並未成功。當他說出「浩然有歸志」一語時，也是準備從政治轉向教育了。他後來談到人生三樂時，肯定「得天下英才而教育之」勝過稱王天下的快樂（《孟子・盡心上》），值得我們省思。

〈4・13〉

孟子去齊，充虞路問曰：「夫子若有不豫色然。前日虞聞諸夫子曰：『君子不怨天，不尤人。』」

曰：「彼一時，此一時也。五百年必有王者興，其間必有名世者。由周而來，七百有餘歲矣。以其數，則過矣；以其時考之，則可矣。夫天未欲平治天下也。如欲平治天下，當今之世，舍我其誰也？吾何爲不豫哉？」

孟子離開齊國，充虞在路上問說：「先生好像有些不愉快的樣子。以前我聽先生說過：『君子不抱怨天，不責怪人。』」

孟子說：「那是一個時候，這是一個時候。歷史上每隔五百年必定會有聖君興起，其間也必定會有輔佐聖君的賢臣出現。從周朝以來，已經七百多年了，按年數計算，已經超過了；按時勢考察，聖君賢臣可以出現了。天還不想讓天下太平吧，如果想讓天下太平，在今天這個時代，除了我還有誰呢？我為什麼不愉快呢？」

有自知之明，就不會陷於無謂的煩惱

「不怨天，不尤人」原是孔子的話，孟子也以此自許。一個人愉不愉快，很容易從臉色看出，學生發現老師看起來好像不太愉快，就問他是不是做不到「不怨天、不尤人」？

經過這一問，孟子才有機會道出心裡的話。那個時代是個亂世，亂世最需要聖君、賢臣出現。孟子把自己當成賢臣，「當今之世，舍我其誰」，這句話的氣勢，千載之下猶有餘震，氣魄眞大！

孟子不是爲了個人的享受，或者個人的權位與名利，而完全是基於一份理想，就是要爲人類創造美好的生活。他出來爲百姓服務，是希望天下人人幸福。但是光有好心善意是不夠的，還需要時機配合。

孟子一方面相信歷史有一定的發展軌道，一盛一衰，五百年必有王者興。另一方面，他也相信是「天」在主宰一切，而沒有人可以明白天的安排是怎麼回事。由此形成「盡人事，聽天命」的觀念。天命包括客觀的形勢與條件，也包括個人主觀的志向，如孔子「五十而知天命」。無論如何，孟子的「當今之世，舍我其誰」，已經爲讀書人樹立了無與倫比的使命感。

〈4・14〉

孟子去齊，居休。公孫丑問曰：「仕而不受祿，古之道乎？」曰：「非也；於崇，吾得見王，退而有去志，不欲變，故不受也。繼而有師命，不可以請。久於齊，非我志也。」

孟子離開齊國，住在休地。公孫丑問說：「做官不接受俸祿，這是古代的做法嗎？」

孟子說：「不是的。在崇地，我初次見到齊王，回來後就有離開的念頭。我不想改變心思，所以不接受俸祿。接著齊國有戰事，不可以申請離開。長時間留在齊國，不是我的意願啊。」

道不同不相為謀

孟子在齊國擔任客卿，有一段時間不接受齊王所給的俸祿。他與齊王見面，很快就知道齊王是否願意虛心受教，齊國是否大有可爲。孟子因而不接受俸祿。

孟子當時就有離開的念頭。當他第一次見到齊王，就知道沒有什麼可爲的了。最後那句「久於齊，非我志也」，說明孟子在齊國待那麼久，並不是他原來的意願。

人生就看如何取捨，該捨就捨，才能堅持自己的原則與理想。兩千多年下來，孟子的思想依然閃耀動人的光彩，而齊宣王呢？當時的國君與權臣呢？他們只是在與孟子互動的過程中留下一些言行紀錄，其中少有可觀之處。他們大概無法想像當初那個老先生，亦即倡言仁政、批評時局、從不同流合汙，卻總是諄諄勸人的孟子，竟然可以因爲一套完整的思想體系，而成爲歷代讀書人的典型。如果時光可以倒流，他們不知要如何珍惜孟子以及自己與孟子相處的每一個片刻啊！

卷五〈滕文公篇〉上

〈5・1〉

滕文公爲世子，將之楚，過宋而見孟子。孟子道性善，言必稱堯、舜。世子自楚反，復見孟子。孟子曰：「世子疑吾言乎？夫道一而已矣。成覸（ㄍㄢˋ）謂齊景公曰：『彼，丈夫也；我，丈夫也；吾何畏彼哉？』顏淵曰：『舜，何人也？予，何人也？有爲者亦若是。』公明儀曰：『文王，我師也，周公豈欺我哉？』今滕，絕長補短，將五十里也，猶可以爲善國。《書》曰：『若藥不瞑（ㄇㄢˊ）眩，厥疾不瘳（ㄔㄡ）。』」

滕文公擔任太子的時候，有一次前往楚國，路過宋國時，與孟子會面。孟子談論人性善良的道理，句句都要提到堯、舜。

太子從楚國返回，又來見孟子。孟子說：「太子懷疑我的話嗎？人生的正途只有一條。成覸對齊景公說：『他，是個男子，我，也是個男子，我怕他什麼呢？』顏淵說：『舜，是什麼樣的人？我，是什麼樣的人？有所作爲的人也會像他那樣。』公明儀說：『周文王，是我的老師；周公這話難道會欺騙我嗎？』現在滕國的土地截長補短，將近縱橫各五十里，仍然可以成爲推行善政的國家。《尚書・說命》上說：『如果藥物不能使人頭暈眼花，這個病是治不好的。』」

志向愈高，發展的空間愈大

孟子舉了三個例子，來說明人生的正途只有一條。

第一個例子：「彼，丈夫也；我，丈夫也；吾何畏彼哉？」成覸是齊國的勇士，他口中的「彼」是指角力的對手。你是勇士，我也是勇士，我怕你什麼呢？這就是說，在立足點平等的情況下，只要努力就可以同別人一較高下。

第二個例子：「舜，何人也？予，何人也？有爲者亦若是。」「取法乎上」，選擇比自己好的人做爲效法的對象。這句話是孟子轉述顏淵說的，顏淵是孔子最好的學生，原來他以舜爲學習楷模，難怪表現如此傑出。

第三個例子，是曾子的弟子公明儀說的：「文王，我師也，周公豈欺我哉？」公明儀以文王爲取法的老師，周公是文王之子，說的話自然合乎文王之意，公明儀能夠同時向文王與周公學習，可謂「高尚其志」，令人敬佩。

古人思考年輕人的成長，總是要選擇最好的典型來學習。志向愈高的話，發展的空間也愈大；反之，志向太低卑的話，就乏善可陳了。所以人生要「取法乎上」，別人可以做到，我爲什麼做不到呢？

「若藥不瞑眩，厥疾不瘳」，是古代的醫療常識，今天依然適用。譬如吃了感冒藥，覺得頭昏，有助於睡眠休息，然後病才會痊癒。孟子的意思是：滕國雖小，也可以立志追求國泰民安；但是立志之後要進行改革時，一定會有使人頭疼的困擾出現，這時不可灰心，反而要有信心。

本文引用的三段資料，提醒我們：一方面，要相信自己只要努力，一定不會輸給別人；另一方面，要在修德上向古代聖賢學習，並且唯有在修德一事上，人一定有能力達到完美的境地。

本章有「孟子道性善，言必稱堯舜」一語。這句話很明顯是概括之語。事實上，孟子談論人性時，並未「言必稱堯舜」；並且，在此所謂的「性善」，並非一般人望文生義所理解的「人性本善」。以今日的口語來說，「性善」其實是指「人性向善」而言。關於這個問題，在〈告子上〉會再做充分的討論與說明。

〈5・2〉

滕定公薨（ㄏㄨㄥ），世子謂然友曰：「昔者孟子嘗與我言於宋，於心終不忘。今也不幸至於大故，吾欲使子問於孟子，然後行事。」

然友之鄒，問於孟子。孟子曰：「不亦善乎！親喪，固所自盡也，曾子曰：『生，事之以禮；死，葬之以禮，祭之以禮，可謂孝矣。』諸侯之禮，吾未之學也；雖然，吾嘗聞之矣。三年之喪，齊（ㄗ）疏之服，飦（ㄓㄢ）粥之食，自天子達於庶人，三代共之。」

然友反命，定爲三年之喪。父兄百官皆不欲也，曰：「吾宗國魯先君莫之行，吾先君亦莫之行也，至於子之身而反之，不可。且志曰：『喪祭從先祖。』曰：『吾有所受之也。』」

謂然友曰：「吾他日未嘗學問，好馳馬試劍。今也父兄百官不我足也，恐其不能盡於大事。子爲我問孟子。」

然友復之鄒，問孟子。孟子曰：「然，不可以他求者也。孔子曰：『君薨，聽於冢宰，歠（ㄔㄨㄛˋ）粥，面深墨，即位而哭，百官有司莫敢不哀，先之也。』上有好者，下必有甚焉者矣。君子之德，風也；小人之德，草也。草上之風，必偃（ㄧㄢˇ）。是在世子。」

然友反命。世子曰：「然，是誠在我。」五月居廬，未有命戒，百官族人可，謂曰知。及至葬，四方來觀之，顏色之戚，哭泣之哀，弔者大悅。

滕定公去世了，太子對然友說：「以前孟子在宋國與我談過話，我心裡一直沒有忘記。現在不幸遭到父喪的大事，我想讓你去請教孟子，然後再舉行喪禮。」

然友就去鄒國請教孟子。孟子說：「這不是很好嗎！父母的喪事，本來就是要竭盡自己的心力去辦的。曾子說過：『父母在世時，依禮的規定來事奉；父母過世後，依禮的規定來安葬，依禮的規定來祭祀，這樣可以說是孝順了。』諸侯的喪禮，我沒有學習過；但是，還是聽說過的。三年的服喪期，穿粗布縫邊的孝服，喝粥，從天子到百姓，夏、商、周三代都是這樣的。」然友回國覆命，太子決定實行三年之喪。宗室百官都不願意，說：「我們宗國魯國的前代君主並沒有實行這種喪禮，我們滕國的前代君主也沒有實行過，到你這一代卻要違反傳統，這是不應該的。況且有記載說：『喪禮、祭禮要遵從祖宗的規矩。』意思是說：『我們是有所繼承的。』」

太子對然友說：「過去我不曾講求學問，喜歡騎快馬與比劍法。現在宗室百官都不滿意我，擔心我不能竭盡心力辦好喪事，您再替我去請教孟子。」

然友又到鄒國請教孟子。孟子說：「是的，這是不能求助於別人的。孔子說：『國君去世，太子把政務交給宰相，喝粥，面色深黑，走到孝子的位置就哭泣。大小官員沒有敢不哀傷的，因為太子帶頭這麼做。』在上位的人愛好什麼，下屬一定更加愛好。『君子的言行表現，像風一樣；百姓的言行表現，像草一樣。風吹在草上，草一定跟著倒下。』這件事就在於太子了。」

然友回去覆命。太子說：「對，這確實在於我自己。」於是太子五個月都住在喪廬，其間沒有發布任何政令與告誡。百官與親族都贊同，認為太子知禮。到了安葬那天，四方各地都有人來觀禮。太子面容悲傷、哭泣哀慟，使來弔喪的人都非常滿意。

一切依禮的規定

滕定公去世了，太子（滕文公）知道孟子很有學問，對許多事都可以提供意見。

現在碰到這麼大的事，自然要先聽聽孟子的意見，再決定怎麼做了。於是派然友到鄒國去請教孟子。

孟子說：「不亦善乎！親喪，固所自盡也。」父母過世的時候，子女會由衷地哀傷，平常也許不在意內心的眞正情感，有時候好幾年都沒有動過眞情，但是碰到父母的喪事，一定會悲從中來。

孟子接著引用曾子的話：「生，事之以禮；死，葬之以禮，祭之以禮，可謂孝矣。」這段話在《論語．爲政》裡面，其實是孔子對樊遲所說的。原文是：孟懿子問孝。子曰：「無違。」樊遲禦，子告之曰：「孟孫問孝於我，我對曰『無違』。」樊遲曰：「何謂也？」子曰：「生，事之以禮；死，葬之以禮，祭之以禮。」

孟懿子是貴族，公卿大夫階級在實踐孝順的美德時，是以禮爲主，相對地要花很多錢，但花錢是另一回事，最主要的是他們的身分有示範的作用。

孟子強調以禮爲準，建議「三年之喪」，這也是孔子所贊成的。然友回國覆命後，太子決定實施三年之喪。

對於孟子的建議，滕國內部出現了反對的聲浪。滕國稱魯國爲「宗國」，是因爲兩國祖先皆爲周文王之子，魯國周公年長，所以滕國宗之。現在連魯君都沒有行三年之喪，滕國前代君主也沒有這麼做，所以大臣們反對孟子的建議。

所謂三年之喪，依荀子所說，是二十五個月，亦即抵達第三年的第一個月，就滿期了。只是這種規定早已形同具文，滕文公做得到嗎？

上位者要有做表率的魄力

面對這種情況，太子再度派然友到鄒國向孟子請教。孟子先說，這件事的確是不能求助於別人的。父親過世了，喪事要怎麼辦？完全看你，先守好前面五個月的喪期吧。

古代諸侯過世，要等五個月才能埋葬，這是因爲別的諸侯國必須派代表來，由於路途及資訊傳遞不便，需要五個月的準備期，天子則需準備七個月，大夫就由諸侯往下遞減。古代特別重視喪禮，喪禮如果辦得不隆重，那是子孫的不孝。

孟子引用孔子的話了：「君薨，聽於冢宰，歠粥，面深墨，即位而哭，百官有司莫敢不哀，先之也。」太子帶頭哀傷，百官也一起爲先君哀悼。古人在守喪期間，因爲痛苦、哀悼、喝粥，營養不良，臉色看起來黑黑的。國君死時設置靈堂，每天都有百官到靈堂輪流守候，孝子有特別的位置，文公一到孝子的位置就哭泣。

「上有好者，下必有甚焉者」，在上位的人喜歡什麼，下屬就一定更加愛好，這是風氣，風氣總是上行下效的。孟子引用孔子的話：「君子之德，風也；小人之德，草也。草上之風，必偃。」來說明這件事取決於太子。

「草尚（上）之風，必偃」，出自《論語．顏淵》。孔子原來是勸季康子說：「子帥以正，孰敢不正？」他以風動草偃來描述善行的感化力。但是孟子引述此語時，並未特別指涉行善，而是就一般的風氣來說的，顯得比較中性。

聽了孟子一席話，然友回去覆命，太子說：「對！這確實在於我自己。」事在人爲，自求多福。

於是太子五個月都住在喪廬，其間沒有發布任何政令與告誡。「廬」是指服喪其間所居的簡陋喪宅。古代諸侯去世，同盟各國會派人前來觀禮，孝子不能住在王宮，要住在茅草蓋的房子裡面，代表守喪。守喪期間，不宜發布政令，因為發布政令的話，等於承認太子並未專心思念過世的父親。

「弔者大悅」這四個字，說明賓客肯定子孫的孝順。這並不是要子孫虛與委蛇，而是希望他們把喪父之痛的眞實情感表現出來。

〈5・3・1〉

滕文公問爲國。孟子曰：「民事不可緩也。《詩》云：『晝爾于茅，宵爾索綯（ㄊㄠˊ）；亟其乘屋，其始播百穀。』民之爲道也，有恆產者有恆心，無恆產者無恆心。苟無恆心，放僻邪侈，無不爲已。及陷乎罪，然後從而刑之。是罔民也。焉有仁人在位，罔民而可爲也？是故賢君必恭儉禮下，取於民有制。陽虎曰：『爲富不仁矣，爲仁不富矣。』

滕文公請教怎樣治理國家。孟子說：「百姓的需求是不可延緩的。《詩經・豳風・七月》上說：『白天割取茅草，晚上攪成繩索，趕緊修繕屋頂，很快又將播種百穀。』百姓走在人生正途上，有固定產業的，才有堅定心志；沒有固定產業的，就沒有堅定心志。如果沒有堅定心志，就會違法亂紀，什麼事都做得出來。等到他們犯了罪，然後加以處罰，就等於設下羅網來陷害百姓。哪裡有仁德君主在位卻做出陷害百姓的事呢？所以賢明的君主一定要恭敬節儉，以禮對待臣下，向百姓徵稅要有制度。陽虎說過：『要致富就不能行仁，要行仁就不能致富。』」

滿足百姓的需求，是治國第一順位

滕文公向孟子請教怎麼治理國家。「民事不可緩也」，百姓的需求不能延緩，這一句話很令人感動。收成不好，有錢有資產的富貴人家可以不在乎；但是窮人家一天只有一頓飯，收成不好就挨餓受凍。古代並未實行家庭計畫節育，家裡小孩多了，要養活很不容易。

古代是農業社會，百姓的生活要配合季節，工作很緊湊。所以孟子說「民之爲道也，有恆產者有恆心，無恆產者無恆心」。要有恆產才有固定心志。所謂恆產，是指衣食足然後知榮辱，那麼衣食不足怎麼辦呢？爲了活下去而爲非作歹嗎？窮人還有行善的恆心嗎？

人活在世界上，一定需要一些產業，若是身無分文活不下去，就可能爲了活命而誤入歧途。人有了產業，衣食無缺，就可以走上人生正途。孟子很了解這一點，要讓百姓活得下去，先要給他們固定的田地，讓他們可以努力耕耘。工作之後有了收穫，可以自食其力，這樣才符合一個人的生命需求。

換言之，恆產是人生的「必要條件」，所謂必要條件，是說「非有它不可，有它還不夠」，亦即人生若無恆產就活不下去，但是光有恆產顯然是不夠的，還須由此展現恆心，努力行善。

黑格爾指出，一個人的自由以擁有私產為前提。有私產，才能夠自由處理它；如果什麼都沒有，自由只是一句空話。譬如人有坐火車、坐飛機的自由，但沒有錢買票的話，這個自由只是幻想。

因此，不只是人的生存，人的自由也是以私有財產為前提。有私有財產，才可表現自由意志，對財產加以處分，然後發展自己的各種可能性，選擇喜愛的生活方式。孟子早就注意到這一點，人若沒有恆產，那麼要他有恆心好好待人處事，那是強人所難。

所以孟子接著說：「苟無恆心，放僻邪侈，無不為已。及陷乎罪，然後從而刑之。是罔民也。焉有仁人在位，罔民而可為也？」這段話等於是讓國君想清楚，自己是不是仁君。如果是的話，就應該照顧百姓。

合理的制度是根本的原則

「恭儉禮下」，只要是居上位者、領導者，就要恭敬節儉，以禮對待臣下，如此一來，做下屬的自然樂於奉命負責，努力工作了。

孟子最後畫龍點睛，以一句陽虎的話做為例子。他這是「不以人廢言」。陽虎與孔子是同一個時代的人，孔子年輕時苦讀成名，想參加季氏所舉行的宴會，就是被陽虎擋在門外的。後來孔子四十九歲，學問與德行都受眾人推崇，陽虎擔任季氏家臣，就主動來找孔子。事見《論語・陽貨》。

陽虎（又名陽貨）打聽了孔子不在家時，先送一隻蒸熟的小豬到孔子家中。陽虎當時是魯國最有權力的大夫季氏的管家，這種管家也具有大夫的身分，而孔子的身分只是士。陽虎送小豬給孔子，而孔子不在家，那麼按照禮的規定，孔子應該去陽虎府上拜謝。於是孔子也打聽到陽虎不在家時前往拜謝。

結果，孔子在回家的路上碰到陽虎，陽虎說：「過來，我告訴你，具備卓越才幹卻讓國家陷入困境，這可以算是有仁德嗎？喜歡從政做官卻屢次錯過時機，這可以算是明智嗎？光陰似箭，時間是不會等人的。」這話說得很重。孔子說：「諾，吾將仕矣。」孔子四十九歲時被陽虎用激將法一激，才準備出來做官，從五十一歲到五十五歲，一路都做得很好。但是，做得很好也沒有用，因爲魯國內部四分五裂，本身的條件太差了。

孟子不以人廢言。壞人說的話有道理，還是要加以肯定。他引述陽虎的話：「爲富不仁矣，爲仁不富矣。」亦即爲富不仁，爲仁不富。陽虎的話是說仁與富無法並存，國君如果只想增加財富，就不可能推行仁政。

本章是滕文公向孟子請教治國之法，內容沒有什麼高深的哲理，都是一些對社會現象的觀察，以及對於當時土地制度的說法。

〈5・3・2〉

「夏后氏五十而貢，殷人七十而助，周人百畝而徹，其實皆什一也。徹者，徹也；助者，藉也。龍子曰：『治地莫善於助，莫不善於貢。』貢者，挍（ㄐㄧㄠˋ）數歲之中以爲常。樂歲，粒米狼戾，多取之而不爲虐，則寡取之；凶年，糞其田而不足，則必取盈焉。爲民父母，使民盻（ㄒㄧˋ）盻然，將終歲勤動，不得以養其父母，又稱貸而益之，使老稚轉乎溝壑，惡（ㄨ）在其爲民父母也？夫世祿，滕固行之矣。《詩》云：『雨我公田，遂及我私。』唯助爲有公田。由此觀之，雖周亦助也。設爲庠序學校以教之。庠者，養也；校者，教也；序者，射也。夏曰校，殷曰序，周曰庠；學則三代共之，皆所以明人倫也。人倫明於上，小民親於下。有王者起，必來取法，是爲王者師也。《詩》云：『周雖舊邦，其命維新。』文王之謂也。子力行之，亦以新子之國！」

「夏朝每家五十畝地，實行貢法；殷朝每家七十畝地，實行助法；周朝每家一百畝地，實行徹法，其實稅率都是十分之一。『徹』是通的意思，『助』是借的意思。龍子說：『徵取田稅沒有比助法更好的，沒有比貢法更差的。』貢法是比較幾年的收成得到平均的常數，按此來抽稅。豐年時，穀物堆得滿地，多徵些糧不算暴虐，貢法卻收得少；荒年時，就算施肥，收成也不夠納稅，而貢法卻要收到足數。做爲百姓的父母，卻讓百姓目光含恨，整年辛苦勞動，收成只能養活父母，還須借貸來補足稅額，使得老人小孩餓死在田溝山溪中，這樣哪裡配做百姓的父母呢？做官的世代享受俸祿，滕國本來就實行了。《詩經．小雅．大田》上說：『雨先下到我們的公田，然後落到我們的私田。』只有助法才有公田。由此看來，就是周朝也是用助法的。接著，要設立庠、序、學、校來教育他們。庠是教養的意思，校是教導的意思，序是陳列的意思。地方的學校，夏朝稱爲『校』，商朝稱爲『序』，周朝稱爲『庠』；國家設立的稱爲『學』，三代都一樣。這些機構都是要教人們明白倫理關係的。在上位的人明白了倫理關係，底下的百姓就會互相親愛了。如果有聖王興起，必定會來效法，這樣就成爲聖王的老師了。《詩經．大雅．文王》上說：『周家雖是古老的邦國，承受的天命卻是新的。』這是說周文王。您努力實行吧，也來使您的國家氣象一新。」

夏、商、周三代田稅制度的比較

「夏后氏」是指夏禹王朝。夏、商、周三代納稅的方法不同，但是稅率都是十分之一，十分之一的稅率很合理，當時的百姓都覺得沒有什麼壓力。

龍子是誰很難考證，大概是古代的名人。他認爲：「治地莫善於助，莫不善於貢。」貢法依照幾年之內的平均數來抽稅，往往很難照顧到實際的狀況。譬如過去五年每年的收入平均起來是一百石米，就照這個來抽十石。收成好時倒無所謂，碰到荒年時，收成只有二十石，抽了十石，只剩下十石怎麼過一年呢？「盻盻然」，意即目光含恨的樣子。

「粒米狼戾」即滿地都是粒米，因為豐收，用也用不完，丟在地上也沒人管，這時多徵一些糧不算暴虐，但是按照貢法的平均數，所收的比例要少很多。所以依孟子的見解，認為貢法不好。

古代人民分兩種，一種是百姓，主要是農夫，以耕田為生；另外一種是公職，就是做官，做官可以領俸祿，不用耕田就有收入，並且有了一個官位之後，世代都給一定的俸祿，就像終身俸一樣。

下雨時，先把公田照顧好，因為收成的時候，如果公田的收成比不上其他八家的話，要追究責任，公田沒有管好是要處罰的。這說明公家的事大家要認真去做。所以孟子接著說：「唯助為有公田。由此觀之，雖周亦助也。」周朝的井田制度有公田，用的是「助法」。

落實教育制度的重要性

百姓生活安定之後，需要教育，政府要設學校。古代的學校，按庠、序、學、校分開來。一般來講，庠、序、校是三種不同的學校制度，其目的都是要學習。「序」本來是指射箭的射，在這裡是陳列之意，就是要把懂得的東西陳列出來，就像博物館一樣。

「學」這個名稱是指國家設立的，當時就有大學，但是只有貴族子弟與少數民間傑出青少年才能夠就讀，一般百姓的小孩沒有機會上大學。孔子十五歲時失學，他才會說：「吾十有五而志於學。」教人們明白倫理關係，這才是教育的重點。

最後，孟子引《詩經》上的：「周雖舊邦，其命維新。」一個國家經常需要提振新的精神，出現新的風氣，這是個挑戰。

這一段是孟子對滕文公的勸誡，提醒他應該讓百姓有好的生活條件和教育。人活在世界上，第一步要吃飽喝足，因爲這是生存本能，是必要的。吃飽喝足之後，需要再向上提升，所以要辦教育，讓每一個人懂得做人處事的道理，奉行五倫的規範，促成和諧的社會。如此一來，國家的發展自然欣欣向榮。

〈5．3．3〉

使畢戰問井地。

孟子曰：「子之君將行仁政，選擇而使子，子必勉之！夫仁政，必自經界始。經界不正，井地不鈞，穀祿不平，是故暴君汙吏必慢其經界。經界既正，分田制祿可坐而定也。夫滕，壤地褊小，將爲君子焉，將爲野人焉。無君子，莫治野人；無野人，莫養君子。請野九一而助，國中什一使自賦。卿以下必有圭田，圭田五十畝；餘夫二十五畝。死徙無出鄉，鄉田同井，出入相友，守望相助，疾病相扶持，則百姓親睦。方里而井，井九百畝，其中爲公田，八家皆私百畝，同養公田；公事畢，然後敢治私事，所以別野人也。此其大略也；若夫潤澤之，則在君與子矣。」

滕文公派畢戰向孟子請教井田實施的辦法。孟子說：「你的國君準備實行仁政，選派你來問我，你一定要好好努力！實行仁政的，一定要從劃分田界開始。田界劃分不正確，井田的面積就不平均，做爲俸祿的田租收入就不公平，因此暴君與貪官汙吏必定要破壞田界。田界劃分正確，那麼分配井田、制定官祿就輕而易舉了。滕國土地狹小，但也有政府的官吏，也有耕田的農夫。沒有官吏，就沒有人來治理農夫；沒有農夫，就沒有人來供養君子。我建議：在郊野用『九分抽一』的助法，城市就『十分抽一』，讓他們自行納稅。卿以下的官吏一定要有供祭祀的圭田，每家五十畝，家中未成年的男子另給二十五畝。喪葬或搬家都不離開本鄉，共一井田的各家，出入互相結伴，防盜互相幫助，有病互相照顧，那麼百姓之間就會親近和睦。每一方里土地定爲一個井田，每一井田九百畝地，中間一塊是公田，八家各有一百畝私田，並且共同耕種公田。公田農事做完，然後才敢做私田的事，這就是區別官吏與農夫的辦法。這是井田制度的大概情況；至於如何調節改善，那就要看國君與您的努力了。」

農業社會理想的經濟制度

滕文公派畢戰向孟子請教井田實施的辦法。孟子說：「仁政必自經界始」，劃分田界是必要條件。要做成任何事，都要先有必要條件做爲基礎，不可光說理想。仁政聽起來好像是個口號，但是孟子首先考慮的就是百姓的實際生活需要，要讓百姓都擁有恆產。

分配井田、制定官祿，這兩件事是穩定社會的第一步，因爲官祿是要取自公田的收入，公田順利生產，政府就可以發薪水給公務員，制定官祿就不成問題。

「將爲君子焉，將爲野人焉」，「爲」是有，古代這兩個字可以通用。雖然是農夫負責耕田，但也需要官吏來管理，譬如耕田遇到缺水的時候，需要安排水利措施，這要由國家來做整體規畫，並且由官吏來管理。

孟子建議，在郊野用「九分抽一」的助法，城市就「十分抽一」。城市裡面也有些是工人、商人，依此比例繳稅。「卿以下必有圭田，圭田五十畝；餘夫二十五畝。」古代未滿二十歲的未成年男丁也分得二十五畝田，可以一併耕種。「圭」爲潔，士以上的官員只要潔身自愛、負責盡職的，就可以分到圭田，以便奉行祭祀。

「死徙無出鄉，鄉田同井，出入相友，守望相助，疾病相扶持，則百姓親睦。」這一段說明理想社會的安定情況。「守望相助」一詞至今仍在使用。今日強調的「社區」，也有類似的營造目標，可見一般百姓對安定生活的盼望是相似的。

統治者善用制度來治國

孟子在此所提供的是古代經濟方面的知識。從他描述的過程中，可以發現連國君與大臣都不清楚怎麼制定制度，孟子的好學與博聞強記，由此可見一斑。所以，滕君才要向他請教。

本章所述井田制度，實爲孟子的理想國或烏托邦的雛形。事實上，在戰國時代，社會階層的交流日趨活躍，農業社會也逐漸轉型，商人開始出頭，時空條件改變，孟子的想法就更難做到了。

孟子說的這一番話，這些國君可能半信半疑，因爲他們不明白孟子思想最深的哲理。不先了解人性是怎麼回事，如何可能治國平天下？對人，就要採用合乎人性的方法，不可把人當作動物之一，用動物的方法來對待，那樣將會以強凌弱，以眾暴寡。人總有生老病死，若是忽略弱勢族群，那麼自己年老體衰時又該如何自處？

我們學習孟子，不必計較他所說的井田制度是否可行，而須設法了解他對人性的看法，因爲這是一切制度規畫的眞正基礎。譬如，主張人性向善時，一方面要讓百姓生活不虞匱乏，另一方面需要推行正確的教育，讓百姓知道如何走上人生正途。兩者配合，才有仁政可言。

〈5・4・1〉

有爲神農之言者許行，自楚之滕，踵門而告文公曰：「遠方之人，聞君行仁政，願受一廛而爲氓。」文公與之處。其徒數十人，皆衣褐，捆屨（ㄐㄩˋ），織席以爲食。

陳良之徒陳相與其弟辛，負耒（ㄌㄟˇ）耜（ㄙˋ）而自宋之滕，曰：「聞君行聖人之政，是亦聖人也，願爲聖人氓。」陳相見許行而大悅，盡棄其

學而學焉。

陳相見孟子，道許行之言曰：「滕君，則誠賢君也，雖然，未聞道也。賢者與民並耕而食，饔（ㄩㄥ）飧（ㄙㄨㄣ）而治。今也滕有倉廩府庫，則是厲民而以自養也，惡得賢？」

有一位奉行神農氏學說的人，名叫許行，他從楚國來到滕國，登門謁見滕文公說：「我是從遠方來的，聽說您實行仁政，希望得到一個住所，成爲您的百姓。」滕文公給他一個住處。他有弟子數十人，都穿粗麻衣服，以編草鞋、織蓆子爲生。

陳良的弟子陳相帶著弟弟陳辛，背著農具從宋國來到滕國，對滕文公說：「聽說您實行聖人的政治，那麼您也是聖人了，我願意做聖人的百姓。」陳相見到許行，非常高興，就完全拋棄以前所學的，改向許行學習。

陳相來見孟子，轉述許行的話說：「滕君確實是個賢明的君主；不過，他還沒有懂得正道。眞正賢明的君主應該與百姓一起耕種養活自己，一面燒火做飯，一面治理百姓。現在，滕國有儲存糧食與財貨的倉庫，這是損害百姓來供養自己，怎麼算得上賢明呢？」

這一段談到當時的農家。晚周的思想以儒、道、墨、法、名、陰陽六家爲主，其他還有農家、兵家等。農家重視農業，這一段有趣的故事，談的就是農家的立場，有非常精彩的討論。

生活自給自足，共享田園之樂

奉行神農氏學說的許行，聽說滕文公實行仁政，於是從楚國來到滕國，想成爲滕國的百姓。農家是以神農氏當作學派的開山祖師。

在遠古時代，經歷過有巢氏、燧人氏、伏羲氏、神農氏四種生活階段，當時中原地區有許多野獸，所以有巢氏住在樹上才可以保命；燧人氏發明火，由於動物怕火，人類就可以從樹上搬到地上來住；伏羲氏馴服野獸，成爲人類豢養的家畜；神農氏開始耕田種稻，食物可以由種植而來，開始了農耕生活。

滕文公給許行一個住處。「氓」字的左邊是「亡」，右邊是「民」，代表從外地流亡來的人，不是現在所說「流氓」的意思。農家典型的生活方式，就是要自給自足，「一日不耕，一日不食」，亦即一天不耕田就一天不吃飯，這也是很踏實的生活方式。

陳相見到許行，看到許行的弟子們都自己編草鞋、織蓆子爲生，生活儉樸、刻苦，大受感動，於是完全拋棄以前所學的儒家思想，改向許行學習。

他的老師陳良，原是楚國著名的儒家學者。儒家是知識份子，一心一意想要做官來照顧百姓，如果沒有機會做官的話，就從事教育工作，宣講仁義道德。這樣的儒家看來好像沒有什麼用處，還不如學習許行，老老實實自己耕田，大家共享田園之樂。

陳相來見孟子，轉述許行的話，認爲滕君雖是賢明的君主，但還沒有懂得正道，眞正賢明的君主應該與百姓一起耕種養活自己。國君一面燒火做飯，一面治理百姓，這個理想看似不錯，但是一個國家怎麼可能沒有倉庫以備不時之需呢？有倉庫就代表向百姓抽稅，收稅之後國君不必耕田，倉庫裡的米也吃不完。陳相對此不太滿意，孟子聽了之後好好地回敬他一番，且看下文。

〈5・4・2〉

孟子曰：「許子必種粟而後食乎？」曰：「然。」

「許子必織布而後衣乎？」曰：「否。許子衣褐。」

「許子冠乎？」曰：「冠。」

曰：「奚冠？」曰：「冠素。」

曰：「自織之與？」曰：「否，以粟易之。」

曰：「許子奚為不自織？」曰：「害於耕。」

曰：「許子以釜甑（ㄗㄥˋ）爨（ㄘㄨㄢˋ），以鐵耕乎？」曰：「然。」

「自為之與？」曰：「否，以粟易之。」

「以粟易械器者，不為厲陶冶；陶冶亦以其械器易粟者，豈為厲農夫哉？且許子何不為陶冶，舍皆取諸其宮中而用之？何為紛紛然與百工交易？何許子之不憚煩？」

曰：「百工之事，固不可耕且為也。」

「然則治天下獨可耕且為與？有大人之事，有小人之事。且一人之身，而百工之所爲備，如必自爲而後用之，是率天下而路也。故曰，或勞心，或勞力；勞心者治人，勞力者治於人；治於人者食人，治人者食於人，天下之通義也。

「當堯之時，天下猶未平，洪水橫流，氾濫於天下，草木暢茂，禽獸繁殖，五穀不登，禽獸偪（ㄅㄧ）人，獸蹄鳥跡之道交於中國。堯獨憂之，舉舜而敷治焉。舜使益掌火，益烈山澤而焚之，禽獸逃匿。禹疏九河，瀹（ㄩㄝˋ）濟、漯（ㄊㄚˋ），而注諸海；決汝、漢，排淮、泗而注之江，然後中國可得而食也。當是時也，禹八年於外，三過其門而不入，雖欲耕，得乎？后稷教民稼穡（ㄙㄜˋ），樹藝五穀，五穀熟而民人育。人之有道也，飽食煖（ㄋㄨㄢˇ）衣，逸居而無教，則近於禽獸。聖人有憂之，使契（ㄒㄧㄝˋ）爲司徒，教以人倫，父子有親，君臣有義，夫婦有別，長幼有序，朋友有信。放勳曰：『勞之來之，匡之直之，輔之翼之，使自得之，又從而振德之。』聖人之憂民如此，而暇耕乎？」

孟子說：「許子一定自己栽種糧食才吃飯嗎？」陳相說：「是的。」

孟子說：「許子一定自己織布才穿衣嗎？」陳相說：「不是，許子穿粗麻衣服。」

孟子問：「許子戴帽子嗎？」陳相說：「戴的。」

孟子說：「戴什麼樣的帽子？」陳相說：「戴白綢帽子。」

孟子說：「是他自己織的嗎？」陳相說：「不，用糧食換來的。」

孟子說：「許子爲什麼不自己織呢？」陳相說：「會妨礙農耕。」

孟子說：「許子用鍋甑燒飯，用鐵器耕田嗎？」陳相說：「是的。」

孟子說：「是他自己製的嗎？」陳相說：「不，用糧食換來的。」

孟子說：「用糧食換取鍋甑鐵器，不算是損害瓦匠、鐵匠；瓦匠、鐵匠也用他們製作的鍋甑鐵器換取糧食，難道就是損害了農夫嗎？並且許子爲什麼不兼做瓦匠、鐵匠，樣樣東西都從自己屋裡取來用呢？爲什麼要忙忙碌碌同各種工匠交換呢？爲什麼許子這麼不怕麻煩呢？」

陳相說：「各種工匠的工作，本來就不可能一面耕種一面操作的。」

孟子說：「那麼，難道治理天下就能一面耕種一面操作嗎？有官吏的工作，有小民的工作，並且一個人身上的用品，要靠各種工匠來製作才能齊備。如果一定要自己製作而後使用，那將率領天下人疲於奔命了。所以說：有的人操勞心思，有的人操勞體力；操勞心思的治理別人，操勞體力的被人治理；被人治理的養活別人，治理人的靠別人養活，這是天下共同的法則。

「在堯的時候，天下尚未太平，洪水橫流，到處氾濫，草木叢生茂盛，禽獸大量繁殖，穀物沒有收成，禽獸迫害人類，獸蹄鳥跡的路途遍布中原各地。堯特別爲此憂慮，提拔舜來全面治理。舜派伯益掌管用火，伯益就用大火把山野沼澤的草木燒掉，使禽獸逃跑躲藏起來。大禹疏通九條河道，引導濟水、漯水流入海中；挖掘汝水、漢水，疏濬淮水、泗水，讓它們流入長江。這樣，中原百姓才能耕種有飯吃。那個時候，大禹八年在外，三次經過自家門口都沒有進去，即使是想親自耕種，能做得到嗎？后稷教導百姓各種農事，種植五穀；五穀成熟了，才可養育百姓。人類生活的法則是：吃飽穿暖，生活安逸而沒有教育，就和禽獸差不多。聖人又爲此憂慮，於是任命契爲司徒，教導百姓倫理關係：父子有親情，君臣有道義，夫婦有內外之別，長幼有尊卑次序，朋友有誠信。堯說：『勞動及催促他們，匡正及期勉他們，輔導及協助他們，使他們自己走上正路，然後賑濟及加惠他們。』聖人爲百姓憂慮到這種地步，還有空閒耕種嗎？」

每種職業都有正面價值

孟子利用提問法，帶出許子思想的不合理處。他問陳相，許子自己先織布才穿衣嗎？戴帽子嗎？是自己織的嗎？（古代有冠禮，男子二十以上，有士的身分的，就要戴帽子。）燒飯的鍋，耕田的鐵器，也是自己做的嗎？陳相都說是用糧食換來的。孟子的論點很清楚，他爲什麼不自己做？既然說要自己耕田、自己吃飯，那麼別的東西爲什麼不自己動手做？

孟子接著提出評論：「以粟易械器者，不爲厲陶冶；陶冶亦以其械器易粟者，豈爲厲農夫哉？」農夫種田可以吃飽，但是光吃飽而沒有衣服、帽子、鍋盤碗盞，也沒辦法生活。孟子希望陳相可以了解，每個人的工作都有其價值，也都是不可或缺的。因此，不可以只認同農夫，而否定別的行業。

所以孟子說：「有大人之事，有小人之事。且一人之身，而百工之所爲備，如必自爲而後用之，是率天下而路也。」這裡的「路」字變成動詞，代表到處奔跑。這就是需要分工合作最基本的道理。

能力好的人為公共事務獻身

孟子最後說出了他的重點：「勞心者治人，勞力者治於人（國家的管理階層要設法規劃百姓如何分工合作）；治於人者食人，治人者食於人。」

孟子說的道理很簡單，自古以來每個社會都是分工合作。農家不懂這個道理，認爲「民以食爲天」，耕田最重要，任何事都不能妨礙耕田。眞要這樣做的話，就沒有人去製帽子、做衣服及鍋子、鏟子這些東西了。

接著孟子舉了堯派舜全面治理天下、舜派伯益掌管用火、大禹疏通九條河道，以及后稷教導百姓各種農事爲例。「中國」是指中原地區，要到沒有洪水氾濫，並且沒有禽獸逼人，百姓才能安心耕種，生產糧食。這裡提及的火與水，也可能因爲使用不愼而造成災難。

「八年於外，三過其門而不入」，這是令人讚嘆的服務精神。如果大禹也要耕田的話，就沒有時間治理洪水了。

如果人沒有接受教育，全依本能在生活，每天想的都是吃什麼、喝什麼，別人比自己強就害怕，比自己弱就欺負，根本與動物無異。一句話，弱肉強食而已，人的世界不是太悲慘了嗎？

聖人對此很憂慮，於是派契爲司徒，「教以人倫，父子有親，君臣有義，夫婦有別，長幼有序，朋友有信」。父子包含父母與子女，古代農業社會主要靠男性耕田，形成以男性爲中心的制度，所以只稱「父子」。我們耳熟能詳的「五倫」，在此清楚展現出來了。

然後，孟子說了：「『勞之來之，匡之直之，輔之翼之，使自得之，又從而振德之。』聖人之憂民如此，而暇耕乎？」聖人需要爲百姓憂慮許多事，根本無空暇從事耕種啊。

古人面對挑戰，首先是如何安全地活下去，亦即要化解洪水猛獸的威脅；其次是如何取得食物的供應，亦即進入農耕階段。取得這些「必要」條件，滿足生活的「需要」之後，才出現眞正「重要」的考驗，那就是教育。孟子說得斬釘截鐵：人若無教育，則「近於禽獸」。聽到這樣的說法，我們又怎能盲目地以爲孟子主張「人性本善」呢？至於他是否主張我所理解的「人性向善」，則不妨等到〈告子上〉再來討論。

〈5・4・3〉

「堯以不得舜爲己憂，舜以不得禹、皐陶（ㄍㄠ 一ㄠˊ）爲己憂。夫以百畝之不易爲己憂者，農夫也。分人以財謂之惠，教人以善謂之忠，爲天下得人者謂之仁。是故以天下與人易，爲天下得人難。孔子曰：『大哉堯之爲君！唯天爲大，唯堯則之，蕩蕩乎民無能名焉！君哉舜也！巍巍乎有天下而不與焉！』堯、舜之治天下，豈無所用其心哉？亦不用於耕耳。吾聞用夏變夷者，未聞變於夷者也。陳良，楚產也，悅周公、仲尼之道，北學於中國。北方之學者，未能或之先也。彼所謂豪傑之士也。子之兄弟，事之數十年，師死，而遂倍之。」

「堯以得不到舜做爲自己的憂慮，舜以得不到禹、皐陶做爲自己的憂慮。把耕不好百畝地做爲自己憂慮的，是農夫。以財物分給別人，叫做恩惠；以善行教導別人，叫做忠心；爲天下找到賢才，叫做仁德。因此，把天下讓給人是容易的，爲天下找到賢才是困難的。孔子說：『偉大啊，像堯這樣的君主！只有天是最偉大的，只有堯是效法天的。他的恩澤廣博啊，百姓沒有辦法去形容。舜眞是個君主啊！多麼崇高啊，擁有天下而不刻意去統治。』堯、舜治理天下，難道是無所用心的嗎？只是不用在耕種上罷了。我只聽說用中原文明去改變蠻夷的，沒有聽說反而被蠻夷改變的。陳良原是楚國人，卻喜愛周公、孔子的學說，到北方的中國來學習，北方的學者沒有人超過他的，他眞是所謂的豪傑之士啊。你們兄弟向他學習了幾十年，老師一死就背叛了他。」

一切以人民的福祉為先

堯想找到一個可以接替他位置的人。偉大的政治領袖一定要提拔人才，培養優秀的接班人。堯找到舜之後，可謂如獲至寶，對他非常好，把兩個女兒（娥皇、女英）都嫁給他，九個兒子都派去服事他。舜的德行完美，與人爲善，學習把所有人的優點在自己身上實現，最後每個人看到他，都發現其中有自己善行的影子，這樣的人誰能與他抗衡呢？

皋陶是古代的司法官，舜找到皋陶，等於找到一位公平的法官來維持治安；找到禹，更是百姓之福，可以靠他治平洪水。堯、舜時代有不少賢臣，《史記》與此章皆可參考。

事實上，國家的賢才很多，只是沒有被國君發現及重用而已。耶穌說：「人點燈，不放在斗底下，是放在燈台上。」燈放在桌子底下被遮住，即使再亮也沒有用；放在燈台上，才可以照亮整個房間。爲政者要能夠選拔人才，給他們機會發揮，以造福百姓。

「百畝之不易」，「易」即治，對農夫來說，田耕不好當然憂愁。至於爲人師者，則以學生沒有教好爲憂愁。

有錢就可以廣施恩惠。對一個人忠心，就會教他什麼是善，而不是盲目討好他。仁德之人，則指帝王而言，他可以爲天下找到賢才，好好治理天下百姓。由此可知，仁德不只是個人的德行修養，而是必須推廣造福天下百姓的。儒家所謂的仁或善，總是考量「人與人之間的適當關係」，亦可由此證之。

人應當效法好的典範

孟子接著引孔子的話來讚美堯舜：「大哉堯之爲君！唯天爲大，唯堯則之，蕩蕩乎民無能名焉！君哉舜也！巍巍乎有天下而不與焉！」孟子在描述自己的志向時說：

「當今之世，舍我其誰？」意思是：天若要治好天下的話，除了我之外，還有誰能夠呢？展現一種莊嚴的使命感。換句話說，得不到機會也無所怨尤，如果是天還不要平治天下，他也就坦然接受了。上述孔子對堯與舜的讚美，可參考《論語・泰伯》。

孟子話鋒一轉：「吾聞用夏變夷者，未聞變於夷者也。陳良，楚產也，悅周公、仲尼之道，北學於中國。」「楚產」，把陳良說成是楚國的土產，接著又大力讚美他。人出生於何處並非自己可以選擇，但是要接受何種思想則是自己可以決定的，陳良就是很好的示範。

孟子並稱周、孔，表示孔子繼承周公的人文精神，孔子也常常夢見周公，希望實現周公的理想。「北學於中國」而表現卓越，以致北方的學者沒有能超過他的。不料「子之兄弟，事之數十年，師死，而遂倍之」，這等於指摘陳相和陳辛兩兄弟背叛儒家去學習農家，有如從中原倒退變成了蠻夷。

孟子說這番話時，著眼於史實上聖君賢相爲民服務的偉大情操，指出儒家人文精神對人類生命的整體關懷，希望藉此喚醒陳相那種格局有限的農家思想。

〈5・4・4〉

「昔者孔子沒，三年之外，門人治任將歸，入揖於子貢，相嚮而哭，皆失聲，然後歸。子貢反，築室於場，獨居三年，然後歸。他日，子夏、子張、子游以有若似聖人，欲以所事孔子事之，強曾子。曾子曰：『不可。江漢以濯之，秋陽以暴（ㄆㄨˋ）之，皜（ㄏㄠˋ）皜乎不可尚已。』今也南蠻鴃（ㄐㄩㄝˊ）舌之人，非先王之道，子倍子之師而學之，亦異於曾子矣。吾聞出於幽谷遷於喬木者，未聞下喬木而入於幽谷者。《魯頌》曰：『戎狄是膺，荊、舒是懲。』周公方且膺之，子是之學，亦為不善變矣。」

「從許子之道，則市賈（ㄐㄧㄚˇ）不貳，國中無僞，雖使五尺之童適市，莫之或欺。布帛長短同，則賈相若；麻縷絲絮輕重同，則賈相若；五穀多寡同，則賈相若；屨大小同，則賈相若。」

曰：「夫物之不齊，物之情也；或相倍蓰（ㄒㄧˇ），或相什百，或相千萬。子比而同之，是亂天下也。巨屨小屨同賈，人豈為之哉？從許子之道，相率而為僞者也，惡能治國家？」

「從前，孔子逝世，弟子守喪三年之後，收拾行李準備回家。走進子貢住處作揖告別，相對痛哭，大家都泣不成聲，然後才離去。子貢又回到墓地重新築屋，獨居三年，然後才回家。一段時日之後，子夏、子張、子游認為有若的言行舉止很像孔子，就想用事奉孔子的禮節去事奉他，並且勉強曾子同意。曾子說：『不行。經過江水、漢水洗滌過，盛夏的太陽曝曬過，潔白明亮無以復加了！』現在那個說話怪腔怪調的南方蠻人，否定了先王的正道，你卻背叛了自己的老師去向他學習，這與曾子大不相同啊。我只聽說有從幽暗山谷飛出來，遷移到高大樹木上的，沒有聽說從高大樹木飛下來，遷移到幽暗山谷中的。《詩經．魯頌．閟宮》上說：『打擊戎狄，懲戒荊、舒。』周公尚且要打擊楚國人，你還去向他們學習，也眞是不善於改變了。」

陳相說：「如果按照許子的辦法，那麼市場一致，國中就沒有作僞的事，即使叫小孩子上市場，也不會有人欺騙他。布匹絲綢長短相同，價錢就一樣；麻線絲綿輕重相同，價錢就一樣；五穀只要數量相同，價錢就一樣；鞋子只要大小相同，價錢就一樣。」

孟子說：「物品各有差別，這是它們的實際情況。有的相差一倍、五倍，有的相差十倍、百倍，有的相差千倍、萬倍，你把它們放在一起等同看待，只是擾亂天下罷了。粗糙的鞋與精緻的鞋一樣價錢，誰還肯做精緻的鞋呢？依照許子的辦法，大家一個跟著一個都去作僞了，哪裡還能治理國家呢？」

感念前賢，生命才得以提升

古代本來只有對父母才守喪三年，孔子的學生們在孔子的墳墓邊，築室而居，守喪三年，這是他們自動自發的行爲，代表他們把孔子當作父母，至少是心靈上的父母，這事確實令人感動。三年之期到了，應該各自回去，因爲還須工作，照顧自己的家人。

由於子貢準備再住三年，大家紛紛走進他的住處作揖告別。老師活著的時候，教誨他十幾年；老師走了之後，他就在墳墓邊待了三年又加三年，可見對孔子的深刻懷念。

子貢在孔子墓邊前後待了六年（或者，兩個二十五個月），再去從政做官，他的口才出眾，為國家做出許多重要的貢獻，是一位傑出的外交官。

《論語．子張》記載，有人奉承子貢說：「子貢啊，你常常說你的老師孔子偉大，我看不會吧，你的老師怎麼會超過你呢？」子貢很嚴肅地說：「譬之宮墻，賜之墻也及肩，窺見室家之好。夫子之墻數仞，不得其門而入，不見宗廟之美，百官之富。得其門者或寡矣。」意思是：我家的牆只有肩膀這麼高，你一眼就看到裡面的裝潢擺設。我們老師家的牆有幾丈高，你不得其門而入，所以看不到裡面宗廟之美，百官之富。

隔了一段時間，又有人說：「不會的，你的老師一定比不上你，你是那麼傑出，那麼卓越。」子貢說：「夫子之不可及也，猶天之不可階而升也。」意思是：我的老師是大家都比不上的，就好像天，沒有台階可以登上去一樣。這就是子貢，老師過世多年，他還是對老師那麼推崇。而孔子也確實了不起，能夠在德行、教育方面有極深的體悟，還教導出像子貢這樣的學生。

孟子以孔門弟子在孔子死後守喪的事蹟，藉此提醒陳相不但沒有為老師守喪，還改投入南方蠻人旗下學習。以前的南蠻是指廣東、福建一帶，楚國是「荊」，「舒」是楚國旁邊的小國。孟子以「南蠻鴃舌」來描寫許行，實在不太合宜。他有些急迫，擔心儒家堂堂正正的人生哲理被人誤會，而農家那種偏狹的主張反而受人肯定。今日已不適用「南蠻鴃舌」這句口語了。

凡事只看表面會失去根本

陳相說，按照許子的辦法，國中就不會有作僞的事，因爲布匹絲綢長短相同、麻線絲綿輕重相同、五穀數量相同、鞋子大小相同，價錢就完全一樣。但是，譬如布料，有的精緻，有的則是粗布，如果長短一樣，價錢就一樣，那麼誰還會去製作那些精緻的布料？這種平價措施可以消除作僞的事情嗎？

「巨」是指大，代表粗糙，「小」是指細，代表精緻。如果粗糙、精緻都是一樣的價錢，既不合情也不合理。勉強要求齊頭的平等，反而是更大的不平等。

所以孟子說了：「從許子之道，相率而爲僞者也，惡能治國家？」只要心裡開始計較得失，就有「作僞」的可能。這是孟子對農家徹底的批判，也是對古代社會發展的重要看法。

這一章從堯、舜、禹、湯一路申論下來，氣魄非常宏大，可看出孟子除了博學之外，還對人性有獨到的見解，才能看出不同學派的侷限。農家主張人人最好平等，君民一起耕田最公平，但這種公平顯然是表面的；大家一起耕田，沒有人治理洪水，洪水一來一起淹死、餓死。

孟子並不反對人人都要工作，但是具有專業能力的人，就要出來爲百姓服務，聰明才智愈大者要爲愈多人服務；聰明才智較小的人，就管好自己的事情，不要妨礙別人就好了。

另一方面，人一生下來就不平等，有些人會念書，有些人會下棋，有些人會打球，這是順著不同的天性，所發展成的專長，本來就不平等。但是在「人性向善」實踐道德方面，則人人平等，沒有例外。行善一定是以自由為前提，可以行善也可以不行善。忠於自己的良知，眞誠反省內在的要求，行善就十分自然。這是一個配合內在動力去養成的習慣。

反過來說，如果做了一件虧心事，就會不安，疑神疑鬼，因為傷害了別人；若是從來不做虧心事，心中坦蕩自然，即使窮困一點，做事辛苦一點，也能問心無愧而感到快樂。走在路上很心安，回到家裡更會覺得幸福。

眞正的幸福，如果沒有與道德配合，是不可能實現的。這種道德並不是生下來就具備的，人生下來只有實踐道德的「可能性」，把可能性實現為一個具體的價值，就會感覺內在愈來愈充實。

〈5・5〉

墨者夷之，因徐辟而求見孟子。孟子曰：「吾固願見，今吾尚病，病癒，我且往見，夷子不來！」

他日，又求見孟子。孟子曰：「吾今則可以見矣。不直，則道不見；我且直之。吾聞夷子墨者，墨之治喪也，以薄為其道也；夷子思以易天下，豈以為非是而不貴也；然而夷子葬其親厚，則是以所賤事親也。」

徐子以告夷子。夷子曰：「儒者之道，古之人若保赤子，此言何謂也？

之則以爲愛無差等，施由親始。」徐子以告孟子。孟子曰：「夫夷子信以爲人之親其兄之子，爲若親其鄰之赤子乎？彼有取爾也。赤子匍匐將入井，非赤子之罪也。且天之生物也，使之一本，而夷子二本故也。蓋上世嘗有不葬其親者，其親死，則舉而委之於壑。他日過之，狐狸食之，蠅蚋（ㄖㄨㄟˋ）姑嘬（ㄔㄨㄞˋ）之。其顙（ㄙㄤˇ）有泚（ㄘˇ），睨而不視。夫泚也，非爲人泚，中心達於面目，蓋歸反虆梩（ㄌㄟˊ ㄌㄧˊ）而掩之。掩之誠是也，則孝子仁人之掩其親，亦必有道矣。」

徐子以告夷子，夷子憮（ㄨˇ）然爲間，曰：「命之矣。」

墨家學者夷之，經由徐辟的介紹求見孟子。孟子說：「我本來願意接見，不過現在有病在身，等病好了，我會去看他，夷子不必來了。」過了幾天，夷子又來求見孟子。孟子說：「我現在可以接見他了。說話不直爽，正道就無法顯示，我這就直爽說了。我聽說夷子是墨家學者，墨家辦理喪事以薄葬爲原則，夷子想用它來改革天下，是否認爲不薄葬就不可貴呢？然而夷子卻厚葬自己的父母，那就是用他自己所輕視的方式去對待父母了。」

徐子把這番話轉告給夷子。夷子說：「按照儒家的說法，古代的君主愛護百姓就像愛護嬰兒一樣。這句話是什麼意思呢？我認爲它的意思是：對人的愛不分差別等級，不過施行要由對待父母開始。」

徐子把這番話轉達給孟子。孟子說：「夷子眞的以爲人們愛自己的侄子就像愛鄰居的嬰兒一樣嗎？他只是抓住了一點。嬰兒在地上爬行，快要掉到井裡了，這不是嬰兒的罪過，所以大家都想救他，好像是愛無差等。再說，天生萬物，使它們只有一個本源（自己的父母），而夷子的主張（愛無差等）是因爲他認爲有兩個本源。大概上古曾有不埋葬父母的人，父母死了就抬去丟在山溝裡。過了幾天經過那裡，看到狐狸在啃他父母的屍體，蒼蠅蚊蟲也在上面吸吮，那人額頭上冒出汗來，斜著眼不敢正視。這些汗不是流給別人看的，而是內心的悔恨表露在臉上，於是他就回家拿了鋤頭畚箕把屍體掩埋了。掩埋屍體確實是對的，那麼孝子仁人掩埋他們過世的父母，就必定有道理了。」

徐子把這番話轉告給夷子。夷子悵惘了一會兒，說：「我領教了。」

墨家主張薄葬，就是安葬父母要簡單節約。「薄」是簡單，要節省。但是夷子的父母親過世時，他卻隆重地安葬了父母，好像有些自相矛盾。

違背人心的理想就是空談

墨家學者夷之，經由徐辟的介紹求見孟子。徐辟是孟子的學生。孟子很客氣，以「有病在身」婉拒了。其實孟子是不太願意見他，大概是考慮彼此學派不一樣，道不同不相爲謀。談話不但是浪費時間，甚至可能引發仇怨。

過了幾天，夷子又來求見孟子。他知道孟子是儒家的代表人物，見面談一談說不定可以在理論上勝過他，不然至少也可以知道自己的毛病在哪裡。這次孟子決定跟他見面，他告訴徐辟：「吾聞夷子墨者，墨之治喪也，以薄為其道也；夷子思以易天下，豈以為非是而不貴也；然而夷子葬其親厚，則是以所賤事親也。」顯然是要他去轉達。如果主張薄葬是可貴的，厚葬是不妥的，那麼他厚葬自己的父母，代表他以不妥的方式對待自己的父母。

徐子把孟子的話轉告夷子，夷子說：「愛無差等，施由親始。」這八個字是當時墨家的主張，但是，不正顯示了情感與行動之間的落差嗎？

儒家主張愛有差等，愛自己的父母要超過愛別人的父母，這是很自然的。因為父母從小照顧我們長大，我們看到別人的父母怎麼可能有一樣的感情呢？墨家主張「愛無差等」，不應該分辨是什麼愛，但是在施行愛時，則須由對待父母開始。

徐辟把這番話轉達給孟子。孟子舉了「赤子匍匐將入井」為例，雖然看到鄰居的小孩，快要掉到水井裡面，會覺得很不忍心，但不要因此就以為可以證明我們對所有的小孩一視同仁。沒有人愛自己哥哥的小孩，會像愛鄰居小孩一樣，這兩者之間還是有差等的。

天生萬物，本源為一

儒家主張「一本」，代表自己的父母最重要，有父母才有自己，孝順也要從自己的父母開始，「老吾老以及人之老」，是有漸進順序的。

「二本」則認爲別人的父母與我的父母都同樣重要，也就是愛沒有差等，形成兩個本源。第二個本源是別人的父母，推及天下所有的人。

孟子舉古代原始社會爲例，當時沒有喪禮這些文化，父母死了，子女不懂得要埋葬，就將屍體丟在山溝裡。後來經過時看了不忍心，因爲那兒躺的畢竟是從小生養照顧自己的人，所以就掩埋了父母。因此，所有的禮儀，都是源自內心情感的需要，再設計出具體的形式，來適當加以表達。

孔子談「三年之喪」時，提到小孩生下來三歲，才能離開父母的懷抱，因此如果沒有好好替父母守喪，心裡就會不安。守喪三年是倫理規範，而其根源是人對父母的感恩之情。所以，人活在社會上，所有的禮儀規定或倫理規範，在最初時都有內心眞正的情感做爲基礎

換句話說，夷子那麼隆重地埋葬父母，並不是壞事，連他自己也知道應該厚葬父母，那爲什麼還要宣稱「愛沒有差等」呢？

徐子把這番話轉告給夷子，夷子說：「命之矣」，意即：你教的我懂了，我學會了。

墨家的學說，很能吸引人：人人平等，愛任何人都沒有差等，應該一視同仁。孟子的理論很簡單，一個人對於別人的情感一定有親疏遠近的分別，當然只能由自己親近的人開始愛起。這裡說明了儒家的思想更爲切合人性的發展，可以由近到遠推廣出去。

卷六〈滕文公篇〉下

〈6・1〉

陳代曰：「不見諸侯，宜若小然；今一見之，大則以王，小則以霸。且《志》曰：『枉尺而直尋。』宜若可爲也。」

孟子曰：「昔齊景公田，招虞人以旌，不至，將殺之。『志士不忘在溝壑，勇士不忘喪其元。』孔子奚取焉？取非其招不往也。如不待其招而往，何哉？且夫枉尺而直尋者，以利言也。如以利，則枉尋直尺而利，亦可爲與？

「昔者趙簡子使王良與嬖奚乘，終日而不獲一禽。嬖奚反命曰：『天下之賤工也。』或以告王良。良曰：『請復之。』強（ㄑㄤˇ）而後可，一朝而獲十禽。嬖奚反命曰：『天下之良工也。』簡子曰：『我使掌與女乘。』謂王良。良不可，曰：『吾爲之範我馳驅，終日不獲一；爲之詭遇，一朝而獲十。《詩》云：「不失其馳，舍矢如破。」我不貫與小人乘，請辭。』御者且羞與射者比；比而得禽獸，雖若丘陵，弗爲也。如枉道而從彼，何也？且子過矣，枉己者未有能直人者也。」

陳代說：「不願意謁見諸侯，似乎只是拘泥小節，如果您現在去謁見，往大的方面說，可以稱王天下；往小的方面說，可以稱霸天下。況且《志》上說：『受屈一尺可以伸直八尺。』似乎值得一試。」

孟子說：「從前齊景公打獵，用旌旗召喚獵場小吏，小吏不肯前去，齊景公準備殺他。『有志之士不怕棄屍山溝，勇敢的人不怕丟掉腦袋。』孔子稱讚獵場小吏是取他哪一點呢？取的是，不是他所應該接受的召喚之禮，就不前往。如果我不等諸侯的召聘就主動謁見，那算什麼呢？並且所謂『受屈一尺，可以伸直八尺』，是從利益來說的。如果只講利益，那麼受屈八尺伸直一尺而可以得到利益，也可以去做嗎？

「從前趙簡子派王良替他的寵臣奚駕車去打獵，一整天打不到一隻鳥。奚向趙簡子回報說：『他是天下最拙劣的駕車人。』有人轉告王良這句話，王良說：『讓我再駕一次。』奚被勉強之後才同意。結果一個上午就打中了十隻鳥。奚回來報告說：『他是天下最能幹的駕車人。』趙簡子說：『叫他專門替你駕車。』於是告訴王良，王良不願意，說：『我爲他按規矩駕車，一整天打不到一隻；不按規矩駕車，一上午就打到了十隻。《詩經．小雅．車攻》上說：『不違反駕車規矩，箭一出手就射中。』我不習慣替小人駕車，請讓我辭去這個差事。』駕車的人尚且羞於與射手妥協；妥協所獲得的鳥獸，就算堆積如丘陵，他也不肯做。如果委屈正道而順從諸侯，那算什麼呢？並且你錯了，委屈自己的人，從來沒有能伸直別人的。」

君子不接受不合禮的待遇

孟子的學生陳代希望他能去謁見諸侯。孟子不願意謁見諸侯，是因爲不合禮儀。而他的學生著眼於利益，認爲只要對百姓有利，就不妨去做。

「志」，古代的典籍資料可以統稱爲志。「枉尺而直尋」，是指受屈一尺可以伸直八尺，意思是先委屈忍耐諸侯的無禮，只要能被任用，還是可以做很多事。像洪承疇降清，他的想法是自己委屈一點，但是可以活下去照顧百姓；文天祥則是宋朝滅亡了，元朝讓他當宰相，他也不要，寧可犧牲也要保全忠孝節義。

孟子說了一段齊景公打獵，用旌旗召喚獵場小吏的史實。「虞」是管理園囿的小官。古代國君召喚官員有一定的規矩，依據要找的人的身分，使用不同的器具。

第一是以「旌」，用正式的旗幟召喚大夫，取出旗子，大夫就要過來；第二是以「弓」，君主舉起弓，士就要過來；第三是以「皮冠」，召喚虞人。「皮冠」是皮做的帽子外罩，可以擋風沙，騎馬奔馳的時候，帽子也不會掉下來。要召喚管理打獵場的小吏來的時候，把皮冠拿下來一揮，小吏就過來聽從吩咐了。

那個小吏遠遠看到國君召喚他，卻不肯過去聽命，齊景公很生氣，就說要殺他。接著的一句話是孔子說的：「志士不忘在溝壑，勇士不忘喪其元。」齊景公打獵時大概意氣風發，所以就不拘小節，但是地位低的人對禮節反倒是非常謹愼。國君用旌旗召喚，他不敢隨便應命，否則就是違禮；國君動怒，說要殺他，他也無可奈何。在上位的人可以作威作福，官位低的人就很爲難了。事實上，這位小吏若是依命前往，也可能因爲不合禮儀而受責怪，確實左右爲難。由此也可看出國君缺乏同理心。

委屈自己的人，不可能得到別人的尊重

「受屈一尺伸直八尺」，這個利益很大，但是倒過來，讓你受屈八尺伸直一尺，也算是有利，那麼，是不是也要做呢？

開始時爲了一個大的目的而不擇小的手段，最後就會爲了一個小的目的而不擇大的手段，以致完全失去了原則。開始時沒有原則好像是小事，甚至無所謂原則，後來變成了習慣，變成委屈很多事，只是爲了得到一點小小的利益，這樣就很不堪了。耶穌說：「人就是賺得全世界而賠上自己的靈魂，有什麼益處呢？」沒有靈魂代表不眞誠，變成虛僞的人，就算得到一切又有什麼意義呢？

孟子接著說了趙簡子派王良替他的寵臣奚駕車打獵的故事。「不失其馳，舍矢如破」，「舍」是放開，「舍矢」即放箭，即箭放出去就射中目標。「我不貫與小人乘」，王良很勇敢，居然敢說趙簡子的寵臣是小人。

最後，孟子說：「枉己者未有能直人者也。」他以這個故事，提醒陳代，一旦自己委屈求全，做了一些於禮不合的事，就不可能教導別人走上正途。一個委屈自己的人，又如何可能伸直別人呢？

孟子堅守原則，絕不見利忘義。「枉己」之後能否「直人」尙未可知，但先以「枉己」失去立場，往後也只能計較利害了。毫釐之失，足以造成千里之謬誤。因此，在堅持原則時，不可輕易妥協，不可以利害來考慮。這個道理對現代人來說，也值得深思。

〈6・2〉

景春曰：「公孫衍、張儀豈不誠大丈夫哉？一怒而諸侯懼，安居而天下熄。」

孟子曰：「是焉得爲大丈夫乎？子未學禮乎？丈夫之冠也，父命之；女子之嫁也，母命之，往送之門，戒之曰：『往之女（ㄖㄨˇ）家，必敬必戒，無違夫子！』以順爲正者，妾婦之道也。居天下之廣居，立天下之正位，行天下之大道；得志，與民由之；不得志，獨行其道。富貴不能淫，貧賤不能移，威武不能屈，此之謂大丈夫。」

景春說：「公孫衍、張儀難道不是眞正的大丈夫嗎？他們一發怒，諸侯就害怕；他們安居家中，天下就太平無事。」

孟子說：「這怎能算是大丈夫呢？你沒有學過禮嗎？男子舉行加冠禮時，父親教誨他；女子出嫁時，母親教誨她，送她到門口，告誡她說：『到了夫家，一定要恭敬，一定要謹愼，不要違背丈夫。』把順從當作正途，是婦女遵循的原則啊。居住於天下最寬廣的住宅，站立於天下最正確的位置，行走於天下最開闊的道路。能實現志向，就同百姓一起走上正道；不能實現志向，就獨自走在正道上。富貴不能讓他耽溺，貧賤不能讓他變節，威武不能讓他屈服，這樣才叫做大丈夫。」

行仁必得人心嚮往，處處都是安居之所

景春、公孫衍、張儀都是當時的縱橫家。縱橫家講究「合縱連橫」，以卓越的口才與說辭，使各國或和或戰。有時六國聯合起來對抗秦國，因爲秦國國勢愈來愈強；有時大家又聯合起來與秦國議和，這就是合縱連橫。

孟子用女兒嫁到了夫家之後的順從態度，來描寫景春所謂的大丈夫。縱橫家再怎麼了不起，還是要看國君的臉色，投其所好，即使可以把國君唬得團團轉，還是要滿足國君的欲望。

「居天下之廣居，立天下之正位，行天下之大道」，這三句話提醒我們：有哪個人可以住在這樣的地方，站在這樣的位置，走在這樣的路上？

朱熹認爲：「廣居，仁也；正位，禮也；大道，義也。」能行仁，必得人心嚮往，無處不可居。這是因爲人性向善，所以行仁到處受人支持，在任何地方都可以安居。能守禮，進退從容有節，在任何位置都可以安穩站立。能行義，自然充滿浩然之氣，到處都是大道，任何路都走得通。這三句話指出人生的光明坦途，其基礎全在人性向善，所以只要擇善而行，則在人類世界可以坦坦蕩蕩，彰顯無比的尊嚴。

「富貴不能淫，貧賤不能移，威武不能屈，此之謂大丈夫。」做到這三句話，才有資格稱爲大丈夫。這三句「不能」，眞是氣象萬千，儒家精神展現無遺，人的精神力量也確實値得我們珍惜、尊重及體現。

「丈夫」一詞，原是指成年男子，加上「大」字，有高人一等、偉大不凡的意味。孟子認爲這個「大」字，不由權力、地位、財富、名望來決定，而是由志向、操

守、修養來決定，所以也是人人可以做到的。

關於「順受其正」，還有另一種理解。《孟子．盡心上》說：「莫非命也，順受其正。是故知命者不立乎巖牆之下。盡其道而死者，正命也。桎梏死者，非正命也。」意思是：沒有一樣遭遇不是命運，順著情理去接受它正當的部分；因此了解命運的人不會站在傾斜的危牆底下，盡力行道而死的，是正當的命運；犯罪受刑而死的，不是正當的命運。在此順著情理接受命運，就不會抱怨。只要自己的遭遇合乎情理，就接受它而不再抱怨。反之，如果不順情理或者情理上說不通，就要自己檢討。「君子不立乎巖牆之下」，牆快倒了，絕對不去逞強。

盡力行道而死，與犯罪受刑而死，兩者都是死，但理由大不相同。像「人生自古誰無死，留取丹心照汗青」這樣的動人句子，也都出於類似的觀點。要清楚分辨「以順爲正」與「順受其正」這兩者之間的差別。

〈6．3〉

周霄問曰：「古之君子仕乎？」

孟子曰：「仕。傳曰：『孔子三月無君，則皇皇如也，出疆必載質（ㄓˋ）。』

公明儀曰：『古之人三月無君，則弔。』

「三月無君則弔，不以急乎？」

曰：「士之失位也，猶諸侯之失國家也。《禮》曰：『諸侯耕助，以供粢盛（ㄗ ㄔㄥˊ）；夫人蠶繅（ㄙㄠ），以爲衣服。犧牲不成，粢盛不潔，衣服不備，不敢以祭。唯士無田，則亦不祭。』牲殺、器皿、衣服不備，不敢以祭，則不敢以宴，亦不足弔乎？」

「出疆必載質，何也？」

曰：「士之仕也，猶農夫之耕也；農夫豈爲出疆舍其耒耜哉？」

曰：「晉國亦仕國也，未嘗聞仕如此其急。仕如此其急也，君子之難仕，何也？」

曰：「丈夫生而願爲之有室，女子生而願爲之有家。父母之心，人皆有之。不待父母之命、媒妁之言，鑽穴隙相窺，踰牆相從，則父母國人皆賤之。古之人未嘗不欲仕也，又惡不由其道。不由其道而往者，與鑽穴隙之類也。」

周霄問說：「古代的君子做官嗎？」

孟子說：「做官。有記載說：『孔子三個月沒有被君主任用，就著急起來；離開一個國家，必定帶著謁見另一個國家君主的見面禮。』

公明儀說：『古代的人三個月沒有被君主任用，別人就要去慰問他。』」

周霄說：「三個月不被任用就要受別人慰問，不是太急切了嗎？」

孟子說：「士人失去官位，就像諸侯失去國家。《禮經》上說：『諸侯親自耕種，用來供給祭品；夫人養蠶繅絲，用來供給祭服。犧牲不完美，祭品不潔淨，祭服不齊備，就不敢用來祭祀。士人沒有田地俸祿，也就不能祭祀。』祭祀用的牲畜、器皿、祭服不齊全，不敢用來祭祀，也就不敢舉行宴會，這樣還不該去慰問他嗎？」

周霄說：「離開一個國家，必定帶著謁見另一個國家君主的見面禮，爲什麼呢？」

孟子說：「士人做官，就像農夫耕田；農夫難道會因爲離開一個國家就丟棄他的農具嗎？」

周霄說：「我們魏國也是有官可做的國家，卻不曾聽說找官位是這麼急切的。找官位這麼急切，君子卻不輕易做官，爲什麼呢？」

孟子說：「男孩一出生，就希望替他找個妻室；女孩一出生，就希望替她找個夫家。父母這種心思，是人人都有的。但是，如果不等父母的吩咐、媒人的介紹，就鑽洞找縫互相偷看，甚至翻牆私會，那麼父母與社會大眾都會輕視他們。古代的人不是不想做官，但是厭惡沒有經由正途。沒有經由正途去求官位，與鑽洞找縫是同一類的行徑啊。」

讀書人以得君行道為職志

周霄是魏國人，梁惠王或襄王時人，向孟子請教古代的君子是否做官的問題。這裡的君子是指有德行、有學問而沒有官位的。「君子」有兩個意思，一是有官位者，一是代表某種理想的人格。

孟子回答：「仕。傳曰：『孔子三月無君，則皇皇如也，出疆必載質。』」「皇皇」是坐立不安的樣子。「質」是謁見另外一個國家君主的見面禮。古代一般讀書人以「雉」（野雞）爲質，一般百姓就帶鴨子當見面禮。

「三月無君」，是指三個月沒有被君主任用。周霄說：「三月無君則弔，不以急乎？」「以」是「太」的意思，亦即三個月不被任用就要受到別人的慰問，豈不顯得太急切了。

孟子引用《禮經》上的：「諸侯耕助，以供粢盛；夫人蠶繅，以爲衣服。犧牲不成，粢盛不潔，衣服不備，不敢以祭。唯士無田，則亦不祭。」直到清朝末年還有這樣的習慣，每年春分時，皇帝帶著大臣去耕田，雖然只是除個草，鋤頭抓一下，做個樣子就走了，但一定要有這個儀式，表示君臣都重視農業。

「牲殺、器皿、衣服不備，不敢以祭，則不敢以宴，亦不足弔乎？」在祭祀之後才有宴會，宗教上也有類似的禮儀，宴會需要各種條件，如果無法舉辦宴會，不是值得同情安慰嗎？

至於爲什麼「出疆必載質」，孟子解釋，士人做官，就像農夫耕田，即使離開一個國家，也不會丟棄他的農具一樣。古代的職業比較固定，即使可以移民到別的國家，也不能輕易更換職業。

諸侯有國家，大夫有土地，農夫有田，讀書人就要靠得君行道，實踐他的理想，以造福百姓。讀書人不管是哪一學派，都有一個立場。許行是農家，雖然受到孟子批判，照樣老老實實地耕田，因爲他有自己的原則。

不能為了實現理想而失去原則

周宵說：「晉國亦仕國也，未嘗聞仕如此其急。仕如此其急也，君子之難仕，何也？」周宵所說的晉國，其實是魏國。春秋時代的晉國，到戰國時代被三家所分，初期以魏國最強大，它就以爲自己繼承了晉國。

梁惠王也曾說「晉國，天下莫強焉」。孔子只要有一段時間沒有官做，就坐立不安，於是到處奔走，看看有沒有機會。但是眞的要做官時，他又東挑西撿不太願意屈就，這正是孟子所說的，不能「枉尺直尋」啊！總之，就是不能爲達目的而不擇手段。

由孟子最後做的結論裡，可知從前的男女在結婚之前很難見面，因爲女性很少出門。沒有機會出門，就只好鑽牆洞、找牆縫，互相偷看，這樣已經非常不得體了，甚至還要翻牆私會，更是嚴重違反禮儀。一個社會的禮儀毀壞，就好像河堤出現缺口，如果開始時不注意，等到決堤時，就造成整個堤防瓦解，亦即社會的崩潰，後果不堪設想。

所以，讀書人要堅持原則，即使一輩子都沒有機會發揮抱負，也不能苟且求用。重要是如何對自己交代，這才是關鍵。

〈6・4〉

彭更問曰：「後車數十乘，從者數百人，以傳食於諸侯，不以泰乎？」

孟子曰：「非其道，則一簞食不可受於人；如其道，則舜受堯之天下，不以爲泰。子以爲泰乎？」

曰：「否；士無事而食，不可也。」

曰：「子不通功易事，以羨補不足，則農有餘粟，女有餘布；子如通之，則梓匠輪輿，皆得食於子。於此有人焉，入則孝，出則悌，守先王之道，以待後之學者，而不得食於子；子何尊梓匠輪輿而輕爲仁義者哉？」

曰：「梓匠輪輿，其志將以求食也。君子之爲道也，其志亦將以求食與？」

曰：「子何以其志爲哉？其有功於子，可食而食之矣。且子食志乎？食功乎？」

曰：「食志。」

曰：「有人於此，毀瓦畫墁（ㄇㄢˋ），其志將以求食也，則子食之乎？」

曰：「否。」

曰：「然則子非食志也，食功也。」

彭更問孟子：「跟隨的車子幾十輛，隨從的人員幾百位，由這一國招待吃喝到那一國，不是太過分了嗎？」

孟子說：「不合乎正道，那麼一竹筐飯也不能接受；合乎正道，那麼舜接受堯的天下，也不以爲過分。你認爲過分嗎？」

彭更說：「不過分。但是士人不做事就有飯吃，還是不應該的。」

孟子說：「如果你不流通交換各行業的產品，用多餘的彌補不足的，那麼農夫就會有剩餘的糧食，婦女就會有剩餘的布匹；如果你流通交換，那麼木匠、車工都能在你這裡得到飯吃。假設這裡有個人，在家孝順父母，出外尊敬兄長，維護先王的正道，讓後代學者有所遵循，但是他在你這裡卻得不到飯吃；你爲什麼看重木匠、車工，卻輕視講求仁義的人呢？」

彭更說：「木匠、車工的動機是要找口飯吃。君子追求理想，動機也是找口飯吃嗎？」

孟子說：「你何必計較他們的動機呢？他們爲你做事，可以給飯吃才給他們飯吃，並且，你是根據動機給飯吃？還是根據功績給飯吃？」

彭更說：「根據動機。」

孟子說：「假設有個人在這裡打碎屋瓦，又亂畫牆壁，他的動機是找口飯吃，那麼你會給他飯吃嗎？」

彭更說：「不會。」

孟子說：「既然如此，你就不是根據動機，而是根據功績來給人飯吃了。」

分工合作，創造社會更大價值

由本章所述，可知孟子周遊各國時，聲勢浩大，到處受到禮遇。這時難免受人質疑：讀書人有必要這麼招搖嗎？他們看似沒有具體貢獻，對社會有何價值呢？

所以，當弟子彭更請教時，孟子答說：「非其道，則一簞食不可受於人；如其道，則舜受堯之天下，不以爲泰。子以爲泰乎？」一個人做任何事情，只須考慮該不該做。「泰」是過分的意思。

「通功易事」，就是用物品來互相交換各自的產品。「羨」是多餘，用多餘的彌補不足的，這是一個社會的存在及發展所需要的。談到通功易事，讀書人對社會的貢獻在於教育。人若不受教育，則「近於禽獸」，因此讀書人的作用不是遠超過一般行業的人嗎？

動機和結果之間不必然相關

在社會上分工合作，各個行業都有應得的酬勞，這時考慮的是經濟學所謂的供需法則，此一法則是只問功績而不問動機的。如果考慮動機，則人人皆可自稱善意，又要如何分辨？並且，讀書人辦教育，也是一種工作，他的收入正如農夫耕田一般，必須勞心勞力才可得到。我們沒理由要求讀書人安於貧困生活。

事實上，做任何事情，可以有兩種態度：一是把賺錢當成「目的」，二是把賺錢當成「結果」。讀書人對於賺錢，與其說是把它當成目的，不如說是把它當成結果。以孟子爲例，他做該做的事，受到什麼待遇，只是一種順其自然的結果；他從來不會以實際的金錢做爲他工作的目的。

〈6・5〉

萬章問曰：「宋，小國也；今將行王政，齊、楚惡而伐之，則如之何？」孟子曰：「湯居亳（ㄅㄛˊ），與葛爲鄰，葛伯放而不祀。湯使人問之曰：『何爲不祀？』曰：『無以供犧牲也。』湯使遺（ㄨㄟˋ）之牛羊。葛伯食之，又不以祀。湯又使人問之曰：『何爲不祀？』曰：『無以供粢盛也。』湯使亳眾往爲之耕，老弱饋食。葛伯率其民，要其有酒食黍稻者奪之，不授者殺之。有童子以黍肉餉，殺而奪之。《書》曰：『葛伯仇餉。』此之謂也。爲其殺是童子而征之，四海之內皆曰：『非富天下也，爲匹夫匹婦復讎（ㄔㄡˊ）也。』『湯始征，自葛載。』十一征而無敵於天下。東面而征，西夷怨；南面而征，北狄怨，曰：『奚爲後我？』民之望之，若大旱之望雨也。歸市者弗止，芸者不變，誅其君，弔其民，如時雨降，民大悅。《書》曰：『徯我后，後來其無罰！』『有攸不唯臣，東征，綏厥士女，篚（ㄈㄟˇ）厥玄黃，紹我周王見休，唯臣附於大邑周。』其君子實玄黃于篚以迎其君子，其小人簞食壺漿以迎其小人；救民於水火之中，取其殘而已矣。《太誓》曰：『我武維揚，侵于之疆，則取于殘，殺伐用張，于湯有光。』不行王政云爾，苟行王政，四海之內，皆舉首而望之，欲以爲君；齊、楚雖大，何畏焉？」

萬章請教說：「宋國是個小國，現在想實行王道政治，齊國、楚國因此厭惡而出兵攻打，那該怎麼辦？」

孟子說：「商湯住在亳地時，與葛國爲鄰，葛伯胡作非爲，不祭祀先祖。商湯派人問他：『爲什麼不祭祀？』葛伯說：『沒有供祭祀用的犧牲。』商湯派人送給他牛羊。葛伯把牛羊吃了，卻不用來祭祀。商湯又派人問他：『爲什麼不祭祀？』他說：『沒有供祭祀用的穀物。』商湯叫亳的群衆去替他耕田，年老體弱的負責送飯。葛伯卻率領自己的手下，去攔截帶著酒肉飯菜的人進行搶奪，不肯給的就殺掉。有個孩子去送飯與肉，結果被殺了也被搶了。《尚書》上說：『葛伯仇視送飯的人。』就是在說這件事。因爲葛伯殺了這個孩子，商湯才去征討他，四海之內的人都說：『不是想得天下這個財富，而是要爲平民百姓報仇。』『商湯的征伐，從葛國開始。』征伐十一次，然後天下無敵。他向東方征伐，西邊的夷人就抱怨；他向南方征伐，北邊的狄人就抱怨，說：『爲什麼把我們放在後面？』百姓盼望他，就像久旱時盼望下雨一樣。去市場的不停止，鋤地的照常工作。他殺了那兒的暴君，慰問那兒的百姓，像是及時雨從天而降，百姓非常歡喜。」

「《尚書》上說：『等待我們的君主，他來了我們不再受折磨。』又說：『攸國不臣服，周武王向東征討，安撫那裡的人民。人民用竹筐裝著黑色、黃色的絹帛來迎接，希望事奉周王而受他恩澤，稱臣歸順偉大的周國。』那裡的官員用竹筐裝滿黑色、黃色的絹帛，迎接周王的官員；那裡的百姓用筐裝飯、用壺盛酒，迎接周王的百姓。原因就是周王把百姓從水深火熱中拯救出來，除掉他們的暴君罷了。《尚書．泰誓》上說：『我的威武要發揚，攻到于國疆土上，除去凶殘的暴君，征伐成效受歡迎，比起商湯更輝煌。』不實行王道政治就算了，如果實行王道政治，四海之內的人都將抬起頭盼望他，要擁護他來做自己的君主；齊國、楚國雖然強大，有什麼可怕呢？」

溯源敬天是社會安定的力量

萬章是孟子的弟子，他請教孟子：「宋，小國也；今將行王政，齊、楚惡而伐之，則如之何？」齊國、楚國是大國，它們爲什麼討厭小國行仁政呢？這是一個假設的命題，並沒有眞的發生。雖然萬章問的是假設的問題，但孟子還是要回答。

孟子就說了商湯伐葛伯的故事。

古代非常重視祭祀。國家有兩件大事，一是祭祀，第二才是軍事武力。人若敬畏神明，才會自我約束。一個社會如果沒有祭祀的禮儀，或者類似的民俗風氣，就會只剩下赤裸裸的權力或暴力；反之，有祭祀的禮儀，全體百姓自然而然會產生一種內斂的力量。換言之，一個人如果有信仰，人生就會有一個目標，相信生命的結束不是眞正的結局，而是另外一種生命的重新開始。

所以，商湯對葛伯不祭祀先祖一事擔心不已。一個國家不肯祭祀，將會變成天下的禍害。國家定期祭祀，百姓才會收斂，能夠守法、重禮，互相尊重；不能定期祭祀或者根本不舉行祭祀，那就如同土匪強盜一樣，有機會就搶、就殺，葛伯就是一個例子。商湯想盡辦法，要協助葛伯奉行祭祀。但是，葛伯把供犧牲的牛羊吃掉了。

商湯用心良苦，叫壯年人去幫忙耕田，年老體弱的就負責送飯，連飯菜都不要葛伯來提供。結果葛伯不但搶奪了來送酒肉飯菜的人，「有童子以黍肉餉，殺而奪之。

《書》曰：『葛伯仇餉。』此之謂也。」連天眞無辜的小孩，他也奪而殺之。葛伯實在罪大惡極。結果他這一殺之後，天下人都動怒了。

於是商湯起來征服各國，最後是爲了要取代夏桀。夏桀雖然是個暴君，但是商湯出來討伐各國，還是需要民意的支持，如果未得民意支持而強行討伐，是不可能成功的。

葛伯是商湯的鄰國，因爲這個鄰居不肯祭祀，給他牛羊當作犧牲，他當大餐吃掉；派人去替他種田，他把送飯的老人和小孩的東西搶走，還殺了一個小孩，這樣一來天下人都知道：商湯起來革命，不是爲了得到天下的財富，而是爲了替百姓報仇。如果是爲了爭奪天下，大家會說這與夏桀不是差不多嗎？現在湯是替小孩報仇，大家就認爲他代表了正義之師，他的征伐也就名正言順了。

仁政就像久旱後的甘雨

商湯從葛國開始征伐，結果「東面而征，西夷怨；南面而征，北狄怨，曰：『奚爲後我？』」那時的天下眞是奇怪，百姓好像樂於被征伐，這反映了他們的國君都不行仁政。商湯仁名遠播，他征伐一國時，別國百姓就會說：爲什麼不先來征討我們這兒的壞國君呢？

去市場買菜的百姓，看到商湯的軍隊來了，照樣去買菜，回家吃飯時說不定還加個菜；在田裡除草的也不會驚慌，照常耕作。眞正的仁義之師就是像這個樣子，讓百姓生活一切如常。

商湯的軍隊來，只做一件事，「誅其君，弔其民」。百姓其實很單純，他們不在乎誰是國君，只要善待他們。百姓耕田做生意過日子，即使改朝換代，子孫還是要繼續發展。

「傒我后」，「后」就是王，古代王與后可以通用。黃色和黑色的卷帛在當時都是比較貴重的。

從本章可知，孟子是個樂觀的人，以爲宋國有可能學到商湯。他以爲宋國學到商湯之後，各國百姓就不計較是哪一國，就沒有什麼國家情結了，都會前來支持。

孟子雖然很樂觀，對王政或仁政的信念堅定不移，但是客觀形勢未必可以配合，宋國雖然想推行王政，結果還是惘然。據說宋王偃早期有意推行仁政，後來發生內亂，最後被齊、楚、魏三國所滅。

〈6・6〉

孟子謂戴不勝曰：「子欲子之王之善與？我明告子。有楚大夫於此，欲其子之齊語也，則使齊人傅諸？使楚人傅諸？」

曰：「使齊人傅之。」

曰：「一齊人傅之，眾楚人咻之，雖日撻而求其齊也，不可得矣；引而置之莊嶽之間數年，雖日撻而求其楚，亦不可得矣。子謂薛居州善士也，使之居於王所。在於王所者，長幼卑尊皆薛居州也，王誰與爲不

善？在王所者，長幼卑尊皆非薛居州也，王誰與爲善？一薛居州，獨如宋王何？」

孟子對戴不勝說：「你希望你的大王走上善途嗎？我明白告訴你辦法。假定有一位楚國大夫想讓他的兒子學習齊國話，那麼是請齊國人來教？還是請楚國人來教呢？」

戴不勝說：「請齊國人來教。」

孟子說：「一個齊國人教他，許多楚國人干擾他，即使天天鞭打來逼他說齊國話，也不可能做到。如果帶他到齊國都城的街坊住上幾年，即使天天鞭打來逼他說楚國話，也不可能做到。你說薛居州是個好人，讓他住在大王宮中。如果大王宮中，不論年紀大小、地位高低，都是薛居州那樣的人，大王能同誰去做壞事呢？如果大王宮中，不論年紀大小、地位高低，都不是薛居州那樣的人，大王能同誰去做好事呢？單靠一個薛居州，能對宋王起什麼作用呢？」

善用環境的正面影響力

如果希望小孩子學好英文，當然是請以英文爲母語的外國老師，而不是請本地的老師來教。現在強調雙語教學的幼稚園，往往以外籍教師爲號召，其實是合理的做法。

語言需要環境，環境扮演關鍵角色。戴不勝希望他的宋國國君能夠成爲仁君，孟子就舉學習語言爲例，希望他能觸類旁通。

環境包括人群形成的社會風氣，我們做人處事，如果周圍同伴都是好人，怎麼可能去做壞事呢？這叫做「染於蒼則蒼，染於黃則黃」，表示人受群體的影響很大。

眞正有操守的人還是可以獨立不倚，出汙泥而不染，但這是對少數人的期許。本章最後一句「一薛居州，獨如宋王何？」光靠一個好人，根本無濟於事。若是四周都是好人，就會像「蓬生麻中，不扶自直」，自動走上善途了。

本章顯示孟子對教育的卓見。他以小孩子學習語言爲例，說得十分生動，今日讀來依然含有至理。另外，不可忽略群體的力量。一個人不敢做的壞事，在群眾鼓動之下就放手去做了，而群眾無異於面貌模糊的匿名者，根本找不到眞正負責的人。

身爲宋王，被孟子說成像牙牙學語的小孩子，像缺乏自信、易受別人影響的小人物，實在情何以堪啊！但是，誰能說孟子的說法是無稽之談？

〈6・7〉

公孫丑問曰：「不見諸侯何義？」

孟子曰：「古者不爲臣不見。段干木踰垣（ㄩㄢˊ）而辟之，泄柳閉門而不納，是皆已甚；迫，斯可以見矣。陽貨欲見孔子而惡無禮；大夫有賜於士，不得受於其家，則往拜其門。陽貨矙（ㄎㄢˋ）孔子之亡也，而饋孔子蒸豚；孔子亦瞰其亡也，而往拜之。當是時，陽貨先，豈得不見？曾子曰：『脅肩諂笑，病於夏畦（ㄒㄧ）。』子路曰：『未同而言，觀其色赧（ㄋㄢˇ）赧然，非由之所知也。』由是觀之，則君子之所養，可知已矣。」

公孫丑請教說：「不主動謁見諸侯，有什麼道理？」

孟子說：「在古代，不是諸侯的臣屬，不去謁見諸侯。所以段干木跳牆躲開魏文侯，泄柳閉門不接待魯繆公，這麼做都太過分了。如果執意要見，也就可以相見。陽貨希望孔子去見他，又怕被人說成失禮。按禮節規定，大夫賜贈禮物給士，士未能在家接受，就須前往大夫家拜謝。陽貨探聽到孔子不在家時，送去一隻蒸熟的小豬；孔子也探聽到陽貨不在家時，才登門拜謝。在那個時候，陽貨先來拜訪，孔子怎能不去見他呢？曾子說：『聳起雙肩，裝出討好的笑臉，眞比夏天在田裡工作更難受。』子路說：『志趣不合還要交談，看他臉色羞慚的樣子，這不是我所能了解的。』由此看來，君子平日如何修養自己，就可以知道了。」

禮的基礎在於眞誠

公孫丑向孟子請教：「不主動謁見諸侯，究竟有什麼道理？」學生們都希望老師謁見諸侯之後，有官可做並實現理想，所以提出這樣的問題。

孟子先舉了段干木、泄柳的故事。段干木在家裡，聽說魏文侯來了，就趕緊跳牆逃走，因爲他知道見面之後，文侯會請他出來做官，而他不願意做官。

不願意的理由至少有兩點：第一，魏文侯可能是一時衝動而請他做官，但未必認同他的想法；第二，條件無法配合，譬如滿朝官員都是壞人，一個好官「動輒得咎」，什麼事情都不能做成，等於是白白犧牲了。但是，泄柳後來出來做官了，魯繆公執意要找他，也就出仕了。

接著孟子又敘述一段孔子的故事。陽貨希望孔子去見他，又怕被人說失禮。所以，他故意探聽到孔子不在家的時候，送去一隻小豬。按照規定，孔子地位比較低，應該到陽貨家回拜。果眞如此，陽貨就可以擺出姿態來，掌握說話的主動優勢。結果孔子也探聽到陽貨不在家時，才登門拜謝。不巧，在回家的路上，遇到了陽貨，這在《論語．陽貨》裡記載得很生動。

陽貨對他說：「懷其寶而迷其邦，可謂仁乎？」意思是說：你裝著寶貝在懷裡，卻旁觀國家陷入混亂，這叫做有愛心嗎？那一年孔子四十九歲，兩年後，孔子五十一歲時正式出來從政。孔子做官總共五年，最後還是無法實現理想，才下定決心周遊列國。

曾子說：「脅肩諂笑，病於夏畦。」子路說：「未同而言，觀其色赧赧然，非由之所知也。」這兩句話是說兩人志趣不合時，話不投機半句多，實在沒有必要太勉強。

用孔子的話說，是「匿怨而友其人，左丘明恥之，丘亦恥之」，對一個人心懷怨恨，表面上還是和他做朋友，寒暄、握手，左丘明認爲可恥，孔子也認爲可恥。活在世界上要有自己奉行的原則，不可隨人俯仰，道不同不相爲謀。

我在談到儒家「擇善固執」的原則時，總是會強調「擇善」的方法，亦即要考慮三點：一，內心感受要眞誠；二，對方期許要溝通；三，社會規範要遵守。平常與人來往，至少可以從第三點開始，依社會規範（禮與法）來行動，然後再推及第一點與第二點。尤其是要秉持眞誠的態度，不可爲了外在利益而矯揉造作或虛與委蛇。

〈6・8〉

戴盈之曰：「什一，去關市之征，今茲未能，請輕之，以待來年然後已，何如？」

孟子曰：「今有人日攘（ㄖㄤˇ）其鄰之雞者，或告之曰：『是非君子之道。』曰：『請損之，月攘一雞，以待來年然後已。』如知其非義，斯速已矣，何待來年？」

戴盈之說：「實施十分抽一的稅率，免除關卡和市場上的徵稅，今年還做不到，預備先減輕一些，等到明年，再停止舊的做法，這樣如何？」

孟子說：「譬如一個人每天偷鄰居一隻雞。別人對他說：『這不是君子的作爲。』他說：『預備減少一些，每月偷一隻雞，等到明年，再停止偷雞。』如果知道那種事不合道義，就趕快停止算了，爲什麼要等到明年呢？」

苟且度日是人生的惡習

宋國大夫戴盈之，請教孟子，今年還無法做到「什一，去關市之征」，可否先減輕一些，等到明年，再停止舊的做法？孟子沒有直接回答，先說一個比喻，讓戴盈之聽了之後，自己去想清楚該怎麼做。

孟子的比喻很生動，知道是錯的事應該立刻就改，「何待來年」？人常有苟且度日的習慣，心裡想慢慢減少一些壞的行爲，等到幾年以後再全部改過；但既然知道那是壞事，爲何還要慢慢減少呢？要立刻就停止，除惡務盡啊！

孔子說：「人之過也，各於其黨。」一個人所犯的過失，常常來自他的性格類別。「黨」是指性格類別，有如今天所說的八字、星座等。因此，有時問題不在於你是否知道那是過錯，而在於那個過錯與你的性格糾纏不清。

孔子稱讚顏淵，說他「不遷怒，不貳過」，其中「不貳過」是指不再犯重複的過錯。言外之意，是說顏淵不斷改善自己的性格，從根本上化解過錯的源頭。《易傳》如此描寫顏淵：「有不善未嘗不知，知之未嘗復行。」孟子期許人「改過不待來年」，聽起來好像不難，其實絕非易事。但是正因爲困難，所以值得努力以赴。

〈6・9・1〉

公都子曰：「外人皆稱夫子好辯，敢問何也？」

孟子曰：「予豈好辯哉？予不得已也。天下之生久矣，一治一亂。當堯之時，水逆行，氾濫於中國，蛇龍居之，民無所定；下者爲巢，上者爲營窟。《書》曰：『洚（四）水警余。』洚水者，洪水也。使禹治之。禹掘地而注之海，驅蛇龍而放之菹（五）；水由地中行，江、淮、河、漢是也。險阻既遠，鳥獸之害人者消，然後人得平土而居之。堯、舜既沒，聖人之道衰，暴君代作，壞宮室以爲汙池，民無所安息；棄田以爲園囿，使民不得衣食。邪說暴行又作，園囿、汙池、沛澤多而禽獸至。及紂之身，天下又大亂。周公相武王誅紂，伐奄（六）三年討其君，驅飛廉於海隅而戮之，滅國者五十。驅虎、豹、犀、象而遠之，天下大悅。《書》曰：『丕顯哉，文王謨！丕承哉，武王烈！佑啓我後人，咸以正無缺。』」

公都子說：「外面的人都說先生喜歡辯論，請問這是爲什麼呢？」

孟子說：「我難道喜歡辯論嗎？我是出於不得已啊！天下有人類已經很久了，總是安定一時，又動亂一時。在堯的時候，水勢倒流，在中國氾濫，大地成爲蛇龍的居所，百姓無處安身；低地的人在樹上搭巢，高地的人就挖出相連的洞穴。《尚書》上說：『大水警惕我們。』大水就是洪水。堯派禹治水，禹疏通河道，讓河水流進大海；驅逐蛇與龍，把牠們趕進草澤中；水順著河床流動，這就是長江、淮河、黃河、漢水。大水的險阻排除了，危害人類的鳥獸消滅了，然後百姓才能夠在平地上居住。堯、舜去世之後，聖人的正道也衰微了，暴君不斷出現。毀壞民宅來做深池，使百姓無處安居；廢棄農田來做園林，使百姓斷了衣食。荒謬的學說、暴虐的行爲紛紛出現，園林、深池、沼澤多了之後，禽獸又聚集了。到了商紂時，天下又大亂了，周公輔佐周武王殺了商紂，再討伐奄國，三年之後除掉奄君，並且把飛廉追逐到海邊殺死。消滅的國家有五十個。把老虎、豹子、犀牛、大象驅趕到遠方去，天下百姓非常高興。《尚書》上說：『大顯光彩啊，文王的謀略！善於繼承啊，武王的功業！幫助啓迪我們後人，都能夠正直而沒有缺失。』」

這一段史實，孟子說得既深刻又痛心，清楚表達了他個人的人道情懷。

聖人以安定天下、造福百姓為己任

孟子的弟子公都子問說：「外人皆稱夫子好辯，敢問何也？」孟子的回答，從敘述堯舜的古代史實開始，將天下大勢整個分析一遍，藉此說明他的好辯不是自己的個性有問題，而是不得不如此。

「蛇龍居之」，「龍」的習性與蛇近似，可能是像鱷魚一樣的猛獸。「爲營窟」，後代負責建設屋宇的官員稱爲「司空」，就是由此而來，是負責工程建設的主管。孔子在魯國就曾擔任小司空一職。

「堯、舜既沒，聖人之道衰，暴君代作，壞宮室以爲汙池，民無所安息；棄田以爲園囿，使民不得衣食。」這裡批評到禹的後代了，因爲著名的暴君夏桀就是大禹的後代。古代的帝王依然是陷入「權力使人腐化」的羅網，貪圖享受而失政敗德。把農田當作打獵的園囿，百姓就失去生計。暴君只知享受作樂，百姓的痛苦就無邊無際、無窮無盡了。

奄國是力挺商紂王的，商紂王再怎麼邪惡，也會對某些臣屬很好，這些人就會力挺到底。飛廉是商紂王的得力大臣，直到把他消滅，周朝才眞正安定下來。由「滅國者五十」一語，可知古代有許多小部落，規模格局都不大。

根據「驅虎、豹、犀、象而遠之」這句話，可以知道古代中原地區有眾多虎、豹、犀、象，這些猛獸遠非一般百姓可以對付，一定要動用軍隊才能把牠們趕走。

「丕顯哉」，「丕」是大，「謨」是謀略的謀。「丕承哉」即善於繼承。一個是有光彩，一個是能繼承，亦即周文王有光彩，周武王能繼承文王的遺志，幫助啓迪後人，「咸以正無缺」希望大家一起走上正途。

到此爲止，孟子都在敘述周初之前的史實，但是他也特別提及「邪說暴行」一詞。「暴行」已有所描寫，「邪說」則未見說明。孟子大概認爲：凡是未能正確把握人性眞相，以致無法帶領人們走上正途的觀念與說法，都屬於邪說範圍。這一點在下一段會說得更清楚。

〈6・9・2〉

「世衰道微，邪說暴行有作。臣弒其君者有之，子弒其父者有之。孔子懼，作《春秋》。《春秋》，天子之事也。是故孔子曰：『知我者其唯春秋乎！罪我者其唯《春秋》乎！』聖王不作，諸侯放恣，處士橫議，楊朱、墨翟之言盈天下。天下之言，不歸楊則歸墨。楊氏爲我，是無君也；墨氏兼愛，是無父也。無父無君，是禽獸也。公明儀曰：『庖有肥肉，廄有肥馬；民有饑色，野有餓莩（ㄆㄧㄠˇ），此率獸而食人也。』楊、墨之道不息，孔子之道不著，是邪說誣民，充塞仁義也。仁義充塞，則率獸食人，人將相食。吾爲此懼，閑先聖之道，距楊、墨，放淫辭，邪說者不得作。作於其心，害於其事；作於其事，害於其政。聖人復起，不易吾言矣。

「昔者禹抑洪水而天下平；周公兼夷狄、驅猛獸而百姓寧；孔子成《春秋》，而亂臣賊子懼。《詩》云：『戎狄是膺，荊、舒是懲，則莫我敢承。』無父無君，是周公所膺也。我亦欲正人心，息邪說，距詖（ㄅㄧˋ）行，放淫辭，以承三聖者；豈好辯哉？予不得已也。能言距楊、墨者，聖人之徒也。」

「到了後來，社會紛亂，正道不明，荒謬的學說、暴虐的言行又紛紛出現了。有大臣殺君主的，有兒子殺父親的。孔子感到憂懼，編寫了《春秋》。《春秋》對歷史人物做評價，原是天子的職權。所以孔子說：『了解我的，大概就在於這部《春秋》吧！怪罪我的，大概就在於這部《春秋》吧！』現在，聖王不再興起，諸侯無所顧忌，士人亂發議論，楊朱、墨翟的說法到處流行。天下的言論，不是歸向楊朱一派，就是歸向墨翟一派。楊朱主張一切都爲自己，這是無視於君主的存在；墨翟主張愛人不分差等，這是無視於父母的存在。無視於父母與君主的存在，那就成了禽獸了。公明儀說：『廚房裡有肥肉，馬廄裡有肥馬，可是百姓面帶饑色，野外有餓死的屍體，這等於率領野獸來吃人。』楊朱、墨翟的思想不消除，孔子的思想不發揚，荒謬的學說就會欺騙百姓，阻塞仁德與義行。仁德與義行被阻塞，就會導致率領野獸來吃人，人與人也將互相殘食。我爲此感到憂懼，所以要捍衛古代聖人的思想，批駁楊朱、墨翟的說法，排斥荒誕的言論，使那些宣傳邪說的人不能得勢。偏邪的思想從心裡產生，就會誤導他的行事；在行事上表現出來，就會危害他的政治。即使聖人再度出現，也不會改變我的這番話。

「從前大禹治平了洪水而使天下太平，周公驅逐夷狄、趕走猛獸而使百姓安寧，孔子編寫《春秋》而使叛亂之臣和不孝之子感到害怕。《詩經．魯頌．閟宮》上說：『打擊戎狄，懲戒荊舒，就沒有人敢抗拒我。』無視於父母與君主的存在，那是周公要打擊的。我也想端正人心，消滅邪說，批駁偏頗的行爲，排斥荒誕的言論，以此來繼承三位聖人的事業；這難道是喜歡辯論嗎？我是不得不如此的。能夠以言論批駁楊朱、墨翟的，才是聖人的追隨者啊。」

聖人為天下的患難而憂心

春秋時代，在禮壞樂崩之後，天下大亂。臣弒君、子弒父之類的行爲完全違逆倫常。眼看人間將要萬劫不復了。孔子作《春秋》，在其中褒貶歷史人物，表達他有關善惡是非的判斷，所以說要了解孔子，就要讀《春秋》。《春秋》是孔子根據魯國歷史寫成的一系列評論，「一字之褒，榮於華袞；一字之貶，嚴於斧鉞」，批判壞人比用斧頭砍他更加嚴厲。用歷史做爲見證，讓人人知道警惕，在活著的時候要好好行善避惡，這是孔子的用心所在。

原本是天子才有權說誰好誰壞，孔子寫《春秋》等於是表示「天子不管，我來管」，所以他說：「知我者其唯《春秋》乎！罪我者其唯《春秋》乎！」因爲他沒有名分去做屬於天子職權的事情，但是又不能不做。再不做的話，天下就要毀滅了。

孟子對楊朱、墨翟批評得如此犀利，實在令人訝異。關於楊朱，由於史料有限，只知他主張「爲己」，「拔一毛而利天下，亦不爲也」；關於墨翟，則是以兼愛爲目標，受到不少人的肯定與支持。

孟子批判這兩者爲「無父無君，是禽獸也」，是否有些過當？孟子是哲學家，所注重的是一套學說的推演後果，而不是某些學者是否做了一些好事。從學說理論看來，楊朱無視於君主的存在，墨翟無視於父母的存在，不是違逆了倫常嗎？不是與禽獸相去不遠了嗎？

對人缺少同情心與同理心，就會演變爲「率獸而食人」，最後是「人將相食」，犧牲別人以謀取自己的利益，根本不在乎別人的性命。這樣的世界不是更可怕的洪荒狀態嗎？

孟子的當仁不讓

最後，孟子做了結論：「我亦欲正人心，息邪說，距詖行，放淫辭，以承三聖者；豈好辯哉？予不得已也。能言距楊、墨者，聖人之徒也。」

由這一章可看出孟子的心志。原來他是要繼承大禹、周公、孔子這三位不同時代的偉大聖人，這樣的理想眞是崇高。如果沒有孟子來連貫這些史實，大禹、周公與孔子這些先賢的成就，就無法流傳到後代了，這是孟子的重要貢獻。他不但能夠具體地說出這個理想，並且也努力去實踐類似的理想。

外面的人說孟子好辯，但他並非眞的好辯，而是不得已。他自認爲不得已，而在別人看來也許會覺得他多管閒事。不去力挽狂瀾，好像也不會有什麼差別。但是，當時不覺得有什麼差別，後來可能日益嚴重，等到病入膏肓就來不及了。一個社會在文化上的危機不容易被發現，它是慢慢形成的，就像把青蛙放在熱水裡牠會立刻跳開，但是放在冷水中慢慢加溫，牠就習慣了，最後被煮熟，自然來不及了。

在孟子看來，人的思想是一個出發點，叫做起心動念，發展出來表現在行爲上時，已經來不及了。如果推行在政務上，那更是江河日下，大勢已去。所以，在開始的時候就要注意一個學說的細緻差別，譬如射箭，開始時偏了一點點，箭射出去之後，偏離愈來愈大。人有同樣的人性。但是一旦思想有了偏差，演變出來的言行差別就愈來愈大，最後善惡分途，形成兩個幾乎完全不同的人生。尼采（Nietzsche）說：「哲學家是文化的醫生。」預防勝於治療，孟子苦心孤詣，就是希望人們在思想上不要誤入歧途。

〈6・10〉

匡章曰：「陳仲子豈不誠廉士哉？居於（ㄨ）陵，三日不食，耳無聞，目無見也；井上有李，螬（ㄘㄠˊ）食實者過半矣，匍匐往，將食之；三咽，然後耳有聞，目有見。」

孟子曰：「於齊國之士，吾必以仲子為巨擘焉。雖然，仲子惡能廉？充仲子之操，則蚓而後可者也。夫蚓，上食槁壤，下飲黃泉。仲子所居之室，伯夷之所築與？抑亦盜跖（ㄓˊ）之所築與？所食之粟，伯夷之所樹與？抑亦盜跖之所樹與？是未可知也。」

曰：「是何傷哉！彼身織屨，妻辟纑（ㄌㄨˊ），以易之也。」

曰：「仲子，齊之世家也；兄戴，蓋（ㄍㄜˇ）祿萬鍾，以兄之祿為不義之祿而不食也，以兄之室為不義之室而不居也，辟兄離母，處於於陵。他日歸，則有饋其兄生鵝者。己頻顣曰：『惡用是鶃（一ˋ）鶃者為哉？』他日，其母殺是鵝也，與之食之。其兄自外至，曰：『是鶃鶃之肉也。』出而哇之。以母則不食，以妻則食之；以兄之室則弗居，以於陵則居之，是尚為能充其類也乎？若仲子者，蚓而後充其操者也！」

匡章說：「陳仲子難道不是真正的廉潔之士嗎？他住在於陵，三天沒有吃東西，餓得耳朵聽不見，眼睛看不到。井邊有個李子，已被金龜子啃掉了大半，他爬過去拿來吃，吞了三口，然後耳朵才聽得見，眼睛才看得到。」

孟子說：「在齊國的士人中，我一定推陳仲子為手中的大拇指。但是，他怎能叫做廉潔呢？要推廣陳仲子的那種操守，只有變成蚯蚓才能辦到。蚯蚓，在地上吃乾土，在地下喝泉水。陳仲子住的房屋，是伯夷建造的？還是盜跖建造的？他吃的糧食，是伯夷種植的？還是盜跖種植的？這些都還不知道呢。」

匡章說：「這有什麼關係呢？他自己編織草鞋，妻子績麻搓線，用這些交換來的。」

孟子說：「陳仲子是齊國的世家，他的哥哥陳戴，每年的蓋邑俸祿有兩萬鍾，他認爲哥哥的俸祿是不該得的，他就不吃；認爲哥哥的房屋是不該得的，他就不住；於是避開哥哥，離開母親，自己住到於陵去了。有一天他去探望母親，正好有人送給他哥哥一隻活鵝，他皺著眉頭說：『要這種呃呃叫的東西做什麼？』過了幾天，母親殺了這隻鵝同他一起吃，這時他的哥哥從外面回來，說：『這就是那呃呃叫的東西的肉啊。』他就跑到門外把食物嘔吐出來。因爲是自己母親的食物就不吃，因爲是妻子的食物就吃；因爲是哥哥的房屋就不住，因爲是於陵的房屋就住了，這還算是能夠推廣他那種廉潔嗎？像陳仲子那樣的人，只有變成蚯蚓才能推廣他的操守。」

匡章是齊國的將軍，曾經帶領齊兵攻打燕國。孟子在齊國時所交的朋友並不多，匡章是其中之一。

別人都說匡章不孝順，但是孟子與他做朋友，並且還很尊敬他。相關資料在〈離婁下〉將有詳細的介紹。

窮困不等於廉潔

匡章認爲陳仲子是眞正的廉潔之士，因爲他「居於陵，三日不食，耳無聞，目無見也；井上有李，螬食實者過半矣，匍匐往，將食之；三咽，然後耳有聞，目有見」。但這種廉潔不是快要沒命了嗎？儒家主張入世服務社會，若是自命清高到瀕死階段，那麼德行與學問不是無法發揮作用了嗎？孟子以下所做的批評，正是出於儒家立場。

在齊國陳氏是大家族，他的哥哥就是大官，但是陳仲子認爲哥哥的錢是不義之財，所以與他撇清關係，寧可靠織草鞋來謀生，這一點與道家的莊子很相似。但草鞋織得太好，別人一穿好幾年；織得不好，自己心裡又過意不去，眞是左右爲難。所以他窮到這個地步。

孟子認爲要推廣陳仲子的那種操守，只有變成蚯蚓才能辦到。蚯蚓不用工作就有東西吃，吃乾土、喝泉水都不要錢，但變成跟蚯蚓一樣，怎麼能叫廉潔呢？眞正的廉潔一定是有爲有守，該得就得，不該得的一毛錢都不要。光是窮困，未必與廉潔有什麼關係。孟子用蚯蚓來比喻陳仲子的作爲，實在有點滑稽，但是又說得頗有道理。

「仲子所居之室，伯夷之所築與？抑亦盜跖之所築與？所食之粟，伯夷之所樹與？抑亦盜跖之所樹與？是未可知也。」伯夷代表善人，盜蹠代表壞人。如果眞要追求清高，與一切壞人劃清界限，那麼首先就須辨明自己所使用的這些資源，是否與壞人有關。這根本是分辨不完的事，如果稍微與惡人有關就拒不採用，那就可能什麼都不能用了。孟子在此是故意把陳氏的廉潔推到極端。

匡章就說：「這有什麼關係呢？他自己編織草鞋，他妻子織麻搓線，用這些交換來的。」夫妻兩人這麼辛苦，聽起來令人同情。

矯枉過正就會捨本逐末

從「仲子，齊之世家也……若仲子者，蚓而後充其操者也！」這一大段的敘述裡，可以看得出這種作爲實在是廉潔到不近人情的地步，變得跟蚯蚓一樣，這當然是諷刺的話。

我們無從追究所食所用，是善人製造的，還是惡人製造的，因此廉潔之士所重視的，首先應該是堅定自己內心的原則，而不是捨本逐末，在具體事物上斤斤計較。換言之，孟子所肯定的廉潔，是合乎常情常理，在投入社會活動時，分辨該得的與不該得的，要以實現爲民服務爲目標，其餘外在的條件則不必太過在意。眞正的廉潔是修練心志，不爲富貴所迷惑。

卷七〈離婁篇〉上

〈7・1・1〉

孟子曰：「離婁之明，公輸子之巧，不以規矩，不能成方員；師曠之聰，不以六律，不能正五音；堯、舜之道，不以仁政，不能平治天下。今有仁心仁聞而民不被其澤，不可法於後世者，不行先王之道也。故曰：徒善不足以爲政，徒法不能以自行。《詩》云：『不愆不忘，率由舊章。』遵先王之法而過者，未之有也。聖人既竭目力焉，繼之以規矩準繩，以爲方員平直，不可勝用也；既竭耳力焉，繼之以六律正五音，不可勝用也；既竭心思焉，繼之以不忍人之政，而仁覆天下矣。故曰，爲高必因丘陵，爲下必因川澤；爲政不因先王之道，可謂智乎？」

孟子說：「即使有離婁的眼力、公輸子的技巧，不靠圓規與矩尺，也畫不出標準的方形與圓形；即使有師曠的聽力，不靠六律，也無法校正五音；即使有堯、舜的理想，不靠仁德的政治制度，也不能使天下太平。現在有些君主雖有仁德的心思與名聲，百姓卻沒有受到他們的恩澤，也不能爲後代留下楷模，那是因爲他們沒有實行先王的制度。所以說：光靠善心不足以辦好政治；光有法度也不會自動運作。《詩經．大雅．假樂》上說：『不要偏差，不要遺忘，一切依循舊的規章。』遵循先王的法度而犯錯，那是從來沒有的事。聖人竭盡了眼力，接著使用圓規、矩尺、水準器、繩墨，來製作方的、圓的、平的、直的東西，這些東西就用不完了；聖人竭盡了耳力，接著使用六律來校正五音，五音就應用無窮了；聖人竭盡了心思，接著實行不忍讓人受苦的政治，仁德就遍布天下了。所以說，築高台一定要憑藉丘陵，挖深池一定要憑藉沼澤；那麼，治理國家而不憑藉先王的制度，可以說是明智嗎？」

實現理想，需要先天和後天條件相互配合

離婁，據說是黃帝時代視力最好的人，在秋天時可以看到野獸新長出來的毛的尖端。公輸子就是公輸班，亦即魯班，是有名的工匠。但即使是像這樣的兩位高手，不靠圓規與矩尺，也畫不出標準的方形與圓形，所以說「工欲善其事，必先利其器」。這說明即使有很好的稟賦與能力，也一定要憑藉有效的工具做爲方法。工具與方法是成事的關鍵。

「堯、舜之道，不以仁政，不能平治天下。今有仁心仁聞而民不被其澤，不可法於後世者，不行先王之道也。」齊宣王「見牛未見羊」，有仁心也有好名聲，但是他救過一頭牛，卻沒有照顧到百姓。孟子的話可謂一針見血。

「徒善不足以爲政，徒法不能以自行」，法令與制度當然不可能自行運作，而是需要有人來推動。有善心不夠，還得有制度。某些國家制度很完備，但沒有善心的領袖，以致制度出現很多漏洞。所以，儒家主張善心與制度並重，正如人的善心不能沒有善行一樣，而善行必須採取合宜的方法。因此，必須同時強調善心、制度，以及善行。

人活在世界上，最好是按照既成的規章來生活。蘇格拉底勸他的友人說：「當一個人還年輕的時候，要記得兩件事：一是遵守城邦的法律，二是信奉祖先的宗教。」遵守法律表示行爲有最後底線，若是違背就會受到法律的制裁。而信奉祖先的宗教，是因爲祖先的宗教代表傳統的信仰，社會能夠繼續存在也是以它爲基礎。

「聖人既竭目力焉，繼之以規矩準繩，……爲政不因先王之道，可謂智乎？」這話說得非常實際，所謂「爲高必因丘陵，爲下必因川澤」，正是此理。總之，就是要兼顧兩方面，一方面是主觀的意願和能力，另一方面還要有客觀的方法或制度，才能達成完美的效果。

有些人認爲儒家傾向於一廂情願的唯心論，尤其孟子更是如此。但是現在扣緊原文來看，卻不是這樣的。孟子立論的目的是：在個人，要修德行善，具體落實於造福百姓的工作中；在群體，則須推行適當的教育，使人人可以達成人生「止於至善」的目標；在國君，則自然是實施仁政、匡濟天下百姓。

以國君爲例，需要的是仁德與先王的制度，再展現爲眞正的仁政。這樣的理論所設定的「善」觀念是：人與人之間適當關係的實現。若是忽略這個觀念，則不僅孟子思想不易理解，對整個儒家思想也都難免陷於困惑之中。

〈7·1·2〉

「是以唯仁者宜在高位。不仁而在高位，是播其惡於眾也。上無道揆也，下無法守也，朝（ㄔㄠˊ）不信道，工不信度；君子犯義，小人犯刑，國之所存者幸也。故曰，城郭不完，兵甲不多，非國之災也；田野不辟，貨財不聚，非國之害也。上無禮，下無學，賊民興，喪無日矣。《詩》云：『天之方蹶，無然泄（ㄧˋ）泄。』泄泄，猶沓沓也。事君無義，進退無禮，言則非先王之道者，猶沓沓也。故曰，責難於君謂之恭，陳善閉邪謂之敬，吾君不能謂之賊。」

「因此，只有行仁的人應該居於高位。不行仁的人居高位，就會把他的邪惡傳播給大眾。在上的不用正道來衡量事理，在下的不用法度來約束自己，朝廷不相信正道，官吏不相信制度；有官位的違反義行，一般百姓違反刑律，國家如此還能存在，那是僥倖啊。所以說，城牆不堅固，軍備不充足，不是國家的災難；田野沒開闢，財物沒積聚，不是國家的禍害。在上的不守禮儀，在下的沒有教育，作惡的百姓愈來愈多，國家的滅亡也就快了。《詩經·大雅·板》上說：『天正在顛覆王朝，不要再喋喋不休。』喋喋不休就是放肆隨便。事奉君主不講義，行動進退不合禮，張口就詆毀先王的制度，這就是放肆隨便。所以說，要求君主實踐困難的事，叫做恭敬；向君主陳述善行、堵塞異端，叫做尊重；認爲君主不能走上正途，叫做傷害。」

善與法並重的治國之道

「唯仁者宜在高位。不仁而在高位，是播其惡於眾也。」這是上行下效的情況，古今皆然。

「上無道揆也，下無法守也，朝不信道，工不信度；君子犯義，小人犯刑，國之所存者幸也。」一般百姓違反刑律，是因爲他們沒有接受適當的教育，但是官吏受過教育，不會因爲無知而違反刑律，卻往往鑽法律漏洞，這即是違反義行。所以古代對君子的要求是義行，對百姓，則只能用法律來管理，這雖是差別待遇，也有其合理性。

從「上無禮，下無學，賊民興，喪無日矣」看來，這裡所謂的教育顯然是指五倫，亦即人與人之間的適當關係，而不是以考試升學爲目的的那種教育。

孟子對國家危機的分析，直至今日依然有效。奈何在上位者執迷不悟，由於不明白人性而選擇偏差的人生目標，以致造成個人的惡行與百姓的災難。

「天之方蹶」，「蹶」，是指像走路摔跤一樣。而「責難於君謂之恭，陳善閉邪謂之敬，吾君不能謂之賊」這三句話，是所有從政做官者都應該牢牢記得的。換言之，傷害君主即是認定君主不能走上人生正途，認定君主已被權力腐化，已是一個殘缺之人。對君主恭敬尊重，則是期許君主成爲萬民仰望的偉大領袖，以身作則，帶領百姓一起走上人生的光明坦途。

譬如，孟子有一次故意逃避齊宣王的召見，朋友說他對齊宣王不夠恭敬。但是孟子認爲整個齊國裡只有他對齊宣王最恭敬，因爲只有他向齊宣王講述堯舜之道。其他大臣心裡一定在想，齊宣王怎麼可能聽得懂堯舜之道呢？這就是輕視，看不起自己的君王，所以孟子自認爲最尊敬齊宣王。尊敬君王絕不是奉命唯謹，他來了快去迎接，或在地上跪久一點，而是向他講述堯舜之道，讓他心生嚮往，願意起而實行。

這一段說明孟子也非常重視行仁的制度，不是只會唱高調、談理想而已，他希望仁心配合制度，把國家帶上正軌。

〈7・2〉

孟子曰：「規矩，方員之至也；聖人，人倫之至也。欲爲君，盡君道；欲爲臣，盡臣道。二者皆法堯、舜而已矣。不以舜之所以事堯事君，不敬其君者也；不以堯之所以治民治民，賊其民者也。孔子曰：『道二，仁與不仁而已矣。』暴其民甚，則身弒國亡；不甚，則身危國削。名之曰『幽』、『厲』，雖孝子慈孫，百世不能改也。《詩》云：『殷鑒不遠，在夏后之世。』此之謂也。」

孟子說：「圓規與矩尺，是製作方形與圓形的最高標準；聖人，是人類做人的最高典範。要做君主，就要充分實踐君主的理想；要做臣子，就要充分實踐臣子的理想。這兩方面都效法堯與舜就可以了。不以舜事奉堯的方式去事奉君主，就是不敬重他的君主；不以堯治理百姓的方式去治理百姓，就是傷害他的百姓。孔子說：『道路只有兩條，行仁與不行仁罷了。』嚴重虐待百姓，就會導致自身被殺、國家滅亡；即使不太嚴重，自身也會危險，國力削弱。死後諡號叫做『幽』、『厲』，即使他們有孝順的子孫，一百代也無法更改這樣的諡號。所以《詩經．大雅．蕩》說，『殷朝的鏡子不在遠處，就是前代的夏朝。』說的正是這種情況。」

不行仁是自取滅亡

由「舜事奉堯」，可以想像舜的德行。他對父親恭順，對弟弟忍讓，對岳父堯當然也敬愛有加。堯治理百姓用心仁厚，尤其是任命了舜這麼好的人。堯、舜是所有君臣的典型。臣要盡忠職守，完成君所交付的使命；君要愛民如親，爲百姓謀福。

孔子說：「道二，仁與不仁而已矣。」仁與不仁是二分法，一條路走向仁，另一條路走向不仁，這是一個不斷選擇所構成的趨勢。人生本來就是這兩條路，此進則彼退，互爲消長，但是只有行仁走向幸福與榮耀，不行仁則難免於恥辱與滅亡的結果。

周朝末期先有厲王，後有其孫幽王。根據諡法，「厲」就是殺戮無辜。「幽」就是壅遏不通，動祭亂常，亦即改變祭祀，混亂常法常道。「殷鑒不遠」是夏朝被殷朝拿來做爲鏡子、前車之鑒。

一個人的名聲變壞以後，「雖孝子慈孫，百世不能改也」。孟子在此提醒我們：身爲子孫，固然有責任光宗耀祖；但是身爲後代子孫的祖先，是否也該爲子孫著想，不要讓他們受人恥笑。問題是：人生之途只有行仁與不行仁兩條，那麼爲何許多人依然不行仁？這裡牽涉了兩個可能：一是「不知」行仁是合乎人性的光明坦途；二是雖然知道，但又無法免於世俗的誘惑，以致不能「擇善固執」。《中庸》談及「人之道」（人生正途）時，就直接肯定：「人之道，擇善而固執之者也。」擇善是一回事，固執則必須有殺身成仁、捨生取義的決心。若無平日修養功夫，誰能達成此一目標？

〈7・3〉

孟子曰：「三代之得天下也以仁，其失天下也以不仁。國之所以廢興存亡者亦然。天子不仁，不保四海；諸侯不仁，不保社稷；卿大夫不仁，不保宗廟；士庶人不仁，不保四體。今惡（ㄨˋ）死亡而樂不仁，是猶惡醉而強酒。」

孟子說：「夏、商、周三代取得天下，是由於行仁；他們失去天下，是由於不行仁。國家衰頹、興盛、生存、滅亡的原因也是如此。天子不行仁，不能保住天下；諸侯不行仁，不能保住國家；卿大夫不行仁，不能保住祖廟；士人與百姓不行仁，不能保住自身。如果害怕死亡卻又以不行仁爲樂，那就像害怕喝醉卻偏要喝酒一樣。」

行為與內心矛盾就是枉然

孟子這段話是「一言以蔽之」，極盡概括之能事。由此可知，他對人性的看法一清二楚，毫不含糊。行仁是合乎「人性向善」的要求，所以必定昌盛而榮耀；不行仁則是違反了人性，結局自然是恥辱與毀滅。

「社」是土神，「稷」是穀神，古代諸侯的國都，皆立社稷之神，因此社稷爲國家的支撐。卿大夫的采邑爲「家」，可立祖廟，是爲宗廟。「四體」即指自身的生命。古代砍手砍腳的刑罰很多，《莊子》裡就提到好幾位獨腳人，他們並非生下來就是獨腳，而是受刑被砍去一隻腳；有的是鼻子被割掉，甚至也有臉上烙印的，別人一看這些殘缺者，就知道是犯罪被罰的。行仁者是不會受刑的，這是孟子的想法。在亂世中是否顚倒錯亂，以致好人受苦，那就要請教莊子的意見了。

最後孟子的結論是：「今惡死亡而樂不仁，是猶惡醉而強酒。」這段話指出了行爲與內心的矛盾。所以我們在做任何事時，都要先問自己的行爲與願望是否構成矛盾。

個人想要掌握自己生命的趨勢，就需要立定志向。孔、孟教人，總是先談志向，志向有如焦點，讓你念茲在茲，朝一個方向前進，慢慢就會在自己身上體現所定的志向；如果沒有志向而只是留在原地打轉，很容易受到物質欲望的誘惑。所有墮落的人都是沒有志向的，久而久之就逐漸沉淪而不自覺。

〈7・4〉

孟子曰：「愛人不親，反其仁；治人不治，反其智；禮人不答，反其敬。行有不得者皆反求諸己；其身正而天下歸之。《詩》云：『永言配命，自求多福。』」

孟子說：「愛護別人，別人卻不來親近，就要反問自己仁德夠不夠；治理別人，別人卻不上軌道，就要反問自己明智夠不夠；禮貌待人，別人卻沒有回應，就要反問自己恭敬夠不夠。行爲沒有得到預期效果的，就要反過來要求自己，自身端正了，天下的人就會來歸附。《詩經．大雅．文王》上說：『永遠配合天命，自己求得更多的幸福』。」

反求諸己，精益求精

孟子說：「愛人不親，反其仁；治人不治，反其智；禮人不答，反其敬。」有時候做老師的愛護學生，學生卻不來親近，老師就要反省自己的仁德夠不夠。國君看見政治不上軌道，百姓也不肯安分，先要問自己的明智夠不夠。如果自以爲對別人很有禮貌，別人卻不理會時，就要反省自己恭敬的程度夠不夠。

在仁、智、禮三方面，都涉及人與人之間的適當關係，這時首先要反省自己，而不要責怪別人。

「反求諸己」一語所強調的，一方面是肯定自己是行爲的主體，隨時可以改過自新，或是精益求精；另一方面則是了解自己不能離開群體，必須學習如何與別人好好相處。重點顯然仍在前者，所以要以周文王為典型，努力自求多福。

〈7・5〉

孟子曰：「人有恆言，皆曰：『天下國家。』天下之本在國，國之本在家，家之本在身。」

孟子說：「人們有句常說的話，就是：『天下國家。』天下的基礎是國，國的基礎是家，家的基礎是每個人自身。」

成就大事，從個人根本處著手

《大學》上說：「身修而後家齊，家齊而後國治，國治而後天下平。」然後肯定：「自天子以至於庶人，壹是皆以修身為本。」可見從《孟子》一直到《大學》，這是儒家一貫的主張。

「皆以修身為本」，意思是：一定要從自己的修養開始，不管人間多大的事業，都是由人與人之間的適當關係不斷地推廣出去；自己本身如果沒有合宜的修養，其他一切難免事倍功半。人在世間能做多大的事，承擔多大的責任，往往取決於自己有多大的定力。

所謂修養，就是能夠自我約束，勉強自己去做該做的事，或者勉強自己不去做不該做的事。在此，「勉強」所代表的是自主性。

西方有人說：「自由有兩種：一種是爲所欲爲，想做什麼就做什麼；第二種，想做什麼就偏不做什麼。」眞正的自由顯然不是任意妄行，而是可以自己做主控制欲望。本來要發脾氣，偏不發脾氣，本來要與別人吵架，偏不吵架，這才代表自由，因爲是自己的理性在主導自己的行爲。

如果想發脾氣就發脾氣，反而是不自由，因爲被情緒所控制。EQ（情緒智商）談的就是這一點，生氣也要恰到好處，而不是一生氣就不可收拾，甚至遷怒於別人。所以孔子稱讚顏淵「不遷怒，不貳過」。

〈7・6〉

孟子曰：「爲政不難，不得罪於巨室。巨室之所慕，一國慕之；一國之所慕，天下慕之。故沛然德教溢乎四海。」

孟子說：「辦好政治並不難，不得罪賢明的卿大夫就行了。他們所嚮往的，一國的人都會嚮往；一國的人所嚮往的，天下的人都會嚮往。於是道德教化浩浩蕩蕩洋溢於天下。」

善用社會上具有影響力的人

「巨室」是指特別重要的家族。做爲一國之君，代表有權力，權力帶來相對的責任，但是要推動政治，沒有人呼應也動彈不得，所以大家族就舉足輕重了。一旦形成社會風氣，「沛然莫之能禦」，浩浩蕩蕩，擋也擋不住。

孟子在此所說偏重德行方面。因爲巨室會影響社會風氣，「巨室之所慕，一國之所慕」，那些顯赫的家族，會影響社會的各個領域；然後，一國人所嚮往的，最後天下人都會嚮往。若不是側重在德行方面，最後就不能說到「德教」了。只有德行可以形成德教的風潮，原因很簡單，其基礎還是我們常說的「人性向善」。

〈7．7〉

孟子曰：「天下有道，小德役大德，小賢役大賢；天下無道，小役大，弱役強。斯二者，天也。順天者存，逆天者亡。齊景公曰：『既不能令，又不受命，是絕物也。』涕出而女於吳。今也小國師大國而恥受命焉，是猶弟子而恥受命於先師也。如恥之，莫若師文王。師文王，大國五年，小國七年，必爲政於天下矣。《詩》云：『商之孫子，其麗不億。上帝既命，侯於周服。侯於周服，天命靡常。殷士膚敏，祼（ㄍㄨㄢˋ）將於京。』孔子曰：『仁不可爲眾也。』夫國君好仁，天下無敵。今也欲無敵於天下而不以仁，是猶執熱而不以濯也。《詩》云：『誰能執

熱，逝不以濯。』」

孟子說：「天下上軌道的時候，德行低的接受德行高的安排，才智少的接受才智多的安排；天下不上軌道的時候，力量小的被力量大的支配，勢力弱的被勢力強的支配。這兩種情況，是天意所定的。順從天意的可以生存，違背天意的將會滅亡。齊景公說：『既然不能命令別人，如果又不聽從別人的命令，那就走上絕路了。』因此流著眼淚把女兒嫁到吳國去。現在，小國效法大國，卻又恥於接受大國的命令，這就如同學生恥於接受老師的教誨一樣。如果眞的感覺羞恥，最好效法周文王。效法周文王之後，大國只需要五年，小國只需要七年，一定可以得到天下的政權。《詩經．大雅．文王》上說：『商朝的子孫，數目何止十萬。上帝既有命令，都向周朝歸順。都向周朝歸順，可見天命沒有一定。殷朝的官員，不論俊美的聰明的，都要執行灌酒的禮節，在周朝京城助祭。』孔子說：『仁德的力量，不在於人多。國君愛好仁德，就能天下無敵。』如果想要天下無敵，卻又不行仁政，就好像熱得難受卻又不肯洗澡一樣。《詩經．大雅．桑柔》上說：『誰能熱得難受，不去洗個澡呢？』」

大勢所趨就無法抗拒

「天下有道，小德役大德，小賢役大賢；天下無道，小役大，弱役強。」德行高的居上位，才智高的居上位，一是德行，一是才智。人與人相比，本來就有天生資質的不同，加上後天的教育，高下就分出來了。分高下的時候有幾種方法，這一章講了四種，分別是：德行、才智、力量與勢力。

德行與才智是比較正面的。一個人不可能生下來就有德行，需要不斷地修養才有所成。才智也一樣，需要長期的學習與訓練，才能夠超過別人，否則天生的才智所能應付的範圍很有限。在天下上軌道的情況之下，經過某種修練或教育，就凸顯出誰可以當領袖。但是，天下不上軌道的時候，往往是個人的力量及成幫結派的勢力占了優勢。

這四種情況又分成兩組，在天下上軌道時，要培養才智及修練德行；天下不上軌道時，就培養力量及增強勢力，這是天意。順天者存，逆天者亡。

「既不能令，又不受命，是絕物也」，這句話說得很對，如果自己沒有能力出主意，就聽從別人出的主意；但如果自己沒有能力出主意，又不肯聽從別人的主意，那就會走投無路。

人在思考自身問題時，往往「當局者迷」，別人一眼就看清楚了，是謂「旁觀者清」。如果自己在「當局者迷」的時候，又不聽從別人的意見，那就成了「絕物」，自絕於人、自取滅亡。

「涕出而女於吳」，齊景公為了與吳王闔閭結盟，忍痛嫁出自己的女兒，因為他需要吳國的協助。沒有這種聯盟，各個小國很可能被其他國家分別擊破；通過聯姻才能構成聯合勢力。而古代的女子有時就被用來做為外交手段。

仁德的力量，不在於人多

「今也小國師大國而恥受命焉，是猶弟子而恥受命於先師也。」在孟子那個時代，大概出現學生跟隨老師，卻又覺得老師沒什麼了不起的情況。這種情況不僅矛盾而且無聊，只能說是在浪費生命。

「師文王，大國五年，小國七年，必爲政於天下矣。」五年與七年只是大概的說法，依國之大小而定，意思是需要一段時間以修明政治，養成氣候。周文王的例子再三出現，但是誰能修養成周文王的智慧與德行呢？

「其麗不億」是指何止十萬，是用否定詞來表達肯定之意。「祼」是古代宗廟祭祀中的儀式，指的是以酒澆在地上來迎接鬼神，到現在還保存了這個儀式。

古代的字，左邊是示部的，都與祭祀有關，因爲「示」上面兩橫代表上天，底下三條線代表日、月、星三光，代表祭祀時上界和下界溝通。「祼將於京」表示祖先再怎麼好也沒用，子孫自己亡國敗家，都要替別人服務，從在朝淪爲在野了。

從天命看來，賞善罰惡叫做有常；從人的角度看來，就會說天命無常。因爲人沒有察覺自己本身由好變壞，以前得到天命，卻不見得可以永保天命，將來可能會被別人取代。

「孔子曰：『仁不可爲眾也。』夫國君好仁，天下無敵。」我們耳熟能詳的「仁者無敵」，又再度出現了。所謂「仁德的力量，不在於人多」，是說只要有仁德，那麼就不必在乎是否人多勢眾，因爲天下百姓都會自動來支持。《詩經》上的「誰能執熱，逝不以濯」，非常通俗地反映了民間生活。若是無路可走，何不改弦更張，致力於行仁呢？

在此可以看到孟子對於天下有道、無道的區分。若是有道，就須推行德行與才智；若是無道，就須訴諸力量與勢力。大的原則是：「順天者存，逆天者亡」。行仁即是順天，也即是應人，亦即《易傳》所說的「湯武革命，順乎天而應乎人」。把握了「仁」這個關鍵，天下大事定矣。這是孟子的想法。

〈7・8〉

孟子曰：「不仁者可與言哉？安其危而利其菑（ㄗㄞ），樂其所以亡者。不仁而可與言，則何亡國敗家之有？有孺子歌曰：『滄浪之水清兮，可以濯我纓；滄浪之水濁兮，可以濯我足。』孔子曰：『小子聽之！清斯濯纓，濁斯濯足矣。自取之也。』夫（ㄈㄨˊ）人必自侮，然後人侮之；家必自毀，而後人毀之；國必自伐，而後人伐之。《太甲》曰：『天作孽，猶可違；自作孽，不可活。』此之謂也。」

孟子說：「不行仁的人，還能同他商議嗎？他把危險當作安全，把災禍當作有利，把導致滅亡的事情當作快樂。不行仁的人如果還能同他商議，那怎麼會發生亡國敗家的事呢？從前有個小孩唱歌，內容是：『滄浪的水清澈呀，可以洗我的帽纓；滄浪的水混濁啊，可以洗我的腳。』孔子說：『同學們聽著！水清澈就洗帽纓，水混濁就洗腳。這是由水自己招來的。』所以，人一定是先侮辱自己，別人才來侮辱他；家一定是先毀壞自己，別人才來毀壞它；國一定是先征伐自己，別人才來征伐它。《尚書．太甲》上說：『天降下的禍害，還可以逃開；自己造作罪孽，就無法活命了。』說的就是這種情況。」

人的處境取決於自己的言行與心態

孟子不願意和不走在人生正路上的人商議，孔子則是「道不同不相爲謀」。人生理想不同，就不必互相商量事情，即使商量也不會有結論，因爲雙方的原則不一樣，目的也不同。孟子的話表示他自己是行仁的人，並且只有行仁的人可以做理性的溝通，因爲大家都是走在人生正途上。

很多人在行動過程中，不知道將招致什麼可怕的結果，因爲他沒有遠見，既不明白人性，也不能從歷史中得到教訓。所以他在胡作非爲的時候，覺得很得意，但是之後就會有災難。

尚未亡國敗家的時候，不行仁的人根本聽不進善意的建言，剛愎自用，夜郎自大，以爲做的事一定是對的。人對水的態度，誠如孔子所言，取決於水本身的清濁；人在面對不幸遭遇時，又怎能忽略自我反省呢？

所以，並不是每一個人都有偉大的遠見；只是在做任何事的時候，會累積形成內心的一種狀態，一種趨勢，就在其中埋下了種子，最後出現禍福因果。一個人行善的話，福雖未至，禍已遠離；反之，做壞事雖然沒有立即的災禍，但是福已經因此離開。心態慢慢趨向黑暗的領域而不自知，等到造成後果就來不及了。

所謂的國家征伐自己，是指內亂。物不腐，則蟲不生；內不失志，則外患不來。《尚書》提到：「天作孽，猶可違；自作孽，不可活。」天在這裡代表自然界，像狂風暴雨、山崩海嘯之類的天災，都還可以預先防備。但是「自作孽」的話，病根在自己身上，不易察覺，等於帶著不定時炸彈在身上，誰能救得了你呢？

本章有許多大家耳熟能詳的經典引文，與值得口頌心維的名句。立論焦點在於肯定人在道德上的自主性。人只要願意，就一定可以行仁；並且，人只要行仁，就一定會受人尊重。個人如此，負責治國的國君更是如此。

〈7・9〉

孟子曰：「桀、紂之失天下也，失其民也；失其民者，失其心也。得天下有道：得其民，斯得天下矣。得其民有道：得其心，斯得民矣。得其心有道：所欲與之聚之，所惡勿施，爾也。民之歸仁也，猶水之就下、獸之走壙（ㄎㄨㄤˋ）也。故為淵敺（ㄑㄩ）魚者，獺（ㄊㄚˋ）也；為叢敺爵（ㄑㄩㄝˋ）者，鸇（ㄓㄢ）也；為湯、武敺民者，桀與紂也。今天下之君有好仁者，則諸侯皆為之敺矣。雖欲無王，不可得已。今之欲王者，猶七年之病求三年之艾也。苟為不畜，終身不得。苟不志於仁，終身憂辱，以陷於死亡。《詩》云：『其何能淑？載胥及溺。』此之謂也。」

孟子說：「夏桀與商紂失去天下，是由於失去了百姓；失去百姓，是由於失去了民心。因此，得到天下有方法：得到百姓，就得到天下了。得到百姓有方法：得到民心，就得到百姓了。得到民心有方法：他們想要的，替他們聚集起來；他們厭惡的，不加在他們身上，如此而已。百姓歸向仁德，就像水往下流、野獸奔向曠野一樣。所以，替深水趕來魚的，是水獺；替樹叢趕來鳥雀的，是鷂鷹；替商湯、周武王趕來百姓的，是夏桀與商紂。如果現在天下的君主有愛好仁德的，那麼其他諸侯就會替他趕來百姓。即使他不想稱王天下，也是不可能的。現在想要稱王天下的人，就像患了七年的病要用存放三年的艾草來醫治。如果不開始積存就終身都得不到。如果不立志行仁，就終身憂愁受辱，以至於死亡。《詩經．大雅．桑柔》上說：『他們怎麼做得好？只有一起溺水了。』說的就是這種情況。」

為善需要長期的努力

孟子所言「桀、紂之失天下也，失其民也……得其心有道：所欲與之聚之，所惡勿施，爾也」，這是很簡單的邏輯推論。所謂「民為邦本，本固邦寧」，若要得民，首在收服人心，而人心總是歸向善待百姓的領袖。

「民之歸仁也，猶水之就下、獸之走壙也。」這句話顯示孟子對人性的看法——

人性向善。君主有仁德，自然善待百姓；百姓依人性的趨向而支持這樣的君主，不是十分合理嗎？換言之，對百姓有利的，百姓當然歡迎；若要引導百姓也能一起行善，則須憑藉教育。在自然狀態下，人會以利己為善，受過良好教育之後，就會明白「人與人之間的適當關係」是善，然後百姓也會願意行善，如此國家就會上軌道，人人可以安居樂業。

孟子由自然界的魚和鳥雀開始聯想：如果天下的君主有愛好仁德的，那麼其他諸侯就會替他趕來百姓，因為其他諸侯無異於可怕的水獺與老鷹，這個比喻很生動。

孟子在〈盡心上〉說過：「堯舜性之也，湯武身之也，五霸假之也。」堯、舜做好事是出於本性自然，商湯與周武王是靠修身努力，因為他們知道行善百姓才會歡迎。

五霸行善的時候是以此為手段，好像暫且借用一般，但是「久假而不歸，惡知其非有也？」借用久了而不歸還，怎麼知道他們本來是沒有仁義的呢？所以假裝去做好事，本身無可厚非，但要一路走來始終如一才行。

艾草可以治病，但它的特色是，要存放很久才有藥效。假設患了七年的病，要用存放三年的艾草才能治，現在再來設法，不是永遠等不及了嗎？所以「三年之艾」的說法也提醒我們：為善不能只靠「一念之仁」，而是需要長期努力，亦即《中庸》所謂「擇善而固執之」。

孟子的意思是要說明一個道理：只要現在願意行仁，生命就會立即轉向。所以孔子說：「朝聞道，夕死可矣。」生命的重要關鍵是一個轉向，只要轉向光明，就會充滿希望。

〈7．10〉

孟子曰：「自暴者，不可與有言也；自棄者，不可與有爲也。言非禮義，謂之自暴也；吾身不能居仁由義，謂之自棄也。仁，人之安宅也；義，人之正路也。曠安宅而弗居，舍正路而不由，哀哉！」

孟子說：「殘害自己的人，不可能同他商議事情；放棄自己的人，不可能同他有所作爲。說話詆毀禮制與義行，就叫做殘害自己；認爲自己不能以仁居心、由義而行，就叫做放棄自己。仁德，是人類安穩的住宅；義行，是人類正當的道路。空著安穩的住宅不去住，捨棄正當的道路不去走，眞是可悲啊！」

仁德是人類安穩的住宅

孟子說：「自暴者，不可與有言也；自棄者，不可與有爲也。」前面是商議，後面是作爲，代表人的言與行。遇到自暴自棄的人，你說什麼話都沒用，他聽不懂也做不到。一個人如果傷害自己又放棄自己，沒有人能幫得了他。孟子是傑出的老師，但是面對自暴自棄的人，也束手無策。

殘害自己不是指身體上的自殘，而是指詆毀禮制與義行，譬如批評禮制是虛僞，義行是造作，存有這樣心態的人就是自暴者。自暴者既然「言非禮義」，當然不會去實踐禮與義，那麼依「人性向善」的觀點，他不是殘害了自己的人性嗎？自棄者放棄了仁義，這不是背離了人性的正確途徑，放棄自己做爲一個人最可貴的資源嗎？

孟子不教「自暴自棄者」。而至聖先師孔子，也有一種學生不教，那就是「鄉愿」。因爲「鄉愿」沒有誠意，見人說人話，見鬼說鬼話，和每個人都保持良好的關係。這種人孔子不教，因爲他不眞誠。

住宅、道路都是比喻，表示一個人心裡存著仁德，在任何地方都可以安頓；他只要實踐義行，走到哪裡都可以通達順暢。

一個人如果隨時想著行善，隨時注意該做的事，到處都可以安居。心裡面存著仁德，那就是「安宅」。道路代表實際去走的路，就是各種與別人互動的行爲。在生命不斷進展的過程中，隨時要注意該不該做的問題。什麼樣的行爲才是義行？由義而行，義即是正路。只有仁德才能安定人心，因爲人心永遠嚮往著它；義行是人的正路，是正確的抉擇與行動；仁與義都是由人心發其端，再表現爲具體的善的作爲。

〈7・11〉

孟子曰：「道在邇而求諸遠，事在易而求諸難。人人親其親、長其長，而天下平。」

孟子說：「道路就在眼前，卻向遠處去尋找；事情本來容易，卻往難處去設法。只要人人親愛自己的父母，尊敬自己的長輩，天下就會太平。」

困難事從簡單處著手

孔子說：「仁遠乎哉？我欲仁，斯仁至矣！」孟子也有同樣的看法，因爲人只要眞誠，就會覺察自己內心有向善的力量，順此而行即可爲善。我們怎能「捨近求遠」呢？天下最容易的事就是自己決定去做該做的事，因爲那完全操之於己。

如果每個人都認眞改善自己兄弟姊妹、父母子女的關係，再推廣到社會上，不就天下太平了嗎？

著名學者胡適之對他的兒子只有一個期望——不要危害社會。這是人類自我要求的底線，由此出發，再去期望他走上正途。與其希望子女光宗耀祖，最後無法成功淪於自暴自棄，還不如從小提醒他不要危害社會，無論如何都不要成爲別人的負擔。

所以，孟子的理想並非空想。人人修身齊家，以此爲基礎，再去照顧社會上需要幫助的人。《禮記・禮運・大同》提到的「鰥寡孤獨廢疾者皆有所養」也是此義，人民繳了稅，政府就有能力去照顧這些人。孟子的說法不是幻想，稍加思考推理之後就會發現：任何事情本來就是操之於己，從自己開始做起，修身齊家治國就沒有什麼問題了。

〈7・12〉

孟子曰：「居下位而不獲於上，民不可得而治也。獲於上有道，不信於友，弗獲於上矣。信於友有道，事親弗悅，弗信於友矣。悅親有道，反身不誠，不悅於親矣。誠身有道，不明乎善，不誠其身矣。是故誠者，天之道也；思誠者，人之道也。至誠而不動者，未之有也；不誠，未有能動者也。」

孟子說：「身居下位而得不到長官的支持，是不可能治理好百姓的。要得到長官的支持有方法，如果不被朋友信任，就得不到長官的支持。要被朋友信任有方法，如果事奉父母未能讓父母高興，就不會被朋友信任。要讓父母高興有方法，如果反省自己卻不夠眞誠，就無法讓父母高興。要眞誠反省自己有方法，如果不明白什麼是善，就不能眞誠反省自己。因此，眞誠是天的運作模式，追求眞誠是人的正確途徑。極端眞誠而不能使人感動，是不曾有過的事；如果沒有眞誠，是絕不能感動別人的。」

追求眞誠是人生的正確途徑

「居下位而不獲於上，民不可得而治也。獲於上有道，不信於友，弗獲於上矣。信於友有道，事親弗悅，弗信於友矣。」這說明一切要從家庭出發，假設有個人對父母不孝順，父母對他也不滿意，朋友怎麼敢信任他呢？人若孝順，則不忍心讓父母失望或受辱，那麼他在社會上與人交往，自然潔身自愛，也自然會受朋友信任。

所謂「反身而誠」，指的是眞誠反省自己，就會讓父母高興，因爲眞誠的人絕不會忘記父母的養育之恩，自然表現孝順的言行而使父母開心。

反省自己，需要先明白什麼是善。因爲人不是生下來就明白善是什麼，往往要靠「先知覺後知，先覺覺後覺」。換句話說，要老師教誨才知道什麼是善。內心本有的「善端」與具體的善的表現相互印證，就明白什麼是善，然後才能夠眞誠體察內心向善的力量。《易傳》說：「閑邪存其誠。」意思是：防範邪惡以保存內在的眞誠。由此可見，眞誠與邪惡勢不兩立。人若不明善，又如何肯定自己的眞誠呢？

而且，人的眞誠要表現在具體行爲上，不能只是說說而已。譬如對父母孝順，對朋友講信用，這些都是針對客觀的善來眞誠反省與要求自己。

「是故誠者，天之道也；思誠者，人之道也。」「天」是包括天及天所產生的一切。而宇宙萬物之中，只有人有「可能」不眞誠，所以人就要「思誠」，追求眞誠。換句話說，動物世界沒有眞不眞誠的問題，因爲牠們不可能不眞誠。

宇宙萬物除了人之外，其他生物都沒有眞不眞誠的問題。「誠者，天之道也」，天就代表宇宙萬物的來源與宇宙萬物本身，它是眞誠的，亦即它只有一套運作模式，是可以預測的。但是人不一樣，因爲人「可能」不眞誠，所以孟子才會說，追求眞誠是人的正確途徑，如果不追求眞誠就不是人生正途，就不是「人之道」。

「至誠而不動者，未之有也；不誠，未有能動者也。」就如同「精誠所至，金石爲開」，眞心對一個人很好，一再表達善意，對方終究會受到感動。

本章呈現了孟子的人生哲學。一個人從政之後自然想要治理有成，努力的方向是依序上推：獲於上、信於友、事親悅、反身誠、明乎善。在此孟子並未針對最基礎的「明乎善」去發揮，理由大概有二。其一，「明乎善」涉及良好的教育，而這不是個人所能決定的。有些人沒有機會受教育，「人不學不知道」，不學習就不懂得人生的正路。

其二，「明乎善」總是與「反身誠」連結在一起。一個人眞誠反省自己，就會體驗到內在有向善的動力。《中庸》上說：「誠則明」，眞誠反省自己，將會體悟到自己內在有向善的動力；同樣，「明則誠」，一個人明白了什麼是善，就會眞誠反省自己。

《中庸》上說：「自誠明，謂之性；自明誠，謂之教，誠則明矣，明則誠矣。」「自誠明，謂之性」，意思是：從眞誠出發而能夠覺悟，這叫做性。只要眞誠就會發現人性是向善的。以眞誠爲出發點，譬如搭車時，自己有座位，卻看見老太太沒有座位，心裡會很不安，這就是「自誠明」。「自明誠，謂之教」，意思是：從明到誠叫做教育，受教育明白道理之後，內心就會眞誠體察到向善的力量。

「誠則明矣，明則誠矣」，意即：如果眞誠就會覺悟什麼是善，覺悟什麼是善就會眞誠。這是《中庸》的話。孟子的「誠者，天之道也；思誠者，人之道也」與《中庸》的「誠者，天之道也，誠之者，人之道也」對照比較，可見《中庸》比《孟子》更進一步，用「誠之」等於是要求自己去做到誠，這顯然比追求誠要更進一步，在文法上說來更爲精要。

古人的「天」是一個複雜而重要的概念，原始的角色有五點：主宰之天、造生之天、載行之天、啓示之天、審判之天。原來的五種「天」，在春秋時代變成三種。「主宰之天」還是維持原意，但作用大降，並且常常被當作戰爭的藉口。譬如要攻打某個國家，就說是上天要我攻打的。像齊國伐燕國，說「不取必有天殃」，顯然就是藉口。

「自然之天」，是由「造生」和「載行」兩種功能所合成的。「造生」和「載行」代表自然界的出現與自然界的維持，這兩者到後來已經喪失了超越的意義，就變成純粹的大自然，上有天下有地，就像是春夏秋冬的運轉。「命運之天」，「命運」是由「啓示」和「審判」兩個功能演變出來的。「啓示」者，昭告世人行善避惡；「審判」者，有善必賞、有惡必罰。把行善避惡和賞善罰惡合在一起就變成命運。這兩者本來是說善惡的報應，後來變成沒有適當報應，全靠命運，好命不是由於做好事，而是天生命好。如此，到孟子的時代只剩下三種天：主宰、自然、命運。孟子說天的時候，往往三個含義都具備。

以「人之道」與「天之道」對比，一方面顯示人的地位在宇宙萬物中最爲獨特，另一方面也提醒我們，人是唯一可以「誠」也可以「不誠」的生物。誠是人生的正確途徑，人若不誠，只是虛僞、做戲，根本是一場空，還奢談什麼人生？這一生沒有做眞正的自己，有什麼意義呢？但是有時候，人不見得可以自由選擇。譬如，有人生下來就具有某種角色、某種身分，從來不可能以平凡人身分與其他人進行平等的互動。這樣的人完全被社會化，在社會上變成一個階級的成員、特定的工具。他自己也無可奈何。當然也許他很喜歡，但是注定一輩子都活在一種空洞的人際關係裡。

由此可知，我們身爲一個平凡人，就要享受平凡人的樂趣，做到眞誠。如果覺得這樣太單調，可以開發潛能，而潛能的空間是無限的。「誠者，天之道；思誠者，人之道」，孟子兩千多年以前說的話，今天看來還是很有啓發性。

〈7・13〉

孟子曰：「伯夷辟紂，居北海之濱，聞文王作，興曰：『盍歸乎來！吾聞西伯善養老者。』太公辟紂，居東海之濱；聞文王作，興曰：『盍歸乎來！吾聞西伯善養老者。』二老者，天下之大老也，而歸之，是天下之父歸之也。天下之父歸之，其子焉往？諸侯有行文王之政者，七年之內，必爲政於天下矣。」

孟子說：「伯夷避開商紂，住在北海的海邊，聽說周文王奮發有爲，就振作起來說：『何不去投奔西伯！我聽說他善於奉養老人。』姜太公避開商紂，住在東海的海邊，聽說周文王奮發有爲，就振作起來說：『何不去投奔西伯！我聽說他善於奉養老人。』這兩位是天下最有聲望的老人，他們投奔了周文王，就等於天下做父親的都去投奔了。天下做父親的都去投奔，他們的兒子還能往哪裡去呢？諸侯中如果有實行周文王政治的，不出七年，一定可以得到天下的政權。」

德高望重的賢人，對社會有正面示範作用

「西伯」是指西方的大諸侯，亦即當時的周文王。周文王對老人家照顧得很好，使老有所養，讓大家都生活安定，所以伯夷就去投奔他。

第二位投奔周文王的老者是姜太公，亦即姜子牙。老年人見多識廣，只希望安心養老，他們的要求很單純，就是社會應該長幼有序、敬老尊賢，讓人人安居樂業。

姜太公遷往周朝，後代封於齊國。老年人來了，他們的兒子還能往哪裡去呢？國之「大老」自然能夠影響年輕的百姓。老者德高望重，他們支持的人，年輕人也會支持。至於「七年之內，必為政於天下矣」，這在文王可以為例，但是別的國君就很難以實驗去證明了。

周文王善於奉養老人，因為老人不但閱歷豐富，並且對社會已經奉獻了心力。在感情上，子女自然會追隨父母，也歸向周朝；在道理上，人都會老，在老了之後不再具有經濟上的效益，那麼，周朝養老，不是回應了人人心中最深的渴望嗎？而周文王從不追求自身的享受，所以可以把資源用在百姓身上。現在想要學習周文王的人，首先就須推行仁政，亦即由減少享樂、關懷人群著手做起。這一步就是極大的挑戰了。

〈7．14〉

孟子曰：「求也爲季氏宰，無能改於其德，而賦粟倍他日。孔子曰：『求非我徒也，小子鳴鼓而攻之可也。』由此觀之，君不行仁政而富之，皆棄於孔子者也，況於爲之強戰？爭地以戰，殺人盈野；爭城以戰，殺人盈城，此所謂率土地而食人肉，罪不容於死。故善戰者服上刑，連諸侯者次之，辟草萊、任土地者次之。」

孟子說：「冉求擔任季氏家臣時，不能改變季氏的作風，反而把田賦增加一倍。孔子說：『冉求不是我的同道，同學們可以敲著大鼓去批判他。』由此看來，君主不實行仁政，卻還去幫他聚斂財富的人，都是孔子所唾棄的，更何況是爲他賣力作戰的人呢？爲爭奪一塊土地而戰，殺死的人遍野都是；爲爭奪一座城池而戰，殺死的人滿城都是，這叫做帶領土地來吃人肉，罪惡之大，連死刑都不夠罰。所以善於打仗的人應該受到最重的刑罰；連結諸侯、掀起戰端的，該受次一等的刑罰；開墾荒野、增加收成來備戰的，該受再次一等的刑罰。」

儒家的反戰立場

冉求是孔子的學生，多才多藝。孔子有些學生列名於四科：德行、言語、政事、文學。在政事科，第一名是冉求，第二名才是子路。冉求在做官方面比子路更有成就，但是孔子對他的表現非常不滿。因爲他不能改變季氏這位魯國當權的大夫，反而把田賦增加一倍，讓他的老闆發大財。

於是孔子說冉求「非我徒也」，「徒」是一起走在路上，同道之意。孔子可能爲了自己教學失敗而十分痛心。

「爭地以戰，殺人盈野；爭城以戰，殺人盈城。」君主應該是爲了照顧人群而去蓋城，爲了養育人口而有土地的。但卻本末倒置，爲了爭城爭地殺死很多人，爲了擴張土地而去侵略別的國家，結果死傷慘重。孟子認爲這等於是「率土地而食人肉」，連死刑都不夠罰啊！

是誰連結諸侯掀起戰爭的？就是那些縱橫家。國君府庫充足之後，就會增加軍備，等於開發土地是爲了備戰。在此可以看出孟子的反戰思想。

孟子說「善戰者服上刑」，老子說「戰勝以喪禮處之」（三十一章），兩者相當接近，道家與儒家都是人文主義，都肯定生命的可貴。不過，儒家主張「人性向善」，所以它的可貴在於要人「行善避惡，擇善固執」，一輩子努力修德；道家嚮往順其自然，無爲而治，要以智慧覺悟做爲整體的「道」。儒家不探討這種類型的智慧。雖然儒家強調修行，道家強調智慧，但是兩者的出發點都是來自人性的潛能。

由此可見，道家、儒家對反戰採取相同的立場。他們都屬於人文主義，肯定人類生命的價值，絕不能把人當作手段或工具來使用，而戰爭正是把人的生命當作手段。

〈7・15〉

孟子曰：「存乎人者，莫良於眸子。眸子不能掩其惡。胸中正，則眸子瞭焉；胸中不正，則眸子眊（ㄇㄠˋ）焉。聽其言也，觀其眸子，人焉廋（ㄙㄡ）哉！」

孟子說：「觀察一個人，沒有比觀察他的眼睛更好的了。眼睛不能遮掩他的邪惡。心思正直，眼睛就明亮；心思不正直，眼睛就濁暗。聽一個人說話，同時觀察他的眼睛，這個人的善惡還能隱藏到哪裡去呢？」

身體是配合內心狀態而運作

孟子主張「身心合一論」。內心高興就會笑，就會手舞足蹈；內心難過，就會皺起眉頭，疾首蹙額。所以孟子認爲，觀察一個人最好的方法，就是觀察他的眼睛。人也有可能內心憤怒而表面裝作高興，但是眼神卻不能騙人。一個人撒謊的時候，目光難免閃爍，不敢正眼看人。由此可見孟子的「身心合一論」有一定的道理。

百姓看到國君欣賞音樂、打獵作樂時，都疾首蹙額，那是因爲百姓生活困苦，無法強顏歡笑。當然，如果有人患了眼疾，或者肝膽有毛病，也可能出現眼珠昏黃的症狀。孟子說法的重點，不在合乎醫學常識，而在強調身心的自然協調狀態。「言爲心聲」是個原則，若是說出違心之論，則眼神會洩漏內心的祕密。西方也有「眼睛是靈魂之窗」的說法，可以對照參考。

〈7・16〉

孟子曰：「恭者不侮人，儉者不奪人。侮奪人之君，唯恐不順焉，惡得爲恭儉？恭儉豈可以聲音笑貌爲哉？」

孟子說：「謙恭的人不會侮辱別人，節儉的人不會掠奪別人。有些君主，侮辱別人也掠奪別人，唯恐別人不順從他，怎麼算得上謙恭與節儉呢？謙恭與節儉，難道可以靠好聽的聲音與微笑的臉孔來僞裝嗎？」

行動勝於巧言令色

做什麼比說什麼更重要。口中宣稱要謙恭、要節儉，實際的行動卻是侮辱人又掠奪人。會如此表現的，大概總是擁有權力的政治領袖。他眼見別人不敢抗議，就以爲自己可以任意妄爲。然後，利用「聲音笑貌」來表現自己的親和力，以爲這樣就可以取信於人。欺侮別人，還要別人感恩戴德，這在古代社會也許行得通，到了現代必定受人唾棄。

〈7・17〉

淳于髡（ㄎㄨㄣ）曰：「男女授受不親，禮與？」

孟子曰：「禮也。」

曰：「嫂溺，則援之以手乎？」

曰：「嫂溺不援，是豺狼也。男女授受不親，禮也；嫂溺，援之以手者，權也。」

曰：「今天下溺矣，夫子之不援，何也？」

曰：「天下溺，援之以道；嫂溺，援之以手。子欲手援天下乎？」

淳于髡說：「男女之間不親手遞接東西，這是禮制的規定嗎？」

孟子說：「是禮制的規定。」

淳于髡說：「如果嫂嫂掉進水裡，要用手去拉她嗎？」

孟子說：「嫂嫂掉進水裡而不去拉她，就是豺狼了。男女之間不親手遞接東西，這是禮制的規定；嫂嫂掉進水裡用手去拉她，這是變通的辦法。」

淳于髡說：「現在天下的人都掉進水裡了，先生卻不肯伸手，爲什麼呢？」

孟子說：「天下的人掉進水裡，要用正道去救；嫂嫂掉進水裡，要用手去救。你難道想用手去救天下的人嗎？」

培養智慧，才能權衡現實處境的特殊性

淳于髡是齊國一位善於辯論的人，他故意出難題問孟子，用的是「道德兩難法」：「嫂溺，則援之以手乎？」嫂嫂掉到水裡的時候，做弟弟的要不要救呢？「兩難」在於：一邊是「授受不親」，另一邊是「要不要救人」。

所謂的「男女授受不親」，第一個「授」是給與，第二個「受」是接受。以前男女的區隔非常嚴格，所以規定「男女授受不親」。

此外，古代對於叔嫂之間的關係又特別嚴格規範，「叔嫂不通問」，平常連互相問候都要避免，以免引起不必要的誤會與嫌疑。那麼，如果嫂嫂掉到水裡，小叔要不要伸手去救呢？這是讓人爲難的問題。

即使一個不認識的女子掉到水裡都該伸出援手，何況是自己的嫂嫂？所以孟子說：當然要救。一個人在生活中要有原則，但是在特殊情況下要知道變通。在這些地方，孟子的智慧就很清楚了。孔子也說過，最難找到的朋友是可以一起商量變通辦法的（與權）。如果不知變通，就成了死守制度條文的形式主義了。

「今天下溺矣，夫子之不援，何也？」「天下溺，援之以道；嫂溺，援之以手。子欲手援天下乎？」這是一段精彩的辯論。天下的人掉到水裡要等人去救，意思是要孟子出來做官幫助百姓；孟子則直接指出，做官需要靠國君的正道才有用，否則一個人做好官有什麼用呢？「一薛居州，獨如宋王何？」就是同樣的道理。

「守經」與「達權」配合，就是在遵守固定規範時，也須權衡輕重，採取變通的做法。任何禮制規定都是固定的條文，可以維繫社會整體的秩序，但是人的現實處境卻各個不同，因此要培養判斷的智慧，既能守經，又能達權。「經」就是常規，「權」就是變通。

世間的變化很快，而且每個人情況不同，所以要保持高度的警覺。人的情感總是在變化之中，所以儒家強調明智，要分辨什麼時候該怎麼做，就是對人與人之間的互動關係要非常敏感。至於採取何種具體措施，則需考慮效益。秉持眞誠之心，依循固定規範，再以有效的方法完成初衷。如果拘泥於禮儀條文，以致於錯過了救人的時機，那不是近似「禮教吃人」嗎？仔細省思本章，可知孟子絕無助成「禮教吃人」的嫌疑。

〈7・18〉

公孫丑曰：「君子之不教子，何也？」

孟子曰：「勢不行也。教者必以正；以正不行，繼之以怒。繼之以怒，則反夷矣。『夫子教我以正，夫子未出於正也。』則是父子相夷也。父子相夷，則惡矣。古者易子而教之，父子之間不責善。責善則離，離則不祥莫大焉。」

公孫丑說：「君子不親自教育兒子，這是爲什麼呢？」

孟子說：「就形勢看，是做不到的。教育的人，一定要講求正確的道理；用正確的道理行不通，接著就會生氣；一生氣反而傷感情。兒子會說：『您用正確的道理教育我，但您自己的作爲未必合乎正確的道理。』這樣，父子之間就傷了感情。父子之間傷了感情，就太糟了。古代的人是與別人交換兒子來教育的，父子之間不會因爲要求行善而互相責備。要求行善而互相責備，就會彼此疏遠；父子變得疏遠，沒有比這更不幸的了。」

避免親情與教育之間的衝突

這一章與教育子女有關，就是主張所謂的「易子而教」。教育孩子，一定要告誡他怎麼做才是對的，此謂「教者必以正」。愛之深，責之切，有時候孩子是性格使然，會一再犯類似的過錯，這時父親的反應呢？「繼之以怒，則反夷矣。」「反夷」就是反過來傷感情。《易經》有「明夷卦」，是描寫光明受到傷害。

「夫子教我以正，夫子未出於正也。」做父母的教育子女，當然希望子女循規蹈矩，但是父母自己不一定能做得到所教的一切。

「相夷」是互相傷害、責怪之意。孟子說的很合乎人情，「易子而教」，教別人小孩很有效率，因爲不用混、不用賴，一板一眼；但是教自己的子女就沒辦法這麼客觀，而較容易受到情緒的干擾。

〈7．19〉

孟子曰：「事，孰爲大？事親爲大；守，孰爲大？守身爲大。不失其身而能事其親者，吾聞之矣；失其身而能事其親者，吾未之聞也。孰不爲事？事親，事之本也；孰不爲守？守身，守之本也。曾子養曾晳，必有酒肉；將徹，必請所與；問有餘，必曰：『有。』曾晳死，曾元養曾子，必有酒肉；將徹，不請所與；問有餘，曰：『亡矣。』將以復進也。此所謂養口體者也。若曾子，則可謂養志也。事親若曾子者，可也。」

孟子說：「哪一種事奉最重要？事奉父母最重要；哪一種守護最重要，守護自身最重要。不喪失自己的節操而能事奉父母的，我聽說過；喪失自己的節操還能事奉父母的，我沒有聽說過。誰能不事奉別人？事奉父母是一切事奉的根本；誰能不守護別人？守護自身是一切守護的根本。曾子奉養他的父親曾晳時，每餐一定有酒有肉。撤除食物時，一定要請示剩下的給誰；父親問有沒有多餘的，他一定說『有』。曾晳死後，曾元奉養他的父親曾子，每餐也必定有酒有肉。但是撤除食物時，不再請示剩餘的給誰；父親問有沒有多餘的，他就說『沒有了』，準備留到下一頓再給父親吃。這叫做奉養父親的口腹。像曾子那樣，才可稱爲奉養父親的心意。事奉父母做到像曾子那樣，就可以了。」

事親和守身是做人最根本的原則

生命得自於父母，事奉父母自然很重要。一個人要守住自己的節操，然後才能事奉父母。無節操則內心愧疚，又怎能以眞誠態度面對父母？

其實人活在世界上，要堅持的就是——做人處事有原則，有原則可以放諸四海而皆準。譬如一個人如果不講信用，不能夠守住自己的諾言，則其他的優點都會大打折扣。

曾晳吩咐把剩下的酒肉給別人，這是要行善，而曾子（即曾參）遵循父親的意志去行善，才算合乎「養志」的要求。

人到老年，心地較爲柔軟，悟理較爲透澈，自己有能力也希望可以幫助別人。曾子體諒父親的心情，伺候父親吃完飯就問剩下的給誰，讓父親可以行善。

但是，曾子的父親死了以後，換他的兒子曾元來奉養他，每餐也必定有酒有肉，但是撤除食物時不再請示剩餘的給誰，曾子就算有善心也沒有機會實現。

有一個故事，說一個老人吃飯時手會發抖，一發抖就把碗摔破。做媳婦的想，每天摔破一個碗太浪費了，就買木頭碗給他用。有一天媳婦回家時，看到兒子坐在門口，拿著一把刀削木頭，做媽媽的就問兒子在幹什麼。兒子說要削兩個木頭碗，將來一個給父親，一個給母親。這就說明，事奉父母光是養活他們是不夠的，還要尊敬他們。人與人來往，本來就須考慮「內心感受、對方期許、社會規範」三點，這是儒家在實踐方面的主張。

〈7・20〉

孟子曰：「人不足與適（ㄓˊ）也，政不足間（ㄐㄧㄢˋ）也；唯大人爲能格君

心之非。君仁，莫不仁；君義，莫不義；君正，莫不正。一正君而國定矣。」

孟子說：「國君的用人，不值得多加譴責，施政也不值得加以非議；只有德行完備的人，才能夠改正君主的偏差心思。君主行仁，沒有人不行仁；君主行義，沒有人不行義；君主端正，沒有人不端正。只要使君主端正，國家就安定了。」

行為偏差是因為心的偏差

「唯大人爲能格君心之非」，「大人」是指德行完備的人，亦即能夠長期擇善固執，以致抵達「充實而有光輝之謂大」的境界。「格」是正，「君心之非」代表國君的偏差心態。君主的心思有問題，用人方面會有層出不窮的錯誤，施政也將陷於混亂與難局中。

心是一個樞機，是一個關鍵。國君心思正確的話，用人、做事就能正確。如果沒有糾正，只是去指摘他用錯人或施政錯誤，就是只注意到末節，沒有掌握根本。

在朱熹的注解中，引用程頤的話：「天下之治亂，繫乎人君之仁與不仁耳。心之非即害於政，不待乎發之與外也。昔者孟子三見齊王而不言事，門人疑之。孟子曰：『我先攻其邪心，心既正，而後天下之事可從而理也。』」

孟子見了齊宣王三次，卻沒有和他談特定、具體的事情。學生覺得奇怪，孟子爲何錯過這些機會呢？孟子說：「我先去改變他邪惡的心思，他的心端正的話，做任何事都能上軌道。」心不正的話，還有很多錯誤會一一出現。

本章開頭所謂的人與政，皆是指國君的偏差作爲而言，爲什麼不必譴責與非議呢？因爲根本的問題在於「君心之非」，國君的心有邪惡的意念。只要本源清澈了，流水自然乾淨。

以整個社會來說，政治領袖自身行仁、行義、端正，天下人自然聞風景從。孟子對天下人的反應，習慣用集合名詞來描寫，這不是由於他粗心大意，而是他對「人性」有深刻信念。人性無不向善，所以君主行善，天下人自然樂於共襄盛舉。

〈7·21〉

孟子曰：「有不虞之譽，有求全之毀。」

孟子說：「有意料不到的讚譽，也有過於苛求的詆毀。」

為人謙虛，才有成長的空間

「有不虞之譽，有求全之毀。」所謂的「求全之毀」，可以舉例說明。譬如，有個政治人物，人們常說：他的缺點就是沒有任何缺點。換個角度來說，他可能是比較儒弱、溫和，沒有什麼行動魄力。這樣說他，就是「求全之毀」。

至於「不虞之譽」，余英時先生就曾說自己有「不虞之譽」。二十多年前，台灣幾家報紙對他都非常推崇。有一次他寫了一篇文章，談中國人的價值觀，在《中國時報》一天兩萬字登完，整版攤開來，都是他的文章，好像是傳世傑作一般，報紙很少這樣刊文章的，眞是榮耀之至。而他親口對我說，這是名過其實。

〈7·22〉

孟子曰：「人之易其言也，無責耳矣。」

孟子說：「一個人說話輕易出口，那就不值得責備他了。」

謹言愼行，才能受敬重

孟子會這麼說，是因爲「輕諾者必寡信」，這句是老子的話。輕易就答應別人的要求，往往很少能守信做到，所以在答應別人時要多多考慮。唯有謹言愼行，才能受人敬重。

〈7·23〉

孟子曰：「人之患在好爲人師。」

孟子說：「人應該擔心的毛病，就是喜歡充當別人的老師。」

好為人師者無法進步

孟子認爲，人應該擔心的事，在於「好爲人師」。好爲人師的最大問題，在於自己心滿意足，不再進步，最後成爲井底之蛙。孔子說：「三人行必有我師焉，擇其善者而從之，其不善者而改之。」像孔子這樣的人，還到處向人學習，何況是一般人？

〈7・24〉

樂正子從於子敖之齊。樂正子見孟子。孟子曰：「子亦來見我乎？」

曰：「先生何爲出此言也？」

曰：「子來幾日矣？」

曰：「昔者。」

曰：「昔者，則我出此言也，不亦宜乎？」

曰：「舍館未定。」

曰：「子聞之也，舍館定，然後求見長者乎？」

曰：「克有罪。」

樂正子跟隨王子敖到了齊國。樂正子去見孟子。孟子說：「你也來看我嗎？」

樂正子說：「先生為什麼說這樣的話呢？」

孟子說：「你來了幾天了？」

樂正子說：「昨天到的。」

孟子說：「昨天，那麼我說這樣的話，不也是應該的嗎？」

樂正子說：「因為住所沒有找好。」

孟子說：「你聽人說過，要住所找好了才去求見長輩的嗎？」

樂正子說：「我做錯了。」

期望愈高，要求愈嚴格

從今天的角度來看這一章，感覺孟子似乎有些苛求。這是因為古代師生關係比較親密，孟子這樣說，自然有他的理由。樂正子在魯國做官時，孟子一聽說就高興得睡不著覺。所以，樂正子回齊國，第二天才去拜訪孟子，孟子當然會覺得難過，因為他對樂正子的期許很高。

由此可見，孟子對學生的要求很高。古人跟隨一位老師，往往一跟隨就是一輩子，一輩子只有一位老師。心中懷念老師，自然迫不及待，怎麼會在乎是否找到館舍呢？

〈7・25〉

孟子謂樂正子曰：「子之從於子敖來，徒餔啜（ㄅㄨ ㄔㄛˋ）也。我不意子學古之道，而以餔啜也。」

孟子對樂正子說：「你跟隨王子敖來到齊國，只是爲了飲食而已。我沒想到你學習古人的理想，竟然是爲了飲食。」

跟隨能讓自己發揮抱負的長官

孟子期許學生「得君行道」，可以發揮抱負，爲民服務。像王子敖（王驩）這樣的人，孟子是不屑與他交談的，樂正子跟著他，還有什麼希望呢？

有官做，是一回事；如何把官做好，才是要謹慎考慮的。樂正子在官場上，追隨了像王子敖這樣的佞臣，好像只是圖個官位，談不上什麼理想與抱負。選擇長官與選擇朋友一樣，也須考慮志趣是否相近，注意「道不同，不相爲謀」的原則。

〈7・26〉

孟子曰：「不孝有三，無後爲大。舜不告而娶，爲無後也。君子以爲猶告也。」

孟子說：「不孝的事有三件，沒有子孫是最大的不孝。舜沒有稟告父母就娶妻，就是擔心沒有後代，所以君子認爲他如同稟告了一樣。」

兩害相權取其輕

依照趙岐所注：「於禮有不孝者三者」，第一，「阿意屈從，陷親不義」，任由父母愛怎麼樣就怎麼樣，就是阿意屈從，結果父母做了壞事而沒有提醒他們，這是不孝順；第二，「家貧親老，不爲祿仕」，家裡很窮，父母老了，還不肯去做官賺錢，不能奉養父母，這是不孝順；第三，「不娶無子，絕先祖祀」，不肯結婚，沒有生子，以至於先祖的祭祀被斷絕了，這是不孝順。

古代因爲講究祭祀，祭拜祖先最重要，而沒有兒子就不能祭祖，所以無後被認爲是不孝的行爲。

至於舜的故事，他的考量是：若是順從父母之意不結婚，將來他與父母必定會因爲自己無子而互相責怪。若是不理會父母的想法，不告而娶，先有了子嗣再說，將來也可能誤會冰釋。兩害相權取其輕，舜的做法依然受到大家肯定。有關舜的特殊處境，在〈萬章上〉將有說明。

〈7・27〉

孟子曰：「仁之實，事親是也；義之實，從兄是也；智之實，知斯二者

弗去是也；禮之實，節文斯二者是也；樂（ㄩㄝˋ）之實，樂斯二者，樂則生矣；生則惡可已也，惡可已，則不知足之蹈之手之舞之。」

孟子說：「仁德的實質，是事奉父母；義行的實質，是順從兄長；明智的實質，是知道這兩者是人不能離開的；守禮的實質，是對這兩者加以調節與文飾；音樂的實質，是由這兩者得到快樂，快樂就這樣產生了；快樂一產生就抑制不住，抑制不住就會不知不覺地手舞足蹈起來。」

實踐仁與義，人生就會轉苦為樂

任何禮儀都要從孝順、尊敬開始。如果父母生活無虞，兄弟姊妹相處和樂，那一定是禮儀的實效，接著，聽音樂才有快樂可言，這種說法是很有道理的。

「生則惡可已也，惡可已，則不知足之蹈之手之舞之」，這就是身心合一論的另一種描述。內心快樂，手腳就會不聽使喚，自動跳起舞來，這種身心協調是很自然的。一個人如果眞正快樂，外在一定會有所表現。我們現在常說的手舞足蹈，在原文是先「足蹈」再「手舞」的。

值得注意的是，孟子的身心合一論，並不是主張身與心二元分立或雙方對等，而是「身小心大」，以心爲主，以身爲從，以心來指揮身。只有心的命令完全左右了身，才會有「行善」的事實出現。也只有心先快樂，身才會自動反映出這樣的快樂。

〈7・28〉

孟子曰：「天下大悅而將歸己，視天下悅而歸己，猶草芥也，唯舜為然。不得乎親，不可以為人；不順乎親，不可以為子。舜盡事親之道，而瞽瞍厎豫（ㄍㄨˇ ㄙㄡˇ ㄓˇ ㄩˋ）；瞽瞍厎豫而天下化，瞽瞍厎豫而天下之為父子者定，此之謂大孝。」

孟子說：「天下的人都十分高興，要來歸順自己，但是把這一切看成像草芥一樣的，只有舜。不能得到父母的歡心，沒有辦法做人；不能順從父母的心意，沒有辦法做兒子。舜竭盡全力孝順父母，終於使他的父親瞽瞍高興；瞽瞍高興了，天下的人也受到了感化；瞽瞍高興了，天下父子之間的倫常也就確定了，這叫做大孝。」

舜的至孝是天下人的楷模

「天下大悅而將歸己，視天下悅而歸己，猶草芥也，唯舜為然。」天下人都來歸順，舜並不覺得有什麼了不起，居然看作像草芥一樣。因為天下再怎麼大，依然是外在的一切，並未觸動舜內心眞正的願望。舜內心的願望很單純，就是希望生養他的父母可以快樂。

「厎」就是致，「豫」就是樂，「厎豫」就是到了高興的地步。久而久之，舜終於使父親高興，不得不承認這個兒子實在是太孝順了。舜身為天子，也像一般百姓一樣，無論父母是好是壞，做子女的都要盡心盡力使他們快樂。

大家都知道瞽叟的惡形惡狀。瞽瞍配合去殺舜，舜依然全心孝順，如此天下人當然都被感化，父子之間的倫常也清楚得到了界定。

舜是天子，言行是天下人的表率。他的德行在艱苦的考驗中，臻於完美之境。我們要效法的是舜的精神，就是只要知道自己的角色與職責，就要全力以赴，做得盡善盡美。在如此努力的過程中，德行也會淬鍊得更加美好。重要的是，除了眞正使父母快樂之外，也可以使自己向善的人性得以實現，經由擇善固執而走向「止於至善」的境界。

卷八〈離婁篇〉下

〈8．1〉

孟子曰：「舜生於諸馮，遷於負夏，卒於鳴條，東夷之人也。文王生於岐周，卒於畢郢（ㄧㄥˇ），西夷之人也。地之相去也，千有餘里；世之相後也，千有餘歲。得志行乎中國，若合符節，先聖後聖，其揆一也。」

孟子說：「舜出生在諸馮，遷居到負夏，最後死於鳴條，是個東方邊遠地區的人。周文王出生在岐周，後來死於畢郢，是個西方邊遠地區的人。兩地相隔一千多里，時代相距一千多年。他們得志時在中國的所作所為，幾乎一模一樣，古代的聖人與後代的聖人，他們所遵循的法度是相同的。」

好漢不問出身，行善順應天命

孟子的文筆與他的思想是一致的，非常合乎邏輯，他第一句先談舜，接著再說周文王，用的是歸納法。諸馮、負夏、鳴條這些地名，現在已經很難找到它們究竟位於何方，但這裡我們要了解孟子所強調的是「東夷」與「西夷」的區分。

古時候的「中國」，主要是指中原地區，「中」這個字的形狀像一面旗子，原本代表「旗」字。在古代的部落社會裡，每個部落有自己的專屬圖騰，如龍、龜、鷹等，並以有此標誌的旗幟做爲號召。當首領把旗子一插，號角一吹，部下就會以插旗之地爲中心，從四面八方集合過來。所以「中」字代表部落社會的首領所在之地，而所謂的「四面八方」就是東、南、西、北等方位。相較於「中」，東夷、西夷都算是邊遠地區，而舜與周文王卻分別來自兩地，有「好漢不問出身」的意思。

舜之後的夏朝歷經四百多年，商朝是六百多年，到周文王在位時正好一千多年。時代相距雖遠，但舜與周文王都是理想的國君，處處替百姓設想，又能夠具體實踐孝、悌、忠、信、禮、義、廉、恥等美德，其所作所爲「若合符節」，意即幾乎一模一樣。「若合符節」的由來，是因爲古代以符、節爲信物，可以用玉、角、銅、竹製作，形狀有虎、龍、人等。一般是破爲兩半，各執其一，相合就可取信。這也表示兩位賢君的善行是一種合乎應然要求的做法，因爲他們所秉持的法度來自人性的自然願望，換句話說，就是「行善」。

「行善」在遠古時代，指的就是政治領袖必須努力得到天命，然後表現德行照顧百姓，這時還沒有進行哲學上的反省。到了春秋時代，諸子百家各自探討宇宙與人生的眞相時，才開始出現所謂的哲學。

真理放諸四海皆準

那麼，孟子所說的「其揆一也」，其意涵又是什麼？

宋朝有所謂「朱陸之爭」，說的是屬於理學的朱熹與屬於心學的陸象山，曾經在鵝湖聚會，討論儒家問題，而有「心」與「理」的不同主張。

所謂「理」，是指用理性的思考去掌握萬物的原理，因此要好好念書、認知，所以理學比較偏重學習和思考；「心」則代表一種道德的覺悟，比較偏重內省。陸象山曾說過：「東海有聖人，此心同，此理同；西海有聖人，此心同，此理同，」就如同現在常用的俗語「人同此心、心同此理」。其實，這是從孟子的「先聖後聖，其揆一也」發展出來的，指的就是不管任何地方，只要有聖人，一定是心同理同。

有一次，我在馬來西亞接受一名馬來人的訪問，對方問及孔子思想的特色，我先說了「己所不欲，勿施於人」。他回說，這個道理他所信奉的伊斯蘭教也有，其他各教派如猶太教等，也都曾提到。的確，像孔子所說的「有教無類」、「因材施教」等觀念，也可以從《聖經》裡發現，耶穌收的學生當中，有漁夫、工人、稅吏等，他也沒有區分職業階層，教學生的方法也不固定用一套答案；釋迦牟尼回答學生的疑惑時，每次的說法也都不一樣。這代表只要我們好好去思考，將可發現眞理都是大同小異，這正是「其揆一也」的道理。

在這一章裡，孟子強調人的心都是一樣的，問題是怎麼把那個「一樣」的部分掌握住。

〈8・2〉

子產聽鄭國之政，以其乘輿濟人於溱（ㄓㄣ）、洧（ㄨㄟˇ）。孟子曰：「惠而不知爲政。歲十一月，徒杠（ㄍㄤ）成；十二月，輿梁成，民未病涉也。君子平其政，行辟人可也，焉得人人而濟之？故爲政者，每人而悅之，日亦不足矣。」

子產主持鄭國的政治時，用自己乘坐的車輛幫助別人渡過溱水與洧水。孟子說：「他給人恩惠，但是不懂得處理政治。如果十一月修好行人的橋，十二月再修好通車的橋，百姓就不會爲渡河發愁了。君子把政治辦好，出行時讓人迴避都可以，怎能一個個地幫人渡河呢？所以負責政治的人，如果要討好每一個人，時間就太不夠用了。」

子產主持鄭國的政治時，有一次河水高漲，百姓過河很不方便，因爲子產的車輛比較高，他就用他的車輛幫助一些百姓過河。孟子聽了這則歷史故事之後，卻認爲子產雖然給人恩惠，但是不懂得處理政治。

這裡所說的「杠」是指獨木，也就是獨木橋的意思；「徒」代表行人，是讓行人可以走路；「病」是指發愁，因爲橋沒造好，百姓過不了河而傷透腦筋。接著，孟子對此一事件，發表了自己的評論。其中，「君子平其政」的「平」代表處理得不錯，使他可以做得很穩當。

給恩惠不如懂治國

孔子認爲子產「有君子之道，四焉」（見《論語・公冶長》，下同），也就是說子產有四方面合乎君子的做法——「其行己也恭」，就是要求自己做到恭謹；「其事上也敬」，事奉君主非常恭敬；「其養民也惠」，照顧百姓能夠廣施恩惠，讓百姓過得快樂；「其使民也義」，讓百姓在適當的時候服勞役，譬如築城牆、挖壕溝等。孔子對子產的作爲十分肯定，但是孟子卻不一樣。

孟子爲什麼要批評子產，說他「惠而不知爲政」、「每人而悅之，日亦不足矣」？因爲他認爲子產並未把握爲政的要領。的確，政治人物如果忙著討好一個個百姓，又怎能善盡職責？

由此，我們可知孟子的智慧，他不會因爲前人的讚美而不去質疑子產的作爲。因爲事實是：一國之君治理國家的首要之務，就是把政務做好，如果分不出輕重緩急，就難免左支右絀。

〈8・3〉

孟子告齊宣王曰：「君之視臣如手足，則臣視君如腹心；君之視臣如犬馬，則臣視君如國人；君之視臣如土芥，則臣視君如寇讎。」

王曰：「禮，爲舊君有服，何如斯可爲服矣？」

曰：「諫行言聽，膏澤下於民；有故而去，則君使人導之出疆，又先於其所往；去三年不反，然後收其田里。此之謂三有禮焉。如此，則爲之服矣。今也爲臣，諫則不行，言則不聽，膏澤不下於民；有故而去，則君搏執之，又極之於其所往；去之日，遂收其田里。此之謂寇讎。寇讎，何服之有？」

孟子告訴齊宣王說：「君主看待臣下如同自己的手足，臣下看待君主就會如同自己的腹心；君主看待臣下如同狗與馬，臣下看待君主就會如同路邊人；君主看待臣下如同泥土草芥，臣下看待君主就會如同仇敵。」

齊宣王說：「禮制規定，離職的臣子要爲過去的君主穿孝服；君主怎麼做，臣子就能爲他服孝呢？」

孟子說：「臣子的勸諫被聽從，建議被採納，使君主的恩澤照顧到百姓身上；臣子有事故要離職，君主就派人引導他離開國境，並且派人先到他要去的地方做好安排；臣子離開了三年還不回來，這才收回他的封地房屋。這叫做三次有禮。這樣做，臣子就會爲他服孝了。現在做臣子的，勸諫不被聽從，建議不被採納，以致君主的恩澤無法照顧到百姓；有事故要離職時，君主就要捉拿他，還設法使他在要去的地方陷入困境；離開的當天，就沒收他的封地房屋。這樣的人叫做仇敵。對於仇敵，還服什麼孝呢？」

這一章講到君臣之間的「相對倫理」。倫理是指人與人相處的原則與規範，古代所有的倫理關係中，只有「父母與子女」這一倫是不可逆的，也就是說，無論父母如何對待子女，子女都不可還手而只能避開，不使父母因爲虐待自己而陷於不義，因爲子女的生命來自父母，所以沒有還手或惡言相向的餘地。

古代國君的權力很大，君要臣死，臣不得不死，有如父母與子女的關係。但是孟子卻有不同的想法，我們從以下的回答可以看出，他認爲君臣之間的倫理關係應該是相互對待的。

君臣關係是相對的

孟子告訴齊宣王的話裡，用了很多比喻，例如手足與腹心、犬馬與國人，土芥與寇讎，都是要闡明君臣關係的相對性。

譬如，一個人從樓上摔下來，一定會用手足保護腹心，絕不會認爲手腳很可貴，而讓腹部、心臟去撞地板。但是如果手腳受傷而不去妥善治療，以後它們如何保護你？如果國君把大臣當作手腳般珍惜，有困難時加以照顧，將來大臣才會全力保護國君；如果國君把臣子當成狗、馬來使喚，臣子就會把他當成一般人，不談感情，公事公辦。

依此類推，如果君主看待臣下如同泥土、草芥而任意踐踏，那麼臣下看待君主也會如同強盜與仇敵一般，隨時防範而心存怨恨。這就是相對倫理。孔子也有類似的觀念，《論語．八佾》說：「君使臣以禮，臣事君以忠。」意即：若國君使喚大臣時按照禮儀，那麼大臣事奉國君就會忠心耿耿，這兩者是相對的；反之，如果國君忽略禮儀與禮節，大臣如何對他忠心呢？

附帶一提，這三句話背後的思想，讓後代許多中央集權的帝王相當「感冒」，例如明太祖朱元璋，就把孟子的言論視爲反動，於是想把孟子的牌位從孔廟撤走。結果臨到撤走當日，雷電大作又下暴雨，大臣稟告天意示警，不能隨便撤除孟子，朱元璋只好打消此意；但是沒過幾天，他就派大臣把書裡的這幾句話刪掉。所以，據說明朝有一個版本的《孟子》，裡頭把所有對帝王不敬或反動的言論都刪掉了。

齊宣王聽到孟子的回答後，心裡也不太舒服，便問說：「國君怎麼做，臣子就能爲他服孝呢？」「服」是指替某人穿孝服。古代封建社會在國君崩殂時，對於幾等的卿大夫，要服多久的喪、穿什麼孝服都有規定。齊宣王大概是想到自己身爲君王，將來過世，當然希望許多人爲他悲傷悼念，而不希望大臣翻臉無情。當時孟子正好要離開齊國，宣王可能因此故意提起此問。

賢君先講求三禮

孟子對齊宣王的回答，談到「三有禮」，就是國君在三方面做到合乎禮的要求，才會得到臣子的尊敬與服喪。

第一種是「諫行言聽，膏澤下於民」。就是臣子的進諫，國君能夠聽從採納，由此使國君的恩澤可以照顧到百姓，百姓所感謝的還是國君。

第二種是「有故而去，則君使人導之出疆，又先於其所往」。如此做法，讓臣子覺得既體貼又很有面子，當然會心存感激了。

然後，「去三年不反，然後收其田里。」能這麼做的國君，對臣子可謂仁至義盡。

人性具有同等價值與尊嚴

最後，孟子話鋒一轉，提到當時的情況：「現在做臣子的勸諫不被聽從，建議不被採納，以至君主的恩澤無法照顧到百姓。有事故要離開時，君主就捉拿他，還設法使他在要去的地方陷入困境，走投無路。然後離開的當天就沒收他的封地房屋，這樣的人簡直就是仇敵。對於仇敵還服什麼孝呢？」其中，「極之與其所往」，「極」就是窮，亦即讓你走投無路的意思。

依此觀察現代社會，經常可以看到這種情況：當一個人要離開某個單位或組織時，做爲上司者想方設法讓下屬走投無路，完全抹殺了下屬以往的貢獻，這樣的上司有如仇人，又怎能贏得別人的尊敬？

由此可見孟子的浩然正氣。他強調人性的尊嚴與平等，絕不認爲對方是帝王或在上位者，就應該永遠高高在上。如果沒有適當對待別人，別人爲了維護自我的尊嚴，當然不可能以敬重回報。

君臣間的倫理關係是相對的，「君要臣死，臣不得不死」的觀念是荒謬的。孟子的這種想法在當時極爲難得，而其基礎則是人有共同的人性，具有同等的價值與尊嚴。

〈8・4〉

孟子曰：「無罪而殺士，則大夫可以去；無罪而戮民，則士可以徙。」

孟子說：「士人沒有犯罪而被殺，大夫就可以辭職不幹；百姓沒有犯罪而被殺，士人就可以遷往他處。」

孟子爲什麼說這句話呢？這是因爲他有危機意識，常會考慮到下一步的危險。任何危險都是漸進的。在古代社會，最易受委屈的是百姓，往上是士人，然後是大夫。官位愈低的，愈容易受到虐待。如果百姓無緣無故被殺，讀書人也得趕快逃走，以免遭到殺身之禍；如果士人沒有犯罪而被殺，下一步就可能是大夫要遭殃了。

換句話說，在上位者若是從地位卑微、愈沒有能力保護自己的人開始殘害，那麼地位高的人也要開始戒懼，否則事到臨頭，要走就太遲了。對於無道暴虐的國君，還是避開爲妙。正如《論語・衛靈公》所說：「人無遠慮，必有近憂。」

〈8・5〉

孟子曰：「君仁，莫不仁；君義，莫不義。」

孟子說：「君主行仁，沒有人不行仁；君主行義，沒有人不行義。」

這句話在〈7・20〉也提過，重申所謂「上行下效」的現象。

孟子所說的，泛指一般情況，我們可以忽略例外，但不宜採用二分法，譬如這裡的仁或不仁、義或不義，是趨勢問題，就是自問「人生正在往哪裡走」的意思。

譬如《論語》裡說，人只有兩種，一個叫君子，一個叫小人。所謂「君子喻於義，小人喻於利」（《論語・里仁》），不懂這個道理的人讀了之後，會覺得很難過，因為一看之下，自己就被歸類為小人，怎麼辦？這就要問「趨勢」了：小人如果一直只看到自己的利益與好處而不知立志，就永遠是個小人了；反之，如果立志，就會成為君子。所以「君子」是一個動名詞——正在成為君子的人，這樣的理解才是對的。否則，君子與小人成了二分法，不僅不合情理，對一般人也不公平。

「上行下效」在某個程度上還是有效的——在上位者行得正，百姓都會仿效，天下當然容易上軌道。社會上有身分地位的人，因為站在一個凸顯的地方，好像聚光燈都照在身上，他們的一言一行，很快就會產生示範作用，因此要謹言慎行，這也是同樣的道理。孟子說的「君仁，莫不仁」，可以就趨勢與風氣來理解，而不能就字面來認定。因為要判斷君是否行仁，已屬困難重重；至於百姓是否行仁，則要靠自己努力。孟子也說過：「若夫豪傑之士，雖無文王猶興。」（〈盡心上〉）

〈8・6〉

孟子曰：「非禮之禮，非義之義，大人弗為。」

孟子說：「似是而非的禮，似是而非的義，德行完備的人是不會去做的。」

《孟子》裡的「大人」是很特別的詞，意思是德行完備的人。

什麼是「非禮之禮」、「非義之義」呢？古代社會以大家族為主，有的人輩分雖低但年齡已老，若以尊老為名義而向晚輩行禮，就是「非禮之禮」。譬如，我有一個遠房侄子，年紀略長，如果我因為他的年紀大就向他行禮，就是「非禮之禮」。

倘若一個人想幫朋友報仇，表面上講求朋友有信，實際上卻違反了法律及社會公義，這就是「非義之義」。也許有人會為了替人出頭而犯罪的年輕人惋惜，認為他們守信用、言出必行，應該得到肯定，怎能受到嚴重的懲罰？其實，如果我們把儒家思想讀通的話，就可以立刻判斷許多事情的是非。例如《論語・學而》裡，孔子的學生有子說：「信近於義，言可復也。」意即：與人有約應該守信，但所約定的事必須合乎義理，方能實踐遵守。這句話就解決了最根本的問題。

當一個人在約定時，首先要想到這個「約」合不合乎正當性。譬如，與他人約定，如果打賭輸了，就不穿衣服跑操場一圈。但這個賭法基本上不合乎正當性，也就是不義，那麼到底還要不要遵守約定呢？

這時候老師或長輩就可以教導年輕人，以後與別人打賭或約定時，內容要合乎正當性。往這方面來思考的話，可以從《孟子》裡得到啓發，重要的是如何建立正確的觀念，以及是否守信實踐，而不只是著重於處罰的輕重。

此外，孟子在〈8・11〉進一步說明這個道理的重要性。這也是儒家思想裡面，一以貫之的精闢觀念。

〈8・7〉

孟子曰：「中也養不中，才也養不才，故人樂有賢父兄也。如中也棄不中，才也棄不才，則賢不肖之相去，其間不能以寸。」

孟子說：「言行適中的人要陶冶言行偏差的人，才幹卓越的人要教導才幹低劣的人，所以人們都樂於有賢能的父兄。如果言行適中的人鄙棄言行偏差的人，才幹卓越的人不理才幹低劣的人，那麼賢能的人與差勁的人之間的距離，就近得不能用寸來量了。」

「中也養不中」的「中」，是指「中行」，也就是行爲適中——該怎麼樣就怎麼樣，恰到好處。這是最難得的。

孔子曾在《論語・子路》說，交朋友要考慮的就是「不得中行而與之，必也狂狷乎。」意即：找不到行爲適中的人來交往，就一定要找到志向高遠或潔身自愛的人。志向高遠的人奮發上進，潔身自愛的人有所不爲。

隨著年齡漸長，愈來愈能夠了解人的行爲與說話，確實有「適不適中」的問題。年輕時往往容易信口開河，有什麼想法或情緒，立刻就說出來或表現出來，超過標準與不及標準同樣是不好的，唯有「中」才是最合宜的表現。這是高度修養的結果。

此外，孟子還強調「才幹卓越的人要教導才幹低劣的人」，這才是眞正有「才」。人們都樂於有賢能的父兄，因爲長輩可以在「中」與「才」方面提供明確的幫助。

最後一句，點出了孟子心中何者爲「賢」的眞義。

「賢」代表傑出。孟子認爲人的傑出應有三個層面：賢能、賢明，以及賢良。賢能代表能幹，賢明代表明智，賢良則代表善良，也就是能力傑出、智慧傑出、德行傑出。賢能的人如果不具備這三點，對別人沒有任何幫助，那麼，與差勁的人又有什麼分別？

孟子要強調的是，沒有人生來就言行適中、才幹卓越，因此抵達這種境界的人，應該樂於幫助別人，使整個社會日益改善。如果這樣的人只顧自己而忽略社會責任，也算不上「賢」了。孔子在《論語・泰伯》說：「如有周公之才之美，使驕且吝，其餘不足觀也已。」意即：即使一個人才華卓越有如周公，如果他既驕傲又吝嗇，其他部分也就不值得欣賞了。

〈8・8〉

孟子曰：「人有不爲也，而後可以有爲。」

孟子說：「一個人有所不爲，然後才可以有所作爲。」

人生貴在善於取捨

這一句話簡短扼要，說的是人生貴在善於取捨，要考慮的是自己的興趣與責任，如果什麼都要，最後可能一無所獲。這就是人在生活上如何選擇的問題。

經常有人問我：平常要教書，一年大約有兩百場演講，還不斷寫書出版，怎麼會有那麼多的時間？我的回答是，因爲我努力做到「四不、一沒有」：不碰政治、不上電視、不應酬、不用電腦，以及沒有手機。因爲我「有所不爲，才可以有所爲」，把這些時間省下來，才可以專心從事教學、研究、寫作，以及演講。

的確，一個人如果什麼都要的話，結果不是過度勞累，就是一事無成。人在社會上分工合作，要把力量放在最適合自己的地方。能在某方面有所作爲，才會有眞正的貢獻。

〈8・9〉

孟子曰：「言人之不善，當如後患何？」

孟子說：「談論別人的缺點，招來了後患要怎麼辦？」

我們都曾在背後批評別人；想當然耳，別人也會在背後批評我們。孔子最討厭述說別人缺點的人，在《論語・陽貨》中，子貢曾請教孔子：「君子亦有惡乎？」孔子說：「有惡。惡稱人之惡者，惡居下流而訕上者，惡勇而無禮者，惡果敢而窒者。」意即：厭惡述說別人缺點的人，厭惡在下位而毀謗長官的人，厭惡勇敢而不守禮儀的人，厭惡一意孤行卻到處行不通的人。

孟子所說的「後患」，是指被我們談論的人可能會挾怨報復，既然他的缺點已經被談論了，又何必替我們保留情面？

練習述說別人的優點

我們要練習述說別人的長處，幫別人說幾句好話，別人一定會非常感激。同樣的，當我們被人誤會的時候，有人能在背後說上幾句好話，我們也會心存感激，甚至引爲知己。這是人之常情。

孔子在《論語・季氏》說：「益者三樂……樂節禮樂，樂道人之善，樂多賢友，益矣。」也就是說：有三種快樂是有益的。第一種是用禮樂調節日常生活，以此爲樂；第二種是以讚美別人的優點爲樂；第三種是以結交許多傑出的朋友爲樂。

孔子說得眞好！我們平常讚美別人的優點時，多少有些心不甘情不願，好像這麼稱讚之後，自己就被比下去了。其實何必想那麼多呢？把別人的優點傳揚出去，不但自己感到快樂，別人也會發覺我們所擁有的優點。當然，這一切都應該基於事實，是對客觀事實加以陳述，而不單單是「說好話」的願望而已。

〈8・10〉

孟子曰：「仲尼不爲已甚者。」

孟子說：「孔子是做什麼事都不過分的人。」

能夠在言行上適可而止，確實需要高度的修養。希臘戴爾菲神殿上，有兩句話可以拿來對照：第一句是「認識自己」，第二句是「凡事皆勿過度」。「不爲已甚」就是做什麼事都不過分，凡事皆勿過度，做任何事都不超過分寸，這是非常難能可貴的。

子貢推崇孔子時，說他「溫、良、恭、儉、讓」（《論語・學而》），亦即溫和、善良、恭敬、自制、謙退，這正是「不爲已甚」的表現。孔子教導宰予時，也說「成事不說，遂事不諫，既往不咎。」（《論語・八佾》）意即：已成的事不能再解釋，過去的事不能再勸阻，以前的種種也不能再責怪了。

如果遇到理想不同的人，由於人各有志，不必互相商議，也就是「道不同，不相爲謀」（《論語・衛靈公》）。對於立場不同的人，孔子說：「攻乎異端，斯害也已。」（《論語・爲政》），意即：批判其他不同立場的說法，難免帶來後遺症。以上都是孔子「不爲已甚」的例子。

〈8・11〉

孟子曰：「大人者，言不必信，行不必果，唯義所在。」

孟子說：「德行完備的人，說話不一定都兌現，做事不一定有結果，但是全部以道義爲依歸。」

「唯義所在」的「義」是「宜」的意思，亦即配合適當的情況做出正確的抉擇，找出「應該」的所在。人間事物一直在變遷發展之中，如果沒有通權達變的能力，言行都可能陷入困境。

這種例子很多。譬如，我擁有一把槍，某個朋友曾向我提過借槍的事，當時我認爲沒問題而答應了。後來他患了憂鬱症再來找我借槍，他有可能拿去自殺，這時怎麼辦呢？如果我對他撒謊說，槍正好被別的朋友借走。這樣可以怪我說話不守信用嗎？在特殊情況下，有特殊的對待方式，也就是說話不一定要實踐，如果我爲了守信而把槍借他，而他眞的開槍自殺了，我豈不是成了間接的殺人兇手？

由此讓我們知道說話與守信之間，該如何靈活處理。儒家的特色就在於表現人生的這種智慧。智慧是靈活的，但靈活絕不是狡詐、見風轉舵，或毫無原則，而是懂得如何去判斷。做人處事都依照道理，此理可以公諸天下，並非依自己的利益來考量，這才是過著眞正有智慧的生活。必須留意的是，在奉行孟子的話時，要先反省自己的修養是否抵達「大人」或正在走向「大人」的境界。

〈8・12〉

孟子曰：「大人者，不失其赤子之心者也。」

孟子說：「德行完備的人，不會失去他嬰兒般純眞的心思。」

這一句話可說是千古名言。不但孟子有此洞見，有些偉大的思想家也提出類似的說法。尼采在《查拉圖斯特拉如是說》一書中，強調精神有三種變化：一變成爲駱駝，二變成爲獅子，三變成爲嬰兒。耶穌宣稱：讓小孩到我跟前來，因爲天國是他們的。老子也說：要復歸於嬰兒。這些哲人口中的小孩，代表人類原始的純眞心態。

保持赤子之心

我們長大進入社會之後，要遵守禮儀、禮節、禮貌，於是說話很客套，對人很客氣，其實很多時候都未必眞誠，以致到後來累積了各種複雜的猜測、恩怨等。所以我們要向小孩學習，向自己過去的純眞學習。西方有句諺語說「兒童是人類的老師」，意在提醒人不要忘記幼年時純眞的善良與簡單的快樂。

我記得女兒念幼稚園時，有一天回家告訴我，因爲螞蟻跑到教室裡面，她與同學就比賽踩螞蟻，看誰踩死比較多隻。也許是因爲錯誤的觀念，才會讓這些小孩認爲螞蟻是害蟲，其實他們並不了解這樣做到底好不好。依孟子所說，我們所要恢復的是小孩般的純眞，而不是無知，這才是最困難的。

所以，「赤子之心」是純樸、眞誠、易感的，對人信賴關懷，並且充滿希望、永不沮喪的。這樣的大人總是想要幫助群體、改善社會，只問耕耘不問收穫。除此之外，大人還有高明的智慧與傑出的才幹，不會眞的像無知的小孩一般，輕易上當受騙。

〈8．13〉

孟子曰：「養生者不足以當大事，唯送死可以當大事。」

孟子說：「奉養父母還算不上大事，只有爲他們送終才是眞正的大事。」

這句話在今天看來需要解釋，這也是兩相比較的說法。爲什麼孟子說「唯送死可以當大事」？因爲死亡只有一次，人死不能復生，所以爲父母辦喪事要克盡孝道，千萬不能馬虎，以免將來遺憾。至於平日奉養父母自然也很重要，也須盡力而爲。

古人所謂的「大事」，是指重要之事，往往用於比較的情況下。譬如，父母都在時，奉養父母當然重要。孟子在〈8．30〉談到世俗所說的五種不孝時，其中三種都涉及不顧父母養。可見「養生者」是子女的重責大任。但相較於「送死」，「養生」仍有不斷改善的空間，重要性自然不同。關於送死的重大意義，可參考曾子在《論語．學而》所說：「愼終追遠，民德歸厚矣。」

〈8・14〉

孟子曰：「君子深造之以道，欲其自得之也。自得之，則居之安；居之安，則資之深；資之深，則取之左右逢其原，故君子欲其自得之也。」

孟子說：「君子依循正確方法深入研究，就是希望可以自己領悟道理。自己領悟的道理，就會安穩地守住它；安穩地守住它，所受的啓發就會深刻；所受的啓發深刻，那麼應用在任何地方都可以回溯本源，所以君子希望可以自己領悟道理。」

這一章是孟子談及學習的方法與效果，關鍵是「自得之」。只要是自己領悟的道理，在應用時自然左右逢源，不但毫無勉強，並且信心日增。

成語「左右逢源」就是從「取之左右逢其原」這句話而來的，「取之左右」是指用在任何地方，可見孟子對文字的掌握很獨到。

所謂學習，不是僅僅得到一些基本的觀念就夠了，一定要靠學習者自己去領悟道理，在「自得之」後才能「居之安」，然後「資之深」，然後「取之左右逢其原」。學習一門知識，一定要到可以隨處舉例說明及應用，才代表自己學會了。不到這個地步的話，知識只不過是一些名詞而已。比如「人性向善」，在開始時可能只是一個名詞，但是當你應用在生活上，到處都能舉例印證時，才代表你眞的懂了。孔子在《論語・雍也》說：「知之者不如好之者，好之者不如樂之者。」意即：了解做人處事的道理，比不上進一步去喜愛這個道理；喜愛這個道理，比不上更進一步樂在其中。只有抵達知行合一，並且以此爲樂時，才能算是眞正的學習有成。

〈8・15〉

孟子曰：「博學而詳說之，將以反說約也。」

孟子說：「廣博地學習，詳細地闡述，是要由此回到扼要說明的地步。」

本章談的是學習方法，先要博學，進而詳說，最後則須「說約」——把握重點介紹，也就是扼要說明。

《哈佛經驗：如何讀大學》（*Making the Most of College*）裡說到，哈佛大學的老師上完一節課後，會讓學生利用一分鐘的時間，簡單交代自己的心得，超過一秒都不行，這些學生因此都練就了能扼要說明的好本事。

扼要說明就是看一個人能不能把握重點，光靠背誦與記憶還不夠，一定要練習以自己的話做扼要的敘述。能做到這一點，將來聽別人說話時，也能立刻把握住重點。但是，在此不可忽略前面兩個步驟：一是博學，二是詳說。博學可以參考子夏所說的：「日知其所亡（ㄨˊ），月無忘其所能。」（《論語・子張》）意即：每天知道自己所未知的，每月不要忘記自己所已知的。至於詳說，可以參考本書的寫作方式，對每一句話從各方面反覆推敲，做完整而深入的理解。

〈8．16〉

孟子曰：「以善服人者，未有能服人者也；以善養人，然後能服天下。天下不心服而王者，未之有也。」

孟子說：「用善行來讓人佩服，沒有能夠讓人佩服的；用善行來陶冶別人，然後才能使天下的人佩服。天下的人心中不服而能稱王，那是不曾有過的事。」

為什麼孟子認為「以善服人者，未有能服人者也」？因為其中存著比較的心態。如果一個人行善是為了比較誰行的善多，誰給慈善團體的錢多，他是不會受到別人佩服的。怎樣才能讓人服氣？就是要「以善養人」。

「以善服人」，仍有互相比較之意；「以善養人」，則是願意同別人一起行善。道德行為的大敵是驕傲或自我中心，如果存著傲慢之心，以為自己比別人更善，光是這一點就是道德上的缺陷。因為一旦有了自我，在心中立即形成我執、我慢，這時就會引發別人來與你競爭了。

「天下不心服而王者，未之有也」，特別針對當國君的人。以舜為例，孟子認為他的過人之處在於「善與人同，舍己從人，樂取於人以爲善」〈3・8〉，意即：善行與人分享，捨棄自己而追隨別人，樂於吸取別人的優點來自己行善。這種做法稱爲「與人爲善」，就是偕同別人一起行善。這正是「以善養人」的例子。

〈8・17〉

孟子曰：「言無實不祥。不祥之實，蔽賢者當之。」

孟子說：「說話沒有根據是不好的。這種不好的後果，要由那些阻礙進用賢者的人來承擔。」

言語造成的困擾很多。「言無實」是指說話沒有根據，這是不好的，因爲隨便批評別人，可能導致對方不被重用。尤其是在國君身邊的人，如果這麼做，很可能就擋住了賢者做官的機會，這對國家、社會都不公平。孟子似乎是有感而發。

以孔子爲例，他在《論語・衛靈公》說：「臧文仲其竊位者與！知柳下惠之賢而不與立也。」意即：臧文仲是個做官不負責的人吧！他歷任魯國國君（莊公、閔公、僖公、文公）的大臣，明知柳下惠有卓越的才幹，卻不給與適當的官位。再以孟子自身爲例，在〈2・16〉本來魯平公由於樂正子的建議，準備去見孟子，但是臧倉以「後喪踰前喪」這種不實之言來阻止，使孟子十分感慨。

〈8·18〉

徐子曰：「仲尼亟（ㄑㄧˋ）稱於水，曰：『水哉，水哉！』何取於水也？」

孟子曰：「源泉混混，不舍晝夜，盈科而後進，放乎四海。有本者如是，是之取爾。苟爲無本，七八月之間雨集，溝澮（ㄎㄨㄞˋ）皆盈；其涸（ㄏㄜˊ）也，可立而待也。故聲聞（ㄨㄣˋ）過情，君子恥之。」

徐子說：「孔子多次稱讚水，說：『水啊！水啊！』他是肯定水的哪一點呢？」

孟子說：「有源頭的泉水滾滾湧出，日夜不停，注滿坑洞之後繼續前進，最後流入大海。有本源的就像這樣，孔子肯定它這一點罷了。如果沒有本源，像七、八月間的雨水，下得很集中，大小溝渠都漲滿了；但是它們的乾涸，你可以站在旁邊等著看到。因此，聲望超過了實際情況，君子認爲是可恥的。」

台北市在一場午後大雷雨之後，常有這樣的畫面：馬路上形成到處流動的積水，行人完全無法通行，但因爲這樣的水沒有源頭，而是從天上落下的雨水所形成的，往往半小時後就會散了乾了。如果是河流，從山上發源，一路慢慢匯集各種溪流而下，就能細水長流。做學問也是一樣，要基於長期的用功與親身的驗證，否則很快就陷於茫然的困境。

「聲聞過情」這句成語，提醒我們：一個人的名聲應該以實力爲其源頭活水。社會上所傳揚的名聲，未必是當事人可以控制及負責的，因此上策是努力充實自己，使自己可以名副其實；中策是以此爲恥，並且向大家推薦眞正的高手；下策則是認清自己成名的途徑不在於此，然後改弦更張。

孔子說得好：「古之學者爲己，今之學者爲人。」（《論語．憲問》）意即：古代的人眞正學習的是修養自己，學習是爲了改變自己的生命，使自己的生命得到安頓；現在的學者有很多是爲了競爭，比較誰的書暢銷，誰的名氣比較大。在孔子那個時代，雖然許多人求學是爲了向別人炫耀，爲了同別人競爭，但眞正的學者依然是爲了自己，讓自己在學習後能有所體會，進而努力進德修業，做到與眾不同——這是自然產生的結果，而不是學習的目的。

〈8．19〉

孟子曰：「人之所以異於禽獸者幾希，庶民去之，君子存之。舜明於庶物，察於人倫，由仁義行，非行仁義也。」

孟子說：「人與禽獸不同的地方，只有很少一點點，一般人丟棄了它，君子保存了它。舜了解事物的常態，明辨人倫的道理，因此順著仁與義的要求去行動，而不是刻意要去實踐仁與義。」

細想人與動物的需求十分類似，同樣要吃飯、睡覺，相差少到有時候甚至分不出來。而這一點點的差別，又有很多人把它去掉了，以致於多少年下來，活得與動物無異，動物吃他也吃，動物睡他也睡，動物做的事他也做，最後竟分不清他到底是人還是動物？

人與禽獸的差別只有「幾希」，君子與庶民的差別在於：前者「存之」而後者「去之」。問題是庶民一旦「去之」，還有恢復的希望嗎？如果沒有希望，則庶民如何異於禽獸？教育又如何可能進行？如果一旦去掉就是永遠去除，那麼一般人不是永遠沒希望，一輩子做禽獸了？

當然不是如此。人性的特質不是一個固定的本質，而是一種「力量」，能夠不斷地生發出來，即使昨天丟棄了人性，今天早上覺悟了，還是有機會重新做人。如果有希望恢復的話，那麼所謂的「去之」，所去的就不是一個固定稱爲「善」的人性了。換言之，人性可以去也可以存，顯然它是一種動態的力量，亦即只要人活著並且給自己機會，這個力量又會重新開始運作。

試問這樣的人性究竟是「本善」還是「向善」？只有「向善」一詞，才可以清楚地說明人性的力量狀態。如果是「本善」的話，一旦「去之」，就永遠沒有找回來的可能了。

孟子說過一個「牛山」的比喻（〈11・8〉）：一座山本來綠油油的，若因爲人們每天去砍伐，最後變成禿山。它原來並不是光禿禿的，所以一旦有機會，新芽還是能夠再發出來，這就是描述「人性向善」的狀態。如果孟子心裡想的不是「向善」，怎麼能說「庶民去掉它，君子保存它」？正因爲去掉之後還有希望，代表了它是一種力量的狀態。

「舜由仁義行」，就是因爲他體察了人性內在的力量，所以由內而發去行善。一個人只要眞誠，就會體認仁義是源於內心的，然後行善就不必刻意，也毫無勉強。唯有這種由內而發的力量，才讓人可以堅持下去。有關孟子的人性論，在〈告子篇〉的第一到第八小節，將有集中的討論。

〈8・20〉

孟子曰：「禹惡旨酒而好善言。湯執中，立賢無方。文王視民如傷，望道而未之見。武王不泄邇，不忘遠。周公思兼三王以施四事；其有不合者，仰而思之，夜以繼日；幸而得之，坐以待旦。」

孟子說：「大禹討厭美酒而喜歡合理的言論。商湯把握公正原則，選拔賢人沒有固定的方法。周文王看待百姓有如他們受了傷，總是撫慰；望著正道卻像沒有看見，總是上進。周武王不輕慢身邊的臣子，也不遺忘遠方的臣子。周公想要融合三代聖王表現，實踐上述四方面的美德。如果有不合當時情況的，就仰起頭思考，夜以繼日；僥倖想通了，就坐著等候天亮，立即去實踐。」

孔子在《論語．述而》說：「甚矣吾衰也，久矣吾不復夢見周公。」意即：孔子認爲自己最近的身體都衰老了，因爲好久都沒有夢到周公。由此可知孔子對周公的崇拜。這樣的志向當然也影響了孟子。

孟子「言必稱堯舜」，又經常讚美禹、湯、文王、武王、周公，加上他最崇拜的孔子，如此逐漸形成儒家學派所肯定的道統。重要的不是誰能列名其上，而是他們的德行如何、目標何在。簡而言之，他們的所作所爲可以用孔子的志向來概括，就是希望做到《論語．公冶長》所說的：「老者安之，朋友信之，少者懷之。」

這些古代帝王所有美好的德行與理想，目標都是世界大同、天下太平、止於至善。明白了這些道理之後，也不宜好高騖遠，而要從自己做起：對父母孝順，對兄弟友愛，對朋友講信用等。任何偉大的理想都是從身邊開始實踐，所以只要平常對人友善，一有機會就伸出援手，久而久之會發現，這種理想會指引自己方向、目標與動力，配合自身眞誠的心意，就能夠持久下去，而不會只有三分鐘的熱度而已。

今天的政治領袖對於周公的作爲，應該「雖不能至，心嚮往之」。周公姓姬名旦，在本文中孟子用「坐以待旦」，可謂親切有味，生動之至。

〈8．21〉

孟子曰：「王者之跡熄而《詩》亡，《詩》亡然後《春秋》作。晉之《乘》，楚之《檮杌（ㄊㄠˊ ㄨˋ）》，魯之《春秋》，一也；其事則齊桓、晉

文，其文則史。孔子曰：『其義則丘竊取之矣。』」

孟子說：「周朝東遷以後，天子採集歌謠的做法廢止，《詩經》也就告終了；《詩經》告終之後，《春秋》這部史書就出現了。晉國的《乘》、楚國的《檮杌》、魯國的《春秋》，都是這一類；所記載的是齊桓公、晉文公等人的事蹟，文字則是出於史官之手。孔子說：『《詩經》中褒貶善惡的原則，我私自借過來使用了。』」

這段話表明了孟子對《詩經》、《春秋》的承啓關係的看法，以及他對孔子的肯定與理解。

古代有採集歌謠的官吏，稱爲「遒人」。《詩經》就是記載各地的民謠及歌詞，最後匯集成三千多首。裡面對當政者有褒有貶，反映了民意，有如「天視自我民視，天聽自我民聽」，讓百姓抒發不平之鳴，也讓在位者有所警惕。

《春秋》也是如此。孟子說：「孔子成《春秋》，而亂臣賊子懼。」（〈6・9〉）意即孔子寫歷史人物「一字之褒，榮於華袞；一字之貶，嚴於斧鉞」。華袞是指禮服、禮帽；斧鉞就是古代的斧頭兵器。也就是說，如果一個人被寫爲奸臣，一輩子都洗刷不掉了，不管後代有孝子賢孫都沒有用。這代表了古代中國人對歷史的重視。

不過，周平王東遷之後，天子勢衰，無力進行歷史撰寫，而是由各國的史官記錄重要事件，基本精神仍是勸善戒惡，使當權者知所警惕。由於儒家並非宗教，不談死後世界，所以就以現實世界的歷史來評價人物的善惡。歷史是時間的積聚，在某種程度上也代表了「永恆」，因而歷史的評價也有一定的獎懲效果，《易經・坤卦・文言傳》說：「積善之家必有餘慶；積不善之家必有餘殃。」這是以家族的綿延（也是時間的積聚）做爲賞罰的驗證。在不談宗教的情況下，這大概是唯一合乎理性的辦法了。

〈8・22〉

孟子曰：「君子之澤五世而斬，小人之澤五世而斬。予未得爲孔子徒也，予私淑諸人也。」

孟子說：「君子言行的影響，五代以後就斷絕了；百姓言行的影響，五代以後也就斷絕了。我沒有能夠做孔子的弟子，我是私下從別人那裡學習的。」

三十年爲一世，父子相繼也是一世，師生相傳也算一世。

孟子「受業子思之門人」，而子思是孔子的孫子。所以從孔子到孟子，正好是第五世。這是將絕未絕的時候，孟子繼承孔子理想的心志，十分明顯。他說：「乃所願，則學孔子也。」（〈3・2・5〉）

司馬遷寫孟子，先說他「道既通」，在周遊列國不得志後，「退而與萬章之徒序詩書，述仲尼之意，作孟子七篇。」（《史記・孟子荀卿列傳》）由此可知，孟子所通的道，是孔子之道，是孔子的志願與抱負。他在全書最後一章特別強調：從孔子到今天，不過一百多年，離開聖人的年代像這樣的不遠，距離聖人的家鄉像這樣的接近，但是已經沒有繼承的人了，那麼也就真的沒有繼承的人了！這段話中的感慨，讓人低迴不已！

〈8・23〉

孟子曰：「可以取，可以無取，取傷廉；可以與，可以無與，與傷惠；可以死，可以無死，死傷勇。」

孟子說：「處在可以拿也可以不拿的情況下，拿了就對廉潔有所損害；處在可以給也可以不給的情況下，給了就對恩惠有所損害；處在可以死也可以不死的情況下，死了就對勇敢有所損害。」

這段話顯示了人生的深刻智慧。人生充滿抉擇，所以需要判斷的智慧與行動的勇氣。孟子所說的「廉、惠、勇」涉及對物、對人與對己，值得我們深思。

我們與別人相處，常需要衡量拿與給，施與受的分寸。拿了不該拿的，是否代表自己不夠廉潔？不該給的給人家，是否代表想要收買人家，希望對方將來感恩圖報？

也許有些人會疑惑，爲什麼孟子說死了對勇敢有所損害？《禮記・檀弓》有一段故事可以參考：

戰國時代發生大饑荒，有一個叫做黔敖的人在路邊煮粥，讓許多餓得快死的人來吃。有一個人用袖子蒙著臉，怕人家看到他，代表他很有自尊心。這時，黔敖說「嗟，來食」（喂，來吃），那個人說他過去就是因爲不吃嗟來之食，才會餓到今天這種地步。黔敖立刻向他道歉，但那人還是不吃，結果因此餓死了。這種情況就是「傷勇」。既然黔敖已經道歉了，那人沒有必要不吃，因爲留得青山在，將來可能會有一番作爲。但是從另一方面來看，他就是因爲寧死也不肯受辱，才會被人記錄下來，流傳後世。在〈告子篇〉（〈11・10〉）我們會就人的尊嚴來探討這個個案。

總之，爲與不爲，拿捏之間，端視人的智慧來判斷了。

〈8・24〉

逢（ㄆㄤˊ）蒙學射於羿（ㄧˋ），盡羿之道，思天下唯羿爲愈己，於是殺羿。孟子曰：「是亦羿有罪焉。」

公明儀曰：「宜若無罪焉。」

曰：「薄乎云爾，惡（ㄨ）得無罪？鄭人使子濯孺子侵衛，衛使庾公之斯追之。子濯孺子曰：『今日我疾作，不可以執弓，吾死矣夫！』問其僕曰：『追我者誰也？』其僕曰：『庾公之斯也。』曰：『吾生矣。』

其僕曰：『庾公之斯，衛之善射者也。夫子曰吾生，何謂也？』曰：『庾公之斯學射於尹公之他，尹公之他學射於我。夫尹公之他，端人也，其取友必端矣。』

「庾公之斯至，曰：『夫子何不爲執弓？』曰：『今日我疾作，不可以執弓。』曰：『小人學射於尹公之他，尹公之他學射於夫子。我不忍以夫子之道反害夫子。雖然，今日之事，君事也，我不敢廢。』抽矢，扣輪，去其金，發乘矢而後反。」

逢蒙向后羿學習射箭，完全學會了后羿的技術，他想到天下只有后羿比自己強，於是謀害了后羿。

孟子說：「這件事，后羿也有過錯。」

公明儀說：「好像沒有什麼過錯吧。」

孟子說：「過錯不大而已，怎麼會沒有過錯呢？鄭國派子濯孺子侵犯衛國，衛國派庾公之斯追擊他。子濯孺子說：『今天我舊病發作，不能拿弓，我活不成了。』接著問駕車的人：『追趕我的是誰？』駕車的人說：『是庾公之斯。』子濯孺子說：『我可以活命了。』駕車的人說：『庾公之斯是衛國善於射箭的人，您反而說可以活命，這是什麼意思？』子濯孺子說：『庾公之斯向尹公之他學習射箭，尹公之他又向我學習射箭。尹公之他是個正派的人，他選擇朋友一定也是正派的人。』

「庾公之斯追來了，說：『先生爲什麼不拿弓？』子濯孺子說：『今天我舊疾發作，不能拿弓。』庾公之斯說：『我向尹公之他學習射箭，尹公之他向您學習射箭，我不忍心用您傳授的技術反過來傷害您。但是，今天的事是國君交代的，我不敢不辦。』說完就抽出箭來，往車輪上敲，去掉箭頭之後，發射四箭就返身回去了。」

同類的人會聚合在一起，因此一個人受到朋友或學生的連累，自己也有部分責任。蘇格拉底認爲，惡人沒有朋友，因爲朋友以道義互相期許，而惡人豈有道義可言？事實上，壞人也有所謂的朋友，只是他們不講道義，交了朋友也靠不住。因此，后羿收錯了學生，教了一個品性不好的人，反受其害。而子濯孺子收對了學生，教了一個正派的人，由此保住了性命。

這裡的重點在於「取友必端」。這個世界上不可能每一個人都是好人，所以自己要努力行善、端正自己，並且設法物以類聚。不過，最大的難題是：人與人初次見面，開始交往時，如何判斷對方是否端正？孔子談到交友時，固然強調「益者三友：友直，友諒，友多聞」，但是他也承認另外有所謂的「損者三友：友便辟，友善柔，友便佞。」損友是指：裝腔作勢的人，刻意討好的人，巧言善辯的人。

由此可見，交朋友在於自己的選擇，就是明知這個朋友屬於哪一類，還要不要與他繼續交往下去呢？這時要考慮「適可而止」的原則，並且愈早下定決心愈好。交友貴在志趣相近，謹記曾子在《論語・顏淵》所說的：「君子以文會友，以友輔仁。」依此而行，則自然「取友必端」了。

〈8・25〉

孟子曰：「西子蒙不潔，則人皆掩鼻而過之；雖有惡人，齊戒沐浴，則可以祀上帝。」

孟子說：「如果西施身上沾染了汙垢，人們就會掩著鼻子走過她跟前；即使是面貌醜陋的人，只要齋戒沐浴，也可以祭祀上帝。」

美醜是天生的，但是乾淨與汙穢將影響人們的好惡。不僅如此，如果內心保持純淨（例如經由齋戒沐浴），連上帝都會欣賞。的確，當我們照鏡子的時候，看到的自己都只是表面的形貌而已，重要的是思考自己是正人君子嗎？在思考「自己是怎麼樣的人」時，可以把自己的人生稍微整理一下，然後活出自己的生命。爲什麼一定要在形貌上與別人比較？

孟子使用「上帝」一詞，說明孟子當時還是繼承傳統的觀念，這個名稱顯然是指古代的至高神明，其角色有如主宰之天，受人祭祀。不過也許有人會問：在當時，不是身爲帝王的一般人，怎麼可能祭祀上帝呢？

懂得宗教，就懂得生命有更高的層次

其實，儒家從來沒有懷疑或否定宗教信仰的重要性。我爲方東美老師校訂他的著作，最感動的一句話，就是：一個哲學家如果沒有同時具備宗教的眼光或宗教家的精神，就不可能是好的哲學家。一個人如果懂得宗教，就會知道人的生命有更高的層次，對這個層次也不會排斥。如果不了解宗教裡的象徵與符號，以及它所表現出來的超越界，就不可能眞正了解生命。因爲在宗教的世界裡，死亡根本不是問題，人的生命必定還有繼續開展的可能性。

孟子身爲哲學家，表現這樣的理解層次，其實不足爲奇。但是在整部《孟子》之中，只有本章提到了「上帝」，所以我們也很難做更多的推測，只能說他仍然接受傳統的《尚書》與《詩經》裡提到的「上帝」觀念。孟子在類似的說法中，所談的是「天」而不是「上帝」，這一點在〈萬章上〉（〈9．5〉）再做詳細討論。

〈8．26〉

孟子曰：「天下之言性也，則故而已矣。故者，以利爲本。所惡於智者，爲其鑿也。如智者若禹之行水也，則無惡於智矣。禹之行水也，行其所無事也。如智者亦行其所無事，則智亦大矣。天之高也，星辰之遠也，苟求其故，千歲之日至，可坐而致也。」

孟子說：「天下的人談論本性，都是就既成事實來說的。既成事實是以順從自然爲基礎的。我們討厭聰明的緣故，是因爲它穿鑿附會。如果聰明的人像大禹使水運行一樣，我們就不會討厭聰明了。大禹使水運行，是順其自然，好像沒做任何事。如果聰明的人也能順其自然，好像沒做任何事，那麼他的聰明也就了不起了。天是那麼高，星辰是那麼遠，如果能推究既成事實，那麼一千年以後的冬至，也是可以坐著推算出來的。」

「天下之言性也」的「性」，是指萬物的本性，並不是指人的本性；「則故而已矣」的「故」，是指表現出來的既成事實，代表經驗界可供人去觀察及研究的事實。像研究社會科學，就是把經驗界的事實設法收集、歸納、整理、綜合來做統計；「故者以利爲本」的「利」，是順的意思，就是要順從每一事物的自然狀況。從科學的角度看來，孟子就經驗界的現象所言是可以成立的，所以最後談到推算千年之後的冬至。大禹治水是因爲了解水性，順而行之，可以事半功倍。

如果專就人性來說，也須考慮「故」與「利」，亦即認清人類社會的既成事實，再順著人性的自然要求去省思。換言之，如果自作聰明，也就是孟子特別提到的「爲其鑿也」，「鑿」就是穿鑿附會，想出一些奇特的人性理論，然後解釋起來玄之又玄，甚至要借用西方學者如康德的理論來說明，那就不是孟子所能認可的了。

東西思想無須穿鑿附會

康德（I. Kant）在西方思想界最大的特色，要由宗教與道德的關係說起。西方社會向來是以宗教做爲道德的基礎，由於相信上帝無所不知、無所不在，一個人做好事是因爲上帝全知全能，因此使宗教信仰變成道德的基礎。康德則認爲，因爲人有理性，可以明白做好人是應該的道理，由此使道德自行奠基，即使是宗教也不能偏離道德原則。這使得大家都認爲他很有中國儒家思想的味道，甚至給他一個「科尼斯堡的中國人」的綽號。

很多人說康德與孔子、孟子差不多，肯定道德的自律性，就是一個人行善，不可以另有目的，應該爲行善而行善。有自我內在的基礎。但康德的哲學哪裡有這麼簡單呢？舉一個常見的例子：假設朋友生病，你要到醫院探視他，如果你是康德思想的信徒，會認爲去探視朋友完全是因爲他是你的「朋友」，而不是因爲你喜歡他。「朋友」這個名稱本身就帶給人一種道德要求。這樣的想法的確偉大高尚，但是不近人情。所以康德的哲學在西方引起很多批判，說這種思想只能叫做形式主義。

也有很多人強調康德所謂的自律道德。自律就是理性給自己立法。譬如，我今天幫助一個人，不是因爲想得到別人的稱讚，也不是因爲要讓他喜歡我，而是我的理性給自己立法說應該幫忙，這是不是很像「今人乍見孺子將入於井，皆有怵惕惻隱之心」這一段的說法〈3．6．1〉？問題是，哪一個人做事是完全自律或完全他律的呢？譬如，我現在孝順父母，別人說我是爲了父母會給我零用錢而孝順，這是完全的他律。但事實上，我內心裡也覺得孝順父母是應該的。所以，自律和他律不可能完全分開。

孔、孟與康德最大的差別在於：孔、孟是「爲善最樂」，康德是「爲善不樂」。康德認爲行善不能考慮快樂，否則就可能是爲了快樂而行善。只要覺得快樂，就表示注意到效果，表示道德不夠純粹，快樂與道德兩者是不能相容的。而儒家是行善本來就快樂——「與民偕樂」，我同大家一起快樂。

總而言之，如果我們講解《孟子》的時候，能夠說得清楚明白，就不必特別借用西方的哲學來勉強印證了。

〈8．27〉

公行子有子之喪，右師往弔。入門，有進而與右師言者，有就右師之位而與右師言者。孟子不與右師言，右師不悅曰：「諸君子皆與驩言，孟子獨不與驩言，是簡驩也。」孟子聞之，曰：「禮，朝廷不歷位而相與言，不踰階而相揖也。我欲行禮，子敖以我為簡，不亦異乎？」

齊國大夫公行子為兒子辦理喪事，右師前去弔唁。他一進門，就有人上前同他說話；他坐定了，又有人走近座位同他說話。孟子不同他說話，他不高興地說：「大夫們都來同我說話，只有孟子不同我說話，這是怠慢我呀。」孟子聽到這話，就說：「按禮制的規定，在朝廷上不能越過位置相互交談，不能越過台階相互作揖，我想遵循禮制，子敖卻認為我怠慢了他，不也奇怪嗎？」

由這一章可以看到孟子個性比較孤傲之處。這位右師就是王驩（王子敖），孟子對他並無好感，但仍依禮行事。禮制所說的是「朝廷」，而喪禮是民間的正式禮儀，並且前往弔喪的多是朝廷官員，所以孟子就取法乎上，故意以朝廷的禮儀來比附。

我在參加親友的喪禮時，也曾遇到類似的情況。大人物一來，好多人趁機過去說話，興奮之情溢於言表，讓人搞不清楚這些人是來辦喪事還是辦喜事。在那種場合看到類似的情況，難免覺得不太適合，孟子大概也有這個意思。孟子對王驩的不滿並非祕密，可參看〈4・6〉。

〈8・28〉

孟子曰：「君子所以異於人者，以其存心也。君子以仁存心，以禮存心。仁者愛人，有禮者敬人。愛人者，人恆愛之；敬人者，人恆敬之。有人於此，其待我以橫逆，則君子必自反也：我必不仁也，必無禮也，此物奚宜至哉？其自反而仁矣，自反而有禮矣，其橫逆由是也，君子必自反也，我必不忠。自反而忠矣，其橫逆由是也，君子曰：『此亦妄人也已矣。如此則與禽獸奚擇哉？於禽獸又何難焉？』「是故君子有終身之憂，無一朝之患也。乃若所憂則有之：舜，人也；我，亦人也。舜爲法於天下，可傳於後世，我由未免爲鄉人也，是則可

憂也。憂之如何？如舜而已矣。若夫君子所患則亡矣。非仁無爲也，非禮無行也。如有一朝之患，則君子不患矣。」

孟子說：「君子與一般人的不同之處，在於他考察心思的方式。君子用仁德來考察心思，用守禮來考察心思。仁德者愛護別人，守禮者尊敬別人。愛護別人的，別人也總是愛護他；尊敬別人的，別人也總是尊敬他。假定這裡有個人，他以粗暴蠻橫的態度對待我，那麼君子必定反省自己：我一定沒仁德，我一定不守禮，不然這種態度怎麼會衝著我來呢？反省之後肯定自己合乎仁德，反省之後也肯定自己做到守禮，而那人的粗暴蠻橫還是一樣，君子必定反省自己：我一定沒有盡心竭力。反省之後肯定自己盡心竭力了，而那人的粗暴蠻橫還是一樣。君子就會說：『這不過是個狂妄的人罷了。像他這樣，同禽獸有什麼區別呢？對於禽獸又有什麼好責怪的呢？』

「因此，君子有終身的憂慮，而沒有一時的煩惱。至於要憂慮的則有：舜是個人，我也是個人；舜爲天下人樹立典範，影響流傳到後代，我卻仍然不免是個平凡的人，這是值得憂慮的。憂慮了又怎麼辦呢？像舜那樣去做罷了。至於君子一時的煩惱，那是沒有的。不是仁德的事不去做，不是守禮的事不去做。即使有一時的煩惱，君子也不認爲那是值得煩惱的。」

「愛人者，人恆愛之；敬人者，人恆敬之」，就是日本小公主取名「愛子，號敬宮」

的來源，當時我看了日本發布的新聞，頗爲感動。美國總統雷根也曾經提及老子的「治大國，若烹小鮮」的名言。古書裡蘊藏多少智慧，現在卻很少聽到政治人物在演講裡提到孔、孟、老、莊偉大的思想，實在很可惜。

君子用仁德與守禮來考察心思

在這一章，「存心」一詞值得深究。首先，它可以指居心、用心或動機。其次，接著說到「以仁存心，以禮存心」，就清楚表示：仁與禮並不等於心；尤其是稍後的「我必不仁也，必無禮也」，更顯示「存」是反省、考察的態度。它與主觀上個人的動機或用心、居心是否純正，是否具有善意，其實是兩回事。其次，「存」的意思是在或察，因此，存心是指省察其心，遇到狀況就要「自反」，以免過於主觀或是自以爲是。

的確，君子與一般人不同的地方，在於考察心思的方式。一般人的存心往往是考慮有利還是有害；君子則是用仁德、用守禮來考察心思，要先問自己有沒有合乎仁德、守禮的要求。

康德的哲學也被稱作「存心倫理學」，因爲他說過：眞正的善，只有一種，叫做善意——善的意志。這就是動機論，一個人做事時，善意最重要，有善意代表有好的動機，即是眞正的善，這與康德的自律倫理學是配合在一起的。許多人就把康德所謂「眞正的善就是善意」，講成存心。即使如此，也不代表孟子所說的「存心」與康德的「存心」意義相同。

孟子這段話裡一直在反省「我是不是不合乎仁德，我是不是不合乎守禮」，如果用仁、用禮來做爲存心或動機的話，怎麼可能會反省自己是否不仁、無禮？唯有用仁與禮來考察自己，才會問：我不合乎仁、不合乎禮嗎？這樣說明就很清楚了。反之，存心一旦出現，等於是肯定「我要仁、我要禮」，那麼後面怎麼可以說自己可能不合乎仁、不合乎禮呢？換言之，既然存心如此，一直都沒有離開仁與禮，還要反省什麼？所以在閱讀時要避免斷章取義，不能看到「存心」二字，就將它附會於康德的「存心倫理學」上，把孟子與康德硬拉在一起。

如果自己本身只靠動機就有仁、有禮，又何必拿這些來反省自己？

君子的終身之憂：止於至善

孟子駕馭語文的能力十分高明，才能寫出「君子有終身之憂，無一朝之患」如此美妙又有力的句子。

終身之憂來自於：人性只是向善的，所以終身都要努力擇善固執，以求止於至善。舜則是代表「止於至善」的典型。

在《論語・雍也》裡，子貢問孔子：「如有博施於民，而能濟眾，何如？可謂仁乎？」孔子回答說：「何事於仁，必也聖乎，堯舜其猶病諸。」另外，孔子在《論語・憲問》也曾說：「修己以安百姓，堯舜其猶病諸。」意即：連堯舜都覺得很難做到，表現出儒家的「終身之憂」是不可能鬆懈的。因爲人性向善的「善」，是指自己與別人之間適當關係的實現，所以天下只要有一個人尚未安頓，就會覺得自己的責任還沒完成。堯舜就是如此，孔子也是如此，這叫做終身之憂。

至於「一朝之患」，指的是生活中各種突發的困境。對君子而言，這些只是考驗與挑戰，根本不構成煩惱，因爲他知道什麼叫做「常道」——永恆的道，亦即人生應該走的正路。因此，對變數也能了然於心。一般百姓，就可能想著「一朝之患」，而忘了「終身之憂」。

所以，一個人要分辨清楚，什麼事情是自己在乎的、憂慮的，什麼事情是不需煩惱的。眞能做到「有終身之憂，無一朝之患」，每天的生活就能步上軌道，不斷成長。

〈8・29〉

禹、稷當平世，三過其門而不入，孔子賢之。顏子當亂世，居於陋巷，一簞食，一瓢飲，人不堪其憂，顏子不改其樂，孔子賢之。

孟子曰：「禹、稷、顏回同道。禹思天下有溺者，由己溺之也；稷思天下有饑者，由己饑之也，是以如是其急也。禹、稷、顏子易地則皆然。今有同室之人鬥者，救之，雖被（ㄆㄧ）髮纓冠而救之，可也；鄉鄰有鬥者，被髮纓冠而往救之，則惑也；雖閉戶可也。」

大禹、后稷處在政治清明的時代，三次路過家門都沒有進去，孔子稱讚他們。顏回處在政治昏亂的時代，住在破舊的巷子裡，靠著一竹筐飯、一瓜瓢水活下去，別人都受不了這樣的困苦，顏回卻不改變他的快樂，孔子也稱讚他。

孟子說：「大禹、后稷、顏回所取的原則是相同的。大禹想到天下的人有溺水的，就好像是自己讓他們溺水的一樣；后稷想到天下的人有挨餓的，就好像是自己讓他們挨餓的一樣，所以才會那麼急迫要去拯救。大禹、后稷、顏回如果互相交換處境，所做的事也會一樣的。假定現在有同住一屋的人打架，爲了阻止他們，即使披散著頭髮戴上帽子而未繫帽帶，也是可以的。如果是同鄉的鄰人打架，也披散著頭髮戴上帽子而未繫帽帶就趕去阻止，那就是糊塗了；這時即使關上門不管，也是可以的。」

「人饑己饑，人溺己溺」的典故就來自於此。事實上，三次路過家門而不入的只有大禹，他與后稷並論時，只說「三過其門而不入」，這是古代的修辭法，表示同樣是在急民之苦。顏回之事，見《論語・雍也》，最難得的是「不改其樂」。孟子認爲這三人「易地則皆然」，因爲人不能選擇時代，只能對自己的理想負責。儒家的「同道」，是把自我實現與人群福祉連在一起，因爲「善」不能脫離自我與群體之間的關係網絡。

大禹與后稷所處的是堯天舜日的好時代，這時遇到「同室之人鬥者」，所以要救人第一，並且確實成效卓著。這好比同住一屋的人打架，如果不去救的話，電視砸毀了，桌子踢翻了，門窗也弄壞了，連住都住不下去了，這可是很麻煩的，這個時候就要去救助。顏回的時代則是「鄉鄰有鬥者」，就像隔壁村的人在打架，你衣衫不整就跑去勸架，說不定你去的時候架打完了，連結果也出來了，這是比喻幾乎無從救起之意。孟子的意思是：在治世，要匡濟天下；在亂世，要明哲保身，至少不必做無謂的犧牲。這也是「窮則獨善其身，達則兼善天下」的觀念。

〈8・30〉

公都子曰：「匡章，通國皆稱不孝焉，夫子與之遊，又從而禮貌之，敢問何也？」

孟子曰：「世俗所謂不孝者五：惰其四支，不顧父母之養，一不孝也；博弈好飲酒，不顧父母之養，二不孝也；好貨財，私妻子，不顧父母之養，三不孝也；從（ㄗㄨㄥˋ）耳目之欲，以爲父母戮，四不孝也；好勇鬥狠，以危父母，五不孝也。章子有一於是乎？夫章子，子父責善而不相遇也。責善，朋友之道也；父子責善，賊恩之大者。夫章子，豈不欲有夫妻子母之屬哉？爲得罪於父，不得近，出妻屏（ㄅㄧㄥˇ）子，終身不養焉。其設心以爲不若是，是則罪之大者，是則章子已矣。」

公都子說：「齊國的匡章，全國的人都說他不孝，先生卻同他交往，並且對他頗為敬重，請問這是什麼緣故？」孟子說：「世俗所說的不孝，有五種情況：手腳懶惰，不管父母的生活，這是一不孝；喜歡賭博喝酒，不管父母的生活，這是二不孝；貪圖錢財，偏愛妻小，不管父母的生活，這是三不孝；放縱耳目欲望，使父母蒙受羞辱，這是四不孝；喜歡逞勇打鬥，使父母陷於危險，這是五不孝。章子犯過哪一種呢？章子是因為父子之間要求行善而無法相處。要求行善是朋友相處的原則；父子之間要求行善，是最傷親情的。章子難道不想有夫妻相處及母子陪伴嗎？只是因為得罪了父親，不能親近他，就把自己的妻子兒女趕出了門，終身不要他們照顧。他在心裡設想，不這麼做，罪過就更大了。這就是章子的為人啊。」

匡章的家庭背景在〈6．10〉裡已經詳述過，這裡從略。孟子為什麼欣賞匡章？倒不是基於「清官難斷家務事」，而是因為他知道匡章已經盡了心。匡章很眞誠地為自己設想，然後採取他認為合宜的行動。

在此，孟子提到了五種不孝，前三種「不孝」都是不能奉養父母。

小時候看過一位長輩，他的兒女每次給他錢的時候，一定雙手奉上，恭敬地放在桌上，再讓父親自己去拿。兒女絕不會在給父親錢的時候直接授受，好像父親在要錢一般，這是對父母尊重的表現。

反之，對父母不尊重，給錢時好像是施捨、救濟一般，或是嫌父母「老了」、

「衛生習慣與我們不太一樣」等等。其實，小時候吃的東西，大多是母親用嘴巴含過了，才餵給我們吃的，那時候我們反而覺得特別幸福。所以回饋父母，不能不管他們的生活，這是孝順最必要也最基本的要求。至於後兩種不孝，則是讓父母感到羞恥，或者使他們陷於危險。

接著，孟子總結說，其實匡章並沒犯過任何一種不孝的罪，只因爲「子父責善而不相遇也」。「責善」就是要求行善，這是最傷親情的。孟子所要表達的是，世俗所謂的孝或不孝，可以代表一種評價，但是人終究還是要對自己負責。匡章的做法在今日看來，未必很恰當，像「出妻屏子」，對家人並不公平。

〈8・31〉

曾子居武城，有越寇。或曰：「寇至，盍去諸？」曰：「無寓人於我室，毀傷其薪木。」寇退，則曰：「修我牆屋，我將反。」寇退，曾子反。左右曰：「待先生如此其忠且敬也，寇至則先去以爲民望；寇退，則反，殆於不可。」沈猶行曰：「是非汝所知也。昔沈猶有負芻之禍，從先生者七十人，未有與焉。」

子思居於衛，有齊寇。或曰：「寇至，盍去諸？」

子思曰：「如伋（七）去，君誰與守？」

孟子曰：「曾子、子思同道。曾子，師也，父兄也；子思，臣也，微也。曾子、子思易地則皆然。」

曾子住在武城時，越國軍隊來侵犯。有人說：「敵兵要來了，何不離開這裡？」曾子說：「不要讓人住到我家來，破壞了裡面的樹木。」等到敵兵退走，曾子說：「修好我的門牆房屋，我要回來了。」敵兵退走後，曾子回來了。他身邊的人說：「武城人對待先生這樣忠誠而恭敬，敵兵來了他卻先離開，讓百姓都看到了；敵兵一退，他就回來，這樣恐怕不可以吧？」沈猶行說：「這不是你們所能了解的。從前沈猶家遇到負芻作亂，跟隨先生的七十個弟子都沒有被波及。」子思住在衛國時，齊國軍隊來侵犯。有人說：「敵兵要來了，何不離開這裡？」子思說：「如果我也離開，國君同誰來守城？」孟子說：「曾子與子思所取的原則是相同的。當時，曾子是老師，是長輩的身分；而子思是臣子，處於卑微的地位。曾子與子思互相交換處境，所做的事也會一樣的。」

曾子是老師，也是客人，沒有理由與武城共存亡。子思當時是個小官，所以要盡忠職守。他們的作爲是出於相同的原則（同道），但是要通權達變。人貴自知，遇事須先明辨是非、決定行止，不能完全順從一般人的意見。

這也說明儒家的哲學沒有非怎麼樣不可，很多事情都要看適當的時機，至於該怎麼做，則需要智慧的判斷。孔子自認爲是「無可無不可」（《論語・微子》），意思是沒有一定要怎麼做，也沒有一定不要怎麼做。他也強調「知者樂水」（《論語・雍也》），因爲水碰到山就會繞過去，碰到低地就把它填平，能夠隨順各種情況而調整，但這絕不是沒有原則。

孟子的過人之處，就在於他對這一類事情的判斷。

〈8・32〉

儲子曰：「王使人瞯（ㄐㄢˋ）夫子，果有以異於人乎？」

孟子曰：「何以異於人哉？堯舜與人同耳。」

儲子說：「齊王派人來窺探先生，是不是眞有與別人不同的地方？」

孟子說：「有什麼與別人不同的地方呢？堯、舜也與一般人一樣啊。」

齊王知道孟子很有學問，也聽人描述孟子說話辯才無礙、很有道理，於是派人去偷看孟子的長相與一般人有什麼不同。其實孟子的外表自然與平常人一樣，齊王派人去看孟子，應該是要看他日常的家居生活是不是也道貌岸然，一開口就是仁義禮智之類的話。

孟子以堯、舜爲例，一方面充滿了自信，因爲至少他本人相信「堯舜與人同」；另一方面則提醒我們，即使人的外表長相都差不多，內心的志向與德行的修養卻可以有天壤之別。現代人講究名牌服飾，喜歡從外表來判斷一個人的價值，但是「金玉其外，敗絮其中」的情況比比皆是。蘇格拉底的時代，雅典人爭相討論誰是美男子。而蘇氏最常用來勸勉美男子的話是：「如果你的內心也像外表一樣美麗，那有多好！」聖人的外表也許平凡無奇，智慧與德行卻出類拔萃，我們要學習效法的是什麼？

〈8・33〉

齊人有一妻一妾而處室者，其良人出，則必饜（ㄧㄢˋ）酒肉而後反。其妻問所與飲食者，則盡富貴也。其妻告其妾曰：「良人出，則必饜酒肉而後反；問其與飲食者，盡富貴也，而未嘗有顯者來，吾將瞷（ㄐㄧㄢˋ）良人之所之也。」

蚤起，施（ㄧˊ）從良人之所之，徧國中無與立談者。卒之東郭墦（ㄈㄢˊ）間，之祭者，乞其餘；不足，又顧而之他，此其爲饜足之道也。

其妻歸，告其妾曰：「良人者，所仰望而終身也，今若此！」與其妾訕

其良人，而相泣於中庭，而良人未之知也，施施從外來，驕其妻妾。由君子觀之，則人之所以求富貴利達者，其妻妾不羞也，而不相泣者，幾希矣。

齊國有個人，家裡有一妻一妾；這個做丈夫的每次出門，一定吃飽了酒肉才回來。妻子問他一起吃喝的是些什麼人，他就說都是有錢有勢的人。妻子就對妾說：「丈夫每次出去，一定吃飽了酒肉才回來；問他同誰一起吃喝，他就說都是有錢有勢的人，可是從來沒有顯貴的人來過我們家，我打算暗中察看他去什麼地方。」

第二天一早起來，她就偷偷跟著丈夫後面走，走遍全城，沒有一個人停下來同她丈夫說話。最後走到東門城外的墓地，見他走近祭掃墳墓的人那裡，討些剩餘的酒菜吃；沒吃飽，又四處張望再去別處乞討，這就是他吃飽喝足的辦法。

妻子回到家裡，把情況告訴了妾，並且說：「丈夫是我們仰望而終身依靠的人，現在他竟是這樣！」說完就同妾一起嘲罵丈夫，在庭院中相對而泣，做丈夫的還不知道這一切，仍然得意洋洋地從外面回來，以驕傲的神色對待妻妾。由君子看來，人們用來追求升官發財的方法，能使他的妻妾不感覺羞恥，不相對而泣的，實在是太少了啊。

從古代的寓言故事可知，人活在世間最難的就是得到身邊的人認同。西方有句名言：「僕人眼中沒有偉人」，就是這個意思。僕人看到老闆私底下做了什麼事，自然不會認爲他是偉人。其他的人只看到表面，譬如，在上位者每次出場都冠冕堂皇，事實上只有他身邊的人才知道他的眞面目。孟子也有這樣的意思。

古代女子沒有受教育的機會，十六歲「及笄」以後就可以嫁人了，她們所走的路線同自己的母親是一樣的，就是結婚生子、養育孩子，照顧家庭。沒有機會開發自我的潛能，當然沒有辦法具備謀生的能力；經濟上不能獨立的話，人格上很少可以挺立的。如此一來，「良人」這個做先生的角色，責任就特別重大了。這是古代的普遍情況，也是無可奈何的事情，在各個社會都有類似的故事。孟子寫這篇故事時，一定也覺得無可奈何。

在此，我特別把朱熹的注解引出來：「言今之求富貴者，皆以枉屈之道，昏夜乞哀以求之，而以驕人於白日，與斯人何以異哉！」意即：求富貴的人在黃昏、晚上偷偷摸摸到大官家裡去哀求，那種醜態反正外面也看不到；但是到了白天就在別人面前驕傲得意。這句話描寫得非常生動，這種現象從來不曾根絕，所以君子貴乎自重。

卷九〈萬章篇〉上

〈9・1〉

萬章問曰：「舜往於田，號泣於旻（ㄇㄧㄣˊ）天。何為其號泣也？」

孟子曰：「怨慕也。」

萬章曰：「『父母愛之，喜而不忘；父母惡之，勞而不怨。』然則舜怨乎？」

曰：「長息問於公明高曰：『舜往於田，則吾既得聞命矣；號泣於旻天，於父母，則吾不知也。』公明高曰：『是非爾所知也。』夫公明高以孝子之心，為不若是恝（ㄐㄧㄚˊ），我竭力耕田，共為子職而已矣，父母之不我愛，於我何哉？帝使其子九男二女，百官牛羊倉廩備，以事舜於畎（ㄑㄩㄢˇ）畝之中；天下之士多就之者，帝將胥天下而遷之焉。為不順於父母，如窮人無所歸。天下之士悅之，人之所欲也，而不足以解憂；好色，人之所欲，妻帝之二女，而不足以解憂；富，人之所欲，富有天下，而不足以解憂；貴，人之所欲，貴為天子，而不足以解憂。人悅之、好色、富貴，無足以解憂者，唯順於父母可以解憂。人少，則慕父母；知好色，則慕少艾；有妻子，則慕妻子；仕則慕君，不得於君則熱中。大孝終身慕父母。五十而慕者，予於大舜見之矣。」

萬章請教說：「舜去田裡工作時，對著蒼天訴苦哭泣，他爲什麼要訴苦哭泣呢？」

孟子說：「因爲他對父母既抱怨又思慕。」

萬章說：「『父母喜歡自己，雖然高興卻不因此懈怠；父母討厭自己，雖然憂愁卻不因此抱怨。』那麼舜抱怨父母嗎？」

孟子說：「長息請教公明高說：『舜去田裡工作這件事，我聽先生解釋過了；但是他對著蒼天訴苦哭泣，並且涉及父母，這一點我就不明白了。』公明高說：『這不是你所能了解的。』公明高認爲，孝子的心思不能像這樣無憂無慮，就是：我盡力耕田，恭敬地做好兒子的職責就是了，父母不疼愛我，我有什麼辦法呢？帝堯派遣九個兒子、兩個女兒，帶著大小官員、牛羊、糧食等等，到田野中事奉舜；天下的士人也大都投奔他，帝堯還準備把整個天下讓給他。舜卻因爲不能使父母順心，而像一個窮人走投無路一樣。天下的士人喜歡他，這是人人想要的，卻不足以消除他的憂愁；美麗的女子是人人想要的，他娶了帝堯的兩個女兒，卻不足以消除他的憂愁；財富是人人想要的，他有了天下的財富，卻不足以消除他的憂愁；尊貴是人人想要的，他尊貴到當了天子，卻不足以消除他的憂愁。士人的喜歡、美麗的女子、財富與尊貴，沒有一樣足以消除憂愁的，只有順了父母的心意才可以消除憂愁。人在幼小時，會思慕父母；知道漂亮的異性了，就思慕年輕貌美的女子；有了妻子，就思慕妻子；做了官，就思慕君主，得不到君主的信任，就內心焦急得發熱。只有最孝順的人才會終身思慕父母。到了五十歲還思慕父母的，我在大舜身上看到了。」

在閱讀〈萬章篇〉時，應該先大略了解其背景。萬章是孟子的學生，非常喜歡發問，他的問題很有挑戰性。對於不明白的、覺得不合理的，他都提出來請教，而孟子也都能夠容忍、接受、肯定、欣賞這樣的學生，這讓我們看到孟子循循善誘的一面。

在其他章節中的孟子，往往是理直氣壯、辯才無礙的，但在這裡，可以見到他對學生的諄諄教誨、有問必答，一定會把他了解的道理，比較複雜、深刻的部分說清楚。經過孟子的解說，古代聖賢的形象才更清晰地展現出來。

孟子與舜的時代差了將近二千年，但因爲他能用同理心去了解，才能分析出舜有所爲與有所不爲的理由。他不會因爲聖賢的名聲就盲目崇拜，而是深入了解其言行的動機與考慮，把握事件表象背後的原因，這正是孟子傑出之處。

怨慕父母不為過

「號泣」的「號」是訴苦，「泣」是哭泣，就是一邊說話，一邊掉眼淚；「旻」是仁的意思。古人相信天會主持公道，也相信天是有仁德的，才會向天哭求。

孟子的回答很有趣，他認爲舜是因爲「怨慕」父母，才會對天哭訴。通常我們對人有所期待時才會抱怨，而子女對父母本來都有所思慕，也就是經常會想到父母親，爲什麼孟子會用「怨」字呢？好像在說舜的心裡還有一些不滿。

萬章很聰明，他一聽到老師這樣的回答，立刻產生疑問：「像舜這樣的聖賢，也會抱怨父母嗎？」

關於這一點，我的老師方東美在上課時特別強調：國家需要大臣向君主建議，如果政策有問題就要改；家庭也是如此，需要子女向父母建議，有錯就要改。中國人的孝順並非盲目地百依百順，在《論語．里仁》裡提到「事父母，幾諫」，意思是事奉父母的原則是「幾諫」，父母將犯錯誤，做子女的要進諫，只是要委婉，不至於翻臉。譬如，父母假公濟私或做了違法的事情，子女長大懂事後知道父母錯了，就該委婉地勸阻，希望父母不要繼續犯錯，這才是孝順的眞正精神。

《孝經》裡提到的孝順，同樣不是百依百順，不是父母做壞事還幫忙把風；眞正的孝順是父母有錯要委婉地勸阻，讓父母也對得起他自己的祖先。畢竟祖先與我們的生命是深深相連且慢慢演進的，一個人也許不能成就什麼偉大的事業，但隨著一代一代都以「善」做爲目標來發展，才是千秋萬世的大業，也才是孝的眞正精神。

接著，孟子就條理清晰地回答萬章的問題。

文中提到的公明高是曾子的學生，而曾子是《孝經》的作者，所以公明高可以了解得比較透澈。公明高說「以孝子之心，爲不若是恝」，「恝」是指無憂無慮的模樣。他認爲眞正孝順的人，如果父母不喜歡自己，就不能夠無憂無慮，而要去思考怎麼樣讓父母喜歡。這份孝心著實不容易。

其實，舜的父親是個老糊塗，母親是後母，極度偏愛弟弟象。舜羨慕弟弟，但無可奈何。他弟弟的作爲幾乎一無可取，但父母的愛卻不是靠理性可以解釋的，如果這種情感可以用理性解釋的話，人生就不會有問題了。

類似的新聞經常出現。譬如，年輕的學生自殺，老師和父母不約而同地說：他很乖，很懂事，也很用功。但沒有問題反而是個問題，最後就因爲找不到出路而採取激烈的手段結束了自己的生命。

人會思考又有自由，本來就是有問題的，如果一個人覺得自己沒有任何問題，那反而要小心了，說不定是自己過於大意，等到發現狀況時就來不及了。因爲覺得有問題，人才繼續上進、奮鬥；反之，如果覺得沒有問題，就會鬆懈下來，最後這一生也沒什麼太大的發展了。

順於父母可以解憂

舜認爲「唯順於父母可以解憂」——父母不喜歡他，即使他擁有一切，仍然好像無家可歸一樣。士人的喜歡、美麗的女子、財富、尊貴都不足以消除他的憂愁，只有順了父母的心意才可以。這實在是令人感動。

最後，孟子下了結論：「只有最孝順的人，才會終身思慕父母。到了五十歲還思慕父母的，我在偉大的舜身上看到了。」注意「終身」一詞，這是從《論語．子罕》開始使用的。「子曰：『衣敝緼袍，與衣狐貉者立，而不恥者，其由也與？不忮不求，何用不臧？』子路終身誦之。子曰：『是道也，何足以臧？』意即：孔子說：

「穿著破舊的棉袍同穿著漂亮的名牌皮草的人站在一起，絲毫不覺得慚愧的，大概就是子路吧，不嫉妒也不貪求，怎麼會不好呢？」子路整天念著這句話。孔子又說：「這固然是不錯，但這樣還不夠好。」孔子希望子路在整天念著「不忮不求」之外，還要積極地做一些事。

人生的修德方法有兩種：一是消極無爲，不做不該做的事；第二種，是積極進取，做該做的事，奮發向上提升，發展潛能。所以說，「終身」原指整天如此，日日如此；在《孟子》此章則推演爲「一生」如此了。

舜對父母的思慕，不是常人所能做到的，他對世人所求的一切成就與快樂都不太在意，卻特別感激生養自己的父母。一個人能夠如此不忘本，無怪乎成爲聖人。「唯順於父母可以解憂」，可謂含義深刻。

關於舜在家中所受的待遇，在本篇還會反覆提及，在全盤了解情況之後，才能明白舜的偉大遠遠超出一般人的想像。

〈9．2〉

萬章問曰：「《詩》云：『娶妻如之何？必告父母。』信斯言也，宜莫如舜。舜之不告而娶，何也？」

孟子曰：「告則不得娶。男女居室，人之大倫也。如告，則廢人之大倫，以懟（ㄉㄨㄟˋ）父母，是以不告也。」

萬章曰：「舜之不告而娶，則吾既得聞命矣；帝之妻舜而不告，何也？」

曰：「帝亦知告焉則不得妻也。」

萬章曰：「父母使舜完廩，捐階，瞽瞍焚廩。使浚（ㄐㄩㄣˋ）井，出，從而揜（ㄧㄢˇ）之。象曰：『謨蓋都君咸我績，牛羊父母，倉廩父母，干戈朕，琴朕，弤（ㄉㄧˇ）朕，二嫂使治朕棲。』象往入舜宮，舜在床琴。象曰：『鬱陶思君爾！』忸怩。舜曰：『唯茲臣庶，汝其於予治。』不識舜不知象之將殺己與？」

曰：「奚而不知也？象憂亦憂，象喜亦喜。」

曰：「然則舜僞喜者與？」

曰：「否。昔者有饋生魚於鄭子產，子產使校人畜之池。校人烹之，反命曰：『始舍之，圉（ㄩˇ）圉焉；少則洋洋焉，攸然而逝。』子產曰：『得其所哉！得其所哉！』校人出，曰：『孰謂子產智，予既烹而食之，曰，得其所哉！得其所哉！』故君子可欺以其方，難罔以非其道。彼以愛兄之道來，故誠信而喜之，奚僞焉？」

萬章請教說：「《詩經・齊風・南山》上說：『娶妻該怎麼辦？一定要先稟告父母。』相信這句話的，應該沒有人比得上舜。可是舜卻沒有先向父母稟告就娶了妻，這是什麼緣故呢？」

孟子說：「稟告就娶不成了。男女結婚是人類重大的倫理關係；如果事先稟告而未獲准，就會廢止這種重大的倫理關係，結果將會怨恨父母，所以就不稟告了。」

萬章說：「舜沒有稟告父母就娶妻，這一點我聽先生解釋過了；帝堯把女兒嫁給舜，也不告訴舜的父母，又是什麼緣故呢？」

孟子說：「帝堯也知道，告訴他們就嫁不成了。」

萬章說：「父母叫舜修理穀倉，等他上了屋頂就抽掉梯子，父親瞽瞍還放火燒穀倉。他們又叫舜去疏通水井，然後把井口蓋起來，卻不知舜從旁邊挖洞出來了。舜的弟弟象說：『謀害舜都是我的功勞，牛羊分給父母，糧食分給父母，干戈歸我，琴歸我，弓歸我，讓兩個嫂嫂替我整理床鋪。』象走進舜的屋子，舜坐在床邊彈琴。象說：『我眞是想念你呀！』神情頗爲尷尬。舜說：『我惦念著這些臣下和百姓，你替我去管理吧。』我不清楚舜是眞的不知道象要殺害他嗎？」

孟子說：「怎麼會不知道呢？不過，看到象憂愁，他也憂愁；看到象高興，他也高興。」

萬章說：「那麼，舜是假裝高興的嗎？」

孟子說：「不。從前有人送條活魚給鄭國的子產，子產叫主管池塘的人把魚養在池子裡，這人卻把魚烹煮吃了，回來報告說：『剛放進池子裡，牠還不太活動，一會兒就搖擺著尾巴游開了，一轉眼就游到遠處不見了。』子產說：『找到了好去處啊！找到了好去處啊！』這人出來後就說：『誰說子產聰明？我把魚烹煮吃了，他還說找到了好去處啊！找到了好去處啊！』所以，對於君子，可以用合乎情理的事欺騙他，卻很難用違背他的原則的事來矇騙他。象裝著敬愛兄長的樣子來了，舜就眞心相信而喜歡他，有什麼假裝的地方呢？」

這一章說的就是舜的遭遇了。其中，「謨蓋都君咸我績」的「謨蓋」是謀害；「都君」指舜，因爲《史記》裡記載：「一年而所居成聚，二年成邑，三年成都。」他因而有「都君」之名。

舜的父親、後母與弟弟（後母所生），三人聯手要加害舜。舜的處境十分危險，但是仍然相信眞誠可以感動家人，最後居然也有了一些成效。

關於舜的婚姻大事，萬章問了兩個問題：第一，舜沒有先向父母稟告就娶妻。第二，帝堯把女兒嫁給舜，也不告訴舜的父母。孟子的回答可以說是替舜曲意維護，拚命替他設想。事實上，舜也知道如果稟告父母的話，父母一定不答應，而堯一定要把女兒嫁給舜，因爲舜的德行很好，他認爲只有舜才可以眞正造福百姓。

很多人會對舜的態度有所疑問，弟弟明明想殺他，他不但百般容忍，還要弟弟幫忙治理百姓，這不是害了百姓嗎？實則舜沒有給弟弟實權，只讓他吃喝玩樂，這是因爲他當帝王而讓弟弟坐牢，父母一定不高興。所以，他讓弟弟做個小國的國君，卻不給與權力，讓他不能迫害百姓。舜所能做的也只有如此了，讓父母高興就好。

而且，舜怎麼會不知道弟弟想殺他呢？只不過他是「象憂亦憂，象喜亦喜」。這句話深富理趣，有兄弟姊妹的人就能了解。譬如，兄弟姊妹做生意失敗了，甚至連累全家人，你一看到他就生氣；但當他一憂愁起來，你就心軟了，又不忍心了。平常即使有所爭執，看到他高興，你也會替他高興。這眞是非常貼合眞實生活的一句感慨。所以說，舜的高興並不是虛假的，也許他在理智上應該很生氣，但是他對弟弟完全以情感爲主——只要你開心，我就相信你是眞心眞意的。這才是難能可貴之處。我們做不到舜的高標準，但至少可以了解他的德行受人推崇的緣故。

〈9・3〉

萬章問曰：「象日以殺舜爲事，立爲天子則放之，何也？」

孟子曰：「封之也；或曰，放焉。」

萬章曰：「舜流共工於幽州，放驩（ㄏㄨㄢ）兜於崇山，殺三苗於三危，殛鯀（ㄍㄨㄣˇ）於羽山，四罪而天下咸服，誅不仁也。象至不仁，封之有庳（ㄅㄧˋ）。有庳之人奚罪焉？仁人固如是乎？在他人則誅之，在弟則封之？」

曰：「仁人之於弟也，不藏怒焉，不宿怨焉，親愛之而已矣。親之，欲其貴也；愛之，欲其富也。封之有庳，富貴之也。身爲天子，弟爲匹夫，可謂親愛之乎？」

「敢問或曰放者，何謂也？」

曰：「象不得有爲於其國，天子使吏治其國而納其貢稅焉，故謂之放。豈得暴彼民哉？雖然，欲常常而見之，故源源而來，『不及貢，以政接於有庳。』此之謂也。」

萬章請教說：「象每天都把謀殺舜當成自己要做的事，舜成爲天子之後卻只是放逐他去外地，這是什麼緣故？」

孟子說：「是封象爲諸侯，有人說是放逐罷了。」

萬章說：「舜把共工流放到幽州，把驩兜放逐到崇山，在三危殺死了三苗的君主，在羽山處決了鯀；將這四人治了罪，天下便都歸服，因爲懲罰的是沒有仁德的人。象是最沒有仁德的，卻封給他有庳，有庳的百姓有什麼罪過呢？有仁德的君主竟然可以這麼做嗎？對別人就嚴加懲罰，對弟弟就封給他國土？」

孟子說：「有仁德的人對待自己的弟弟，既不存著怒氣，也不留著怨恨，只是想要親近他、愛護他而已。親近他，就要讓他尊貴；愛護他，就要讓他富有。把有庳封給他，就是要使他既富有又尊貴。自己當了天子，弟弟卻是一個百姓，這樣能說是親近他、愛護他嗎？」

萬章說：「請問，有人說是放逐，這話怎麼說呢？」

孟子說：「象不能在他的國土上任意行事，天子派遣官吏治理他的國家並且收取貢稅，所以會說他是被放逐。象怎能虐待他的百姓呢？雖然如此，舜還是想常常看到象，所以象也不斷地來和舜相見。所謂：『不必等到朝貢的日子，平常也以政事爲名接見有庳的國君。』就是在說這件事啊。」

共工（以官名爲人名）與驩兜，是堯、舜時的大臣。三苗爲國名，在此指其國君。鯀是禹的父親，因為他治水失敗造成很大的災難，所以有罪而受死。

萬章的問題深具挑戰性！孟子之所以要替舜回答，是因為他有一套對整個歷史發展的看法。孟子認為，有仁德的人對於自己的弟弟是「不藏怒焉，不宿怨焉」，這表現了他最關鍵的思考——待人要眞誠。「藏怒」與「宿怨」，就是一個人明明很生氣，但是他把怒氣藏起來；明明很怨恨，但是他把怨氣留下來，好像過夜一樣，心中存著怨。這樣的待人方式不但很累，也不眞誠。

儒家整個思想的關鍵就在眞誠。如果一有怒氣就發洩，這樣代表眞誠嗎？說不定會冤枉別人。所以，發脾氣之前，要先問自己：這樣是否適當？會抱怨代表對別人有所期待，希望他改善；反之，對方的抱怨也是相同的情況。人生任何事情都會打結，但經由彼此光明坦蕩的溝通，看看彼此能不能改善，才是最好的解決之道。如果讓怒、怨藏在心裡，累積到最後爆發出來，反而演變成更大的問題。

潛心提升自我，就能受人提拔

那麼，孟子怎麼回答萬章的問題呢？他認為，舜之所以封象於有庳，只是為了要親近弟弟、愛護弟弟。

常有人說：「一人得道，雞犬升天。」有點嘲諷的意味，好像只要是帝王身邊的人，即使是阿貓、阿狗也都能當上大官。事實上，在上位者不可能認識所有的賢人，他在所知的範圍內提拔人才，也是理所當然的事。孔子的學生仲弓問，「焉知賢才而舉之？」孔子說：「舉爾所知；爾所不知，人其舍諸。」意思是：提拔你所認識的

人。你不認識的，你以為別人會錯過他們嗎？（《論語・子路》）

的確，如果一個人真有本事，卻無人認識，也無人提拔，那是不太可能的。劉備三顧茅廬才請出賢才諸葛亮，所謂「錐處囊中，其鋒必現」，眞有才華的人，自然會傳出名聲而受人重用。換個角度來看，如果提拔人才一定要求公平，到最後可能變成用科舉制度來選才。但事實證明，會考試的學生，不見得在各方面都是傑出的。儒家在這方面，很能夠考量人生的實際情況。如果在上位者，提攜一個他不認識的人，可能反而成為其他人的政敵，一切就亂掉了。另一方面，即使是提拔自己認識的人，他做得好不好，百姓也自有公論。

人生面臨許多挑戰，一個人想要改變外在的一切是很困難的，只能要求改變自己，如果在改變中可以把自身的潛能開發出來，才是傑出的表現。由舜的種種表現，可以看出他一定是在靈性層次有所提升，才能達到一種無私的境界，言行取捨可以超越自我中心的階段。

舜的智慧

萬章對於舜放逐象一說，心裡還有疑問。由孟子的回答中，可以看出舜的智慧。他讓弟弟當諸侯，卻不給他任何權力，讓他不能做什麼壞事，所以也不可能虐待百姓。而且，舜還是希望常常看到象，唯有這種安排，才能不斷地和象相見。「源源不絕」一詞，就是出自這裡。

舜為什麼喜歡看到象呢？舜的父母過世以後，全天下只有一個有血緣關係的弟弟，當然希望能常常見面，這也是人之常情。如果舜只是個偉大的君主，很有正義感卻沒有情感的話，好像也太不近人情。孟子能夠理解舜到這種程度，令人佩服。

綜上所述，本章文意清楚，顯示了舜珍惜兄弟親情，又顧及百姓的福祉。如果質疑舜的做法，他未必會眷戀天子之位。天下的人需要舜，也只得容忍一個「極其不仁但已無力爲惡」的象了。

〈9．4〉

咸丘蒙問曰：「語云：『盛德之士，君不得而臣，父不得而子。』舜南面而立，堯帥諸侯北面而朝之；瞽瞍亦北面而朝之：舜見瞽瞍，其容有蹙（ㄘㄨˋ）。孔子曰：『於斯時也，天下殆哉，岌岌乎！』不識此語誠然乎哉？」

孟子曰：「否。此非君子之言，齊東野人之語也。堯老而舜攝也。《堯典》曰：『二十有八載，放勳乃徂（ㄘㄨˊ）落，百姓如喪考妣，三年，四海遏密八音。』孔子曰：『天無二日，民無二王。』舜既爲天子矣，又帥天下諸侯以爲堯三年喪，是二天子矣。」

咸丘蒙曰：「舜之不臣堯，則吾既得聞命矣。《詩》云：『普天之下，莫非王土；率（ㄕㄨㄞˋ）土之濱，莫非王臣。』而舜既爲天子矣，敢問瞽瞍之非臣，如何？」

曰：「是詩也，非是之謂也；勞於王事而不得養父母也。曰：『此莫非王事，我獨賢勞也。』故說詩者，不以文害辭，不以辭害志。以意逆志，是爲得之。如以辭而已矣，〈雲漢〉之詩曰：『周餘黎民，靡有孑遺。』信斯言也，是周無遺民也。孝子之至，莫大乎尊親；尊親之至，莫大乎以天下養。爲天子父，尊之至也；以天下養，養之至也。《詩》曰：『永言孝思，孝思維則。』此之謂也。《書》曰：『祇（ㄓ）載見瞽瞍，夔（ㄎㄨㄟˊ）夔齊（ㄓㄞ）栗，瞽瞍亦允若。』是爲父不得而子也（ㄧㄝˊ）？」

咸丘蒙請教說：「俗話說：『德行圓滿的人，君主不能把他當作臣子，父親不能把他當作兒子。』舜站在天子的位置上，堯率領諸侯朝見他，他的父親瞽瞍也來朝見他。舜看見瞽瞍時，神色侷促不安。孔子說：『在這個時候，天下眞是岌岌可危啊！』不知道這些話眞的是這樣的嗎？」

孟子說：「不，這不是君子說的話，而是齊國鄉野農夫說的話。堯年紀大了，由舜代行天子職權。《尚書·堯典》上說：『二十八年以後，堯才去世，百姓如同死了父母一樣，三年之內，天下聽不到任何音樂。』孔子說：『天上沒有兩個太陽，人間沒有兩個帝王。』如果舜當時已經做了天子，卻又率領天下諸侯爲堯服喪三年，那就同時有兩個天子了。」

咸丘蒙繼續問：「舜沒有把堯當作臣子，這一點我聽先生解釋過了。《詩經·小雅·北山》上說：『普天之下，沒有一寸土不是天子的土地；四海之內，沒有一個人不是天子的臣民。』舜已經做了天子，如果瞽瞍不是他的臣民，又是什麼呢？」

孟子說：「這首詩不是你說的那個意思，作者感嘆自己忙碌公事以致不能奉養父母。他說：『這些沒有一件不是公事，卻只有我最勞苦啊。』所以，解說詩的人，不能只看字面而誤解詞句，也不能只看詞句而誤解原意。要用自己的體會去推測作者的原意，這樣才對。如果只看詞句，那麼《詩經．大雅．雲漢》上說：『周朝剩下的百姓，沒有一個存留。』相信這句話，就成了周朝沒有一個人存留了。孝子的最高表現，莫過於使父母尊貴；使父母尊貴的最高表現，莫過於用天下奉養父母。成爲天子的父親，這是最高的尊貴了；以天下奉養父母，這是最高的奉養了。《詩經．大雅．下武》上說：『永遠保持孝心，孝心是天下人的榜樣。』就是這個意思。《尚書》上說：『舜恭恭敬敬地去見瞽瞍，態度謹愼而恐懼，瞽瞍也就眞的順心了。這是父親不能把他當作兒子嗎？』」

咸丘本是地名，咸丘蒙是以地名爲姓氏，他是孟子的學生，也是齊國人，所以聽過「齊東野人之語」。在此的「東野人」一詞，是指在田間工作的農夫。

孟子第一段回答的主旨是說，德行圓滿的人，君主不能把他當部下來使喚，而要尊重他的德行，那麼，天下百姓也都會尊重有德行的人，社會就會太平。今天整個社會裡沒有典範，青少年心目中的偶像，多是一些當紅明星，他們不見得有德行。同樣的，在社會上，一般人很難找出有哪些人具備德行讓人仿效，譬如，學校裡要選拔模範老師，選出來的往往都是些「麻辣老師」。謹守分寸、老老實實、認眞教書的人反而不受到尊敬。

至於孔子說「天下殆哉」，意思是擔心君臣、父子人倫失序。但孟子並不認爲這是孔子所說的話。

善用自己的體會解讀

舜在堯活著的時候，只是攝政而已，並不是當眞正的天子。當然在堯過世以後，他就繼任爲天子了。於是咸丘蒙問到：「舜已經做了天子，如果瞽瞍不是他的臣民，又是什麼呢？」這個問題很好，很合乎邏輯，如果瞽瞍算是臣民，那麼依大臣之禮尊敬舜也是理所當然，舜何必神色侷促不安？

事實上，舜並未眞正成爲天子，所以不以父親爲臣民；並且，即使舜做了天子，他在面對父親時，依然表現兒子對待父親的心意。這些討論並無眞正的根據，但孟子的回答很有意思。他認爲解說詩的人，不能只看字面而誤解詞句，也不能只看詞句而誤解原意。要「以意逆志」，用自己的體會去推測作者的原意，這樣才對。

一個人的人生經驗愈豐富，他的理解就可能愈接近事實，愈能夠放下主觀的成見。尤其是當他去設想別人的職業、背景、身分、角色，也就愈能體會出箇中三味。譬如，我喜歡看電影，這是因爲我的生活經驗非常貧乏，就只是讀書、教書而已，有時候連自己都覺得單調乏味。從電影裡面，發現很多事情不用親自經驗，也可以了解別人在想什麼，這就是一種「以意逆志」。

讀書也是如此，孟子就是箇中翹楚。當他讀到古代的歷史，就可以猜測當時的人在想什麼、爲什麼這樣想，還可以用更多過去的資料和事實做爲對照，來推敲他的猜測是否正確。譬如，孟子這樣推測舜的心意，一定是配合了舜在其他方面的表現，爲他的猜測找到根據。如果我們現在換個方式來猜測，說舜這個人很深沉陰險，故意裝出高興的模樣，這種猜測可能與舜在其他方面的表現無法配合。所以，若想達到「以意逆志」的境界，一定要先增加自己的生命經驗。

大孝之人，始終如一

最後，孟子做了結論：既然孝子的最高表現莫過於使父母尊貴，那麼舜做爲天子，對父親瞽瞍應該是做到以天下奉養及尊貴的大孝了。的確，孝順須從感激父母開始。父母的好壞姑且不論。現在社會比古代社會看似複雜許多，譬如，許多人有精神官能症方面的問題，也許有人會擔心，萬一自己的父母出現這方面的問題，該怎麼孝順？其實，父母變成病人，需要治療，爲人子女就要想辦法治療他們，原則就是這麼簡單。

我們可以看到舜「去見瞽瞍，態度謹愼而恐懼，瞽瞍最後也就順心了」。舜還是會恐懼，擔心他父親不高興，他雖然貴爲天子，還是謹愼規矩，終於讓父親感到順心了。在這裡，我們可以看到孟子對舜的同情理解，可謂深入而周全。

〈9・5〉

萬章曰：「堯以天下與舜，有諸？」

孟子曰：「否。天子不能以天下與人。」

「然則舜有天下也，孰與之？」

曰：「天與之。」

「天與之者，諄（ㄓㄨㄣ）諄然命之乎？」

曰：「否。天不言，以行與事示之而已矣。」

曰：「以行與事示之者，如之何？」

曰：「天子能薦人於天，不能使天與之天下；諸侯能薦人於天子，不能使天子與之諸侯；大夫能薦人於諸侯，不能使諸侯與之大夫。昔者，堯薦舜於天而天受之；暴（ㄆㄨ）之於民而民受之。故曰：『天不言，以行與事示之而已矣。』」

曰：「敢問薦之於天，而天受之；暴之於民，而民受之，如何？」

曰：「使之主祭，而百神享之，是天受之；使之主事，而事治，百姓安之，是民受之也。天與之，人與之。故曰：『天子不能以天下與人。』舜相堯二十有八載，非人之所能爲也，天也。堯崩，三年之喪畢，舜避堯之子於南河之南。天子諸侯朝覲者，不之堯之子而之舜；訟獄者，不之堯之子而之舜；謳歌者，不謳歌堯之子而謳歌舜，故曰，天也。夫然後之中國，踐天子位焉。而居堯之宮，逼堯之子，是篡也，非天與也。《泰誓》曰：『天視自我民視，天聽自我民聽。』此之謂也。」

萬章請教說：「堯把天下授與舜，有這回事嗎？」

孟子說：「沒有。天子不能把天下授與人。」

萬章說：「那麼，舜擁有天下，是誰授與的呢？」

孟子說：「天授與的。」

萬章說：「天授與他，是認認眞眞告訴他的嗎？」

孟子說：「不是。天不說話，只是用行動與事件來表示意思罷了。」

萬章說：「用行動與事件來表示，又是怎麼做的呢？」

孟子說：「天子可以把人推薦給天，但不能讓天把天下給這個人；諸侯可以把人推薦給天子，但不能讓天子把諸侯的職位給這個人；大夫可以把人推薦給諸侯，但不能讓諸侯把大夫的職位給這個人。從前，堯把舜推薦給天，天接受了；把舜介紹給百姓，百姓接受了。所以說，天不說話，只是用行動與事件表示意思罷了。」

萬章說：「請問，把舜推薦給天，天接受了；把舜介紹給百姓，百姓接受了，這又是怎麼做的？」

孟子說：「派舜主持祭祀，百神都來享受祭品，這就是天接受了他；派舜主持政事，政事辦得很好，百姓也滿意他，這就是百姓接受了他。天授與他，百姓授與他，所以說，天子不能把天下授與人。舜輔佐堯治理天下二十八年，這不是人的意願所能決定的，而是天意。堯去世後，三年之喪結束，舜避開堯的兒子，前往南河的南邊去。可是天下諸侯朝見天子的，不去堯的兒子那裡，而去舜那裡；訴訟的，不去堯的兒子那裡，而去舜那裡；歌頌的人，不歌頌堯的兒子，而歌頌舜，所以說，這是天意。舜這才回到國都，登上天子的寶座。如果他自己住進堯的宮中，逼迫堯的兒子離開，那就是篡奪，而不是天授與他了。《尚書．泰誓》上說：『天所看見的，就是我們百姓所看見的；天所聽到的，就是我們百姓所聽到的。』所說的就是這種情況。」

孟子認爲堯讓位給舜，不是禪讓，而是「天與之」。帝王稱作天與人之間的中介。那不是單純的「禪讓」而已，只不過天不說話，而用行動與事件來表示意思。這也是孟子對天的看法。

所謂「薦舜於天，暴之於民」，表示有兩個條件：第一，把舜推薦給天，天接受了；第二，把他介紹給百姓，百姓也接受了。古代沒有民意測驗，所以古代當帝王者要考慮兩點，一是天，一是人。

那麼，如何表示天接受了？這段歷史故事比較神祕。孟子說：「使之主祭，而百神享之，是天受之」。太陽神、月亮神、山神、海神、河神……都是百神。百神享受祭品、順利祭祀完畢……。天是屬於靈性的層次，本來就沒有具體的形體可以掌握，更無法了解它「滿不滿意」？由此可知，「百神享受祭品」，在當時一定有其徵兆及驗證的方法，不是可以隨便說的。

接著，如何證明百姓也接受了？

堯到底活了多少歲，沒有人知道。但堯把天下讓給舜治理的時候，一定是覺得自己照顧百姓心有餘而力不足，所以委託年輕的舜，也就是他的女婿來繼續治理國家。那時候堯不知道自己可以再活幾年，所以堯做爲天子在背後支持舜，總共二十八年，百姓習慣了，才有後續發展的故事。

堯去世時，舜想讓堯的兒子丹朱繼位，所以他選擇避開。但天下百姓、大臣都不這樣想，無論朝見、訴訟或歌頌，仍然還是找舜，這就是天意與民意之所歸了。

其中，「訟獄」就是「訴訟」，代表古代天子爲最高的法官，負責執行至高的正義。當然，國家還有各級低階的檢察官、法官，但是重大的案件還是由天子來負責裁決，因爲事關正義，疏忽不得。

治國首要仁愛與公平

人活在世間只有兩個願望，一是仁愛，一是公平。仁愛的具體表現就是讓百姓活得下去，可以吃飽喝足，安居樂業。天子照顧百姓，要使他們「養生送死無憾」，這就是仁愛的目標。

第二點是公平，誰做事誰負責，充分實現善惡報應。一個國家要上軌道，就須注意仁愛與公平。如果沒有仁愛，人民活不下去；如果沒有公平，又怎麼安居樂業呢？古代社會正是如此，這是有關「訴訟」的衍生含義。

這一章還有另一句重要的話：「天不言，以行與事示之而已矣。」其中「以行與事」有兩種解釋法。一是指「以舜的行與事」，亦即舜的德行與處事可以證明天肯定了他。二是泛指世間的行動與事件，因爲每個天子的處境不同，如果都扣緊像舜那麼高標準的行與事，恐怕天意的表現太過有彈性了。

事實上，根據下一章談到的禹、啓等人的事蹟，以及後代的得天下的帝王作爲，可知「以行與事」的意思比較像是：要由大勢所趨（行）與客觀事件（事）來決定天意。這種觀點可以配合「天視自我民視，天聽自我民聽」的說法，也不違背今日的民主運作模式。

〈9．6〉

萬章問曰：「人有言：『至於禹而德衰，不傳於賢而傳於子。』有諸？」

孟子曰：「否，不然也。天與賢，則與賢；天與子，則與子。昔者，舜薦禹於天，十有七年；舜崩，三年之喪畢，禹避舜之子於陽城，天下之民從之，若堯崩之後不從堯之子而從舜也。禹薦益於天，七年，禹崩，三年之喪畢，益避禹之子於箕山之陰。朝覲訟獄者不之益而之啓，曰：『吾君之子也。』謳歌者，不謳歌益而謳歌啓，曰：『吾君之子也。』丹朱之不肖，舜之子亦不肖。舜之相堯，禹之相舜也，歷年多，施澤於民久。啓賢，能敬承繼禹之道。益之相禹也，歷年少，施澤於民未久。舜、禹、益相去久遠，其子之賢不肖，皆天也，非人之所能爲也。莫之爲而爲者，天也；莫之致而至者，命也。

「匹夫而有天下者，德必若舜、禹，而又有天子薦之者，故仲尼不有天

下。繼世以有天下，天之所廢，必若桀、紂者也，故益、伊尹、周公不有天下。伊尹相湯以王於天下，湯崩，太丁未立，外丙二年，仲壬四年，太甲顛覆湯之典刑，伊尹放之於桐，三年，太甲悔過，自怨自艾，於桐處仁遷義，三年，以聽伊尹之訓己也，復歸於亳。周公之不有天下，猶益之於夏，伊尹之於殷也。孔子曰：『唐、虞禪，夏后、殷、周繼，其義一也。』」

萬章請教說：「有人這樣說：『到禹的時候，德行就衰微了，天下沒有傳給賢良的人，卻傳給自己的兒子。』有這樣的事嗎？」

孟子說：「不，不是這樣的。天要授與賢良的人，就授與賢良的人；天要授與君主的兒子，就授與君主的兒子。從前，舜把禹推薦給天，十七年之後，舜過世了，三年之喪結束後，禹避開舜的兒子，自己前往陽城，天下百姓都跟隨他，就像堯去世後，百姓不跟隨堯的兒子卻跟隨舜一樣。禹把益推薦給天，七年之後，禹去世了，三年之喪結束後，益避開禹的兒子，前往箕山的北邊。來朝見的諸侯以及要訴訟的人都不去益那裡，而去啟那邊，大家都說：『他是我們君主的兒子啊。』歌頌的人不歌頌益，而歌頌啟，說：『他是我們君主的兒子啊。』堯的兒子丹朱不夠賢明，舜的兒子商均也不夠賢明。舜輔佐堯，禹輔佐舜，經歷了很多年，照顧百姓的時間也長。啟很賢明，能夠認眞地繼承禹的做法。益輔佐禹的年數少，照顧百姓的時間也短。舜、禹、益輔佐的時間差距很大，他們的兒子有賢明有不賢明，這都出於天意，不是人的意願可以決定的。沒有人去做的，居然成功了，那是天意；沒有人去找的，居然來到了，那是命運。

「一個普通百姓卻能得到天下，他的德行一定要像舜、禹那樣，並且還要有天子推薦他，所以孔子無法得到天下。繼承上代而得到天下，天意卻要廢棄的，一定是像桀、紂那樣的君主，所以益、伊尹、周公無法得到天下。伊尹輔佐商湯稱王天下，商湯過世之後，大丁沒有繼位就死了，外丙在位兩年，仲壬在位四年，太甲破壞了商湯的典章法度，伊尹將他放逐到桐邑。三年後，太甲悔過，怨恨自己、改正自己，在桐邑修養仁德、努力行義；再過三年，已能聽從伊尹對自己的教訓了，然後再回到亳都做天子。周公不能得到天下，就像益處在夏朝、伊尹處在商朝一樣。孔子說：『唐堯、虞舜讓位給賢人，夏、商、周三代由子孫繼位，其中的道理是一樣的。』」

禹的功勞太大了，他治理洪水不知救了多少人，保障了百姓最需要的、生存上的憑藉，於是繼舜之後當上天子。但後來他把王位傳給自己的兒子，主要是因爲益只輔佐國政七年，時間太短了，百姓承受益的恩澤太少，以致於禹去世以後，來朝見的諸侯以及要訴訟的人都不去益那邊，而去啓那邊，所以禹的兒子啓就順理成章地繼承了王位。

「莫之爲而爲者，天也；莫之致而至者，命也。」這是孟子對天命最簡短的一個定義，這兩句話值得多加推敲。譬如，某地可能因爲地震導致地殼變動，忽然多了一座山，這就是所謂的天意。衍生來說，很多時候一個人努力做一件事不見得做得成，此時就要看天意是否能配合；反之，有很多事也許不喜歡碰上，偏偏就碰上了，這叫做命運。命運是無奈的、消極的；天意是積極的，它會使事情在不經意間成功。因此，人必須根據既定的條件（此即命）再做最大的努力，並且對於結果不必執著，因爲天意仍有難測之處。

不因權威而盲目

由本章可見孟子的辯才無礙。他對於歷史的詮釋說得如此有趣，講「天與賢，則與賢；天與子，則與子」，好像許多事都是天在決定，但後代很多惡劣的帝王，天怎麼不管？自啓開始，夏朝就成了「家天下」，老天就不再管了，豈非莫名其妙？後面不管，前面爲什麼要管；後面既然沒有管，又怎麼證明以前管過？「天不言，以行與事示之而已矣」，但是誰怕「行」與「事」？孟子的邏輯有沒有問題？值得我們深思。

孟子的確是用心良苦，他喜歡把社會光明的一面儘量說出來，讓後人效法。讀《孟子》還是要有批判的眼光，我們可以發現孟子的學生很有批判性，勇於挑戰權威，孟子的回答有其時代的限制，有他一定的見解與立場。如果我們今天有所疑問，不一定要受他所限，可以往下一直追問。

本章所謂天意「以行與事示之」的「行」，應該以大勢所趨來解釋，較接近天與命，而「事」較接近人的努力，正如太甲後來「自怨自艾」，就是說他雖然一直在抱怨，一直在懊惱，但另一方面他也在改正，最後終能改過遷善，因而保住了王位。

〈9．7〉

萬章問曰：「人有言，伊尹以割烹要湯，有諸？」

孟子曰：「否，不然。伊尹耕於有莘之野，而樂堯、舜之道焉。非其義也，非其道也，祿之以天下，弗顧也；繫馬千駟，弗視也。非其義也，非其道也，一介不以與人，一介不以取諸人。湯使人以幣聘之，囂囂然曰：『我何以湯之聘幣為哉？我豈若處畎畝之中，由是以樂堯、舜之道哉？』湯三使往聘之，既而幡（ㄈㄢ）然改曰：『與我處畎畝之中，由是以樂堯、舜之道，吾豈若使是君為堯、舜之君哉？吾豈若使是民為堯、舜之民哉？吾豈若於吾身親見之哉？天之生此民也，使先知覺後知，使先覺覺後覺也。予，天民之先覺者也；予將以斯道覺斯民也。非予覺之，而誰也？』

「思天下之民，匹夫匹婦有不被堯、舜之澤者，若己推而內（ㄋㄚˋ）之溝中。其自任天下之重如此，故就湯而說（ㄕㄨㄟˋ）之，以伐夏救民。吾未聞枉己而正人者也，況辱己以正天下者乎？聖人之行不同也，或遠，或近，或去，或不去，歸潔其身而已矣。吾聞其以堯、舜之道要湯，未聞以割烹也。《伊訓》曰：『天誅造攻自牧宮，朕載自亳。』」

萬章請教說：「有人這樣說：『伊尹是靠當廚子來求得商湯的任用。』有這樣的事嗎？」

孟子說：「不，不是這樣的。伊尹在有莘國的郊野耕種，喜愛堯、舜的理想。如果不符合義行，不符合正道，即使把天下當作俸祿給他，他也不會回頭看；即使有四千匹馬拴在那裡，他也不會望一眼。如果不符合義行，不符合正道，就不給別人一點東西，也不拿別人一點東西。商湯派人帶了禮物去聘請他，他無動於衷地說：『我要商湯的聘禮做什麼呢？那怎麼比得上生活在田野中，並且以堯、舜的理想為樂呢？』商湯又多次派人去聘請，不久他完全改變了態度，說：『與其生活在田野中，並且以堯、舜的理想為樂，那怎麼比得上使這個君主成為像堯、舜一樣的君主呢？怎麼比得上讓現在的百姓成為像堯、舜時代一樣的百姓呢？怎麼比得上親眼見到像堯、舜那樣的盛世呢？天生育了這些百姓，就是要使先知道的去開導後知道的，使先覺悟的去啟發後覺悟的。我是天生育的百姓中，先覺悟的人，我將用堯、舜的這種理想來使百姓覺悟。不是我去使他們覺悟，又有誰去呢？』

「他覺得天下的百姓中，如果有一個男子或一個婦女沒有享受到堯、舜的恩澤的，就像是自己把他們推進山溝裡一樣。他就如此把天下的重任擔在自己肩上，所以去湯那裡勸說他討伐夏桀，拯救百姓。我沒有聽說自己不端正卻能匡正別人的，何況是用侮辱自己來匡正天下的？聖人的行為各有不同，有的疏遠君主，有的接近君主，有的離開朝廷，有的不離開朝廷，但都歸結於保持自身潔淨罷了。我只聽說他是用堯、舜的理想去求商湯，沒有聽說他是靠當廚子去求商湯任用的。《尚書・伊訓》上說：『天要誅滅夏桀，原因來自他自己的宮中，我只是從亳邑開始謀劃罷了。』」

萬章確實很喜歡收集資訊，各方面的意見都了解之後，就去請教孟子，而孟子也不會避免去談，他很樂於把道理說清楚。

孟子認爲，伊尹是喜愛堯、舜理想的人。這個理想就是天子與百姓都過得快樂。堯、舜沒有私心，照顧百姓，推行仁政，比如儘量減低賦稅，讓大家都安居樂業，堪作表率。像舜的孝順、友愛，老百姓一看就跟著學習，社會風氣自然改善。

快樂分層次，應往上提升

一個社會的挑戰往往不在混亂時期，而在於平靜時期如何維持發展。因爲社會一旦穩定，問題就更多元化了。例如台灣經濟繁榮以後，各種娛樂很快就開始變質、變調；大陸沿海地區開始經濟發展、繁榮後，也有類似的問題。此時我們要問，如果人民基本生活所需的條件都有了，接著需要什麼？人民當然希望過得快樂，只不過快樂有分許多層次，耳目之娛或其他身體方面的享受是沒完沒了的，又如何讓百姓往上提升？

以文化活動的發展爲例。一個社會要有穩定的經濟基礎，才有辦法發展文化活動，但是在發展的同時，要設法讓每個人身、心、靈方面都有往上提升的空間，如果在理解上沒有完整的架構，也沒有致力於人性潛能的開發，以致忽略靈性的發展，那就不能超越自我的執著，反而會讓人凡事只想到自己，變得更加自私了。

如果人生沒有架構，就沒有高尚的目標，而人的成敗往往取決於一念之間。譬如，在從事休閒娛樂的時候，一念之差，很容易就被有形可見的享受所誘惑；又如，大家相約去吃美食，吃完之後還要去洗三溫暖，然後就一步步下去，都是一些非常具體的快樂。但這種生理層面的快樂有一個特色，就是很容易使人彈性疲乏，接著就需要更大的刺激。所有的人都如此，社會哪有可能往上提升？

也許有些人會認爲，好不容易能讓社會經濟繁榮，如果還過著「清教徒」的生活，有錢不能享受，理由何在？其實，向上提升，亦即追求心與靈的成長，也是挑戰。在教育過程中，大多數老師並沒有讓學生了解人的生命是個往上開展的過程。譬如，有多少人體驗到讀書的快樂？許多人一看到書就頭昏，當成是最好的催眠劑。做爲教育工作者，就要讓學生知道讀書、聽音樂或是參加有益心靈層次的社團活動，也是屬於快樂的一種，而且這種追求身心靈合一的快樂，才能夠眞正維持長久。

伊尹安於現狀，沒有什麼欲望，活得非常自在。美國有個年輕人，發生船難，在海上漂流了二十一天才獲救。他獲救之後，說了一句話：「這一生，我只要有白開水和麵包，就毫無所求了。」正是因爲他有這種劫後餘生的體驗，了解到身體的欲望其實很容易滿足，如果從此可以不執著，那將是多麼自在的人生。

一般人亦然，如果沒有開發心與靈的層次，人生到最後將會無路可走。如果總是追求及時行樂，最後整個人生沒有什麼充實的內涵，那是很可惜的事。對一個人來說，重要的不是年歲的增加，而是全方位的成長，如此才算領悟了眞正的智慧。

儒家的原則是義與道

伊尹答應出仕時的說法，點出了儒家一貫的理想：

第一，知識份子的使命感，亦即所謂「先知覺後知，先覺覺後覺」。國家好比車輛，當行進間出問題時，誰應該出面解決問題、負起責任呢？當然是了解怎麼開車的人。

第二，責任感。伊尹說「思天下之民，匹夫匹婦有不被堯、舜之澤者，若己推而內之溝中」，就如同「禹思天下有溺者，由己溺之也」、「稷思天下有饑者，由己饑之也」（〈8．29〉）等偉大的表現一般。

問題是，如何才算是先知先覺之士？所知者與所覺者又是什麼？這正是孟子立言的宗旨。此外，另一個重點是內文前後一再重申的，何謂義與道，這也涉及儒家的原則。

義是指個別情況中的「應該」，要判斷並不容易。伊尹開始時樂於隱居，後來才改變心意，是因爲商湯一而再、再而三地來找他時，條件就成熟了。就像是劉備三顧茅廬，諸葛亮覺得時機成熟了，願意把所學貢獻出來，爲人民鞠躬盡瘁，死而後已，也寫下了精彩的歷史事蹟。

道是指人生正途的光明大道，側重於理想，所以前文一再強調堯、舜之道。每個人都有自己的「道」，怎麼樣才叫正確的「道」呢？那就是堯、舜所展示的人生的理想，也是大家必須去追隨的。

〈9．8〉

萬章問曰：「或謂孔子於衛主癰（ㄩㄥ）疽（ㄐㄩ），於齊主侍人瘠環，有諸乎？」

孟子曰：「否，不然也；好事者爲之也。於衛主顏讎由。彌子之妻，與子路之妻，兄弟也。彌子謂子路曰：『孔子主我，衛卿可得也。』子路以告。孔子曰：『有命。』孔子進以禮，退以義，得之不得曰『有命』。而主癰疽與侍人瘠環，是無義無命也。孔子不悅於魯、衛，遭宋桓司馬將要而殺之，微服而過宋。是時孔子當阨，主司城貞子，爲陳侯周臣。吾聞觀近臣，以其所爲主；觀遠臣，以其所主。若孔子主癰疽與侍人瘠環，何以爲孔子？」

萬章請教說：「有人說，孔子在衛國時住在衛靈公所寵信的宦官癰疽家裡；在齊國時住在齊景公所寵信的宦官瘠環家裡，有這樣的事嗎？」

孟子說：「不，不是這樣的；這是好事的人編造出來的。孔子在衛國時，住在顏讎由家中。彌子瑕的妻子與子路的妻子是姊妹。彌子瑕對子路說：『孔子住在我家，就可以得到衛國的卿相職位。』子路向孔子報告此事。孔子說：『由命運決定。』孔子做官時要遵守禮儀，辭官時要合乎義行，能不能得到職位，就說『由命運決定』。如果他住在癰疽與宦官瘠環家中，那就是不合乎義行，無視於命運了。孔子在魯國與衛國很不得意，又遇到宋國的司馬桓魋（ㄊㄨㄟˊ）企圖攔截及殺害他，他只得改變服裝悄悄通過宋國。這時孔子正處於困境，就住在司城貞子家中，做了陳侯周的臣子。我聽說過，觀察在朝的臣子，要看他所接待的客人；觀察外來的臣子，要看他所寄住的主人。如果孔子寄住在癰疽與宦官瘠環家裡，還怎麼能算是孔子呢？」

癰疽、瘠環這兩個人皆爲宦官，「侍人瘠環」的「侍人」就是古代的宦官，往往被當作是受寵溺的小人。與他關係好的話，或許可以謀得一官半職，卻會被人看不起，因爲並非走正道，而是走後門，那就不合乎義行，也無視於命運了。

孔子當時周遊列國，可謂國際知名之士，如果借住某人家，代表他支持那個人，那人就可以增加勢力。萬章似乎聽到不少傳言，幸好孟子一一化解他的質疑。

孔子在衛國時，彌子瑕與王孫賈這一派人想要拉攏他。在《論語・八佾》裡有這麼一段：

王孫賈問曰：「『與其媚於奧，寧媚於灶』，何謂也？」子曰：「不然，獲罪於天，無所禱也。」意即：王孫賈請教：「『與其討好尊貴的奧神，不如討好那個當令的灶神』，這句話是什麼意思？」孔子說：「不是這樣的。一個人得罪了天，就沒有地方可以獻上禱告了。」尊貴的奧神高高在上，但沒有實權。當時這批人很希望拉攏孔子參加他們的集團，就能在政治鬥爭時取得利益。

「孔子不悅於魯、衛，遭宋桓司馬將要而殺之，微服而過宋。」這一段在《論語・述而》裡也出現過：「天生德於予，桓魋其如予何。」意即：孔子說：「天是我這一生德行的來源，桓魋又能對我怎麼樣呢？」

桓魋是宋國的司馬，他想殺害孔子。孔子帶學生經過宋國時情況很危險。他們還在一棵大樹下面講學，結果桓魋帶兵追來，孔子與弟子趕緊逃掉。因爲離開了邊境，桓魋追不到，一氣之下回來就把那棵大樹砍掉了。

儒家對於「命」的基本態度是：「死生有命，富貴在天。」（《論語・顏淵》）不過，「進以禮，退以義」仍是自己要負責的。

〈9・9〉

萬章問曰：「或曰：『百里奚自鬻（ㄩˋ）於秦養牲者五羊之皮，食（ㄙˋ）牛以要秦穆公。』信乎？」

孟子曰：「否，不然；好事者爲之也。百里奚，虞人也。晉人以垂棘之璧，與屈產之乘，假道於虞以伐虢（ㄍㄨㄛˊ）；宮之奇諫，百里奚不諫。知虞公之不可諫而去之秦，年已七十矣；曾不知以食牛干秦穆公之爲汙也，可謂智乎？不可諫而不諫，可謂不智乎？知虞公之將亡而先去之，不可謂不智也。時舉於秦，知穆公之可與有行也而相之，可謂不智乎？相秦而顯其君於天下，可傳於後世，不賢而能之乎？自鬻以成其君，鄉黨自好者不爲，而謂賢者爲之乎？」

萬章請教說：「有人說：『百里奚用五張羊皮的代價，把自己賣給秦國一個養牲口的人，替他飼養牛，借此找機會求得秦穆公的任用。』這是真的嗎？」

孟子說：「不，不是這樣；這是好事的人編造出來的。百里奚是虞國人，當時晉國用垂棘所出的美玉與屈地所產的良馬，向虞國借路去攻打虢國。宮之奇勸阻虞公，百里奚不勸阻。他知道虞公不會聽從勸告，就離開前往秦國，當時已經七十歲了。他竟不知道用替人飼養牛的辦法去求得秦穆公任用是一件汙濁的事，可以說是明智嗎？他知道虞公不會聽從勸告就不去勸告，可以說是不明智嗎？他知道虞公即將亡國就先離開，不可以說是不明智啊。他在秦國受提拔時，就知道秦穆公是一位可以一起有所作爲的君主就輔佐他，可以說是不明智嗎？擔任秦國卿相而使秦穆公在天下有顯赫的名望，並且可以流傳到後代，不是賢能的人可以做到這一步嗎？賣掉自己去成全君主，鄉里中自愛的人都不願意做，難道說賢能的人會這麼做嗎？」

這一章提到了百里奚。

百里奚這個人很特別，他直到七十歲以後才發達起來。關於他的故事，在《史記》有不同的說法，可參考〈商君列傳〉與〈秦本紀〉。不過他被稱爲「五羖大夫」，則應該與「五羊之皮」有關。

成語「唇亡齒寒」，與以下這段歷史故事有關：當時晉國用垂棘所出的美玉與屈地所產的良馬，向虞國借路去攻打虢國，宮之奇勸阻虞公，百里奚不勸阻。他知道虞公不會聽從勸告，就離開前往秦國，當時已經七十歲了。

「唇亡齒寒」在此所指的就是虞國和虢國之間的相依關係。結果虞國國君沒有聽從勸告，晉國在滅了虢國後，順便也滅了虞國。

秦穆公是春秋五霸之一，他非常依賴百里奚的協助，所以，百里奚怎麼可能不明智呢？百里奚早就知道虞國一定會滅亡，因爲晉國消滅了虢國之後，回頭就會消滅虞國。這說明他知道整個形勢，但他知道虞公不會聽從勸告，因此無可奈何。最後，孟子反問：「自鬻以成其君，鄉黨自好者不爲，而謂賢者爲之乎？」我們常說「委屈求全」，究竟要委屈哪一方面呢？是否要「爲達目的而不擇手段」？

類似這樣的情況，在西方哲學上來說，就是「目的能不能使手段合理」的問題。譬如，現在犧牲一百個人，就可以救一千萬人，如果我的目的是要救一千萬人，那麼犧牲誰呢？有些人認爲如果目的是好的，就可以不擇手段。問題是，沒有人有把握一定可以達成好的目的。所以，任何人在採取任何一種手段時，如果手段本身有問題、不夠正當，目的是不能夠使它變得正當的。

百里奚所要的是「得君行道」，至於這個「道」是否合乎堯、舜的理想，則是另一個問題。

卷十〈萬章篇〉下

〈10・1〉

孟子曰：「伯夷，目不視惡色，耳不聽惡聲。非其君不事，非其民不使。治則進，亂則退。橫政之所出，橫民之所止，不忍居也。思與鄉人處，如以朝衣朝冠坐於塗炭也。當紂之時，居北海之濱，以待天下之清也。故聞伯夷之風者，頑夫廉，懦夫有立志。

「伊尹曰：『何事非君？何使非民？』治亦進，亂亦進。曰：『天之生斯民也，使先知覺後知，使先覺覺後覺。予，天民之先覺者也，予將以此道覺此民也。』思天下之民，匹夫匹婦有不與被堯、舜之澤者，若己推而內之溝中。其自任以天下之重也。

「柳下惠不羞汙君，不辭小官。進不隱賢，必以其道。遺佚而不怨，阨窮而不憫。與鄉人處，由由然不忍去也。『爾為爾，我為我，雖袒（ㄊㄢˇ）裼（ㄒㄧ）裸裎於我側，爾焉能浼（ㄇㄟˇ）我哉？』故聞柳下惠之風者，鄙夫寬，薄夫敦。

「孔子之去齊，接淅而行；去魯，曰：『遲遲吾行也，去父母國之道也。』

可以速而速，可以久而久，可以處而處，可以仕而仕，孔子也。」孟子曰：「伯夷，聖之清者也；伊尹，聖之任者也；柳下惠，聖之和者也；孔子，聖之時者也。孔子之謂集大成。集大成也者，金聲而玉振之也。金聲也者，始條理也。玉振之也者，終條理也。始條理者，智之事也；終條理者，聖之事也。智，譬則巧也；聖，譬則力也。由射於百步之外也，其至，爾力也；其中，非爾力也。」

孟子說：「伯夷，眼睛不看邪惡的事物，耳朵不聽邪惡的話語。不是理想的君主，不去服事；不是理想的百姓，不去使喚。天下安定就出來做官，天下動亂就退而隱居。施行暴政的國家，住有暴民的地方，他都不願去居住。他覺得與沒教養的鄉下人相處，就像穿戴禮服禮帽坐在泥土炭灰上一樣。在商紂當政時，他住在北海的海邊，等待天下的清明。因此，聽說了伯夷作風的人，貪婪的變得廉潔了，懦弱的立定志向了。

「伊尹說：『對任何君主都可以服事，對任何百姓都可以使喚。』天下安定出來做官，天下動亂也出來做官，並且說：『天生育了這些百姓，就是要使先知道的去開導後知道的，使先覺悟的去啓發後覺悟的。我是天生育的百姓中先覺悟的人，我將用堯、舜的這種理想來使百姓覺悟。』他覺得天下的百姓中，如果有一個男子或一個婦女沒有享受到堯、舜的恩澤的，就像是自己把他們推進山溝裡一樣。他就如此把天下的重任擔在自己肩上。

「柳下惠不以壞君主爲羞恥，也不以官職低爲卑下。入朝做官不隱藏才幹，但一定遵循自己的原則。丟官去職而不抱怨，倒楣窮困而不憂愁。與沒教養的鄉下人相處，他態度隨和不忍心離開。『你是你，我是我，你即使在我旁邊赤身裸體，又怎能玷汙我呢？』所以，聽說了柳下惠作風的人，狹隘的變得開朗了，刻薄的變得敦厚了。

「孔子離開齊國時，撈起正在淘洗的米就上路；離開魯國時，卻說：『我們慢慢走吧，這是離開祖國的態度。』應該速去就速去，應該久留就久留，應該閒居就閒居，應該做官就做官，這是孔子的作風。」

孟子又說：「伯夷是聖人中清高的，伊尹是聖人中負責的，柳下惠是聖人中隨和的，孔子則是聖人中最合時宜的。孔子可以說是集聖人的大成。所謂集大成就像開始奏樂時先敲鎛鐘，最後擊玉磬來結束。鎛鐘的聲音，是旋律節奏的開始；玉磬的聲音，是旋律節奏的結束。開始奏出旋律節奏，要靠智慧；最後奏出旋律節奏，要靠聖德。智慧有如技巧，聖德有如力氣。就像在百步以外射箭，射到目標區那一帶，是靠你的力氣；射中目標，就不是靠你的力氣了。」

本章說明孟子對聖人的看法。他以伯夷、伊尹、柳下惠、孔子四個人爲例，分別代表聖人之中的清者、任者、和者、時者，並且以孔子爲集大成。「時者」爲何特別困難？因爲一方面有始有終，另一方面能以智慧配合聖德，使生命猶如一首完美的樂章。

聖之清者——伯夷

伯夷非常潔身自好。他和弟弟叔齊投靠西伯侯，即準備起來革命的周文王、周武王。他們知道周武王要爲父王報仇討伐商紂，認爲這是一場革命，是造反的行動，於是極力勸阻，卻終究擋不住。後來周武王成功了，天下從商朝變成周朝，他們兩兄弟就此絕食，不再吃周朝的食物，最後餓死在首陽山。

正是因爲這樣的名聲與操守，許多聽聞伯夷的人都起而學習他的風範。的確，如果不曾聽聞偉大的行爲表現，如何學習呢？在思考爲什麼自己做不到時，就表示學習有了動機。

這也是教育上的問題。我們受教育的目的之一，就是希望人生能夠找到學習的典範。馬斯洛（A. Maslow）的人本主義心理學和行爲主義心理學不同。行爲主義者專依動物的行爲來思考人的情況，把人當作生物之一，這叫做向下看齊，認定人受環境條件所限制，很難有什麼突破。但馬斯洛則不同，他特別強調要向優秀的人看齊，所以他的心理學是向上看齊的，他確實也找了很多優秀的人來做爲典範。

孔子、佛陀以及中國古代許多傑出的人士，都是我們向上看齊的榜樣。

聖之任者——伊尹

歷史上有一種說法，是伊尹「五就湯、五就桀」，就是五次去湯那邊，五次去桀那邊做官；另有一說是，伊尹想改善天下，商湯就推薦他去夏桀那邊做官，但夏桀實在暴虐無道，伊尹後來還是回到商湯的身邊。因此，前面才會出現「何事非君？何使非民？」這句話。

伊尹很有自信，因爲他能夠「先知先覺」，亦即懂得並且欣賞堯、舜的理想，並以此爲樂。這就好像有一本書在書店裡，別人尚未發現卻只有你買了，因爲你知道它是好書，其中的「道」是可以肯定、學習的，這就形成了自信的來源。

從本節最後一句話，可以看出古代聖者的責任感。現在的政治人物很少有這種心態，經常是互相競爭，落井下石，流於口水戰了。

「和者」柳下惠與「時者」孔子

孟子提出的第三位是柳下惠。他與伯夷正好相反，與沒教養的鄉下人相處時，伯夷覺得好像坐在泥土炭灰上一樣，柳下惠則是態度隨和。

許多人爲了不受他人影響，採取的是躲避原則，沒看到就眼不見爲淨，修養能到像柳下惠那樣，可以共處而安之，確實不簡單。一個抱持堅定原則的人，即使別人貪汙、舞弊，做各種違法亂紀的事，他也絲毫不受影響。

第四位當然是孔子了。在這裡，孟子藉由短短幾句話，就點出了孔子言行表現的特色。

人生最困難的挑戰，在於用智慧判斷行止。一個人如何判斷自己的出處進退？判斷正確，則言行一致，內心的理想很容易實現出來；判斷出了差錯，則犯下的錯誤要花時間與力量來補救，到最後恐怕是功過參半。而孔子就是最能夠判斷「適當的時機」的時者了。

真正的智慧可以因時制宜

最後，是孟子所做的評價。孟子對於聖人的定義，與孔子的不一樣。孔子所謂的聖人，只有少數幾個聖王夠資格，如堯、舜、禹、湯，到文王、武王、周公；孟子所謂的聖人，則包括孔子，也包括孔子不一定認爲是聖人者。

對孟子來說，孔子的「時」是最高境界了。前面三位聖人有「清」，有「任」，有「和」，但是他們都沒有辦法隨著實際情況做調整。像伯夷最後餓死了，很可能是浪費了寶貴的生命，因爲周武王至少比商紂王好太多了，所以說，伯夷不能變通。伊尹有責任感，幸好碰到好君王，如果碰到壞國君，責任感豈不是弄巧反拙？至於柳下惠，他雖然隨和，但容易顯得沒有原則。這三個人都是力求自己修養達到完美，卻不見得有眞正的智慧，可以因時制宜。

孔子的智慧，則如同射箭時射中目標。射到目標一帶要靠力氣，力量累積足夠，就可以射到目標區附近，但想要射中目標的話，就要靠智慧了。每一次的行動都恰到好處，這就十分困難了。社會上有許多傑出之人，他們往往在某一方面有優異的表現，卻未必可以適應時機和環境的挑戰，換一種情況恐怕就無所適從了。孔子具有卓越的智慧，才能做到合乎時宜。

智慧一半是天生的，另一半則來自後天的靈活變通。譬如，孔子曾說：智者樂水，意思是說智者的表現像水一樣，能夠了解一個時代過去、現在、未來的變化，了解人性在社會裡的發展脈絡，然後選擇適當的作爲。孔子在《論語・微子》裡曾說自己「無可無不可」，這是指「該進就進，該退就退」。在別人看來，或許覺得這種做法好像沒有原則。這就面臨判斷的問題——人如何看待原則？有時候內心的原則並沒有明說，但外在的作爲都是恰到好處。就好比《中庸》所說：「喜怒哀樂之未發謂之中，發而皆中節謂之和。」最難的就是「發而皆中節」，也就是無論喜怒哀樂，都表現得恰到好處，這就要靠智慧的判斷了。

〈10・2〉

北宮錡問曰：「周室班爵祿也，如之何？」

孟子曰：「其詳不可得聞也。諸侯惡其害己也，而皆去其籍；然而軻也嘗聞其略也。天子一位，公一位，侯一位，伯一位，子、男同一位，凡五等也。君一位，卿一位，大夫一位，上士一位，中士一位，下士一位，凡六等。天子之制，地方千里；公、侯皆方百里，伯七十里，子、男五十里，凡四等。不能五十里，不達於天子，附於諸侯，曰附庸。天子之卿受地視侯，大夫受地視伯，元士受地視子、男。大國地方百里，君十卿祿，卿祿四大夫，大夫倍上士，上士倍中士，中士倍下士，下士與庶人在官者同祿，祿足以代其耕也。次國地方七十里，君十卿祿，卿祿三大夫，大夫倍上士，上士倍中士，中士倍下士，下士與庶人在官者同祿，祿足以代其耕也。小國地方五十里，君十卿祿，卿祿二大夫，大夫倍上士，上士倍中士，中士倍下士，下士與庶人在官者同祿，祿足以代其耕也。耕者之所獲，一夫百畝；百畝之糞，上農夫食九人，上次食八人，中食七人，中次食六人，下食五人。庶人在官者，其祿以是爲差。」

北宮錡請教說：「周朝制定的官爵及俸祿的等級，是怎麼樣的？」孟子說：「詳細的情況已經無法得知了。諸侯討厭它妨礙自己，都把相關文獻毀掉了，不過，我曾聽說過大致的情況。天子一級，公爵一級，侯爵一級，伯爵一級，子爵與男爵同一級，共有五個等級。在諸侯國中，國君一級，卿一級，大夫一級，上士一級，中士一級，下士一級，共有六個等級。天子的土地規模是縱橫各一千里，公與侯縱橫各一百里，伯縱橫各七十里，子與男縱橫各五十里，共有四等。土地不是縱橫各五十里的國家，不能與天子直接聯繫，而是附屬於諸侯，叫做附庸。天子的卿所受的封地與侯爵相同，大夫所受的封地與伯爵相同，元士受封的土地與子爵、男爵相同。大國的土地縱橫各一百里，國君的俸祿是卿的十倍，卿的俸祿是大夫的四倍，大夫是上士的一倍，上士是中士的一倍，中士是下士的一倍，下士的俸祿與在官府上班的百姓相同，數量足以代替他種田的收入。中等國家的土地縱橫各七十里，國君的俸祿是卿的十倍，卿的俸祿是大夫的三倍，大夫是上士的一倍，上士是中士的一倍，中士是下士的一倍，下士的俸祿與在官府上班的百姓相同，數量足以代替他種田的收入。小國土地縱橫各五十里，國君的俸祿是卿的十倍，卿的俸祿是大夫的二倍，大夫是上士的一倍，上士是中士的一倍，中士是下士的一倍，下士的俸祿與在官府上班的百姓相同，俸祿足以代替他種田的收入。種田的收入：一個農夫分到一百畝地，一百畝地施肥耕種，上等的農夫可以養活九個人，其次的養活八個人，中等的養活七個人，其次六個人，下等的五個人。在官府上班的百姓，俸祿也是比照這樣的等級。」

這章講的是古代周室的「班爵祿」，即周朝制定的官爵及俸祿的等級。

由俸祿看來，一般百姓僅足溫飽。以大國爲例，百姓在官府上班的，如果月入一萬元，以台幣計算，國君的俸祿是三百二十萬元。國君並未因此而滿足，還要以苛捐雜稅來剝削百姓，難怪最後變得民不聊生，天下大亂。

國君俸祿高是可以理解的。有能力、有德行的人，既富且貴，只要用心照顧百姓就沒有什麼問題了。但如果以權謀私，用非法的手段牟利，作威作福，那就會讓人憎惡了。譬如新加坡的官員，就是以高薪聞名於世，而實際上新加坡的官員也很少有貪汙的。這是俸祿足以養廉的例子。公職人員領取合理的待遇，就應該戮力從公；但是關於怎樣才算合理，當然可以公開討論。

〈10・3〉

萬章問曰：「敢問友。」

孟子曰：「不挾（ㄒㄧㄝˊ）長，不挾貴，不挾兄弟而友。友也者，友其德也，不可以有挾也。孟獻子，百乘之家也，有友五人焉：樂正裘、牧仲，其三人則予忘之矣。獻子之與此五人者友也，無獻子之家者也。此五人者，亦有獻子之家，則不與之友矣。非唯百乘之家爲然也，雖小國之君亦有之。費惠公曰：『吾於子思，則師之矣；吾於顏般，則友之矣；王順、長息，則事我者也。』非唯小國之君爲然也，雖大國之君亦有之。晉平公之於亥唐也，入云則入，坐云則坐，食云則食；雖蔬食菜羹，未嘗不飽，蓋不敢不飽也。然終於此而已矣。弗與共天位也，弗與治天職也，弗與食天祿也，士之尊賢者也，非王公之尊賢也。舜尚見帝，帝館甥於貳室，亦饗舜，迭爲賓主，是天子而友匹夫也。用下敬上，謂之貴貴；用上敬下，謂之尊賢。貴貴尊賢，其義一也。」

萬章請教說：「請問交朋友的原則。」

孟子說：「不倚仗自己年紀大，不倚仗自己地位高，不倚仗自己兄弟的成就。所謂交朋友，是要結交他的品德，所以不可以有所倚仗。孟獻子是擁有一百輛車馬的大夫，他有五個朋友，就是樂正裘與牧仲，另外三人我忘記了。孟獻子與這五人交往，心裡沒有自己是大夫的想法；這五人如果心裡有孟獻子是大夫的想法，也就不與他交往了。不僅是擁有百輛車馬的大夫是如此，就是小國的君主也有如此的。費惠公說：『我對於子思，把他當作老師；我對於顏般，把他當作朋友；至於王順與長息，他們只是服事我的人罷了。』不僅小國的君主是如此，就是大國的君主也有如此的。晉平公去拜訪亥唐時，亥唐叫他進去他就進去，叫他坐他就坐，叫他吃他就吃；即使粗飯菜湯，也沒有不吃飽的，因爲不敢不吃飽。但是晉平公也只能做到這樣而已。沒有同他一起共有官位，沒有同他一起治理政事，沒有同他一起享受俸祿，這只是一般士人尊敬賢者的態度，而不是王公尊敬賢者的態度。舜去謁見帝堯，帝堯安排他這位女婿住在副宮，並且款待他，兩人輪流擔任賓主，這是天子與平民交朋友啊。地位低的敬重地位高的，叫做尊重貴人；地位高的敬重地位低的，叫做尊敬賢人。尊重貴人與尊敬賢人，其中的道理是一樣的。

這一章孟子談到交朋友的原則。

孟獻子是魯國大夫仲孫蔑。亥唐是晉平公所尊敬的賢人，但並未出仕。

孟子說：「不挾長，不挾貴，不挾兄弟而友。友也者，友其德也，不可以有挾也。」所謂「不挾長」，是指交朋友不要經常想著誰年紀比較大，誰是長輩或前輩。朋友之間一定要平等、互惠，要能夠互相糾正錯誤，也就是「友直、友諒、友多聞」；「不挾貴」則是不要在意社會地位的差別，必須放下身段；「不挾兄弟」，譬如，你有個兄弟在做大官，如果常在別人面前提及「我哥哥如何如何」，別人就會備感壓力，交往也就不自在了。

交友貴在品德

孟子強調交朋友要考慮的是品德。的確，朋友是以道義爲主，壞人怎麼會有道義呢？因此，蘇格拉底就認爲壞人沒有朋友。

晉平公是國君，對亥唐非常尊敬，亥唐很有德行，但是孟子認爲晉平公的做法還不夠好，因爲，他沒有同亥唐一起共有官位、治理政事、享受俸祿，只能算是一般士人尊敬賢者的態度，而不是王公尊敬賢者的態度。王公眞正尊敬賢者的話，當然是讓他做大官，像商湯提拔伊尹去做大官一樣，否則王公的權力有什麼用處呢？所以，在孟子的理想中，最好的典範依然在於堯舜。

「其義一也」，是指以「友其德」爲基礎，再尋求實現共同的理想。交朋友要在品德方面互相有所期許，不必考慮年齡、出身、地位，主要以品德來交往。

品德的特色，在於一個人覺得自己一直需要上進，因此我們所要求的品德，並不只是品德的現況如何而已，而是是否把品德當成最重要的事情。朋友交往，要看彼此間談話的內容，是不是雙方皆以品德做爲共同的目標與要求。如果是，就代表還有努力的空間，這樣才可以叫做志同道合。如果一個人的理想不是重視品德，而是重視外在成就的話，就很難同他做朋友了。

〈10・4〉

萬章問曰：「敢問交際何心也？」

孟子曰：「恭也。」

曰：「『卻之卻之爲不恭』，何哉？」

曰：「尊者賜之，曰：『其所取之者義乎，不義乎？』而後受之，以是爲不恭，故弗卻也。」

曰：「請無以辭卻之，以心卻之。曰：『其取諸民之不義也』，而以他辭無受，不可乎？」

曰：「其交也以道，其接也以禮，斯孔子受之矣。」

萬章曰：「今有禦人於國門之外者，其交也以道，其饋也以禮，斯可受禦與？」

曰：「不可。《康誥》曰：『殺越人於貨，閔不畏死，凡民罔不譈（ㄉㄨㄟˋ）。』是不待教而誅者也。殷受夏，周受殷，所不辭也；於今爲烈，如之何其受之！」

曰：「今之諸侯取之於民也，猶禦也。苟善其禮際矣，斯君子受之，敢問何說也？」

曰：「子以爲有王者作，將比今之諸侯而誅之乎？其教之不改而後誅之乎？夫謂非其有而取之者盜也，充類至義之盡也。孔子之仕於魯也，魯人獵較，孔子亦獵較。獵較猶可，而況受其賜乎？」

曰：「然則孔子之仕也，非事道與？」

曰：「事道也。」

「事道奚獵較也？」

曰：「孔子先簿正祭器，不以四方之食供簿正。」

曰：「奚不去也？」

曰：「為之兆也。兆足以行矣而不行，而後去。是以未嘗有所終三年淹也。孔子有見行可之仕，有際可之仕，有公養之仕。於季桓子，見行可之仕也；於衛靈公，際可之仕也；於衛孝公，公養之仕也。」

萬章請教說：「請問交往時互贈禮物，是什麼心思？」

孟子回答：「表示恭敬。」

萬章說：「俗話說：『一再拒絕別人的禮物，是不恭敬的』，為什麼呢？」

孟子說：「位高權重的人賜贈禮物時，你在心裡想：『他取得這些東西是正當的，還是不正當的？』然後才接受。人們認為這樣是不恭敬的，所以才不拒絕。」

萬章說：「先不直接以言詞拒絕，而在心裡拒絕，暗自想：『他從百姓那裡取得這些東西，是不正當的』，然後以別的藉口來拒絕接受，這樣不行嗎？」

孟子說：「他依規矩與我交往，也依禮節送我禮物，這樣，就是孔子也會接受的。」

萬章說：「如果有個人在城外攔路搶劫，他依規矩與我交往，也依禮節贈送禮物，這樣也可以接受他搶來的東西嗎？」

孟子說：「不可以，《尚書・康誥》上說：『殺了人，搶奪他的財物，還蠻橫不怕死的人，百姓沒有不痛恨的。』這種人是不必等候規勸就可以處死的。殷朝接受了夏朝的這種法律，周朝也接受了殷朝的這種法律，沒有什麼好說的；到了現在情況更爲嚴重，又怎麼能夠接受這樣的禮物呢？」

萬章說：「現在的諸侯從百姓那裡掠取財物，就像攔路搶劫一樣。如果他們好好按照禮節交往，這樣君子就可以接受他們的禮物，請問這又怎麼說呢？」

孟子說：「你認爲如果有聖王出現，他將會把現在的諸侯全部殺掉呢？還是把規勸之後仍不悔改的諸侯殺掉呢？如果把不是他應有而去取得的，都稱作搶劫，那是把『搶劫』的含義擴大到盡頭了。孔子在魯國做官時，魯國人有爭奪獵物的習俗，孔子也爭奪獵物。爭奪獵物尚且可以，何況接受別人贈送的禮物呢？」

萬章說：「那麼，孔子出來做官，不是爲了推行正道嗎？」

孟子說：「是爲了推行正道。」

萬章說：「推行正道，又何必去爭奪獵物呢？」

孟子說：「孔子先用文書規定該用的祭器，不再採用四方珍奇的獵物當作祭品。這樣就可以逐漸廢除爭奪獵物的習俗了。」

萬章說：「孔子爲什麼不辭官離去呢？」

孟子說：「爲了試行自己的主張。試行的結果可以行得通，而君主卻不推行，他這才離開。所以孔子不曾在一個朝廷停留整整三年的。孔子或者看到有行道的可能而去做官，或者由於君主對他以禮相待而去做官，或者因爲君主可以供養賢者而去做官。對於魯國的季桓子，孔子是看到可以行道而去做官；對於衛靈公，他是由於國君以禮相待而去做官；對於衛孝公，他是因為國君供養賢者而去做官。」

我們現在常常說「卻之不恭，受之有愧」。的確，有時候拒絕別人的禮物，會感覺不太禮貌，接受的話又覺得有些慚愧，因爲接受之後總要幫他做一點事。孟子認爲，若拒絕位高權重者賜贈的禮物，代表心裡對他有所懷疑，好像認爲他的錢來路不明，因而不願意接受。爲了避免懷疑別人、委屈別人，所以就不拒絕。

孟子說了一個原則：「其交也以道，其接也以禮，斯孔子受之矣。」當我們不知道該如何判斷或行動時，最好的方法就是設想自己效法的對象會怎麼做，這就是類似角色扮演的方法，想想：「如果是孔子，會不會這麼做？他會不會同意我這麼做？」這樣一來，行爲自然就能取法於最高標準，行事也就有分寸了。

孔子為官，以推行正道為目標

萬章接下來的問題相當好，而孟子也一一回覆。

其中，《尚書．康誥》的「殺越人於貨」與現在用的「殺人越貨」意思相同。殺人搶奪財物，蠻橫不怕死，這種人是不必等候規勸的，用古代的話來說，可以就地正法。孟子也承認，如果他眞的是搶奪別人的財物來贈禮的話，無論如何都不能接受。

但是爲官者做壞事，也是慢慢演變而成的，不能一有罪立刻就殺。一個人變好變壞，都有些條件在背後影響他，我們要給他改過向善的機會。所以孟子會主張「規勸之後仍不悔改的諸侯」才要殺掉。孔子也知道風俗習慣不可能下一道命令就立刻改變，一定要給別人一個機會，行不通之後才放棄。

孟子的歸納方法，顯示他不但了解許多具體的事實，也能夠進行理性的反省。他認爲孔子做官的三項原則是：見行可、際可、公養。第一，看到有行道的可能而做官；第二，由於君主對他以禮相待而做官；第三，因爲君主可以供養賢者而做官。歸結到最後，還是要以推行正道爲目標。

在此所謂的「獵較」，趙岐注：「獵較者，田獵相較奪禽獸，得之以祭，時俗所尚，以爲吉祥。」意即：得到什麼樣的珍禽異獸，比較之後拿來祭祀，一般人認爲比較吉祥。由此可知，「獵較」是當時流行的風俗。

〈10・5〉

孟子曰：「仕非爲貧也，而有時乎爲貧；娶妻非爲養也，而有時乎爲養。爲貧者，辭尊居卑，辭富居貧。辭尊居卑，辭富居貧，惡乎宜乎？抱關擊柝（ㄊㄨㄛˋ），孔子嘗爲委吏矣，曰：『會（ㄎㄨㄞˋ）計當而已矣。』嘗爲乘田矣，曰：『牛羊茁壯長而已矣。』位卑而言高，罪也；立乎人之本朝而道不行，恥也。」

孟子說：「做官不是因爲貧窮，但有時候也是因爲貧窮；娶妻不是爲了奉養父母，但有時候也是爲了奉養父母。因爲貧窮而做官的，就該不做大官而做小官，拒絕厚祿只取薄俸。不做大官而做小官，拒絕厚祿只取薄俸，那麼做什麼才合宜呢？守門打更都可以。孔子曾經做過管理倉庫的小吏，他說：『帳目核對無誤就行了。』又曾經做過管理牲畜的小吏，他說：『牛羊長得肥壯就行了。』地位低下而議論朝廷大事，是罪過；在君主的朝廷上做官而正道無法推行，是恥辱。」

這一章談及孔子年輕時做過委史、乘田。這是十分寶貴的資料，使我們對孔子所謂的「吾少也賤，故多能鄙事」（《論語・子罕》）以及「吾不試，故藝」（同前），得到更清楚的了解。唯其在年幼時多受考驗，才可磨練出卓越不凡的性格與抱負。

類似的智慧，在前幾年很熱門的韓國戲劇「大長今」裡也看得到。長今原是宮廷裡的廚娘之一，某次太后不肯吃藥，因而牽扯到宮廷內部的鬥爭。此時，長今說個謎語給太后猜，太后猜不出來就必須吃藥。她問太后：有一個人從古以來就是食醫——既負責食物，又負責醫藥的；在家裡與奴婢一樣，什麼事都做，連最粗重的工作也做，累得要命，但又是家裡所有人的老師；他如果活著的時候，天下任何事情都很安定，萬一死了的話，天下人都要痛哭流涕。這個人是誰？

謎語一出，大家都猜不到，還有人故意告訴太后答案，希望借此把長今驅逐出去。但太后知道答案之後，還是願意吃藥，因爲這個謎底的答案就是「母親」。長今利用這個謎語讓太后發現自己的母性，意思是希望她不要爲難自己的兒子，也就是皇帝。之後，太后與皇帝的感情就恢復了。小小的一個宮女能有如此的智慧，她的表現實在是令人驚訝。

社會再怎麼黑暗，人們再怎麼勾心鬥角，仍然有人能夠表現出人性正面的力量。這是怎麼出現的呢？我們從別人的故事、歷史、戲劇可以發現，有些是天生稟賦的條件，有些是經由後天的教育培養出來的。重要的是，與其要求別人、寄望於別人，還不如要求自我、寄望於自己，堅持內心正確的選擇，才可以從平凡中走出不凡的人生。

〈10．6〉

萬章曰：「士之不託諸侯，何也？」

孟子曰：「不敢也。諸侯失國，而後託於諸侯，禮也；士之託於諸侯，非禮也。」

萬章曰：「君饋之粟，則受之乎？」

曰：「受之。」

「受之，何義也？」

曰：「君之於氓也，固周之。」

曰：「周之則受，賜之則不受，何也？」

曰：「不敢也。」

曰：「敢問其不敢何也？」

曰：「抱關擊柝者皆有常職以食於上。無常職而賜於上者，以為不恭也。」

曰：「君餽之，則受之，不識可常繼乎？」

曰：「繆公之於子思也，亟問，亟餽鼎肉。子思不悅。於卒也，摽（ㄅㄠ）使者出諸大門之外，北面稽首再拜而不受，曰：『今而後知君之犬馬畜伋。』蓋自是台無餽也。悅賢不能舉，又不能養也，可謂悅賢乎？」

曰：「敢問國君欲養君子，如何斯可謂養矣？」

曰：「以君命將之，再拜稽首而受。其後廩人繼粟，庖人繼肉，不以君命將之。子思以為鼎肉使己僕僕爾亟拜也，非養君子之道也。堯之於舜也，使其子九男事之，二女女（ㄋㄩˋ）焉，百官牛羊倉廩備，以養舜於畎畝之中，後舉而加諸上位，故曰，王公之尊賢者也。」

萬章請教說：「士人不能寄居在諸侯那裡生活，為什麼呢？」

孟子說：「因為不敢這麼做。諸侯失去自己的國家，寄居在別國諸侯那裡生活，是合乎禮的；士人寄居在諸侯那裡生活，是不合乎禮的。」

萬章說：「如果是國君送給他穀米，那麼可以接受嗎？」

孟子說：「可以接受。」

萬章說：「這又是什麼道理呢？」

孟子說：「國君對於別國遷居來的人，本來就應該周濟。」

萬章說：「周濟他，就接受；賞賜他，就不接受，爲什麼？」

孟子說：「因爲不敢這麼做。」

萬章說：「請問不敢的理由是什麼？」

孟子說：「守門打更的人都有固定的職務，因此接受上面給的待遇。沒有固定職務而接受上面給的賞賜，這是被認爲不恭敬的。」

萬章說：「國君送來的就接受，不知道是否可以經常如此？」

孟子說：「魯繆公對於子思，屢次問候，屢次贈送肉食。子思很不高興。最後，他把魯繆公派來的人趕出大門，然後朝著北面跪下磕頭拱手再拜而拒絕接受，說：『今天才知道君主是把我當作狗與馬來畜養的。』魯繆公從這次事件之後，才不再給子思送東西了。喜愛賢者，既不能提拔任用他，也不能適當供養他，這樣能說是喜愛賢者嗎？」

萬章說：「請問國君想要供養君子，怎麼做才算是適當供養呢？」

孟子說：「最初以國君名義送東西去時，他會拱手再拜，跪下磕頭接受。以後就派糧倉小吏不斷送去穀米，廚師不斷送去肉食，而不必再以國君的名義送去，免掉繁瑣的禮節。子思認爲自己爲了一鍋肉而屢次跪拜行禮，這實在不是供養君子的適當辦法。堯對於舜，派自己的九個兒子去服事他，把兩個女兒嫁給他，百官、牛羊、糧食都齊備，在田野中供養他，然後提拔他登上高位。所以說，這才是王公尊敬賢者的適當方式。」

承認自己有所「不敢」

孟子在上述對話裡面兩次提到「不敢也」。人活在世間，很多事情不是不能做、不想做或不願意做，而是不敢做。爲什麼不敢？

一個人可能害怕的是社會規範瓦解之後的崩潰，害怕的是內心的不安，甚至害怕的是神明。所以，人活在世界上，不應該逞強好勇。像孟子這麼聰明，有學問、有魄力，又有浩然之氣的人，照樣在很多地方說「不敢」。

承認自己不敢做什麼事，一點都不丟臉。不敢做，不代表不會或不願意，而是自己給自己設限，這就是修養，就是勉強自己去做不想做而應該做的事。譬如，尊敬長輩、言而有信等等。人可能不想守信，因爲壓力很大、守信也很辛苦，但他還是應該勉強自己去做該做的事。如果每一個人都是心想事成或是隨心所欲，社會秩序是不可能維持穩定的。

尊敬賢者的適當方式

在春秋時代，有一些貴族喜歡養士，像最有名的孟嘗君，就供養了許多讀書人，希望將來他們能夠有所報答。孟子想得到好的生活條件其實很容易，以他飽讀詩書的本事，隨時爲君主回答問題就行了；而這些君主也很喜歡拉攏孟子在身邊，因爲他是讀書人的領袖，代表一種力量，他在哪一國的朝廷，就好像多了一位高級國策顧問，當然有加分的作用，而那個君主也因此可以得到好的名聲。但孟子不願意隨便寄居在諸侯那裡，他認爲「士之託於諸侯，非禮也。」

如果一個諸侯失去國家，寄居在別的諸侯國，等將來東山再起時還是諸侯；但是士人沒有土地，一旦寄居就可能一直寄居下去，甚至沒完沒了，讓別人供養一輩子。這等於白白承受別人的恩惠，將來別人很可能要你去做一些事，而報答時也很難考慮是不是合乎道義了。

接著，孟子以子思的故事做爲例子。其中，所謂「悅賢不能舉，又不能養也」，提到了兩點，對於賢者的態度：一是提拔任用他，他如果是個有才幹的人，可以好好照顧百姓，當然要大力提拔任用；第二，適當供養他，給他適當的名分，當顧問或當資政都可以。

但是，魯繆公的做法，「可謂悅賢乎」？想想看，子思的年紀比魯繆公大，德行、學問又好，還是孔子的孫子，每天爲了一鍋肉，要出門去叩謝，實在太辛苦。所以，賢者所考慮的主要不是生活需求，而是得君行道。這個故事可謂發人深省。

〈10．7〉

萬章曰：「敢問不見諸侯，何義也？」

孟子曰：「在國曰市井之臣，在野曰草莽之臣，皆謂庶人。庶人不傳質(ㄓˋ)爲臣，不敢見於諸侯，禮也。」

萬章曰：「庶人，召之役，則往役；君欲見之，召之，則不往見之，何也？」

曰：「往役，義也；往見，不義也。且君之欲見之也，何爲也哉？」

曰：「爲其多聞也，爲其賢也。」

曰：「爲其多聞也，則天子不召師，而況諸侯乎？爲其賢也，則吾未聞欲見賢而召之也。繆公亟見於子思，曰：『古千乘之國以友士，何如？』子思不悅，曰：『古之人有言，曰事之云乎，豈曰友之云乎？』子思之不悅也，豈不曰：『以位，則子，君也；我，臣也；何敢與君友也？以德，則子事我者也，奚可以與我友？』千乘之君求與之友而不可得也，而況可召與？齊景公田，招虞人以旌（ㄐㄥ），不至，將殺之。『志士不忘在溝壑，勇士不忘喪其元。』孔子奚取焉？取非其招不往也。」

曰：「敢問招虞人何以？」

曰：「以皮冠，庶人以旃（ㄓㄢ），士以旂（ㄑㄧˊ），大夫以旌。以大夫之招招虞人，虞人死不敢往；以士之招招庶人，庶人豈敢往哉？況乎以不賢人之招招賢人乎？欲見賢人而不以其道，猶欲其入而閉之門也。夫義，路也；禮，門也；唯君子能由是路，出入是門也。《詩》云：『周道如底，其直如矢；君子所履，小人所視。』」

萬章曰：「孔子，君命召，不俟駕而行；然則孔子非與？」

曰：「孔子當仕有官職，而以其官召之也。」

萬章請教說：「請問士人不去謁見諸侯，有什麼道理嗎？」

孟子說：「不在職的士人，住在都城的叫做市井之臣，住在鄉村的叫做草莽之臣，都算是百姓。百姓沒向諸侯傳送見面禮而成爲臣子，就不敢謁見諸侯，這是禮的規定。」

萬章說：「做爲百姓，召他服役，就去服役；國君要見他，召喚他，卻不去謁見，爲什麼呢？」

孟子說：「去服役，是正當的；去謁見，是不正當的。再說國君要召見他，爲的是什麼呢？」

萬章說：「因爲他見聞廣博，因爲他賢能。」

孟子說：「如果是因爲他見聞廣博，那麼天子尚且不能召見老師，何況諸侯呢？如果是因爲他賢能，那麼我不曾聽說過，要見賢能的人竟可以召喚他來的。魯繆公屢次去拜訪子思，說，『古代擁有千輛兵車的國君去與士人交朋友，是什麼情況呢？』子思很不高興，說：『古人有句話，是說國君以士人爲師而事奉他，怎能說是與他交朋友呢？』子思所以不高興，難道不是說：『論地位，你是國君，我是臣下，我怎麼敢與你交朋友呢？論德行，那麼你應該把我當老師來事奉，怎麼可以與我交朋友呢？』擁有千輛兵車的國君，要求與他交朋友尚且辦不到，何況召他來見呢？從前齊景公打獵，用旌旗召喚獵場小吏，小吏不肯去，齊景公準備殺他。『有志之士不怕棄屍山溝，勇敢的人不怕丟掉腦袋。』孔子稱讚獵場小吏，是取他哪一點呢？取的是，不是他所應該接受的召喚之禮，就不前往。」

萬章說：「請問，召喚獵場小吏，要用什麼東西呢？」

孟子說：「用皮帽子。召喚百姓用大紅綢做的曲柄旗，召喚士人用有鈴鐺的旗，召喚大夫用飾有羽毛的旌旗。用召喚大夫的旌旗去召喚獵場小吏，小吏是死也不敢去的；用召喚士人的旗子去召喚百姓，百姓難道敢去嗎？何況是用召喚不賢者的禮節去召喚賢者呢？想要見到賢者而不用適當的方式，就像要請人進來卻又關上大門一樣。義行，有如大路；守禮，有如大門。只有君子能夠走在大路上，並且由大門進出。《詩經・小雅・大東》上說：『大路平得像磨刀石，直得像箭；君子所走的道路，百姓也會效法的。』」

萬章說：「孔子，一聽說國君召見，不等車馬駕好就先走。那麼，孔子做錯了嗎？」

孟子說：「那是因爲孔子正在做官，有職務在身，而國君是按他的官職召見他的。」

本章顯示古代對「禮」的重視，這也是安定社會的重要條件。齊景公與虞人這一段故事，可參考本書〈6・1〉。

子思對魯繆公的態度，肯定了德行的優越性。有無官位也許要靠繼承或機會，但是有無德行則全在於自己。其中，「奚可以與我友」類似於孔子在《論語・學而》說的：「無友不如己者。」論地位太不平等，除非魯繆公忘記自己是諸侯，完全不擺諸侯的架子。但是這些做大官的人，要他們忘記自己的身分很難，因爲他們腦袋裡所想的不外乎是在送往迎來的大場面上，顯示自己如何的位高權重。

現在社會上有一種風氣，大家在聊天時，若五分鐘之內不談到流行的八卦就很難得。有多少人能夠完全就事論事，談些對社會有益的事？如果每次見面都談這麼嚴肅的事，別人見了面也不敢說話了。以現代人的眼光看來，古人有時候也是滿嚴肅與緊張的。

萬章在最後敢於質疑孔子，展現了求知的熱忱。「不俟駕而行」，是孔子很典型的做法，代表他心裡對國君的尊敬。比如，同時有兩個人要去謁見國君，一個人一聽到召喚馬上就出發，另外一個則是慢慢準備才出門，最後兩人同時抵達國君的朝廷，那麼誰比較有恭敬的心呢？當然是立刻走出門的那一人。孔子正是這樣的做法。

〈10・8〉

孟子謂萬章曰：「一鄉之善士斯友一鄉之善士，一國之善士斯友一國之善士，天下之善士斯友天下之善士。以友天下之善士爲未足，又尚論古之人。頌其詩，讀其書，不知其人，可乎？是以論其世也。是尚友也。」

孟子對萬章說：「一鄉中的優秀士人，與這一鄉的優秀士人交朋友；一國中的優秀士人，與這一國的優秀士人交朋友；天下的優秀士人，與天下的優秀士人交朋友。認爲與天下的優秀士人交朋友還不夠，就再上溯歷史，評論古代人物。吟詠他們的詩，閱讀他們的書，但不了解他們的爲人，可以嗎？所以要討論他們在當時的所作所爲。這就是與古人交朋友。」

一個人隨著年齡增長，德行與學問不斷增加，逐漸會發現原來的世界變小了。譬如，小學畢業之後，不能老是想著小學考第幾名，因爲接著還有中學，中學之後還有大學，匯聚了來自各個鄉鎮、縣市的人。我在耶魯念書時，同班同學裡有愛爾蘭人、加拿大人、澳洲人，我是班上唯一從亞洲來的。遇到的人愈多，自己的心態也要隨之調整。

這一章說的，是與天下的優秀士人交朋友，如果這樣還不夠，再上溯歷史，評論古代人物，吟詠他們的詩、閱讀他們的書，進而討論他們在當時的所作所爲，這就是與古人交朋友。

孟子對於傑出的古人，就是想要「尙友」。「尙友」一詞所指，其實是受過教育的人都在做的事，只是成效大小而已。依孟子的言論看來，可以證明他做得很好。

〈10・9〉

齊宣王問卿。

孟子曰：「王何卿之問也？」

王曰：「卿不同乎？」

曰：「不同。有貴戚之卿，有異姓之卿。」

王曰：「請問貴戚之卿。」

曰：「君有大過則諫；反覆之而不聽，則易位。」

王勃然變乎色。

曰：「王勿異也。王問臣，臣不敢不以正對。」

王色定，然後請問異姓之卿。

曰：「君有過則諫；反覆之而不聽，則去。」

齊宣王詢問有關公卿的問題。

孟子說：「大王要問哪一種公卿呢？」

齊宣王說：「公卿還有不同的嗎？」

孟子說：「有不同的。一種是王室宗族的公卿，一種是非王族的公卿。」

齊宣王說：「請問王室宗族的公卿應該如何？」

孟子說：「國君若有重大過錯，他們就要勸諫；反覆勸諫還不聽，就另立國君。」

齊宣王突然變了臉色。

孟子說：「大王不要見怪。大王問我，我不敢不實話回答。」

齊宣王臉色恢復正常，然後問非王族的公卿應該如何。

孟子說：「國君有過錯，他們就要勸諫；反覆勸諫還不聽，就自己辭職離開。」

由本章可見孟子與國君談話時，態度不卑不亢，有話直說，以理服人。既不投其所好，也不委屈自己的學識與理想。讀書人的風格，可謂躍然紙上。事實上，當時的公卿並無具體運作的規則，否則齊宣王也不會提出這個問題了。

孟子的重點在於提醒國君：要認眞看待大臣的勸諫。孔子對於「一言足以喪邦」曾說：國君如果只想聽順耳的話，希望大臣都不要違逆他的旨意，那麼國家就難免於滅亡了。（《論語・子路》）

卷十一〈告子篇〉上

〈11・1〉

告子曰：「性猶杞（ㄑㄧˇ）柳也，義猶桮棬（ㄅㄟ ㄑㄩㄢ）也；以人性爲仁義，猶以杞柳爲桮棬。」

孟子曰：「子能順杞柳之性而以爲桮棬乎？將戕（ㄑㄧㄤˊ）賊杞柳而後以爲桮棬也？如將戕賊杞柳而以爲桮棬，則亦將戕賊人以爲仁義與？率天下之人而禍仁義者，必子之言夫！」

告子說：「人性就像杞柳，義行就像杯盤；以人性去做到仁德義行，就像以杞柳去做成杯盤。」

孟子說：「你能順著杞柳的本性去做成杯盤呢？還是要傷害它的本性去做成杯盤？如果要傷害杞柳的本性去做成杯盤，那麼也要傷害人性去做到仁德義行嗎？帶領天下人去毀損仁德義行的，一定是你這種說法啊！」

有人認爲告子是孟子的學生，但一般認爲應該是朋友，因爲做學生的在理論上不可能與老師針鋒相對到這種程度。關於告子，我們所知有限，他在思想史的重要性全在《孟子》這幾章的討論中。前此談過的是他「不動心」的作爲。（〈3・2〉）

告子說話很有技巧，尤其是善用比喻。他運用個人的理解，把人性比喻成杞柳樹，義行則像是拿它的枝條來做成杯盤。古代沒有像現代這麼高明的工藝水平，由於杞柳的枝條柔韌，可以編成杯盤之形，再以漆加工，就能製成可用的杯盤。這種比喻容易引起誤解。因爲用樹枝來做成杯盤，本來就很彎扭，既要燒又要烤才能繞成固定形狀，確實十分勉強。如果一個人做好事像把樹枝編成杯盤那麼勉強，又何必去做好事呢？

因此，孟子的詰問關鍵是「順」這個字。如果是順著杞柳之性而製成杯盤，也不妨說是順著人性而做到仁義；但是告子的比喻顯然側重於「戕賊」（傷害），或者全靠外力來勉強，用人的力量來改變枝條使它變成杯盤，如此一來，仁義也是戕賊人性而做到的，那麼又何必倡導仁義呢？譬如，年輕人行善，固然是父母期許與老師教導的結果，但是父母與老師如此教導，是順應人性還是傷害人性呢？答案很清楚，是順著人性。若非如此，則離開了父母與老師的視線時，年輕人就不再行善了嗎？或者，一個人若是從小失去父母，也沒有受教育的機會，他就一定不會行善了嗎？

〈11・2〉

告子曰：「性猶湍（ㄊㄨㄢ）水也，決諸東方則東流，決諸西方則西流。人

性之無分於善不善也，猶水之無分於東西也。」孟子曰：「水信無分於東西，無分於上下乎？人性之善也，猶水之就下也。人無有不善，水無有不下。今夫水，搏而躍之，可使過顙（ㄙㄤˇ）；激而行之，可使在山。是豈水之性哉？其勢則然也。人之可使為不善，其性亦猶是也。」

告子說：「人性就像湍急的水，在東邊開個缺口就向東流，在西邊開個缺口就向西流。人性沒有善與不善的區分，就像水沒有向東與向西的區分。」孟子說：「水確實沒有向東與向西的區分，難道也沒有向上與向下的區分嗎？人性對於善，就像水對於向下流。人性沒有不善的，水沒有不向下流的。現在，用手潑水讓它飛濺起來，可以高過人的額頭；阻擋住水讓它倒流，可以引上高山。這難道是水的本性嗎？這是形勢造成的。人，可以讓他去做不善的事，這時他人性的狀況也是像這樣的。」

告子以水來做比喻，認為人性的善或不善全看環境，亦即後天的影響。換句話說，人性並沒有所謂內在善的力量或是善的本性可言。

從孟子的回答「人性之善也，猶水之就下也。人無有不善，水無有不下」一語中，可以清楚地看出儒家的「人性向善論」。許多人只看到「人無有不善」這句話，就說「人性本善」，而忽視了這是一個比喻，必須對照所比的事物來說明人性的狀況。

古人說話比較扼要，試問「水無有不下」的「下」是在描寫水的性還是水的流向？當然是後者。同理，人沒有不「向善」，可以直接說成「人沒有不善」，就好像水沒有不向下流的一樣。

如果人性是向善的，爲什麼有人做壞事呢？這就好像水的本性是向下流的，但用手去潑或用竹管去引導，就可以使它向上逆流。換句話說，社會上各種外在的力量，或者說形勢，會影響一個人去做不善的事，於是就會有人做壞事。「爲不善」並不是變成不善的人，而是去做不善的事。人性是向善的，但是由於外在的勢力、外在的影響，人就會做出不善的事。

由此可知，順著人性，人可以行善也應該行善；正如水如果順著水性，可以向下流、也應該向下流。這個比喻清楚肯定了「人性向善」。人去做不善的事，主要是「勢」所造成的，亦即受到外在條件的影響。換言之，在正常情況下，人順著本性即可行善。而人若行不善，則是因爲情況不正常的緣故。由此可知，善是行動，而非本質，所以不宜說「人性本善」。

本章很重要。孟子認爲，如果讓水自然發展，一定是向下流的，而讓人自然發展，一定是向善走的，所以說「人無有不善，水無有不下」，「下」是指水的向，而不是水的性。從這裡還不能體會到「人性向善」的話，那麼要如何才能體會呢？

〈11・3〉

告子曰：「生之謂性。」
孟子曰：「生之謂性也，猶白之謂白與？」曰：「然。」
「白羽之白也，猶白雪之白；白雪之白猶白玉之白與？」曰：「然。」
「然則犬之性猶牛之性，牛之性猶人之性與？」

告子說：「生來具有的，叫做本性。」

孟子說：「生來具有的叫做本性，就像白的東西都叫做白的嗎？」告子說：「是的。」

孟子說：「白羽毛的白，就像白雪的白；白雪的白，就像白玉的白嗎？」告子說：「是的。」

孟子說：「那麼，狗的本性就像牛的本性，牛的本性就像人的本性嗎？」

只就「生之謂性」來說，接近同語反覆，亦即什麼都沒說。所以孟子緊接著會問：「猶白之謂白與？」但是如此一來，凡物皆有本性，我們又何必多此一舉，去討論人性的問題呢？孟子最後的反詰，是提醒告子，要他想一想：難道人與其他動物之間，沒有任何差別嗎？

同語反覆在哲學上有一個特別的詞，叫做套套邏輯（tautology），套套邏輯就是A等於A，白的就是白的，主詞即是述詞，A就是A，B就是B，這等於什麼都沒說。

告子說「生來具有的就是本性」，這句話固然是對的，但是並未告訴我們狗與牛有何差異，也無法說明牛與人有何差異。「人有本性」與「人有什麼本性」，這是兩個不一樣的問題。本章孟子質疑的重點，不在於一樣東西生下來有沒有本性，而在於人的本性到底是什麼？

〈11・4〉

告子曰：「食色，性也。仁，內也，非外也；義，外也，非內也。」

孟子曰：「何以謂仁內義外也？」

曰：「彼長（ㄓㄤˇ）而我長之，非有長於我也；猶彼白而我白之，從其白於外也，故謂之外也。」

曰：「異於白馬之白也，無以異於白人之白也。不識長馬之長也，無以異於長人之長與？且謂長者義乎？長之者義乎？」

曰：「吾弟則愛之，秦人之弟則不愛也，是以我爲悅者也，故謂之內。長楚人之長，亦長吾之長，是以長爲悅者也，故謂之外也。」

曰：「耆（ㄕˋ）秦人之炙，無以異於耆吾炙，夫物則亦有然者也，然則耆炙亦有外與？」

告子說：「食欲與性欲是人的本性。仁德是發自內在的，不是外因引起的；

義行是外因引起的，不是發自內在的。」

孟子說：「憑什麼說仁德是發自內在，而義行是外因引起的？」

告子說：「他年長我便尊敬他，不是我預先就有尊敬他的念頭；就如一樣東西是白的，我就認爲它白，這是由於它的白顯露在外，所以說是外因引起的。」

孟子說：「白馬的白，與白人的白沒有區別；但不知道對老馬的尊敬，與對長者的尊敬也沒有區別嗎？再說，所謂義行，是在於長者呢？還是在於尊敬長者的人呢？」

告子說：「是我的弟弟，我就愛他；是秦國人的弟弟，我就不愛他，可見這是由我來決定的，所以說仁德是發自內在的。尊敬楚國人中的長者，也尊敬我自己的長者，可見這是由長者的關係來決定的，所以說義行是外因引起的。」

孟子說：「愛吃秦國人做的燒肉，與愛吃自己做的燒肉，是沒有什麼區別的，其他事物也有這種情況，那麼，愛吃燒肉也是外因引起的嗎？」

很多人認爲「食色性也」是孔子講的，其實是出於告子之口。這句話本來沒有什麼錯，所有的生物都有食色之性，但是把它說成人性就不適合了。

「食色性也」，這句話其實是常識，突顯了一切生物共有的特色，人類當然也不例外。《禮記．禮運》上說：「飲食男女，人之大欲存焉。」重點在於：食色是欲，是生物的本能需求，它不足以說明人性相對於其他生物的特別之處。因此，孟子並不就這一點來質疑告子。有趣的是，最後孟子說：「耆炙亦有外與？」意思是：難道這種「食欲」也是外來的嗎？如果承認它是外來的，就與告子「食色性也」的立場無法相容了。

告子與孟子的仁義論

至於「仁內義外」，則是告子著名的主張；而孟子的主張是「仁義皆內」，像惻隱之心、羞惡之心、辭讓之心、是非之心，四心皆內（〈3・6〉）。意思是：由心的這四端，推廣實踐爲仁、義、禮、智，這四善皆是由內而發的。

告子主張「仁內義外」。仁是由內而發的，仁代表愛心，我喜歡別人，我就對別人好，這是我自己內心發出來的；但是「義」，一個人該怎麼做，則須判斷外在的情況，所以義是由外而來的。

孟子的「義內」則是認爲，不管外在的情況如何變化，義的力量依然是由內而發的，人因而具有道德上的價值，否則，善的行動很可能變成做秀。譬如，如果某個人當著大家的面去攙扶一位老太太，他心裡想的卻是：「我要讓大眾看到我的善行，讓報紙介紹、電視播出，將來我就有機會從政……。」如此一來，就變成幫助別人是另有目的、考慮外在效果的，不一定是由內而發的，這樣的行爲就沒有道德價值可言。

什麼是道德價值呢？就是在實踐的時候，改變的不是別人，而是自己；道德由內而發，才能使自己的生命產生變化。

對儒家來說，內心是關鍵，自己的內心主動發出來的力量，久而久之就會改變自己，使自己成爲行善的人。反之，如果一向考慮的是外在的效果，那麼即使幫助的人很多，自己內在卻無動於衷，終究還是沒有任何改變。如果人總是考慮有沒有人注意到自己的言行，他就等於與自己脫離了，也疏忽了自己內心的眞正要求。

仁義皆發自內心

接著，孟子反問告子：「不識長馬之長也，無以異於長人之長與？」馬與人當然不同，孟子這樣質疑告子，有一點開玩笑的意思。這就像蘇格拉底同很多人談話一樣，他明明知道自己的智慧比別人高，有時候會故意裝傻，開開別人的玩笑。至於後面這句：「且謂長者義乎？長之者義乎？」才是最重要的。義行不在於長者，而在於尊敬長者的人。孟子強調的是尊敬之心由內而發，而告子只注意到外在的因素，這就是兩者的差別。

最後，孟子爲什麼反問：「耆炙亦有外與」？

告子前面說「食色性也」，接著再說「仁內義外」，兩者其實是很難聯成一氣的。告子的人性有三種內涵：食、色與仁，但他卻把義說成是外在的。細讀之下，會覺得告子沒辦法去正確分類、掌握重點，思想上顯得不夠縝密。

吃東西的欲望是由內而發的。一個人吃飽的時候，即使給他山珍海味、滿漢全席，也未必能引發其食欲；如果他肚子餓了半天，隨便給點饅頭、稀飯，都會讓他吃得津津有味。可見，一個人要不要吃東西，不是由外在的食物好壞決定的，而是由他本身「是否饑餓」來決定。同樣的，一個人尊敬長者，是因爲他有尊敬長者的心做爲基礎，當他發現別人是長者時，自然就由這個心表現出尊敬的行爲。

孟子認爲義行與仁德一樣，都是由內而發的。如果沒有內在的情感，則外在的言行只是僞裝而已。我們又怎麼會把僞裝與做秀的人看成行義的人？反之，以內在爲基礎，再表現於外，才是適當的義行。這是讀《孟子》時，必須清楚了解的關鍵——仁是由內而發的，義也是由內而發的。

〈11・5〉

孟季子問公都子曰：「何以謂義內也？」

曰：「行吾敬，故謂之內也。」

「鄉人長於伯兄一歲，則誰敬？」曰：「敬兄。」「酌則誰先？」曰：「先酌鄉人。」「所敬在此，所長在彼，果在外，非由內也。」

公都子不能答，以告孟子。孟子曰：「敬叔父乎？敬弟乎？彼將曰：『敬叔父。』曰：『弟爲尸（ㄕ），則誰敬？』彼將曰：『敬弟。』子曰：『惡在其敬叔父也？』彼將曰：『在位故也。』子亦曰：『在位故也。庸敬在兄，斯須之敬在鄉人。』」

季子聞之，曰：「敬叔父則敬，敬弟則敬，果在外，非由內也。」公都子曰：「冬日則飲湯，夏日則飲水。然則飲食亦在外也？」

孟季子問公都子：「爲什麼說義行是發自內在的？」

公都子說：「表達我的敬意，所以說是發自內在的。」

孟季子說：「有個同鄉人比你大哥年長一歲，那麼要尊敬誰？」公都子說：「尊敬大哥。」孟季子說：「如果在一起喝酒，要先爲誰斟酒？」公都子說：「先爲同鄉長者斟酒。」孟季子說：「內心尊敬的是大哥，實際尊敬的卻是年長的同鄉人，可見義行果然是外因引起的，而不是發自內在的。」

公都子無法回答，就把這番話轉告孟子。孟子說：「你可以問：『尊敬叔父，還是尊敬弟弟？』他會說：『尊敬叔父。』你再問：『弟弟擔任受祭的代理人時，要尊敬誰？』他會說：『尊敬弟弟。』你就再問：『那麼，尊敬叔父表現在哪裡？』他會說：『因爲那時弟弟處在受祭代理人的地位啊。』你也就說：『因爲那個同鄉人也處在該受尊敬的地位啊。平常的尊敬在於大哥，暫時的尊敬在於同鄉長者。』」

孟季子聽了這番話，就說：「該尊敬叔父時就尊敬叔父，該尊敬弟弟時就尊敬弟弟，可見義行果然是外因引起的，不是發自內在的。」公都子說：「冬天要喝熱水，夏天要喝冷水，那麼飲食也是外因引起的嗎？」

「尸」字就是我們現在所說的祖先牌位。以前的祭祀往往是以小男孩或小女孩，做爲受祭代理人，也就是說，大家以他代替祖先來接受祭拜。因爲祖先的血脈代代相傳，而古代祭祀的時候，總希望有一個眞正的人受祭，讓大家有祖先親臨的感受，所以就有「尸」這樣的禮儀衍生出來。有一句成語就叫「尸位素餐」，意即坐在位置上吃白飯，什麼事也不做，這才讓「尸」字成了貶義。

孟季子其人不詳，而公都子是孟子的學生，與孟子所持的理論是一樣的。這一章主要說的就是他們對於「義」的行爲，到底是內發還是外發的爭論，兩者互相爭鋒，相當精彩。

儒家的思想談及人性時，覺察人是所有動物裡唯一有可能不眞誠的，所以人的眞不眞誠是關鍵。譬如，一個人天生聰明，但不眞誠，見人說人話，見鬼說鬼話，一輩子都在做戲，最後就忘記自己內心眞實的情感，連自己是誰都搞不清楚了。

其實，人生的各種行爲表現或各種遭遇，往往有如滾滾洪流，自己多半不能做主。爲什麼有些人可以稱爲「中流砥柱」？爲什麼有些人可以做到「眾人皆醉我獨醒」？就是因爲這些人可以保持眞誠。人要不眞誠實在太容易了，有時一不小心就被利益所迷惑，有時忽然念頭轉不過來，就忘記眞誠了；不然就是大家說怎麼做，我就跟著去做，或是同流合汙，或是變成鄉愿。所以，儒家思想的重點或第一個立足點，就在於「眞誠」。

義行是要付諸行動的，因此必須考量相關條件，比如社會上通行的禮制規定。然而，這種外在的考量並不表示義行就是外因引起的，就像一個人若無食欲，則對任何食物皆無胃口。義行若非由內而發，則它將如無源之水，也就沒有集義、養氣的可能性了。孟子不得不認眞辯論，其故在此。

的確，一個人沒有食欲的話，對任何食物都沒有胃口。我自己的生活經驗也是如此：再美味的食物，如果沒有食欲或合適的親友一起享用，就會食而不知其味。大家聚在一起，目的不在吃飯，而在於有什麼生活經驗與個人心得可以分享，這才是重要的。所以，孟子這番話很有道理，食欲以及人的行爲都是由內而發的，不然只是虛應故事。

〈11・6〉

公都子曰：「告子曰：『性無善無不善也。』或曰：『性可以爲善，可以爲不善。是故，文、武興，則民好善；幽、厲興，則民好暴。』或曰：『有性善，有性不善。是故以堯爲君而有象；以瞽瞍爲父而有舜；以紂爲兄之子，且以爲君，而有微子啓、王子比干。』今曰：『性善』，然則彼皆非與？」

孟子曰：「乃若其情，則可以爲善矣，乃所謂善也。若夫爲不善，非才之罪也。惻隱之心，人皆有之；羞惡之心，人皆有之；恭敬之心，人皆有之；是非之心，人皆有之。惻隱之心，仁也；羞惡之心，義也；恭敬之心，禮也；是非之心，智也。仁義禮智，非由外鑠（ㄕㄨㄛˋ）我也，我固有之也，弗思耳矣。故曰：『求則得之，舍則失之。』或相倍蓰（ㄒㄧˇ）而無算者，不能盡其才者也。《詩》曰：『天生烝民，有物有則。民之秉彝（ㄧˊ），好是懿德。』孔子曰：『爲此詩者，其知道乎！故有物必

則，民之秉彝也，故好是懿德。』」

公都子說：「告子說：『人性沒有善，也沒有不善。』有人說：『人性可以變得善，也可以變得不善。所以，周文王、周武王統治天下，百姓就喜歡善行；周幽王、周厲王統治天下，百姓就喜歡暴行。』還有人說：『有些人生性是善的，有些人生性是不善的。所以，以堯爲君主，卻有象這樣的百姓；以瞽瞍爲父親，卻有舜這樣的兒子；以商紂爲侄兒，並且以他爲君主，卻有微子啓、王子比干這樣的賢人。』現在您說『性善』，那麼，這些說法都錯了嗎？」

孟子說：「順著人性的眞實狀態，就可以做到善，這便是我所謂的性善。至於有人做出不善的事，那不是天生資質的過錯。憐憫心，每個人都有；羞恥心，每個人都有；恭敬心，每個人都有；是非心，每個人都有。憐憫心屬於仁德，羞恥心屬於義行，恭敬心屬於守禮，是非心屬於明智。仁德、義行、守禮、明智，不是由外界加給我的，而是我本來就具備的，只是沒有去省思罷了。所以說：『尋求就會獲得它們，放棄就會失去它們。』人與人相比，有相差一倍、五倍甚至無數倍的，就是因爲差的人不能充分實現天生資質啊。《詩經．大雅．烝民》上說：『天生育眾多百姓，有事物就有法則。百姓保持常性，所以愛好美德。』孔子說：『這篇詩的作者懂得人生正途啊！有事物就一定有法則；百姓保持了常性，所以就會愛好美德了。』」

公都子大概聽了孟子一些教導，就把各種說法一次提出來，請孟子一一解答。公都子提出了三種主張：第一就是告子說的，「人性沒有善，也沒有不善」；第二：人性可以變得善，也可以變得不善；第三：有些人生性是善的，有些人生性是不善的。

在孟子的回答中，「爲善」、「爲不善」這兩個「爲」字，意思很清楚，代表善、不善是做到或做出來的。所以我一直強調，善、不善不是人本來具有的性質，而是人「做到與否」的善行或惡行，這是非常重要的關鍵，也是我無法同意「人性本善」的原因。人性的善是指要做出來的才叫做善，而做出來的善是順著本性，不善是逆著本性，如此就稱爲「人性向善」。

孟子接著說，「惻隱之心，人皆有之；羞惡之心，人皆有之……是非之心，智也」，這句話沒有本書〈3・6〉中講得那麼完整，這可能是在辯解的緣故，因此孟子說得比較急切。我在翻譯時，把「惻隱之心，仁也」譯成「憐憫心屬於仁德」，因爲古人說仁也、義也，直接說是不是時，意思也包括屬不屬於。

我這種理解是從「白馬非馬」的論證得來的。白馬、黃馬、黑馬都是「馬」；但說「白馬」時，只有白馬才可以算是；因此可以說白馬不是馬。「白馬不是馬」是對的，因爲白馬「不等於」馬。但是白馬「屬於」馬，這是一個簡單的反駁。如果有人說「白馬非馬」，那是詭辯。古人所謂的「是與非」有兩種用法：一是等於與不等於，二是屬於與不屬於。說白馬「不等於」馬，是對的；但是，說白馬「不屬於」馬，那就錯了。在此，當然也涉及對一個概念的定義問題。

一個概念有內含也有外延；內含是它的基本要件，外延是它的應用範圍。馬的外延包括白馬、黃馬、黑馬等等；馬的內含則必須在每一匹馬身上出現；因此，我們可以說「白馬是馬」，但不能說「馬是白馬」；可以說「白馬屬於馬」，而不能說「白馬等於馬」。

同理，說「惻隱之心，仁也」，是說惻隱之心「屬於」仁德，而不是說惻隱之心「等於」仁德。孟子在〈3・6〉清楚指出「惻隱之心，仁之端也」，則是把惻隱之心等同於「仁之端」。若不如此理解，我們就須面對另一個問題：難道「仁之端」等於「仁」嗎？難道心中出現憐憫的情緒，就代表做到仁德的要求了嗎？情況顯然並非如此。

再說，心的四端是指這四者的根源是人心與生俱有的，一般人爲何沒有察覺呢？也因此孟子最後要加一句「弗思耳矣」。向內反省自己，覺悟自身的道德主體性，人的行爲才有原則可言。

什麼是道德主體性呢？亦即這個道德是要自己決定的，一個人做好事，不是考慮到別人的命令或外在的環境，而是因爲自己要自己這麼做的，如此才有道德主體性可言。不能肯定道德主體性，行爲沒有原則，就只能隨人俯仰了。

人性是一種力量

仁德、義行、守禮、明智，不是由外界加給我的，而是「我固有之也」，只是沒有去省思罷了。許多人以爲孟子談「性本善」，但爲什麼一定要加上「本」字呢？孟子從頭到尾都沒有注意到「本」這個字，他所強調的是善行的開端、萌芽，一定要由內而發，這是一種動態的觀點，亦即人性是一種力量，只要眞誠就會發現這種力量是由內而發的。只要掌握由內而發這一點，行動起來就有原有本，不會做了一半之後就放棄了。

由內而發，將使自己心甘情願，堅持做下去，這叫做「集義」，該做的事一直做下去，最後就會養成浩然之氣。很多時候，我們做該做的事覺得很累，但是做久了之後，會覺得內心有一種深刻的快樂，感覺到自己問心無愧，心中非常坦然。

如果講「人性本善」的話，人與人應該相等或相同，那麼爲什麼表現出來竟有巨大的差別呢？這實在不易解釋，也不合乎實情。講「人性向善」的話，因爲有些人沒有注意到內在的要求，只是做著外在的行爲，做久了之後，離自己的本性也愈來愈遠，最後出現相差多少倍的情況。很多人之所以會做壞事，就是因爲他沒有保持常性，等於是忘記了自己的內在要求，最後就變成「東邊開口朝東流」的情況。

孟子接著引述孔子所說的：「故有物必則，民之秉彝也，故好是懿德。」人即使沒有受過教育，只要他保持自己平常而正常的性格，譬如做事全憑良心，自然就會愛好美德。這種說法也有助於闡明「人性向善」的觀點。

人性論的關鍵

「乃若其情，則可以爲善矣，乃所謂善也」，這是整本《孟子》裡談人性論的關鍵。首先，孟子所謂的善是指「可以爲善」，可以做到善而不是本來就善。其次，行善的能力，不是由外而來的，而是「乃若其情」所展現出來的。第三，「乃若其情」

究竟何意？有的學者認爲「乃若」是發語詞或轉語，亦即把「乃若」兩字變成一個詞，並無特別含義，接近白話文中的「至於」。「情」則是指人的眞實而言。

如此一來，這句話就被翻譯成：至於人的實質就可以去行善了。這種詮釋雖然不排斥人性向善，但是忽略了孟子一直強調的「順」、「充擴」，也沒有針對本章前半段的質疑，亦即何以人性難以避免環境（或「勢」）的影響？換言之，只有把握了「若，順也」的觀點，才可以避開上述問題。所以，人可能會做壞事，那是外在的影響，而不是本來的問題。

那些堅持人性本善，甚至至善、純善的學者，其理由是：因爲天生了人，而天是善的，所以人也是善的；春天到了，萬物化生；但秋冬一到，萬物也會蕭條。所以，我們不要只看事物的一面，整個大地有生有死，風和日麗的時候當然完美；一旦看過颱風之後的景象，就知道天地多麼殘酷了。

古人是希望提倡善的一面，想藉此讓整個社會風氣改善。但我們今天則認爲，光有好的願望是不夠的，必須根據生活經驗的累積，進而融會貫通，把握人性的眞實狀況，再去勇敢實踐，擇善固執。

〈11・7〉

孟子曰：「富歲，子弟多賴；凶歲，子弟多暴，非天之降才爾殊也，其所以陷溺其心者然也。今夫麰（ㄇㄡˊ）麥，播種而耰（ㄧㄡ）之，其地同，樹之時又同，浡然而生，至於日至之時，皆熟矣。雖有不同，則地有肥磽（ㄑㄠ），雨露之養、人事之不齊也。故凡同類者，舉相似也，何獨至於人而疑之？聖人，與我同類者。故龍子曰：『不知足而爲屨（ㄐㄩ），我知其不爲蕢（ㄎㄨㄟ）也。』屨之相似，天下之足同也。

「口之於味，有同耆也；易牙先得我口之所耆者也。如使口之於味也，其性與人殊，若犬馬之與我不同類也，則天下何耆皆從易牙之於味也？至於味，天下期於易牙，是天下之口相似也。唯耳亦然。至於聲，天下期於師曠，是天下之耳相似也。唯目亦然。至於子都，天下莫不知其姣（ㄐㄠ）也；不知子都之姣者，無目者也。

「故曰，口之於味也，有同耆焉；耳之於聲也，有同聽焉；目之於色也，有同美焉。至於心，獨無所同然乎？心之所同然者何也？謂理也，義也。聖人先得我心之所同然耳。故理義之悅我心，猶芻豢之悅我口。」

孟子說：「豐年時，青少年大多懶惰；荒年時，青少年大多凶暴，這不是天生資質有如此的不同，而是由於環境深深影響心思的緣故。以大麥爲例，播種耙地之後，同一塊土地上，同一個時間種的，都在蓬勃地生長，到了夏至都成熟了。如果收穫有所不同，則是因爲土地有肥沃有貧瘠的差異，雨露的滋養以及人工的管理不一樣的緣故。所以，凡是同類的東西，全都是相似的，爲什麼一說到人，偏偏要懷疑這一點呢？聖人也是我們的同類。所以，龍子說：『不清楚腳的樣子而去編草鞋，我知道他不會編成草筐的。』草鞋的相似，是因爲天下人的腳形是相同的。「口對於味道，有相同的嗜好；易牙最先掌握了我們口味上的嗜好。如果口對於味道，人人不同，就像狗、馬與人不同類那樣，那麼天下人爲什麼都追隨易牙的口味呢？說到口味，天下人都期望嚐到易牙的手藝，可見天下人的口味是相似的。耳朵也是如此，說到聲音，天下人都期望聽到師曠的演奏，可見天下人的聽覺是相似的。眼睛也是如此，說到子都，天下人沒有不知道他俊美的；不知道子都俊美的，是沒有眼睛的人。

「所以說，口對於味道，有相同的嗜好；耳朵對於聲音，有相同的聽覺；眼睛對於容貌，有相同的美感。說到心，就偏偏沒有共同肯定的東西嗎？心所共同肯定的是什麼？是道理與義行。聖人最先覺悟了人心共同的肯定。所以，道理與義行使我的心覺得愉悅，正如牛羊豬狗的肉使我的口覺得愉悅一樣。」

富歲與凶歲代表社會的經濟狀況，將會影響青少年的行爲模式，這可以找到很多客觀的資料，譬如，經濟蕭條的時候，青少年就很凶暴，爲了幾十塊錢就去搶劫。孟子從未忽視人與環境的互動，進而要人提升自主性，成爲不受環境影響的主人。

在今日的台灣社會中，這一點顯得特別困難，每天只要打開電視新聞，很難不受影響。但是人還是要學會排除外界的影響與干擾，讓自己活得更有自主性。如果外在環境都呈現比較負面的訊息，自己就更要建立內心的自信與力量。

同類必有原則相通

以生物學來說，同類都有類似的習性，也就是行爲模式，人也應該有類似的習性。譬如，蛇很可怕，但是抓蛇人知道蛇什麼時候會咬人，什麼時候不咬人，咬人時有什麼準備動作，抓起蛇來就很輕鬆；抓鱷魚的人也是因爲他懂得鱷魚的習性。

孟子說的同類，並不只是一般人，還包括聖人在內，這就是儒家的觀點。把聖人，亦即完美的人，當作一般人的代表。但聖人不是生下來就成功的，他也是修養一輩子才成聖的，而聖人的修養是順著「向善」到「擇善」，再到「至善」，順著人性的發展，才成爲聖人。所以談到人的時候，當然要以聖人做爲標準。

「至於心，獨無所同然乎？」這個問題問得好。孟子先說人的各種感官都有一定的要求標準，那爲什麼只有心會胡思亂想，好像沒有標準，可以讓人隨心所欲呢？因此，孟子就要強調這個標準，心所共同肯定的是道理與義行。聖人先知道什麼是眞誠，引發「人性向善」之後，他就可以一路往上提升，別人就會起而效法。每一個人都是一樣向善的，所以，在遇到理義時，心會覺得愉悅。

心不同於理與義

「謂理也，義也。」的「理」是指合理性，無論是道理、眞理或理想，都不能脫離人心的理解能力，對任何言論都要求合理性。這是《孟子》裡第一次出現把理與義二字放在一起，平常講的都是仁與義。

人是理性的動物，有思考能力，這個「理」會讓人心覺得快樂。只要聽到一個人說話有道理，我們就會感到愉悅，願意去認同他，這就是「理」，是就「知」這一方面說的。

其次，「義」是就行爲方面來說的，配合知、行兩方面，合稱「理、義」，這也是我個人的心得。孟子常說「仁義」，不然就是「仁、義、禮、智」；現在講理、義，則是分別針對人的知、行兩種能力來說的，道理與義行確實會讓人的心思深感愉悅。我心所悅的是理與義，可見我心並不等同於理與義，由此也不妨肯定人性向善。

〈11・8〉

孟子曰：「牛山之木嘗美矣，以其郊於大國也，斧斤伐之，可以爲美乎？是其日夜之所息，雨露之所潤，非無萌（ㄇㄥˊ）櫱（ㄋㄧㄝˋ）之生焉，牛羊又從而牧之，是以若彼濯濯也。人見其濯濯也，以爲未嘗有材焉，此豈山之性也哉？雖存乎人者，豈無仁義之心哉？其所以放其良心者，亦猶斧斤之於木也，旦旦而伐之，可以爲美乎？其日夜之所息，平旦之氣，其好惡與人相近也者幾希，則其旦晝之所爲，有（ㄧㄡˋ）梏（ㄍㄨˋ）亡之矣。梏之反覆，則其夜氣不足以存；夜氣不足以存，則其違禽獸不遠矣。人見其禽獸也，而以爲未嘗有才焉者，是豈人之情也哉？故苟得其養，無物不長；苟失其養，無物不消。孔子曰：『操則存，舍則亡；出入無時，莫知其鄉。』唯心之謂與？」

孟子說：「牛山的樹木曾經很茂盛，由於它鄰近都城郊外，常有人用刀斧砍伐，還能保持茂盛嗎？當然，它黃昏晚間在生長著，雨水露珠在滋潤著，不是沒有嫩芽新枝發出來，但緊跟著就放羊牧牛，最後就成爲現在光禿禿的樣子了。人們看見那光禿禿的樣子，就以爲它不曾長過成材的大樹，這難道是山的本性嗎？就說在人的身上，難道會沒有嚮往仁德與義行的心思嗎？有些人之所以喪失他的良心，也就像刀斧對付樹木一樣，天天去砍伐它，還能保持茂盛嗎？經過黃昏晚間的生長，出現了天剛亮時的清明之氣，他的好惡與一般人相近的也有了一點點，可是他在白天的所作所爲又將它壓制消滅了。反覆地予以壓制，他在夜裡滋生的氣息就無法保存；夜裡滋生的氣息無法保存，他就距離禽獸不遠了。人們見他像個禽獸就以爲他不曾具有人的資質。這難道是人的眞實狀態嗎？因此，如果得到滋養，沒有東西不生長；如果失去滋養，沒有東西不消亡。孔子說：『抓住它，就存在；放開它，就消失；出去進來沒有定時，沒人知道它的走向。』大概說的就是人心吧？」

「平旦之氣」是指在天剛亮的時候，一個人心中所存的清明之氣。在日常生活中，與人接觸多了，往往會忘記自己本來眞誠的一面；在睡覺的時候與世界隔絕，又能夠稍稍回復原來的狀態。所以天剛亮的時候，人會覺得有一股清明之氣，是很眞誠的屬於人的那種狀態。孟子的比喻很有意思。人睡覺時，沒有理由也沒有必要不眞誠，可以面對也必須面對自己了。接下來，孟子所要強調的也是「人性向善」，亦即需要滋養向善的「向」，讓它慢慢實現，實現久了就是「養浩然之氣」。

接著引用孔子的話就更精彩了。孔子之語確實是在描寫人性，但是如果扣緊原文「操則存，舍則亡」一語，提醒我們：第一，人心可存可亡；第二，人心的後面還有一個主體在負責「操」與「存」。然後，人心還會「出入無時，莫知其向」，充滿不確定性，也許正因爲人的心並不單純，所以孟子後來會提出「本心」的概念，用以化解此處的疑惑。即使如此，在此還是要預先指出：本心不是本善。關於這一點，稍後的章節會再做說明。

綜而觀之，牛山的比喻所談的當然是人性了。山上本來有花草樹木，後來才被砍光光了。那麼，光禿禿是山的本性嗎？或者，花草樹木的茂盛是山的本性嗎？人性是無法直接拿來做觀察或是做實驗的，所以孟子要藉著上述比喻，描寫人心的情況。

這樣的比喻並不強調簡單的二分法，好像人性不是善的就是惡的。譬如，「嘗美」代表曾經茂盛，亦即本來是善的；「濯濯」代表光禿禿的，亦即現在已成爲惡的，那麼到底人性是善還是惡呢？孟子的重點在於：一座山，只要給它機會，總是會有「萌櫱」發出來，這是描述一種力量的狀態；同樣，一個人只要給自己機會，總會有「平旦之氣」或「夜氣」發出來，這也是描述一種內在的趨力，就是要求自己行善的力量出現了。關鍵在於「養」，「養」是指長期的努力過程，唯其如此，才可以成爲君子。

山的本性在於「能夠」長出花草樹木，而不在於有沒有花草樹木，重點就在於「能夠」這兩個字。所以我反覆強調人性就是：只要給它機會，一個人就能夠變得眞誠，並且眞誠地去行善，這不就是「向善」嗎？

〈11・9〉

孟子曰：「無或乎王之不智也。雖有天下易生之物也，一日暴（ㄆㄨˋ）之，十日寒之，未有能生者也。吾見亦罕矣，吾退而寒之者至矣，吾如有萌焉何哉？今夫弈（ㄧˋ）之爲數，小數也；不專心致志，則不得也。弈秋，通國之善弈者也。使弈秋誨二人弈，其一人專心致志，唯弈秋之爲聽；一人雖聽之，一心以爲有鴻鵠（ㄏㄨˊ）將至，思援弓繳（ㄓㄨㄛˊ）而射之，雖與之俱學，弗若之矣，爲是其智弗若與？曰：非然也。」

孟子說：「對於大王的不明智，不必覺得奇怪。即使有天下最容易生長的東西，如果曬它一天，再凍它十天，沒有能夠生長的。我與大王相見的次數太少了，我一離開，那些給他澆冷水的人就來了，我對他剛萌芽的一點善心又能怎樣呢？譬如下棋，只是小技術，如果不專心致志，就學不好。弈秋是全國的下棋高手。假使讓他教兩個人下棋，其中一人專心致志，只聽弈秋的講解。另外一人雖然也在聽講，卻一心以爲有隻天鵝快要飛來，而想拿起弓箭去射牠。這樣，雖然與別人一起學習，成績卻不如別人，這是因爲他的智力不如別人嗎？我會說：不是這樣的。」

一個人表現出「不智」，有兩個原因：一是周圍的人對他一暴十寒，使他無法堅定心志；二是他自己三心二意，不肯認眞學習。換言之，「不智」所牽涉的除了難以學會技巧，也包括不能堅持行善在內。

孟子提出下棋的比喻。學習下棋就像讀書一樣。一個人書讀得好，那是因爲他生下來聰明嗎？當然不是。以台灣爲例，明星學校的高中生爲了考上理想的大學，擠進明星科系，而去補習班的人數超過百分之八十以上。換句話說，百分之八十的資優學生不但已進入明星高中，還要進補習班加強，更不用提一般高中的學生，要進補習班的比例了。至於年輕學生是不是喜歡讀書，反而變成另一回事了。

我曾經提倡廣設大學，主要是認爲與其讓學生擠進補習班，不但學習的效果不彰，安全方面也令人擔憂，還不如廣開大學之門，使上大學這件事不再困難，讓學生都得到大學基礎教育的薰陶。不過，前提是畢業的門檻一定要提高，才能證明大學教育的眞正成效。

當然，身爲教師，我的願望還是希望能從各方面激發學生讀書的興趣，而不是以考上某個大學爲主要目標，希望讀書的主動權掌握在每個人自己的手中。

〈11・10〉

孟子曰：「魚，我所欲也，熊掌亦我所欲也，二者不可得兼，舍魚而取熊掌者也；生亦我所欲也，義亦我所欲也，二者不可得兼，舍生而取義

者也。生亦我所欲，所欲有甚於生者，故不爲苟得也；死亦我所惡，所惡有甚於死者，故患有所不辟也。如使人之所欲莫甚於生，則凡可以得生者，何不用也？使人之所惡莫甚於死者，則凡可以辟患者，何不爲也？由是則生而有不用也，由是則可以辟患而有不爲也，是故所欲有甚於生者，所惡有甚於死者。非獨賢者有是心也，人皆有之，賢者能勿喪耳。

「一簞食，一豆羹，得之則生，弗得則死，嘑（ㄏㄨ）爾而與之，行道之人弗受；蹴爾而與之，乞人不屑也；萬鍾則不辨禮義而受之。萬鍾於我何加焉？爲宮室之美、妻妾之奉、所識窮乏者得我與？鄉（ㄒㄧㄤ）爲身死而不受，今爲宮室之美爲之；鄉爲身死而不受，今爲妻妾之奉爲之；鄉爲身死而不受，今爲所識窮乏者得我而爲之，是亦不可以已乎？此之謂失其本心。」

孟子說：「魚是我所想要的，熊掌也是我所想要的，兩者如果不能一併獲得，就放棄魚而選擇熊掌。生存是我所想要的，義行也是我所想要的，兩者如果不能同時兼顧，就放棄生存而選擇義行。生存是我所想要的，但是我所想要的還有超過生存的，所以不做苟且偷生的事；死亡是我所厭惡的，但是我所厭惡的還有超過死亡的，所以有些禍患我不躲避。如果人們所想要的沒有超過生存的，那麼凡是可以求得生存的方法，哪有不用的呢？如果人們所厭惡的沒有超過死亡的，那麼凡是可以躲避禍患的事情，哪有不做的呢？照這麼走就能保全生命，然而有人卻不去走；照那麼做就能避開禍患，然而有人卻不去做，由此可見，所想要的還有超過生存的，所厭惡的還有超過死亡的。不單單是賢者有這樣的心思，而是每個人都有，只是賢者能不喪失它罷了。

「一筐飯、一碗湯，得到就能活，得不到就餓死，但如果吆喝著施捨給人，就是過路的餓人都不會接受；如果用腳踩過再施捨給人，就是乞丐也會不屑一顧。但是遇到一萬鍾的俸祿，竟不分辨是否合乎禮與義就接受了。一萬鍾的俸祿對我有什麼好處呢？是爲了住宅的華美、妻妾的事奉、我所認識的窮人感激我嗎？過去寧可死亡也不接受的，現在卻爲了住宅的華美而接受了；過去寧可死亡也不接受的，現在卻爲了妻妾的事奉而接受了；過去寧可死亡也不接受的，現在卻爲了我所認識的窮人感激我而接受了，這些難道是沒有辦法停下來的嗎？這種情況就叫做喪失了本來狀態的心。」

分辨什麼是「義」？

孟子一開始就點出義行可分大小，一個人可以大義凜然，讓整個社會爲之震撼；如果是要個人爲小義行犧牲生命，有時候則要考慮周到一點。義行是去做該做的事，但沒有必要輕易犧牲，而是看能不能達到效果。譬如，看到有人掉到河裡，應該去救他，但是如果自己游泳技術很差，就要冷靜衡量。這就好像一杯水怎能澆熄一車的薪火呢？

不過，古往今來有很多例子，顯示確實有許多人可以做到捨生取義。像春秋時代晉國史官寫道：「趙盾弒其君」，權臣趙盾當然不願遺臭萬年，威脅著要把史官殺了，但後者卻不爲所動，即使他被殺了，他的弟弟、兒子還是會繼續寫下去。如果史官怕被殺而不寫眞話，他就沒有盡到一個歷史記載者的職責，千秋萬世都失去了名譽。每個人都可能有面臨死亡的時刻，重要的是，你是爲了什麼而死？如果死的理由正當，亦即死有重於泰山，就不必害怕。

總而言之，由本章看來，「捨生取義」除了要有犧牲的準備之外，最困難的是如何分辨什麼是「義」。也就是說，義行所根據的標準還有討論空間。譬如，現代人生在黃花崗七十二烈士的時代，他會不會去拋頭顱、灑熱血？會不會像林覺民一樣，拋棄新婚的妻子去革命？爲了理想而犧牲自我，固然偉大，但必須先肯定那是義行。

順境逆境不失本心

孟子還談及在順境與逆境中的自處之道。

孟子說過「羞惡之心，義之端也」，引申的意思是：逆境容易激發人的羞恥心，而順境容易使人迷惑，以至放棄了平日堅持的原則。孟子連續三次提到「鄉爲身死而不受」，代表人應該重視的是內在的價值、人性的尊嚴。

外在的成就，包括住得豪華、妻妾的事奉、天下人都感激你，都是外在的。當我們碰到利害的考慮，就容易忘記本來內心的狀態——要追求善，亦即所謂的向善。古人屬於某個階層或特定團體，或者以家族爲主，現代人活在自由開放的社會，由此看來，我們是比較幸福的，更應該經常考慮「什麼才是內在眞正的要求」。

在我年輕時，尤其還在讀書期間，同學之間的感情很好，勝過兄弟姊妹，等到進入社會一段時間，因爲人與人相處牽涉到成敗、利害，大家合作做事時，往往涉及外在的考慮與各種利害關係，年紀愈長就愈常感嘆：天下有眞正的朋友嗎？

眞正的朋友，應該沒有利害的考慮，在一起純粹是就個人生命發展的特色來交往，相處的時候覺得很輕鬆。很羨慕《莊子》裡面描寫的幾個好朋友，他們對人生的看法、對「道」的體驗是一致的，然後可以「相視而笑，莫逆於心」。

本心即是向善的力量

關於「行道之人弗受」，《禮記·檀弓》有一段類似的故事：「齊大饑，黔敖爲食於路以待餓者而食之。有餓者蒙袂輯屨，貿貿然來。黔敖左奉食，右執飲曰：『嗟！來食！』揚其目而視之，曰：『予唯不食嗟來之食，以至於斯也。』從而謝焉，終不食而死。」這段故事展現了人的獨特尊嚴，亦即寧死也不受侮辱。一人如此並不代表天下人皆會如此；但它肯定了天下人皆「可能」如此。人若不由這一「可能性」去界定人與禽獸的差別，就會失去本心。這裡涉及一種邏輯的思考訓練。

有一個人做到某事，雖然不代表每一個人都會這麼做，但是它卻代表人的可能性，而人生最可貴的就是擁有可能性。一個人因爲有可能變成好人，那麼小時候不懂事或一時胡作非爲，就有改善的希望，人生也就不會永遠如此了。人若不由這一可能性去界定人與禽獸的差別，就會失去本心。

「本心」是指本然的心，或者心的本來狀態。它是一種固定不移、屬於善的狀態？還是一種充滿敏銳感應的能力，隨時在要求人主動行善的力量呢？這是值得探討的焦點。我主張後面一種：本心是指一種敏感的向善的力量。若不是如此，試問：本心又怎能失去呢？

〈11・11〉

孟子曰：「仁，人心也；義，人路也。舍其路而弗由，放其心而不知求，哀哉！人有雞犬放，則知求之；有放心，而不知求。學問之道無他，求其放心而已矣。」

孟子說：「仁德，是人要保住的心；義行，是人要依循的路。放棄這條路而不跟著去走，喪失這顆心而不知道去尋找，眞是可憐啊。一個人，雞和狗走失了，知道去尋找；但是心喪失了，卻不知道去尋找。學習及請教的原則沒有別的，就是找回喪失的心而已啊。」

我一直強調人性「向善」而非「本善」，在這一章又可以找到很好的論證。如果人性是「本善」的話，一旦失去本心，去哪裡找回來？唯有其「向善」，因爲它是一種力量，所以失去了還可以找回來，這就像前面說的，只要給它機會，牛山上新的嫩芽又長出來了。人可以立即眞誠，反身而誠，那全是因爲有向善的力量在心中。

求其放心，保持真誠

孟子在這一章提到「放心」，之後又說「求其放心」，表示心不是固定的東西，心是可以失去，也可以找回的。寵物走失或東西遺失，可以去尋找；心喪失了也一樣可以去尋找。所以，孟子認爲人一定要眞誠，不眞誠就代表本心喪失了。如果你與人來往或處理事情一向都不眞誠的話，可能就沒有喪不喪失的問題，只不過長此以往後，偶爾還是會覺得心裡空蕩蕩、茫茫然的。

我相信很多人考大學時都有這種感覺，中間追求的過程很充實，有一個目標值得全力以赴，每天努力奮鬥；一旦考上大學之後，快樂兩三週，反而悵然若失起來。當初可能覺得只要考上大學就沒有什麼問題了，因此心思單純；不料進入大學之後，才發現人際關係更爲疏離。根據懷德海（A.N. Whitehead）的說法，中學時代要伏案讀書，每天在書桌前認眞苦讀；上了大學就要高瞻遠矚，要抬頭挺胸，看遠一點，思考個人與社會、個人與歷史、個人與宇宙之間的關係。要是沒有這樣的氣魄，在我看來，大學也不過是多浪費四年而已，即使拿到了學位也不代表有什麼成就。

這一章提到的「仁，人心也」，在此所謂的「心」，並非指具體的心臟，而是指心思（主體的覺悟及思考能力），這種心思可以喪失（放其心）也可以找回（求其放心）。那麼是「誰」在喪失及找回呢？爲了避免另立一個純粹主體，可以由心之覺與不覺來理解。亦即：心仍是心，若是不覺，則是「放失」；若是覺，則是「求得」。

因此，說「仁，人心也」，意即：仁德是人要保住的心；或者說：人心一覺即是仁。「義，人路也」，這個路當然不是指具體的道路，而是對人的選擇而言，眾多選擇所合成的人生途徑應該以義爲依歸。人應該走什麼路，並不表示人在實際生活中會這麼走。正因爲如此，孟子才會奔走呼號。由此可見，仁與義固然是由內而發，但同時也需在眞實生活中體現出來。

〈11・12〉

孟子曰：「今有無名之指屈而不信，非疾痛害事也，如有能信之者，則不遠秦、楚之路，爲指之不若人也。指不若人，則知惡之；心不若人，則不知惡，此之謂不知類也。」

孟子說：「現在有個人，無名指彎曲了不能伸直，既不疼痛也不妨礙做事，但是如果有人能使它伸直，那麼即使要他去秦國、楚國也不嫌遠，這是爲了手指不如別人。手指不如別人，還知道厭惡；心思不如別人，卻不知道厭惡，這叫做不知輕重。」

任何有思考能力的人，一定都要找到內在、外在的區別，並且體認自身的價值何在。

一個人的價值不在於開豪華的車或戴名貴的錶。但是，有些人以開名貴的轎車，戴上千萬珠寶，或穿上價格昂貴的衣飾來贏得別人的羨慕，他們以此標準來評斷自己與他人的價值。

事實上，把這些物質表象的東西拿掉之後，一個人還剩下什麼呢？這才是值得思考的。名車、名錶……等等，只不過是由於社會虛華的風氣而讓別人羨慕，變成人與人互相之間製造出來的假象，大家互相稱讚：「你的車眞好」，「你的衣服眞漂亮」，「你的身材眞好」，……直到最後年華老去。可是，這些外在的東西有什麼好比較的呢？

所以孟子說得很有道理。一般人重外輕內，並未察覺心思的可貴。不清楚人生之中何者貴、何者賤，恐怕不只是不知類別高低而已，行爲上也將陷於顚倒離奇的窘境。

〈11・13〉

孟子曰：「拱把之桐梓，人苟欲生之，皆知所以養之者。至於身，而不知所以養之者，豈愛身不若桐梓哉？弗思甚也。」

孟子說：「長到一握、兩握粗的桐樹與梓樹，人們如果想讓它們繼續生長，都知道怎麼去培養。至於自身，卻不知道怎麼去培養，難道愛自己還不如愛桐樹與梓樹嗎？眞是太不去思考了。」

試想，我們每天花多少時間整理家務、照顧寵物與植物花草，又花了多少時間照顧自己？

要培養自己，確實需要具備一些知識。譬如，除了顧好身體之外，還須注意心智方面的成長，包括接受良好的教育，發展均衡的性格；然後，還須選擇人生的大方向，使自己成爲君子等等。

現代人注重外表，也注意養生，對自己的身體用心照顧；爲此而花錢費力毫不在乎。但是，多少人會想到自己的心智與靈性也需要培養與愛護嗎？孟子在本章所對照的是桐梓與自己；在自己這一方面，還可以對照身體、心智及靈性。心智與靈性可以統括在「心」這個概念中，亦即除了要眞誠引發實踐的動力之外，還須在關鍵時刻捨生取義。論及「捨生取義」就不只是心智層次，而提升到靈性層次了。

〈11・14〉

孟子曰：「人之於身也，兼所愛。兼所愛，則兼所養也。無尺寸之膚不愛焉，則無尺寸之膚不養也。所以考其善不善者，豈有他哉？於己取之而已矣。體有貴賤，有小大。無以小害大，無以賤害貴。養其小者爲小人，養其大者爲大人。今有場師，舍其梧檟（ㄐㄧㄚˇ），養其樲（ㄦˋ）棘，

則爲賤場師焉。養其一指而失其肩背，而不知也，則爲狼疾人也。飲食之人，則人賤之矣，爲其養小以失大也。飲食之人無有失也，則口腹豈適爲尺寸之膚哉？」

孟子說：「人對於自己的身體，是每一部分都愛護的。都愛護，就都加以保養。沒有一點點肌膚不愛護，也就沒有一點點肌膚不保養。要檢查他保養得好不好，難道有別的方法嗎？就看他注重哪一部分罷了。身體有高貴部分與卑微部分，有瑣碎部分與重要部分。不能爲了保養瑣碎部分而傷害重要部分，不能爲了照顧卑微部分而損害高貴部分。保養瑣碎部分的，是平凡百姓；保養重要部分的，是德行完備的人。現在有一位園藝師，放棄了梧桐與楸樹，卻去栽培酸棗與荊棘，那麼他就是個差勁的園藝師。如果保養了一根指頭，卻喪失了肩與背的功能，而自己還不知道，那麼他就是糊塗人了。講究吃喝的人，大家都鄙視他，因爲他保養瑣碎部分而錯失了重要部分。如果講究吃喝的人沒有錯失重要部分，那麼他的吃喝難道只是爲了保養一點點肌膚嗎？」

分辨大者與小者的本末

人和其他動物最大的差別，在於心，重要的部分莫過於此了。其他如身體的欲望，可以算是瑣碎的部分。這裡的「狼疾人」是指糊塗的人，根本分不清自身重要和不重要的部分，他會爲了一根指頭而傷害了肩背。

孟子所說的「小者」，是指口腹之欲；「大者」是指人的心志。這兩者其實不必衝突，但要分辨本末。人不飲食則無法活命，所以保養口腹是「必要的」。所謂「必要」，是說：非有它不可，但是有它還不夠。因此，人還必須同時保養心志，這才是「重要的」。如此一來，飲食的目的就不僅僅是滿足口腹那一點點地方，而是要讓人有體力去實踐理想了。

請注意最後一句話：「飲食之人無有失也，則口腹豈適爲尺寸之膚哉？」引申來說，人吃喝難道只是爲了肚皮？當然不是。我在美國念書的第四年，晚上都會去一個朋友家裡吃飯。那時朋友的大兒子才三歲，在門口一看到我時就說：「傅伯伯，你又來了。」他母親就會提醒他說：「不可以這樣說，要說『歡迎傅伯伯』。」我在他家吃了半年晚餐，有這麼好的朋友，叫做患難之交。這份恩情可謂點滴在心頭，所以後來只要有機會，我一定好好回報，這就是人與人的相處之道。每一個人的情況不同，人可以吃飽喝足，但不要忘記重要的部分——心。以我當時的情況來說，吃飯是爲了繼續念書；念書也是人生「當行之事」之一。

大人與小人

孟子的人性論一再強調：人不可忘記重要的部分，不可失去本心，不可不知輕重分類，不可忘記自覺去思考，這樣就能把重要的部分掌握住了。大人與小人的分別就在這裡。

大人、小人不是指一個人外型大小，而在於他有沒有掌握人的重要部分，如果掌握了，自然就會發展德行。「大人」是指德行完備的人，絕不是生下來就如此。人性是向善的，努力去行善而成爲大人，可以把本性表現出來，讓人性的部分充分實現出來；「小人」不是壞人，也不是個子小的人，而是只發展身體方面的潛能——吃喝玩樂、外表光鮮亮麗。小人即使身體長得再高大也沒有用，如果沒有發展人性的向善潛能，就永遠像小朋友一樣幼稚單純，然後這一生都浪費了，而且還會衍生很多問題。

掌握內在的力量

小人會有什麼問題？我們前文裡提到齊宣王「寡人有疾，好色、好勇、好貨」（〈2・3〉、〈2・5〉），小人因爲無法向善，就會遇到這些問題。比如「好勇」，就是人與人之間爭權奪利，最後就會互揭傷疤、黑函密告；而「好貨」的情況就更嚴重了，小人可能一聽到利益，不問自己該不該得，就去賺取不義之財。

孔子並不反對賺錢，但是要「見得思義、見利思義」，看到利益時就要想該不該取得。然而，大多數的人都是見利忘義，看到利益就忘記該不該的問題，先拿再說。學習儒家只要把握幾個重要的觀念，拿來做爲座右銘，就能夠向善發展。比如公務人員，座右銘用「見利思義」四個字就夠了，不需要其他的勸誡。

一旦牽扯到利害問題，立即要想「該不該」取，隨之可以自我約束。如此將可體驗孟子這些哲學家所說的「人性向善」才是眞正的快樂。孟子說過，人生最大的快樂就是：自我反省，發現自己眞誠，可以對得起自己的良心，沒有任何事情做錯，也沒有任何事情不合乎道義，那種快樂眞是難以想像。年紀愈大，特別是人到中年，眞的可以體會到這樣的感覺。有時候早上起來心裡想著，自己有多少存款又有什麼關係？說不定一覺醒來時銀行已經被火燒毀了。更何況金錢能夠當枕頭用嗎？能夠讓人睡得安穩嗎？此時就會覺得外界的名與利，根本是空的。

由此可見，儒家就是要讓人懂得掌握自己內在的力量，這個力量是每一個人都有的，也就是「聖人與我同類」的道理。聖人與我一樣在成長，沒有誰生下來就比較善良的。聖人之所以能成聖，是因爲他掌握了人性的重點。理、義讓我們的心覺得快樂，如果能實踐這兩點而快樂的話，所有一切外在的成就都變得次要了，人生的快樂也就由內而發了。

〈11・15〉

公都子問曰：「鈞是人也，或爲大人，或爲小人，何也？」

孟子曰：「從其大體爲大人，從其小體爲小人。」

曰：「鈞是人也，或從其大體，或從其小體，何也？」

曰：「耳目之官不思，而蔽於物。物交物，則引之而已矣。心之官則思，思則得之，不思則不得也。此天之所與我者。先立乎其大者，則其小者不能奪也。此爲大人而已矣。」

公都子請教說：「同樣是人，有的成爲德行完備的人，有的成爲平凡百姓，這是什麼緣故？」

孟子說：「順從重要官能的就成爲德行完備的人，順從瑣碎官能的就成爲平凡百姓。」

公都子說：「同樣是人，有的順從重要官能，有的順從瑣碎官能，又是什麼緣故？」

孟子說：「耳朵、眼睛這類器官不會思考，所以被外物蒙蔽。因此，一與外物接觸，就被引誘過去了。心這個器官是會思考的，一思考就覺悟道理與義行，不思考就無法覺悟。這是天賦予我們的器官。先確立重要的部分，瑣碎的部分就不能取代了。這樣就可以成爲德行完備的人了。」

重要官能指的是心，而瑣碎官能代表身體的欲望。孟子把人分爲身體與心理兩個層次，譬如，喜歡享受吃喝玩樂，這是身體的層次；想努力奮鬥、好好行善，這是心理的層次。一個人願意行善，並且長期這麼做，需要有一套明確的理解與信念，否則很難堅持下去。譬如，有人每次搭車都想坐著，因爲比較舒服，要養其小體，而不想讓座，他就變成平凡百姓（小人）了。唯有追求德行完備，個人的生命潛能才可充分發揮出來。

關於「大體」與「小體」，不是就形體大小而言，而是就其重要與否而言。小體是指身體及其官能，爲何不說它重要呢？因爲這是人與其他動物所「共有」的，無法由之分辨人的特色。人既然是萬物之靈，那麼足以使他出類拔萃的，才可稱爲「大體」，而它顯然是「心」。

靠心知「道」，而後「覺」

孟子所謂「思則得之」，所得的是什麼？是「心」所同然的「理也，義也」（〈11・7〉）。這樣的心是「天之所與我者」；因此價值根源在於心之自覺，而心之所以能自覺，則在天意。提及天（或天意），並未貶損人的尊嚴，反而可以提醒個別的人不可太過主觀，自以爲是，甚至狂妄自大、無法無天。

孟子毫不掩飾，他說：「此天之所與我者。」儒家的思想中，怎麼可能沒有天呢？把「天」去掉的話，儒家思想就沒有一個根源了。孔子五十而知天命，碰到危險時，就說「天之未喪斯文也」；孟子也一樣，他說：「天」要治好天下，「當今之世舍我其誰」？所以天給人的最好的禮物，就是讓人有「心」。上天給人類「心」，是要讓這個心去「思」才能夠悟道。心可以思也可以不思，如果不思，代表放棄當人的特權。沒有思慮過的行爲，是要負責任的。比如，開車時被抓到違規左轉，不能說「我不知道這邊不能左轉」，這不構成理由。否則，每一個人都可以說：「我不知道員警在這裡」，那豈不是天下大亂了？

這是了解《孟子》的關鍵：「天」賦予我們能夠分辨的「心」，所以說「先立乎其大者，則其小者不能奪也」，人生最重要的就是：要先把握住到底要以什麼做爲生命的重心。一個人不一定要飽讀詩書，也不一定要有什麼學問，我們也常看到一些很有學問的人，做人處事完全是背離常道的。因此，最重要的還是把心掌握住。

假設與父母聚餐時，實在饑腸轆轆了，想要大吃一頓，但如果父母還沒動筷子的話，是不是就要忍耐一下？很想吃，代表小體，感受到身體的饑餓，希望好好地吃頓飯，父母卻還沒有開動，心知道自己先享用是不合理的，所以必須忍耐一下。如此一來，就完全不同了，你就成爲一個行爲合宜的人了。要聽從口腹之欲，抑或是聽從內心的聲音呢？這個例子說明：要靠心才能知「道」，才能夠「覺」，這是很清楚的道理。

〈11・16〉

孟子曰：「有天爵者，有人爵者。仁義忠信，樂善不倦，此天爵也；公卿大夫，此人爵也。古之人修其天爵，而人爵從之。今之人修其天爵，以要人爵；既得人爵，而棄其天爵，則惑之甚者也，終亦必亡而已矣。」

孟子說：「有天賜的爵位，也有人給的爵位。嚮往仁德、義行、忠誠、信實，樂於行善而不疲倦，那是天賜的爵位；做到公卿大夫，那是人給的爵位。古代的人修養他天賜的爵位，人給的爵位自然跟著來了。現在的人修養他天賜的爵位，是要用來追求人給的職位；一旦獲得人給的爵位，就丟棄天賜的爵位，那實在太糊塗了，結果連人給的爵位也一定會失去的。」

天爵是人爵的基礎嗎？事實上，並非所有的人爵皆由天爵而來，修養天爵也未必保證能得到人爵。孟子毋寧是想要強調天爵，也就是「仁義忠信，樂善不倦」，是人人可以取得，並且應該終身堅持的。尤其「樂善不倦」四個字最爲關鍵，以此爲樂就不會疲倦，代表從內心要求自我向善、行善，所以能夠不覺疲累。有些人穿的、用的全部都是名牌，看起來很「高貴」，其實他連人爵都算不上。因爲外在的名牌是用錢堆砌出來的，只要誰有錢就可以營造出來，而眞正的高貴應該來自「樂善不倦」的態度與行爲。

有了天爵，人爵自然而來的例子也很多。譬如，伊尹樂堯、舜之道，後來商湯就請他當宰相。但如果有了人給的爵位之後，就開始貪汙、腐化，最後弄到根本忘記了前面的天爵，結果形成了禍害。其實，儒家並不反對做官或發財，但是做官發財的前提是要照顧更多的百姓。

做了大官之後，如果好好做事，對百姓眞是很大的恩德；用正當的方法賺錢，把企業經營得很好，照顧員工，並且常常做公益事業，這不是很好嗎？孔子說：「富與貴，是人之所欲也。」也說過：「富而可求也，雖執鞭之士，吾亦爲之。」都是相關的例子。不過，如果在上位者胡作非爲，就「終亦必亡而已矣」了。

〈11・17〉

孟子曰：「欲貴者，人之同心也。人人有貴於己者，弗思耳矣。人之所

貴者，非良貴也。趙孟之所貴，趙孟能賤之。《詩》云：『既醉以酒，既飽以德。』言飽乎仁義也，所以不願人之膏粱之味也；令聞廣譽施於身，所以不願人之文繡也。」

孟子說：「想要尊貴，這是大家共同的心願。每個人自己都有可尊貴的東西，只是不去思考罷了。別人所給與的尊貴，不是眞正的尊貴。趙孟讓一個人變得尊貴，趙孟同樣可以使他淪於卑賤。《詩經．大雅．既醉》上說：『既有美酒使我陶醉，又有美德使我滿足。』這是說，對仁德與義行感到滿足，也就不羨慕別人的肥肉細米了；美好的名聲與廣泛的讚譽加在自己身上，也就不羨慕別人的錦繡衣裳了。」

「弗思耳矣」一詞，再次提醒我們反省自覺的重要。思考是爲了發現自己內在尊貴的部分。人與人相處，有時候只看到別人有福、有貴之處而羨慕別人，甚至因而感到自卑，忘記自己身上還有尊貴的部分，那就是「人人有貴於己者」的意思，也是上一章所謂的「天爵」。

本章提到的趙孟，是晉國正卿趙盾（字孟），他的子孫也都稱爲趙孟，是握有大權者的代號，所以後世就用趙孟來代表有權力的人。趙盾是歷史劇「趙氏孤兒」中，程嬰、杵臼所保護的孤兒，後來兩人都爲他犧牲了。這樣的犧牲也許在現代不太可能發生，但古人的「忠」有一定的理由，不見得都是愚忠。

《詩經》裡的兩句話則體現了「平行發展」的道理：既有美酒，又有美德。吃飽喝足時，身體感到滿足；但還需要對仁德與義行感到滿足。在社會上，如果對仁德義行感到滿足，每天負責盡職，做該做的事，並因此感到滿足，即使別人養尊處優也不會羨慕，因爲自己滿足於美好的德行，快樂是由內而發的。享用好的食物，吃了之後消化，還要再吃，永遠都不會有滿足的時候。相反的，如果有好的名聲，到任何地方都受到欣羨讚美，那種感覺是實至名歸，稍微辛苦一點也是快樂的。

〈11・18〉

孟子曰：「仁之勝不仁也，猶水之勝火。今之爲仁者，猶以一杯水救一車薪之火也；不熄，則謂之水不勝火。此又與於不仁之甚者也。亦終必亡而已矣。」

孟子說：「仁德戰勝不仁德，就像水戰勝火一樣。現在實踐仁德的人，就像用一杯水去救一車木柴的火；火沒有熄滅，就說這是水不能戰勝火。這樣就給了不仁德最大的助力，最後連原先的一點點仁德也會喪失的。」

這是成語「杯水車薪」的典故。一杯水怎麼救得了一車木頭所燒的火呢？水可以勝火，但需要相當的數量，若是數量不夠，還是沒有辦法滅火。這句話裡有邏輯的轉折。第一，水能勝火；第二，水代表仁德，火代表不仁德，仁德應該勝過不仁德，所以可說「仁者無敵」，但爲什麼好人往往鬥不過壞人？

重點在於，一個人可能只做過一、兩件好事，卻做了許多壞事；或者很多壞人聚在一起，其中只有一、兩個是好人；那麼將因爲數量太少而無法達成「以善勝惡」的目標。

在團體裡面，如果只有一、兩個人做好事、堅持原則，譬如，全班都作弊，只有自己不作弊，當覺得自己的堅持沒什麼用，最後也放棄時，結果就無異於給那些不仁德的人很大的藉口，導致當初一點點的仁德也會喪失殆盡了。

所以，人的行善不能只靠一念之轉，而需要長期大量地行仁，才可以勝過不仁。如果行仁者因爲缺少恆心與耐力而失敗，將會助長不仁者的氣焰，這是最令人覺得遺憾的。

〈11．19〉

孟子曰：「五穀者，種之美者也；苟爲不熟，不如荑（ㄊㄧˊ）稗（ㄅㄞˋ）。夫仁，亦在乎熟之而已矣。」

孟子說：「五穀是各類種子中的精華，如果沒有長到成熟階段，反而比不上稊米與稗子。談到仁德的作用，也在於使它成熟罷了。」

五穀對人而言，是可以食用的美好糧食，五穀未成熟則無法食用。同樣的，仁德未能長期實踐，也無法發出正面的影響力，至於如何才算「熟」，則未必可以找到一定的標準。荑稗本來是給動物吃的，在荒年的時候也可以用來救急；但是五穀沒有成熟的話，連吃都不能吃，甚至比不上荑稗的用處。

「夫仁，亦在乎熟之而已矣」，說得很好，我們往往在做好事時，以爲自己做一、兩件好事就可以改變天下，後來一看達不到目標就放棄了。行仁如果是源自人性的內在要求，又豈有半途而廢之理？

「熟」字的意思，代表五穀經過春夏秋冬季節的變化，最後才可供人食用，做好事也是如此，要長期實踐到充滿自信，展現出來之後，別人一看就覺得這個人代表一種力量，因爲內外一致，顯示了每一個人內心共同的嚮往，如此才能算是有德行的人。

因此，眞正實踐德行的人，一定要多給自己一點時間，不要心急，這是急不來的，藉由不斷行善到達成熟的地步，自然去做的都是應該做的；應該做的都做得很自然，這當然需要長期的努力。人需要與良師益友多交往，這也是不可或缺的，如果沒有志同道合的人共勉，要堅持下去眞的談何容易啊。

〈11・20〉

孟子曰：「羿之教人射，必志於彀（ㄍㄡˋ）；學者亦必志於彀。大匠誨人必以規矩；學者亦必以規矩。」

孟子說：「后羿教人射箭，一定要求把弓拉滿；學習的人也一定要求把弓拉滿。高明的工匠教導人，一定要用圓規與曲尺；學習的人也一定要用圓規與曲尺。」

每一行都有必須遵守的規則。那麼做人呢？孟子以他的言行，示範了做人的規則，希望天下有志之士共同努力。

每一個時代，身爲人師者都有責任，需要具備良好的道德品行，教書時要認眞講解、保持耐心，好好回答學生的問題；評分數時不可偏心等等。爲人師表並不容易，要靠自我要求，不能遲到、早退，長期下來，這不就是德行嗎？所以只要擔任老師，不管教授的學科爲何，都有一套規範與道理，學生由此可以學到眞正的知識與能力。

卷十二〈告子篇〉下

〈12・1〉

任人有問屋廬子曰：「禮與食孰重？」

曰：「禮重。」

「色與禮孰重？」

曰：「禮重。」

曰：「以禮食，則飢而死；不以禮食，則得食，必以禮乎？親迎，則不得妻；不親迎，則得妻，必親迎乎？」屋廬子不能對，明日之鄒，以告孟子。

孟子曰：「於答是也，何有？不揣其本而齊其末，方寸之木可使高於岑樓。金重於羽者，豈謂一鉤金與一輿羽之謂哉？取食之重者與禮之輕者而比之，奚翅食重？取色之重者與禮之輕者而比之，奚翅色重？往應之曰：『紾（ㄓㄣˇ）兄之臂而奪之食，則得食；不紾則不得食，則將紾之乎？踰東家牆而摟其處子，則得妻；不摟，則不得妻，則將摟之乎？』」

任國有個人問屋廬子說：「禮儀與吃飯哪一樣重要？」

屋廬子說：「禮儀重要。」

那人再問：「娶妻與禮儀哪一樣重要？」

屋廬子說：「禮儀重要。」

那人就說：「按照禮儀找飯吃，就會餓死；不按照禮儀找飯吃，卻可以吃飽，那麼也一定要按照禮儀嗎？遵守親迎禮，就娶不到妻子；不遵守親迎禮，卻可以娶到妻子，那麼也一定要遵守親迎禮嗎？」屋廬子沒有辦法回答，第二天就去鄒國向孟子轉述這件事。

孟子說：「回答這個問題，有什麼困難呢？不衡量基礎的高低，只比較雙方的末端，那麼一寸長的木塊也可以使它比尖頂高樓更高。金子比羽毛重，難道是就三錢多的金子與一整車的羽毛相比來說的嗎？拿吃飯的重大狀況與禮儀的細節相比，何止是吃飯重要？拿娶妻的重大狀況與禮儀的細節相比，何止是娶妻重要？你回去這樣告訴他：『扭住哥哥的手臂，搶走他的食物，就有飯吃；不扭，就沒有飯吃，那麼就該去扭他嗎？翻過東鄰的牆去摟抱人家的閨女，就可以得到妻子；不去摟抱就得不到妻子，那麼就該去摟抱嗎？』」

「色與禮孰重」的「色」，是指娶妻而言，因爲後面舉的例子是娶妻。結婚是正式的禮儀，好色則是比較特殊的用語，在翻譯時，爲了與後文聯繫起來，就直接譯成「娶妻」。

「踰東家牆而摟其處子」的「處子」是指閨女，古代的大戶人家是四合院，男子住在東廂，女子住在西廂，因此才有《西廂記》這部小說。一個人可以循著常規，憑父母之命與媒妁之言娶妻，何必做出這種非禮的事情呢？所以孟子這個比喻比較合乎情理。

如果守禮可以達成食與色的需求，誰不樂意遵守？但是人生充滿特殊狀況，這時候就要靠智慧來判斷了。是守禮重要還是吃飯重要？生命十分可貴，儒家重視生命的存在與發展，當然不能爲了遵守食、色方面的禮儀就隨便放棄生命，因爲生命不只是爲了食、色，還有其他更重要的使命，如修德行善以成就君子。

孟子從未反對權衡與彈性，但是必須考慮周全，看所捨與所取是否合宜。許多狀況並無標準答案，人必須學會分辨本末輕重。

〈12・2〉

曹交問曰：「人皆可以爲堯、舜，有諸？」

孟子曰：「然。」

「交聞文王十尺，湯九尺，今交九尺四寸以長，食粟而已，如何則可？」

曰：「奚有於是？亦爲之而已矣。有人於此，力不能勝一匹雛，則爲無力人矣；今曰舉百鈞，則爲有力人矣。然則舉烏獲之任，是亦爲烏獲而已矣。夫人豈以不勝爲患哉？弗爲耳。徐行後長者謂之悌，疾行先長者謂之不悌。夫徐行者，豈人所不能哉？所不爲也。堯、舜之道，孝悌而已矣。子服堯之服，誦堯之言，行堯之行，是堯而已矣。子服桀之服，誦桀之言，行桀之行，是桀而已矣。」

曰：「交得見於鄒君，可以假館，願留而受業於門。」

曰：「夫道若大路然，豈難知哉？人病不求耳。子歸而求之，有餘師。」

曹交請教說：「每個人都可以成爲堯、舜，有這樣的說法嗎？」

孟子說：「有的。」

曹交說：「我聽說周文王身高十尺，商湯身高九尺，現在我有九尺四寸高，卻只會吃飯而已，要怎麼辦才好？」

孟子說：「這有什麼困難？只要去做就行了。如果有個人，力氣提不起一隻小雞，那他就是沒力氣的人；如果說能舉起三千斤的東西，那他就是有力氣的人。既然如此，只要能舉起烏獲舉過的重量，也就可以成爲烏獲了。一個人要擔心的，難道是不能勝任嗎？只是不去做罷了。慢慢跟在長輩後面走，叫做悌；快步搶在長輩前面走，叫做不悌。慢慢走，難道是一個人不能做到的嗎？不去做罷了。堯、舜的正途，不過是孝與悌而已。你穿上堯所穿的衣服，說堯所說的話，做堯所做的事，這樣就成爲堯了。你穿上桀所穿的衣服，說桀所說的話，做桀所做的事，這樣就成爲桀了。」

曹交說：「我準備去謁見鄒君，向他借個住處，希望留在您的門下學習。」

孟子說：「人生正途就像大馬路一樣，怎麼會難懂呢？只怕人們不去尋找而已。你回去自己尋找，老師多得很呢。」

「人皆可以爲堯、舜」這句話，應該是曹交（曹國國君之弟）聽別人轉述的，所以他才當面向孟子請益。這句話所肯定的是「可能性」，但是此一「可能性」又是人生的正途，不是可以任人自由選擇的。爲了確認此說，必須先有「人性向善」的洞見，使成爲堯、舜的可能性由內而發。這是我引申的一個重點，不然是否也可以說成「人皆可以爲桀、紂」？當然不可，這是因爲「人性向善」，這就是個關鍵。

孟子提到烏獲，他是古代的大力士。「弗爲耳」，是指可以做或不做。一個人有沒有力氣是天生的事情，重要的是做不做，舉不起一隻小雞，總還有力氣可以慢慢走在長者後面。

還記得「爲長者折枝」與「挾太山以超北海」這兩句話嗎？這是「不爲」還是「不能」？孟子講的行善，都是不爲，而不是不能。譬如，年輕人有時候個性比較急躁，會搶先走在長輩的前面，其實他應該跟在後面慢慢走，才是合乎體貼與禮讓的要求。

我們有時候不太能拿捏合宜的行爲舉止。比如有一次我到某個機關演講，主辦單位的主管們都很客氣，請我走前面，但我是客人，不知道要往哪裡去。其實，他們只要派一位主管在前面帶路，不但盡了地主之誼，也顯示了應有的禮貌。

孟子談的道理，涉及生活中的小事情、小細節，是很容易實踐的。一個人即使手無縛雞之力，照樣可以行善，有時慢慢走就對了。同樣的，要做到孝、悌，就從孝順父母、尊重兄長開始。

由本章看來，有關堯與桀的對比這兩句話，顯示孟子重視「習慣」，只要努力學習與實踐，自然就會轉化自己的生命。

「道若大路然」，意思很清楚：「道」像大馬路一樣。如果朋友一起聊天或旅行，一定可以找到值得學習的部分，看到別人的優點要趕快取法，看到別人的缺點則藉此警惕自己；只要用心觀察，處處可見善行；只要用心反省，一定可以把握由內而發的動力與方向，正如孔子所說的：「三人行必有我師焉，擇其善者而從之，其不善者而改之。」（《論語・述而》）

像孔子這樣的人，確實是「聖人無常師」。我們不一定要刻意找某位老師來學習，因爲到處都可以找到老師；只要態度眞誠，內心就會在適當的時候發出指示，有如老師在教導一樣。

〈12・3〉

公孫丑問曰：「高子曰：『〈小弁（ㄆㄢˊ）〉，小人之詩也。』」

孟子曰：「何以言之？」

曰：「怨。」

曰：「固哉，高叟之爲詩也！有人於此，越人關弓而射之，則己談笑而道之；無他，疏之也。其兄關弓而射之，則己垂涕泣而道之；無他，戚之也。〈小弁〉之怨，親親也。親親，仁也。固矣夫，高叟之爲詩也！」曰：「〈凱風〉何以不怨？」曰：「〈凱風〉，親之過小者也。〈小弁〉，親之過大者也。親之過大而不怨，是愈疏也。親之過小而怨，是不可磯（十二）也。愈疏，不孝也。不可磯，亦不孝也。孔子曰：『舜其至孝矣，五十而慕。』」

公孫丑請教說：「高子說：『〈小弁〉是小人所作的詩。』是嗎？」

孟子說：「爲什麼這樣說？」

公孫丑說：「因爲其中有怨恨。」

孟子說：「高老先生對詩的評論太拘泥了！這裡有個人，如果是越國人拉開弓去射他，事後他可以有說有笑地講述這件事；沒有別的原因，只因爲與越國人關係疏遠。如果是他哥哥拉開弓去射他，事後他就會哭哭啼啼地講述這件事；沒有別的原因，只因爲與哥哥關係親近。〈小弁〉的怨恨，出於愛護親人；愛護親人，就合乎仁德。高老先生對詩的評論太拘泥了！」

公孫丑說：「〈凱風〉這首詩爲什麼沒有怨恨之情？」

孟子說：「〈凱風〉這首詩，是寫母親的小過錯；〈小弁〉所寫的卻是父親的大過錯。父母過錯大而子女不怨恨，這是更加疏遠父母；父母過錯小而子女怨恨，這是一點都不能受刺激。更加疏遠父母，是不孝；不能受父母一點刺激，也是不孝。孔子說：『舜是最孝順的人，五十歲了還在思慕父母。』」

〈小弁〉這首詩的背景有兩個說法，比較可取的是：周幽王寵愛褒姒，生了一個兒子，名伯服，但先前的王后也生了一個兒子，名宜臼，已立爲太子。後來周幽王要廢除長子宜臼的太子資格，讓褒姒當王后。這首詩就是描寫宜臼對周幽王，也就是子對父的抱怨。

宜臼爲什麼抱怨父親？因爲他對父親有愛與關懷，自己受委屈是一回事，他是不忍心父親犯錯，結果後來父親變成昏君，西周也滅亡了。所以，抱怨父母有時是合理的，有感情才會抱怨。

善：內心感受、對方期許、社會規範

人與人相處爲什麼會有那麼大的態度差別呢？孟子深通人情世故，知道人有感情，恩怨在所難免。以遭人射箭者爲例，他對越國人（外國人或敵人）的態度沒有任何期許，所以不覺得難過；但是換成他的哥哥，則因爲期許深切而難過不已。

我常常講到人與人相處，首先要考慮的是：內心感受與對方期許。比如，我對哥哥的期許當然是希望他善待我；至於其他人，因爲我對他沒有任何期許，所以即使他對我不好，我也不會怪他。同樣的，如果我的老師責備我，我不會怪他，因爲我知道他是爲我好；但如果是路邊的陌生人責罵我，我可能會馬上翻臉，因爲他無緣無故憑什麼責罵我？

〈小弁〉的內容爲「父親聽了讒言將傷害自己」，此爲人倫大變。〈凱風〉則描寫「兒子盡孝道以安慰、鼓勵母親，希望她不要犯錯」。由此可見，父母並非不會犯錯，子女也並非不該怨恨，而是要在明白事理之後，再做適當反應。

父母的過錯很大而子女不怨恨的話，就表示子女根本不在乎父母；父母稍微做一點壞事，子女就受不了而大罵特罵，這也是不孝順。所以，父母犯小的過錯時，子女要儘量往正面來看，有時要對父母安慰鼓勵；當父母犯大的過錯時，則不妨直接抱怨。父母聽見子女抱怨，也就會收斂。從人之常情來看，這樣的觀點實在是很深刻。

人生之路在於擇善固執，「善」是指我與別人之間適當關係的實現。在判斷適當與否時，要考慮三點：內心感受、對方期許、社會規範。內心感受以眞誠爲主；對方期許則有賴於溝通；社會規範以禮與法爲代表。這三者如果無法協調，則仍以眞誠爲優先，此即孔子推許舜的理由。

舜是眞誠的，他內心眞的思慕父母。父母在世的時候，子女彷彿有一個靠山；若是父母不在了，子女就常常覺得茫然。譬如，我父母近幾年過世了，每當我放假想回父母家時，卻發現沒地方可去了，心中頓生茫然之感。雖然母親之前臥病在床三十年，連摸摸我的頭都不容易了，但是看到她人在那兒，心裡就感覺比較安適，好像是我生命的來源還在。如今父母都不在了，總覺得自己好像沒有什麼依靠了。《詩經》上說：「無父何怙？無母何恃？」雖然我已是成年人，仍然會覺得生命蒼涼。像這樣的體驗，父母在世時不會出現。所以，孔子稱讚舜是有道理的。

〈12・4〉

宋牼（ㄎㄥ）將之楚，孟子遇於石丘，曰：「先生將何之？」

曰：「吾聞秦、楚搆（ㄍㄡˋ）兵，我將見楚王說而罷之。楚王不悅，我將見秦王說而罷之。二王我將有所遇焉。」

曰：「軻也請無問其詳，願聞其指。說之將何如？」

曰：「我將言其不利也。」

曰：「先生之志則大矣，先生之號則不可。先生以利說秦、楚之王，秦、楚之王悅於利，以罷三軍之師，是三軍之士樂罷而悅於利也。爲人臣者懷利以事其君，爲人子者懷利以事其父，爲人弟者懷利以事其兄，是君臣、父子、兄弟終去仁義，懷利以相接，然而不亡者，未之有也。先生以仁義說秦、楚之王，秦、楚之王悅於仁義，而罷三軍之師，是三軍之士樂罷而悅於仁義也。爲人臣者懷仁義以事其君，爲人子者懷仁義以事其父，爲人弟者懷仁義以事其兄，是君臣、父子，兄弟去利，懷仁義以相接也，然而不王者，未之有也。何必曰利？」

宋牼前往楚國時，孟子在石丘遇到了他。孟子說：「先生要去哪裡？」

宋牼說：「我聽說秦國與楚國在打仗，我打算去謁見楚王，勸說他停戰。如果楚王不接受，我再去謁見秦王，勸說他停戰。兩位君主中，我總會遇到說得通的人。」

孟子說：「我不想問得太詳細，只想知道你的主要觀點。你準備如何勸說？」

宋牼說：「我將說明打仗的不利之處。」

孟子說：「先生的用心固然很好，先生的說法卻行不通。先生用利益去勸說秦王、楚王，秦王，楚王喜歡利益而讓軍隊停戰，這樣也就使三軍將士因爲喜歡利益才樂於停戰。做臣子的懷著利益的念頭服事君主，做兒子的懷著利益的念頭服事父親，做弟弟的懷著利益的念頭服事哥哥，這樣會使君臣、父子、兄弟之間完全拋棄仁德與義行，懷著利益的念頭互相對待，如此而國家不滅亡，那是從來沒有過的事情。先生如果用仁德與義行去勸說秦王、楚王，秦王、楚王喜愛仁德與義行而讓軍隊停戰，這樣也就使三軍將士因爲喜愛仁德與義行而樂於停戰。做臣子的懷著仁義的念頭服事君主，做兒子的懷著仁義的念頭服事父親，做弟弟的懷著仁義的念頭服事哥哥，這樣會使君臣、父子、兄弟去掉利益的想法，懷著仁義的念頭互相對待，如此而國家不能稱王天下，那是從來沒有過的事情。何必要談到利益呢？」

孟子習慣用二分法：這邊是利益，那邊就是仁義。事實上，人間的事情很少能清楚二分，往往是混在一起的，只是看重點何在。譬如，與別人相處，如果完全談仁義而不考慮利益的話，怎麼可能長久維持？然而也不能完全談利益，那樣就難免勾心鬥角全看可以從中獲得什麼好處，根本不必談道義了。孔子說得好：「見得思義」，只要是該得的，就大方接受，最怕的是見到利益而忘記道義，先拿再說了。

關於宋牼，《莊子．天下》裡描寫：「見侮不辱，救民之鬥，禁攻寢兵，救世之戰。」可見這個人滿好心的，不在乎被人侮辱，百姓有什麼困難他就會去化解，禁止人去攻戰，讓軍隊都解散休息。他是努力讓世界維持和平，是古代很有理想的人，只是他的理想雖高而未必切合實際。如果大家都計較利益，他就很難成功了。相反的，如果能像孟子所說的，講求仁義，每一個人從內在自我反省，從而計較內在的安不安心，這樣雙方就比較可能各退一步，相安無事了。

〈12．5〉

孟子居鄒，季任爲任處守，以幣交，受之而不報。處於平陸，儲子爲相，以幣交，受之而不報。他日，由鄒之任，見季子；由平陸之齊，不見儲子。屋廬子喜曰：「連得間矣。」問曰：「夫子之任，見季子；之齊，不見儲子，爲其爲相與？」曰：「非也。《書》曰：『享多儀，儀不及物，曰不享，唯不役志於享。』爲其不成享也。」屋廬子悅。或問之，屋廬子曰：「季子不得之鄒，儲子得之平陸。」

孟子住在鄒國的時候，季任代理任國國政，送禮物來結交孟子，孟子收了禮物而沒有回謝。孟子住在平陸的時候，儲子位居齊國相國，送禮物來結交孟子，孟子收了禮物而沒有回謝。後來孟子從鄒國到了任國，前去拜訪季子；從平陸到了齊國，卻不去拜訪儲子。屋廬子高興地說：「我發現先生的差錯了。」就請教說：「先生去任國時，拜訪了季子；去齊國時，卻沒有拜訪儲子，是因爲儲子只是位居相國嗎？」孟子說：「不是的。《尚書・洛誥》上說：『進獻禮品以禮節爲重，禮節如果配不上禮品，就叫做沒有進獻，因爲心意不在進獻上。』這是因爲他沒有完成那進獻的緣故啊。」屋廬子聽了很滿意。有人問他這件事，他說：「季子代理國政，不能親自去鄒國；儲子擔任相國，可以親自去平陸。」

「享多儀」的「多」即重，所重視的是禮節。禮節如果配不上禮品，就叫做沒有進獻，因爲心意不在進獻上。我們送禮給別人有各種方式，最重要的是心意。季子按照規定不能夠離開他的國都，所以不能親自前往探視孟子，因此孟子接受了禮，後來還去回拜。儲子是宰相，可以來平陸巡視並親自送禮，而他卻不來，所以孟子經過他的國家時就不去看他。

同樣是送禮，孟子對季任與儲子的評價卻有如此大的差異。原因正是：在人與人相處時，除了遵照「禮」的形式之外，還要考慮行動者的內心感受，與受禮者的「對方期許」。這兩人的內心感受，孟子無從得知，但是孟子對兩人的期許不同，則可由常情來判斷。孟子謹愼分辨，因爲禮的規範是一絲不苟的，如果守禮可以有彈性的話，那麼什麼作爲都可以有彈性、有例外，禮的制訂就失去意義了。

〈12・6〉

淳于髡（ㄎㄨㄣ）曰：「先名實者，爲人也；後名實者，自爲也。夫子在三卿之中，名實未加於上下而去之，仁者固如此乎？」

孟子曰：「居下位，不以賢事不肖者，伯夷也；五就湯，五就桀者，伊尹也；不惡汙君，不辭小官者，柳下惠也。三子者不同道，其趨一也。一者何也？仁也。君子亦仁而已矣，何必同？」

曰：「魯繆公之時，公儀子爲政，子柳、子思爲臣，魯之削也滋甚。若是乎，賢者之無益於國也！」

曰：「虞不用百里奚而亡，秦穆公用之而霸。不用賢則亡，削何可得與？」

曰：「昔者王豹處於淇，而河西善謳；綿駒處於高唐，而齊右善歌；華周、杞梁之妻善哭其夫而變國俗。有諸內，必形諸外。爲其事而無其功者，髡未嘗睹之也。是故無賢者也，有則髡必識之。」

曰：「孔子爲魯司寇，不用，從而祭，燔（ㄈㄢ）肉不至，不稅（ㄊㄛ）冕而行。不知者以爲爲肉也，其知者以爲爲無禮也。乃孔子則欲以微罪

行，不欲爲苟去。君子之所爲，眾人固不識也。」

淳于髡說：「重視名聲功業的，是爲了別人著想；輕視名聲功業的，是爲了自己著想。先生的地位在齊國的三卿之中，但是名聲功業方面，上不能輔佐君主，下不能造福百姓，就此辭職而去，有仁德的人原來是這樣的嗎？」

孟子說：「地位卑下時，不以賢者的身分服事不賢的君主，這是伯夷的作風；五次去湯那裡服務，五次去桀那裡服務，這是伊尹的作風；不厭惡昏庸的君主，不拒絕卑微的官職，這是柳下惠的作風。以上三人的作風不同，但方向是一樣的。一樣的是什麼？應該說，就是仁德。君子只要實行仁德就好了，何必要相同呢？」

淳于髡說：「魯繆公的時候，公儀子主持國政，泄柳與子思也都在朝爲臣，然而魯國的削弱卻更加嚴重，賢者對國家沒有好處，就像這樣啊！」

孟子說：「虞國因爲不用百里奚而亡國，秦穆公用了他就稱霸。可見不用賢者就會亡國，到時候想要削弱辦得到嗎？」

淳于髡說：「從前王豹住在淇水旁邊，河西的人因此而善於唱歌；綿駒住在高唐，齊國西部的人因此而善於唱歌；華周、杞梁的妻子，爲丈夫的死而痛哭至極，結果改變了一國的風氣。裡面有什麼，一定會表現在外面。做了一件事而沒有那件事的功效，我不曾見過這樣的情況。所以現在是沒有賢者，如果有，我一定會知道的。」

孟子說：「孔子擔任魯國司寇時，不受重用，有一次跟隨魯君去祭祀，祭肉沒按規定送來，於是匆忙地準備離開。不明事理的，以爲他是爲了祭肉而離開；明白事理的，認爲他是因爲魯君失禮而離開。至於孔子，卻是要自己背一點小罪名而離開，不想隨便辭官而去。君子所做的事，一般人本來就不會了解的。」

賢者須得明君支持

淳于髡是齊國大夫，也是當時有名的學者。他爲什麼說孟子在三卿之中？古代的三卿有兩種說法，其一：上卿、亞卿、下卿，孟子屬亞卿（亦即次卿）。其二：相、將、客，相是宰相，將是將軍，客是客卿。孟子的身分屬於客卿，沒有什麼實權。既然沒有實權，自然無法有什麼作爲，只能提供一些建議，像顧問之類的，最後孟子還是離開了。所以淳于髡故意問他：「仁者固如此乎？」意思是批評孟子只知獨善其身。孟子則認爲，必須同時考量其他條件，如君王的支持等。

譬如，孟子提出伊尹爲例；商湯發現了伊尹，將他推薦給夏桀，希望夏桀用他之後可以改變夏朝的命運，但夏桀還是沒有好好珍惜人才，所以伊尹五次去湯那兒，五次去桀那兒。在此，他一併提及三位古代賢人：伯夷、伊尹、柳下惠，來說明君子只要實行仁德就夠了，做法又何必相同？每一個人的情況不一樣，一定要他達到什麼成就，那是強人所難。

在堯、舜時代從政，要有成就很容易，但是在桀、紂的時代，做官要有表現太難了，因爲做好事很可能受人嫉妒，甚至惹來殺身之禍。

再比如，虞國因爲不用百里奚而亡國，秦穆公用了他卻能稱霸。可見國家任用了賢人，雖然國勢愈來愈弱，如果不用的話，恐怕早就滅亡了。國際形勢的變化，與一個國家的治亂是兩回事。在戰國時代，群雄爭霸，如果任用賢者慢慢治國，換一個時代說不定效果很好，但是在戰國時代各國都急於富國強兵，只有你在講信修睦，怎麼來得及呢？孟子於是提出這個看法。

淳于髡的回應也很有意思。華周、杞梁皆是齊國大夫，帶兵攻打莒國時戰死，傳說中他們的妻子聞訊後，對著城牆痛哭，把城牆都哭倒了。淳于髡的意思是說：現在一定沒有賢者，如果有，他一定會知道的。這就等於當面諷刺孟子不是賢者了。

補充一點關於孔子的事蹟。國家在祭禮之後，分送祭肉給大夫是古禮的規定。孔子並未收到祭肉，這證明了國君故意怠慢他，「至於不脫免而行」，「免」是祭祀時的禮冠，孔子連禮冠都來不及脫下就離開了。但是分贈祭肉並不是在祭禮現場，而是在祭後第二天、第三天，所以這句話只是描述孔子因而下定決心去國離鄉了。「以微罪行」，就是故意留下一些口實，以免大家完全怪罪於魯君。

當時，誰能理解賢者的想法？後來幸好有孟子理解。一般人可能都只認爲孔子是因爲沒分配到祭肉，心裡不愉快就離開了。唯有孟子了解孔子的心意，因爲做大臣的總是希望替國君分憂。尤其最後那句「君子之所爲，眾人固不識也」，他把淳于髡也列在「一般人」之中。看完這段話之後，實在是大快人心。

〈12・7〉

孟子曰：「五霸者，三王之罪人也；今之諸侯，五霸之罪人也；今之大夫，今之諸侯之罪人也。天子適諸侯曰巡狩，諸侯朝於天子曰述職。春省耕而補不足，秋省斂而助不給。入其疆，土地辟，田野治，養老尊賢，俊傑在位，則有慶；慶以地。入其疆，土地荒蕪，遺老失賢，掊（ㄆㄡˊ）克在位，則有讓。一不朝，則貶其爵；再不朝，則削其地；三不朝，則六師移之。是故天子討而不伐，諸侯伐而不討。「五霸者，摟諸侯以伐諸侯者也，故曰，五霸者，三王之罪人也。五霸，桓公爲盛。葵丘之會，諸侯束牲載書而不歃血。初命曰：誅不孝，無易樹子，無以妾爲妻。再命曰：尊賢育才，以彰有德。三命曰：敬老慈幼，無忘賓旅。四命曰：士無世官，官事無攝，取士必得，無專殺大夫。五命曰：無曲防，無遏糴（ㄉㄧˊ），無有封而不告。曰：凡我同盟之人，既盟之後，言歸於好。

「今之諸侯皆犯此五禁，故曰：今之諸侯，五霸之罪人也。長君之惡其罪小，逢君之惡其罪大。今之大夫皆逢君之惡，故曰：今之大夫，今之諸侯之罪人也。」

孟子說：「五霸，是背棄三王理想的罪人；現在的諸侯，是背棄五霸原則的罪人；現在的大夫，是陷害現在諸侯的罪人。天子前往諸侯之國，稱爲巡狩；諸侯去朝見天子，稱爲述職。春天視察耕種情況，幫助不足的人；秋天視察收成情況，周濟缺糧的人。進入一個諸侯之國，如果土地已經開闢，田野充分整治，老人得到贍養，賢者受到尊敬，傑出人才在朝做官，那麼就有獎賞，獎賞是賜予土地。進入一個諸侯之國，如果土地荒廢，老人被遺棄，賢者被排斥，貪官汙吏在位，那麼就有責罰。諸侯一次不來朝見，就降低爵位；二次不來朝見，就削減封地；三次不來朝見，就派軍隊前去。所以，天子發布命令聲討他的罪狀而不親自征伐；別的諸侯是奉天子之命去征伐而不聲討。

「五霸卻是脅迫一些諸侯去討伐別的諸侯，所以說五霸是背棄三王理想的罪人。五霸之中，齊桓公聲威最大。在葵丘的盟會上，諸侯們捆綁了犧牲，把盟書放在牠身上，並沒有歃血。盟約第一條說：嚴懲不孝的人，不要廢立太子，不要立妾爲妻。第二條說：尊重賢者，培育人才，以表揚有德行的人。第三條說：恭敬老人、愛護幼小，不要怠慢來賓和旅客。第四條說：士的官位不能世襲，公職不能兼任，選用士人一定要恰當，不可擅自殺死大夫。第五條說：不要到處修築堤防，不要阻止鄰國來買糧食，不能私自封賞而不報告盟主。盟約最後說：我們這些諸侯在盟會之後，都恢復了友好關係。

「今天的諸侯都違反了這五條誓約，所以說，現在的諸侯，是背棄五霸原則的罪人。助長國君的過錯，這種罪行還算小；逢迎國君的過錯，這種罪行就大了。現在的大夫都在逢迎國君的過錯，所以說，現在的大夫是陷害現在諸侯的罪人啊。」

三王是指夏、商、周三代的開國君主，亦即大禹、商湯以及周文王、周武王。孟子認爲，從三王到五霸，到諸侯，到大夫，一代不如一代，理想一再變質，每下愈況。

春秋時代，東周的天子已經沒有什麼力量了，這時五霸都是諸侯，所以說五霸是背棄三王理想的罪人。齊桓公在葵丘（河南考城縣一帶）會盟諸侯，當時不歃血的原因是：相信參與盟會的人不敢背約。

盟約總共有五條，這五條值得重視。把「嚴懲不孝」列爲第一點，是因爲一個人不孝的話就是忘本，連自己的父母都不孝順，還能夠講信用、守道義嗎？可見古代如何重視孝順了。

最後，說到逢迎是大罪，因爲諸侯明明在做壞事，大夫還說他做得好，這等於給做壞事一個理由，那就會愈來愈可怕了。世間最可惡的，就是逢迎拍馬，以合理化的藉口，讓國君以爲他的惡行是對的，於是變本加厲，江河日下，往而不返。亂世之人如何自處呢？

人活在世界上，如果只看大的格局，那麼個人的生命就沒有什麼特別的價值了。如果生在亂世，生命無異於一個數字，譬如，這裡死了多少人，那裡傷了多少人，都是一些統計數字而已。人如何讓生命展現內在的尊嚴？這是自古以來所有的哲學家都要思考的。他不是爲了討好少數人或是某些階層的人，而是要考慮到所有的人。

所有的人都一樣，從小充滿各種潛能，可以學習也可以理解，而所學習與理解的是否正確，這才是最大的問題。當然，每一個人都可以自認爲是正確的，這就需要在理論上說清楚，並且在實踐上加以驗證，看看在驗證之後，是不是可以讓大家都獲得平安與快樂。

〈12・8〉

魯欲使慎子爲將軍。

孟子曰：「不教民而用之，謂之殃民。殃民者，不容於堯、舜之世。一戰勝齊，遂有南陽，然且不可。」

慎子勃然不悅曰：「此則滑釐所不識也。」

曰：「吾明告子。天子之地方千里，不千里，不足以待諸侯；諸侯之地方百里，不百里，不足以守宗廟之典籍。周公之封於魯，爲方百里也；地非不足，而儉於百里。太公之封於齊也，亦爲方百里也；地非不足也，而儉於百里。今魯方百里者五，子以爲有王者作，則魯在所損乎，在所益乎？徒取諸彼以與此，然且仁者不爲，況於殺人以求之乎？君子之事君也，務引其君以當道，志於仁而已。」

魯國有意任命慎子爲將軍。

孟子說：「不先教導百姓做人處事的道理，就要用他們去打仗，這叫做加害百姓。加害百姓的人，在堯、舜的時代是不被容納的。即使一仗就打敗齊國，收回了南陽，這樣也是不可以的。」

愼子臉色一變，很不高興地說：「這我就不了解了。」

孟子說：「我明白告訴你吧。天子的土地縱橫各一千里，如果不到一千里，就不夠條件接待諸侯；諸侯的土地縱橫各一百里，如果不到一百里，就不夠條件奉守宗廟的典章制度。周公分封在魯國，縱橫各一百里；土地不是不夠，但實際上少於一百里。姜太公分封於齊國，縱橫各一百里；土地不是不夠，但實際上少於一百里。現在魯國有五塊縱橫各一百里的土地，你認爲假如有聖王出現，那麼魯國的土地是在應該削減之列，還是在應該增加之列？不費力就把那裡的土地取來併入這裡，有仁德的人尚且不做這樣的事，何況是用殺人來得到土地呢？君子服事國君，只是努力引導他走上正途，立志於行仁罷了。」

本章談及戰爭問題，從其中能看到孟子對戰爭的立場非常明確。

愼子即愼滑釐，是軍事家，資料不詳。應該不是愼到或禽滑釐。根據《莊子・天下》，禽滑釐屬於墨家，愼到則是「棄知去己，而緣不得已，泠汰於物以爲道理」，屬於法家。此二人皆非用兵之人。

「不教民而用之」的「教」，不是指訓練作戰，而是朱熹所注：「教民者，教之禮儀，使之入事父兄，出事長上也。」孟子認爲，教民的重要性遠遠超過用兵。百姓未受教育，則無法走上人生正途，而這正是所謂的「殃民」。

魯國正如其他存續到戰國時代的諸侯，早已兼併了許多更小的國家。它在春秋時代已兼九國之地，現在「方百里者五」。孟子的意思是，祖先只有五分之一的土地，現在增加了五倍，還不夠嗎？所以他說聖王出現的話，應該會減少魯國的土地，回到原來的方百里就夠了。

最後，孟子說「然且仁者不爲，況於殺人以求之乎？」他以前說過：「率獸食人」和「率土地而食人」。爲了養肥馬與豬，而把人應該吃的食物餵給動物吃，以致人都瘦得餓死了，這叫做「率獸食人」；爲了爭一塊地，殺人盈野，弄得滿山遍野都是屍體，就像是帶著土地來吃人肉，這是「率土地而食人」。這都是孟子的人道主義所不能接受的。

〈12・9〉

孟子曰：「今之事君者皆曰：『我能爲君辟土地，充府庫。』今之所謂良臣，古之所謂民賊也。君不鄉（ㄒㄧㄤˋ）道，不志於仁，而求富之，是富桀也。『我能爲君約與國，戰必克。』今之所謂良臣，古之所謂民賊也。君不鄉道，不志於仁，而求爲之強戰，是輔桀也。由今之道，無變今之俗，雖與之天下，不能一朝居也。」

孟子說：「今天服事國君的人都說：『我能爲國君開闢土地，增加財富。』

今天所謂的優良臣子，正是古代所謂的殘害百姓的人。國君不嚮往正道，不立志行仁，他們卻設法讓他富足，這等於是讓夏桀富足。他們又說：『我能爲國君邀結盟國，每戰必勝。』今天所謂的優良臣子，正是古代所謂的殘害百姓的人。國君不嚮往正道，不立志行仁，他們卻設法爲他拚命打仗，這等於是幫助夏桀壯大。順著目前這條路走，不改變今天這種風氣，即使把天下送給他，他也是一天都坐不安穩的。」

孟子一開始就提出夏桀，因爲他是不肖國君的代表。國君做壞事而愈來愈富強的話，就成爲負面的示範。一個人在社會上做了很多壞事，卻愈來愈有錢有勢，結果會導致社會風氣轉變成：爲了有錢有勢，就可以做壞事。反之，如果風氣是做壞事就有惡報，那麼一般人就不敢做壞事了。

良臣與民賊的對比，顯示孟子重視百姓的態度是一貫的。做臣子的，若要免於「富桀」與「輔桀」的惡名，只有努力讓國君「嚮道志仁」，這又談何容易！秦始皇的手下也是人才濟濟，否則怎麼可能統一整個中國？他以武力統一天下之後，擁有許多幹練的大臣，比如李斯，但即使李斯立下極大的功勞，最後還是逃不過悲慘的下場。孟子最後一句話，說的似乎是預言，預告了秦國最後的命運。

由此可見，孟子認爲如果沒有推行仁政，即使靠著各種手段得到天下，也難以長期維持太平。平治天下一定要符合人心的需求，人心都安定的話，天下自然就安定；反之，如果人人都存著投機取巧的念頭，人心就跟著飛揚浮躁了。

〈12・10〉

白圭曰：「吾欲二十而取一，何如？」

孟子曰：「子之道，貉（ㄇㄛˋ）道也。萬室之國，一人陶，則可乎？」

曰：「不可，器不足用也。」

曰：「夫貉，五穀不生，唯黍生之；無城郭、宮室、宗廟、祭祀之禮，無諸侯幣帛饔飧，無百官有司，故二十取一而足也。今居中國，去人倫，無君子，如之何其可也？陶以寡，且不可以為國，況無君子乎？欲輕之於堯、舜之道者，大貉、小貉也；欲重之於堯、舜之道者，大桀、小桀也。」

白圭說：「我想採用二十抽一的稅率，你認為如何？」

孟子說：「你的辦法是貉國的辦法，譬如，一萬戶人的國家，只有一個人製作陶器，可以嗎？」

白圭說：「不可以，陶器會不夠用的。」

孟子說：「那個貉國，各種穀類不能生長，只能生長黍；沒有城牆、宮室、祖廟與祭祀的禮儀，沒有諸侯之間贈禮與宴請的往來，也沒有各層官府與官吏，所以徵稅二十抽一就夠了。如今在中國，去掉社會倫常、取消各級官吏，怎麼行得通呢？製作陶器的人太少，尚且不夠國人使用，何況沒有官吏呢？想使稅率比堯、舜的標準更低的，是大貉、小貉那樣的國家；想使稅率比堯、舜的標準更高的，是大桀、小桀那樣的暴君。」

白圭（白丹）曾擔任魏國的宰相，對於築堤治水頗有自信。貉是古代北方的國家。「貉」字有三個意思，一是國家的名字，與「貊」相通，代表國家；其次是一般人常說的「一丘之貉」，念「何」，以貉的習性比喻某些人是同樣低劣，沒有什麼差異；其三是祭祀，念「罵」，出兵打仗的時候要舉行貉祭。

貉國沒有什麼公共設施，也不用蓋宮室、築城牆，但是大國的公眾事務很多，各種禮儀都要花錢，國家沒有這些經費，就無法舉行盛大的禮儀或祭祀等等。

很多人經常批評公務員坐領高薪，但是沒有公務員的話，遇到有關公眾的事務要怎麼辦？比如，百姓碰到風災水災，對於救災只能盡一己的能力，其他方面就束手無策了，此時一定需要整體的規畫與建設。

所以公眾的事務要有人來負責，就要支付這些人薪水，也就是讓百姓來繳稅付錢。堯、舜的標準是十抽一，這是很合理的。治國不能光靠節約，還須注意人倫的需要與文化的發展。

〈12・11〉

白圭曰：「丹之治水也愈於禹。」

孟子曰：「子過矣。禹之治水，水之道也，是故禹以四海為壑。今吾子以鄰國為壑。水逆行謂之洚水。洚水者，洪水也，仁人之所惡也。吾子過矣。」

白圭說：「我治水的成效，勝過大禹。」

孟子說：「你錯了。大禹治水，是順著水性發展，所以他把四海當作蓄水的低坑。現在你卻是把鄰國當作蓄水的低坑。倒流氾濫的水叫做大水，大水就是洪水，這是有仁德的人所厭惡的。你確實錯了。」

大禹活在還是洪荒草昧剛剛開闢的時代，治水更爲辛苦，他八年在外，三過家門而不入，造福百姓的功勞十分偉大。

荷蘭是一個低地國，有三分之二的土地低於海平面，一九五〇年洪水氾濫決堤，死了一千多人，飽受水災之苦。荷蘭全國幾乎遍布運河、河道，我曾在萊頓大學教書一年，那兒就有兩圈內河道、兩圈外河道。平常看這樣的風景當然很美，有船也有小橋流水，但是一碰上洪水氾濫就險象環生了。所以荷蘭與海爭地，舉世聞名，像三角洲工程之浩大，委實難以想像。但是將來也很可能發生可怕的後果。試想，一旦地球溫室效應造成海平面上升，淹水的後果將不可收拾。

白圭「以鄰爲壑」，造成鄰國水災；鄰國如果採用類似方法，則後果又將如何？所以，任何問題若不順著既定條件去疏解，終究會造成災難。

〈12・12〉

孟子曰：「君子不亮，惡乎執？」

孟子說：「君子不講求誠信，還會有什麼操守呢？」

「亮」即守信。《論語．季氏》記載，孔子曰：「益者三友，損者三友。友直，友諒，友多聞，益矣。友便辟，友善柔，友便佞，損矣。」其中的「友諒」，即指交友要講求誠信、說話算話。人生在世如果有所堅持，久之即形成個人的操守，追溯根本則需講求誠信，亦即言行合一、內外一致。

說話算話、不找任何藉口，就叫做誠信。遇到個人利益有所衝突時，是否還能言而有信，甚至為此付出代價，那才是人生的眞正考驗。當一個人為了某種目的或想貪圖某種利益，而放棄了誠信，後果就不堪設想了。不過，我們也須記得孟子說的：「大人者，言不必信，行不必果，唯義所在。」（〈8．11〉）

〈12．13〉

魯欲使樂正子為政。

孟子曰：「吾聞之，喜而不寐。」

公孫丑曰：「樂正子強乎？」

曰：「否。」

「有知慮乎？」

曰：「否。」

「多聞識乎？」

曰：「否。」

「然則奚爲喜而不寐？」

曰：「其爲人也好善。」

「好善足乎？」

曰：「好善優於天下，而況魯國乎？夫苟好善，則四海之內皆將輕千里而來告之以善；夫苟不好善，則人將曰：『訑（一ˊ）訑，予既已知之矣。』訑訑之聲音顏色距人於千里之外。士止於千里之外，則讒諂面諛之人至矣，與讒諂面諛之人居，國欲治，可得乎？」

魯國有意讓樂正子治理國政。

孟子說：「我聽了這個消息，高興得睡不著。」

公孫丑說：「樂正子剛強嗎？」

孟子說：「不是。」

公孫丑說：「有聰明謀略嗎？」

孟子說：「不是。」

公孫丑說：「見多識廣嗎？」

孟子說：「不是。」

公孫丑說：「那麼，先生爲什麼高興得睡不著？」

孟子說：「他這個人，喜歡聽取善言。」

公孫丑說：「喜歡聽取善言，就夠了嗎？」孟子說：「喜歡聽取善言，以此治理天下都還有餘，何況治理魯國？如果喜歡聽取善言，那麼四處的人都會從千里之外趕來把善言告訴他；如果不喜歡聽取善言，那麼人們就會模仿他說：『呵呵，我早就知道了。』那種腔調臉色就會把別人拒絕在千里之外了。士人在千里之外止步不來，那麼進讒言及當面奉承的人就會來了。與進讒言及當面奉承的人相處，要想把國家治理好，辦得到嗎？」

我們常說的「拒人於千里之外」，就來自本章。國君身邊總要有人伺候，說眞話的大臣可以直接說出建議，由於非常直率，有時候忠言逆耳，不太好聽；至於逢迎者，則喜歡當面說好話，曲意奉承。國君想要治好國家，就要任用忠言者。像古代的御史大夫，直言敢諫，就是要把國君的毛病挑出來，希望他能改善。但是誰喜歡聽逆耳的話？連一般人都難以接受了，何況是有權力的人？誰不喜歡聽別人諂媚自己？不過，一旦士人止步，進讒言者和阿諛奉承者就會趨之若鶩了。

公孫丑所問的「強、有知慮、多聞識」，應該是當時政治界所推崇的條件，而樂正子皆未達到高標準。孟子所取的只有一點，就是他「好善」。人若好善，則不斷在成長之中，前途不可限量。集合天下人的善，治國又有何困難？

《孟子》之中談到人生修養的地方很生動，比如「禹聞善言則拜」、「子路聞過則喜」，這都太難做到了。平常若是聽到別人談論我們的過失，就想盡辦法辯解或找藉口，這是人性的弱點。但如果順著人性的弱點走下去，人生將會毫無希望，最後只能沉溺在既有的成就裡，無法再創新局。

人的生命有一個特色，就是不能停下腳步，一停下來就會變得重複而乏味。人生有許多苦，而這一點是最苦的。生命的本質，就是要求一個人不斷地自我超越，如果做不到而停了下來，就會覺得迷茫：這是我嗎？我這一生就是如此嗎？就好像在等待結局的到來一般！

〈12・14〉

陳子曰：「古之君子何如則仕？」孟子曰：「所就三，所去三。迎之致敬以有禮；言，將行其言也，則就之。禮貌未衰，言弗行也，則去之。其次，雖未行其言也，迎之致敬以有禮，則就之。禮貌衰，則去之。其下，朝不食，夕不食，饑餓不能出門戶，君聞之，曰：『吾大者不能行其道，又不能從其言也，使饑餓於我土地，吾恥之。』周之，亦可受也，免死而已矣。」

陳子請教說：「古代的君子要怎麼樣才出來做官？」

孟子說：「做官有三種情況，辭官也有三種情況。國君接待他，非常恭敬而有禮，又準備照他所說的去實行，那就做官。國君的禮貌沒有衰減，但是卻不再照他所說的去做，那就辭官。其次，國君雖然沒有照他所說的去做，但是仍然恭敬有禮地接待他，那就做官。一旦禮貌衰減了，就辭官。最下一等的情況是，早上沒飯吃，晚上也沒飯吃，餓得連大門都出不去，國君知道了，說：『我在大政上不能實行他的主張，又不能聽取他的言論，使他在我的國土上挨餓，對此我覺得可恥。』於是周濟他。這也是可以接受的，只求免於一死罷了。」

綜觀這三種情況，可知君子完全處於被動，端視國君的誠意來決定是否做官，實在無可奈何，「免死而已矣」一語，最能描寫古代讀書人的委屈。讀書人除了做官，幾乎沒有什麼謀生之道。古代由於讀書人較少，服務公職的機會也較多。有些人只是奉公守法，做個基層公務員；有些人才幹卓越，可以步步高升；像孟子這樣的思想家，有辦法提出一套治國方案的，就希望得君行道了。在讀《孟子》時，可以欣賞他的哲學洞見，卻不宜感染他的傲骨與傲氣，好像任何一個讀書人一出馬，就立刻要匡濟天下似的。

〈12・15〉

孟子曰：「舜發於畎畝之中，傅說（ㄩㄝˋ）舉於版築之間，膠鬲舉於魚鹽之中，管夷吾舉於士，孫叔敖舉於海，百里奚舉於市。故天將降大任於是人也，必先苦其心志，勞其筋骨，餓其體膚，空乏其身，行拂亂其所爲，所以動心忍性，曾（ㄗㄥ）益其所不能。人恆過，然後能改；困於心，衡於慮，而後作；徵於色，發於聲，而後喻。入則無法家拂（ㄅㄧˋ）士，出則無敵國外患者，國恆亡。然後知生於憂患而死於安樂也。」

孟子說：「舜在田野之中興起，傅說從築牆的勞役中被提拔出來，膠鬲從魚鹽販子中被提拔出來，管夷吾從獄官手中被提拔出來，孫叔敖從海邊被提拔出來，百里奚從市場中被提拔出來。所以，天準備把重大任務交付這個人，一定要先折磨他的心志，勞累他的筋骨，饑餓他的腸胃，窮盡他的體力，使他的所作所爲都不能如意，這樣就可以震撼他的心思，堅忍他的性格，由此增加他所缺少的才幹。人們總是犯了過錯，才有機會改正；心意受限制，思慮受阻礙，才會發憤振作；表現在臉色上，發抒在言語中，才會被人了解。一個國家，在內沒有遵守法度的大臣與輔佐君主的士人，在外沒有敵對的國家與外患的威脅，那就遲早會滅亡。然後就可以明白憂患中能獲得生存，安樂中會遭致滅亡的道理了。」

這是非常重要的一章，等於是總結性的說法。孟子與許多哲學家一樣，喜歡採用歸納法，先列舉一些個案，再歸納出一套理論，然後希望這套理論具有解釋人生的功能。許多哲學家也是如此，先從經驗上找到眾多個別的材料，再綜合成一個共同的看法，然後用它來解釋往後的經驗。

舜以前做過農夫，在驪山下耕田，他和所有的農夫都相處得很好。堯設法去田間找他，讓他從平凡的生命裡提升；傅說是商王武丁夢見的聖人，當時他正在受刑築牆，後來成爲宰相，商朝大治；膠鬲曾爲商紂之臣，據說是周文王發掘的人才；管夷吾（管仲）跟隨公子糾失敗，公子糾被殺之後，魯國就把管仲關起來，後來有賴鮑叔牙推薦，成爲齊桓公的宰相；孫叔敖原先住在海邊鄉野的地方，曾任楚國令尹（宰相）；而百里奚的故事前文已講述過，就是後來的「五羖大夫」。

動心忍性，創造生命深度

這些人物有個共通點，就是當他們接受重任之前，一定經歷了身心方面的磨練。勞其筋骨、餓其體膚、空乏其身之外，最重要的就是心志的磨練了，也就是有志而不得，心想而事不成。人最怕少年得志，尤其很多年輕人一得志就開始驕矜自滿，不知天高地厚與「動心忍性」。心性沒有受到震撼的考驗，是不可能成長的。

唯有在困境的磨練中，才能堅忍其性格，才會有內涵與深度，將來遭遇逆境時可以撐得住，亦即由此增加了自身所缺少的才幹。孟子如果沒有親身的體驗，恐怕講不出這番話。由此可見「孟母三遷」、「子不學，斷機杼」的故事，都有可能是事實。我們可以想像，孟母個性剛烈，教育小孩全力以赴。孔子三歲時，父親就過世了，他的母親當時不過二十歲左右，帶著獨生子回娘家，辛苦養育，但她能夠撐過去，也因此孔子的一生才能夠爲了理想而百折不回，「知其不可而爲之」。如果沒有經過那種考驗，將來怎麼可能頂天立地，面對各種困難？所以在教養孩子時，不必過度保護，讓他們接受一些考驗，使他們內在的力量逐漸成長，方可成大器。

「生於憂患而死於安樂」一語，提醒我們人生的經歷多半是憂患，即使偶有安樂，也不可耽溺其中。這種想法並非悲觀主義，而是勉勵人要在憂患中自得其樂，如孔子、顏淵、孟子之所爲。

冥冥之中有主宰

由本章可見，「天將降大任於是人也」一語是最好的勵志名言。姑且不論天如何降下大任，每一個人的潛能都十分豐富，善加錘鍊都可以成才。孟子特別提出「天」，可見他相信冥冥之中仍有一個主宰，我們也許不清楚這樣的「天」究竟爲何，卻不宜把它當作虛字。

許多儒家學者談到這一段時，都不願意認眞思索「天」，認爲人只要靠自己的力量努力奮鬥就可以了，與天何干？但孟子卻非講「天」不可，否則，所有的責任與使命都是自己想像出來的，可有可無的。孔子曾說：「知之爲知之，不知爲不知，是知也。」（《論語．爲政》）可是他爲什麼還宣稱「五十而知天命」（同上）呢？正是因爲他相信自己的生命有一個目標、理想，而這並非自己隨便想出來的。如果人可以任意設定自己的天命，那麼別人也可以爲自己設定不同的天命，甚至是相反的理想，如此一來，天下必定大亂，找不到任何方向了。

《中庸》上說：「唯天下至誠，爲能盡其性，能盡其性則能盡人之性，能盡人之性則能盡物之性，能盡物之性則可以贊天地之化育，可以贊天地之化育，則可以與天地參矣。」前提是「唯天下至誠」。人抵達最眞誠的時候，就會發現，人類不過是我心的發用而已，萬物不過是我的身體而已，最後則是變成天地與人合作，開創了一個不凡的世界。

〈12・16〉

孟子曰：「教亦多術矣，予不屑之教誨也者，是亦教誨之而已矣。」

孟子說：「教育的方法是很多的，我對一個人不屑於去教導，就已經是教導他了。」

「不教之教」也可能使受教者覺悟自己的過失。《論語・陽貨》有一段資料：「孺悲欲見孔子，孔子辭以疾。將命者出戶，取瑟而歌，使之聞之。」可以爲證。受教者遭到拒絕，就會省思：爲什麼老師不願教我？是我資質太差，還是誠意不足？或者是我的言行犯了極大的過錯，以致老師對我不滿？既然如此，我是否應該先改善自己？如此一想，也算是接受老師的教誨了。

卷十三〈盡心篇〉上

〈13·1〉

孟子曰：「盡其心者，知其性也。知其性，則知天矣。存其心，養其性，所以事天也。殀（ㄧㄠ）壽不貳，修身以俟之，所以立命也。」

孟子說：「一個人，充分實踐他內心的要求，就會了解他的本性。了解他的本性，也就會了解天了。保存他內心的原狀，養育他的本性，就是事奉天的正確方法。短命與長壽都不改變態度，修養自己來等待任務，就是建立使命的正確方法。」

〈盡心〉是《孟子》全書七篇中，唯一不以人名為篇名的。單單「盡心」一詞，就饒富深義，值得仔細推敲。我們先由結語的「立命」談起。

立命即使命

「立命」即使命，是要把命運轉化成為使命。譬如，孔子「五十而知天命」，天命就是自覺有一種使命，而其來源是天。

使命，一般來說有三種：

第一種是百姓的任命。譬如，百姓選我當總統，是大家要我來服務，所以使命是群眾給我的。但是這種使命可能會改變，每隔幾年重新選舉一次，使命就改變了。第二種是自己給自己的。譬如，我從小立志要當總統，因爲想藉此替百姓服務。第三種是自己發現有一種使命，但是它並非我給自己的目標，也不是別人所賦予我的，而是自覺有一種使命，而其來源是天。

孔子到五十歲才領悟這種天命，他出來做官就是實行天命的一種手段。他在五、六年後開始周遊列國，也是實行天命的另一種手段。更進一步，孔子「六十而順天命」，可見他的使命感來自於知識份子的覺悟。意思是說，他學得許多知識，把《詩》、《書》、《禮》、《樂》、《易》全部讀通了，溫故而知新，明白人的生命應該如何發展。如果只有他一個人懂得如何治國平天下，他就有責任出來讓這個社會變得更好，這種使命感是自己覺悟的，其來源是天。

儒家從孔子開始，就面對了「命運」與「使命」這兩條路線的激盪與衝突。命運挫折人的意志與抱負，但使命則另闢天地，使人「知其不可而爲之」，依然可以堅持奮鬥，並且活得坦蕩快樂。

向善、擇善、至善

先就語意上分析「盡其心者，知其性也」一語。一般人如果想要「知」其性，就、是了解自己的本性，只有一個方法，就是「盡」（充分實踐）其心。這是我們常常說的：一個人只要眞誠，就會發現內心有一種力量。眞誠就是「盡其心」唯一的方法。

既然要「盡其心」，則此心一定在發出各種要求，等待被充分實踐，而這正是指「心之四端」：惻隱、羞惡、辭讓、是非。因此，心就是「不斷在發出要求的動力狀態」，也就是顯示爲人性向善的「向」字，但是有一個前提，即是眞誠。人只要眞誠，就會發現內心一直在要求自己去做該做的事。

那麼，依此所了解的本性是什麼呢？是向善的。接著，如果追問這種向善的本性之根源，則答案是「天」。換言之，是天給了人向善之本性，然後人生之道自然是「擇善固執」，並且最後的目的是「止於至善」，亦即天人合德。天給人向善的本性，而「止於至善」就是一個人的努力與天的要求符合，配合在一起。由此形成系統，亦即由向善、擇善到至善。「殺身成仁」與「捨生取義」都在此找到了根本的理由，因爲「仁」與「義」代表善，一個人能「殺身」及「捨生」，最後卻是實現了善，「止於至善」，死得其所，所以沒有任何遺憾。這就是儒家思想。孟子簡單幾句話，就把整個系統呈現出來了。

盡心、知性、知天

「存其心，養其性」的「存」字，是因爲心可能被喪失（放其心）；可存可失之心不能處於固定本質的狀態，而必須是動態的活潑力量，所以譯文說「保存他內心的原狀」時，「原狀」是指活潑的力量而言。其次，「養育他的本性」，清楚顯示本性不是圓滿自足的，必須不斷以實際的善行（仁、義、禮、智）去培養充擴。

做到這兩點，則是事天的正確方法。「事」這個字只有用在下對上，譬如：事父母，事君主。試問：人爲什麼要事天？孟子繼承孔子的思想與信仰，認爲天是萬物的至高主宰。但是，他同樣也不強調對待天的具體的宗教儀式，而是要善待天所給人的本性，由此奉行天的旨意。正因爲有「事天」的概念，孟子一方面不會自我膨脹，說出狂妄的話，他即使在宣稱「舍我其誰」時，也以「天……欲平治天下」（〈4・13〉）爲前提。

「盡心」、「知性」、「知天」，經過孟子如此的解釋之後，這個天的概念顯得一點都不神祕。只要一個人眞誠對自己的生命負責，就會發現有一個超越界，承認有一個這樣的「天」，生命境界就全然改觀了。

〈13・2〉

孟子曰：「莫非命也，順受其正；是故知命者不立乎巖牆之下。盡其道而死者，正命也；桎梏死者，非正命也。」

孟子說：「沒有一樣遭遇不是命運，順著情理去接受它正當的部分；因此，了解命運的人不會站在傾斜的危牆底下。盡力行道而死的，是正當的命運；犯罪受刑而死的，不是正當的命運。」

「莫非命也，順受其正」這一點最重要。「順受其正」不是指逆來順受，而是說：順著情理去接受它正當的部分。

面對命運只能順從情理，即人情世故的一般情況的發展。至於「正」是指正命，即命運的正當部分或者正當的命運，可以配合使命（亦可稱爲天命）來理解。比如我家今天遭小偷了，而全台北市居家遭竊的機率是百分之二十，那麼我的遭遇就是合理的，我就接受它，不要有強烈的情緒反應。

所謂的「正」，顯然是由天對人性的要求而言。「盡其道而死者」則是捨生取義的另一種說法。「道」是我們常常說的正當的路，該做的事。該做什麼事，就盡自己的力量去做，由此而犧牲的話，就是「捨生取義」。

〈13・3〉

孟子曰：「求則得之，舍則失之，是求有益於得也，求在我者也。求之有道，得之有命，是求無益於得也，求在外者也。」

孟子說：「尋求就會得到，放棄就會失去，這種尋求是有益於得到的，因爲所尋求的在我本身之內。尋求它有方法，得到它靠命運，這種尋求就是無益於得到的，因爲所尋求的在我本身之外。」

什麼是一個人只要尋求就會得到的呢？你想做好人就可以做到，因爲做好人的根源在內心，而人性向善。但是尋求外在的富貴，卻是怎麼去求，也未必有用。譬如，一個人很想發財而去買彩票，怎麼買都無法保證中獎，有的人買二十萬元才中了四百元，這就說明所求的在外，沒有任何保證。

反之，一個人所求的在內，譬如，想提高自己的人格水平，或知識技能，那麼只要認眞去求就可以得到。去求一些只要自己願意就可以做到的，不是很好嗎？

本章的「求則得之」，所指的是一個人可以做到的仁、義、禮、智；而「得之有命」，所指的是世間的富貴榮華，這些是不能強求的。

〈13・4〉

孟子曰：「萬物皆備於我矣。反身而誠，樂莫大焉。強（ㄑㄤˇ）恕而行，求仁莫近焉。」

孟子說：「一切在我身上都齊備了。反省自己做到了完全眞誠，就沒有比這更大的快樂了。努力實踐推己及人的恕道，就沒有更近的路可以達到仁德了。」

「萬物皆備於我矣」，意即：要走上人生正途，或者要完成人生目的所需要的一切，其實就是我與生俱有的向善之性，只要存養充擴之，人生還有什麼欠缺的呢？配合孟子前面說過的存養充擴，就知道人本來都有這個根源，只要努力存養充擴，內在的資源就會圓滿俱足，但這並不表示人一生下來就已經本善了，而是行善所需要的條件，像心的四端，是早就具備的了。

很多人誤會這句話的意思，因爲無法了解萬物包括樹木、花草、太陽、月亮……這些如何可能具備在人的身上？於是，宋、明哲學家就把這句話講成「萬物之理皆在我心」，意即只要人願意的話，就可以了解宇宙萬物的道理。譬如，人了解「水向下流」、「地球繞太陽轉」的道理，代表這些道理已經在他心中。這種解釋顯然不合情理，因爲「一切在我身上都齊備了」，代表我對萬物沒有任何需求，我做爲人所需要的全都齊備了，內在的條件已經足夠，不必再向外追求。孟子這句話是爲了強調我無所欠缺，而不是萬物之理在我心中。

「反身而誠」的「誠」字，是指我的心不受遮蔽及扭曲，可以內外如一，做一個眞實的人。這種快樂由內而發，源源不絕，確實無可比擬。顏淵之所以居陋室而不改其樂，就是因爲「反身而誠」，問心無愧，沒有做任何不該做的事，起心動念都是正當的，過他應有的生活，這樣本來就會快樂。

最後，「強恕而行」的「恕」字，說明了「恕」與「仁」的關係：「恕」落實在人我之間，所以要推己及人；「仁」則出於對自己的要求，要回應那恆存的惻隱之心。這兩者在根本上是不可分的。孟子在這裡進一步提出，努力實踐推己及人的恕道，可以直達仁德。因爲仁德就是去做該做的事，走正當的道路，進而實踐推己及人的原則，把別人當成自己來對待，如此做人處事還有什麼問題？

〈13・5〉

孟子曰：「行之而不著焉，習矣而不察焉，終身由之而不知其道者，眾也。」

孟子說：「就這麼去做，但是並不明白；早就習慣了，但是沒有察覺；一輩子走在上面，卻不知道那是什麼路的人，實在太多了。」

許多人一生風平浪靜，也能循規蹈矩過日子；若是不知道人生的原則與方向，遇到考驗時就未必能繼續走在正途上。我小時候住在鄉下，看到很多人一代一代地按照祖先的方式過日子，有著各式各樣非常鄉土式的信仰，也定期舉行各種儀式，幾代下來都毫無變化。在資訊還不流通的時代，每一個社會都有它固定的生活模式，百姓就是這麼過日子，卻並不明白原因，這就是「行之而不著焉，習矣而不察焉」。「終身由之而不知其道」，是孟子在批評這些人：怎麼可以一輩子渾渾噩噩地這麼過日子呢？

人有理性，如果不知道爲何要這麼過日子，一輩子只能靠運氣，而無法接受考驗。因爲不明白要遵守什麼原則，碰到考驗就會隨波逐流、放棄堅持了。假設現在發生災難與饑荒，我們還要堅持待客之道，甚至做人的道理嗎？《世說新語》裡有一則故事，在災荒的時候，郗鑒替兄姊照顧侄子與外甥。鄉里人因爲尊敬他的爲人，就輪流請他吃飯，但是只能接濟他一個人，無法多供應給孩子。於是他獨自去吃，吃完嘴巴裡都塞滿了飯，回家之後再吐出來給兩個小孩吃，好不容易把他們養大。他之所以能夠堅持如此，是因爲懂得「受人之託、忠人之事」的道理。

孟子說的正是這個意思。很多人運氣不錯，一輩子不曾受到嚴重的考驗，可以平平實實地過日子，看到別人出問題時，也跟著笑一笑；然而，當他自己碰到困難時會怎麼辦？能不能堅持？這就要靠平常的學習與思考，是否能夠明白人生的道理了。

〈13・6〉

孟子曰：「人不可以無恥。無恥之恥，無恥矣。」

孟子說：「人不可以沒有羞恥。把沒有羞恥當作羞恥，那就不會有恥辱了。」

「無恥之恥」有兩種解釋，一是「沒有羞恥的那種羞恥」，一個人連無恥都不覺得可恥，豈不是沒救了嗎？這種解釋完全是在罵人。孟子做爲教育家，態度上應該比較積極。第二種是本文所譯，比較具有積極的意義，要人由無恥走向有恥。

很多人認爲中華文化，以儒家爲例，是一個「恥感」的文化，而西方文化則是一個「罪感」的文化。

所謂「罪感」，是當人面對上帝的完美時，會感覺到自己是不完美的，生命有本質上的缺陷。因爲人的認識有所不足，行動會有偏差，念頭起伏變化，由此感到生命有缺陷，甚至覺得自己有罪。在此，「罪」並非指法律上的違法行爲，而是指人破壞了與神的約定。

「恥」的意思是，當人的行爲沒有符合社會上共同的標準時，由於自認比不上別人，因而感覺可恥。所以，「恥感文化」的前提，是整個社會的標準很高，由於自己做不到，就會覺得可恥。正是因爲羞恥及厭惡自己比不上別人，所以就會想要做到「義行」，想做正當的事。大家都做到的我也可以做到，這樣就把個人與群體的關係建立起來了。

有了以上的了解，再看孟子的話，就可以明白「把無恥當作可恥，那就不會有恥辱」這句話的積極性意涵了。

〈13・7〉

孟子曰：「恥之於人大矣。爲機變之巧者，無所用恥焉。不恥不若人，何若人有？」

孟子說：「羞恥對於人，關係十分重大。玩弄權謀詭計的人，是根本用不上羞恥的。不認爲不如別人是羞恥，還有什麼是比得上別人的？」

一個人要與社會上的人群相處，一定要有羞恥心，就是要求自己不能比別人差。大家才會有共同的行爲模式，社會也才可能和諧。「恥」來自於人群的互相比較，如此有助於使人產生向上的動力。一個人沒有羞恥，主要是兩種情況：一是「爲機變之巧者」，爲達目的而不擇手段；二是放棄自己，不在乎不如別人。

玩弄權謀詭計者工於心計，總想讓別人陷入他的陷阱，自己也因而得利。《三國演義》裡有很多這樣的例子，根本不談羞恥，只看誰能贏，贏了就代表成功。曹操用人完全不談道德問題，只看對方有無能力打贏別的國家，統一天下。結果造成後來社會風氣敗壞，他的兒子即使當了皇帝，也很快就被司馬懿的兒子給取代了，然後天下陷入魏晉南北朝的分裂局面。找尋人才，表面看來好像是一件簡單的事情，但是影響的層面既廣泛又深遠。

連續兩章都談到恥的觀念，正好凸顯了儒家思想的重要側面。

〈13・8〉

孟子曰：「古之賢王，好善而忘勢；古之賢士，何獨不然？樂其道而忘人之勢，故王公不致敬盡禮，則不得亟見之。見且由不得亟，而況得而臣之乎？」

孟子說：「古代的賢君愛好行善，而忘記了自己的權勢；古代的賢士又何嘗不是如此？他們樂於行道，而忘記了別人的權勢，所以王公不恭敬盡禮，就不能常常見到他們。相見的次數尚且不能多，何況要把他們當作臣下呢？」

「忘」，就是忘記。如果位高權重的人，對於權位念念不忘，就會看不起別人，也就無法得到人心。眞正的天子、偉大的領袖，一定有不召之臣，必須要移樽就教，親自去向他請益。譬如，我是老師，坐地鐵時只是單純的乘客，看到比我需要座位的人就會讓座，這是依單純的人際關係來互動，不必念念不忘自己的職業或社會地位。

「忘」的重要性就在這裡。人必須有所愛好，所愛好的若是正當之事，對世間的名利權位就可以忘記了。

〈13．9〉

孟子謂宋勾踐曰：「子好遊乎？吾語子遊。人知之，亦囂囂；人不知，亦囂囂。」

曰：「何如斯可以囂囂矣？」

曰：「尊德樂義，則可以囂囂矣。故士窮不失義，達不離道。窮不失義，故士得己焉；達不離道，故民不失望焉。古之人，得志，澤加於民；不得志，修身見（ㄒㄧㄢˋ）於世。窮則獨善其身，達則兼善天下。」

孟子對宋勾踐說：「你喜歡遊說諸侯嗎？我告訴你遊說的態度。別人理解，我悠然自得；別人不理解，我也悠然自得。」

宋勾踐說：「要怎麼樣才可以做到悠然自得呢？」

孟子說：「崇尚品德，愛好義行，就可以悠然自得了。所以，士人窮困時不放棄義行，顯達時不背離正道。窮困時不放棄義行，所以士人能保住自己的操守；顯達時不背離正道，所以百姓不會失望。古代的人，得志時，恩澤廣施百姓；不得志時，修養自己立身於世。窮困時，努力使自己趨於完美；顯達時，就使天下人一起走向完美。」

本章爲孟子自述其遊說各國諸侯時的心境。「囂囂」是指自在得意的樣子，縱然別人不理解，也能悠然自得。換句話說，一個人如果內心愉悅，他向上位者建言就不會在乎有沒有效果，如果沒有效果，則代表時機不成熟。

「獨善其身」不代表與世隔絕，因爲儒家不贊成隱士的作風。與「兼善天下」對觀，可知這是就「善」的實踐範圍而言。儒家的「善」是人與人之間適當關係的實現，一個人不可能關起門來「兼善天下」。孔子曾經說過他的志向：「老者安之，朋友信之，少者懷之。」這不也是兼善天下嗎？

儒家思想一直強調「兼善天下」的觀念。一個人窮困不得意的時候，除了家人之外，還有不少人際關係的互動，如鄰居、親戚、朋友等，因此，千萬不要把「獨善其身」當作一個人孤獨自處；等到得意的時候，就可以進而照顧天下人。此外，儒家還強調「慎獨」。《大學》談「慎獨」時說：「十目所視，十手所指」，意思就是：即使在獨處的時候，也要好像還有十隻眼睛在看著你、十隻手指在指著你一般，不可不謹慎。所以在不得志時，依然要努力修身。

像孟子這樣的人才實在是太少見了，一句「窮則獨善其身，達則兼善天下」，讓後代的人傳誦不已。我們反覆朗誦之餘，還是覺得人生很有味道。如果沒有像孟子這樣的哲學家，無論是語文或是思想，不知會變得多麼貧乏。

〈13．10〉

孟子曰：「待文王而後興者，凡民也。若夫豪傑之士，雖無文王猶興。」

孟子說：「等待周文王出現之後，才振作起來的，是一般百姓。至於眞正傑出的人，即使沒有周文王出現，也能奮發圖強。」

孟子的這番話，有些殺傷力。「待文王而後興者」，也可能包括伯夷。伯夷聽說周文王善待老人，「現在老了就去吧」，這可以說是伯夷的藉口，好像他成了孟子口中的一般百姓。事實上，伯夷代表天下老人，希望老有所養，原是很合理的。

「若夫豪傑之士，雖無文王猶興」的「興」字，不是指外在事功，而是指擇善固執，走上人生正途。一個人若要自覺其人格的尊嚴，就從這句話著手。即使沒有像周文王這麼好的政治領袖，有志之士照樣應該振作起來。不能因爲社會混亂，上下失去了規矩，就放棄奮鬥的意志，如此一來，人格的尊嚴何在？孟子的思想特色就在這裡，總是充滿一股浩然之氣。

〈13・11〉

孟子曰：「附之以韓、魏之家，如其自視欿（ㄎㄢˇ）然，則過人遠矣。」

孟子說：「把韓、魏兩家的財富都加贈給他，如果他還不自滿，這樣的人就遠遠超過一般人了。」

「韓、魏之家」的「家」，是指大夫之家，亦即春秋時代晉國的兩家大夫。春秋時代，晉文公稱霸之後最強，後來是三家分晉，三家就是韓、趙、魏。孟子特別指出韓、魏的財富讓人稱羨，但是不以財富自滿，或是以此傲人的人，心中應該另有更高的人生目標。

許多人發財之後，就會覺得自己很了不起，這種有錢人的優越感，有時也是被窮人烘托出來的。人窮志短，看到有錢人就諂媚，自己先矮了半截。這也是社會互動出現的一種風氣。

但是孟子認爲，即使一個人擁有韓、魏這樣的財富，也應該察覺自己的德行還不夠完美，經常想著自己「何德何能」，然後就會修養德行，以後才有可能保住財富與地位。這是自古以來不變的道理。一個人有錢還能活得樸實、自在，那是極爲可貴的，可惜這樣的人少之又少。

〈13・12〉

孟子曰：「以佚道使民，雖勞不怨。以生道殺民，雖死不怨殺者。」

孟子說：「在安頓百姓的原則下役使百姓，百姓即使勞累也不會怨恨；在保全百姓的原則下判人死刑，被殺的人雖死也不會怨恨殺他的人。」

「佚道」是力求讓百姓安逸；「生道」則是設法爲百姓找到活路。犯罪的人在明白法官已經想盡辦法而沒有免刑的可能時，就會比較甘心爲自己的罪行付出代價。歐陽修在〈瀧岡阡表〉裡曾經提到，法官在判決死刑的時候說：「求其生而不得，則死者與我皆無恨也。」被判死刑的人也不會怨恨法官，因爲法官已經想方設法讓他免死，最後還是沒有辦法。這就是「以生道殺民，雖死不怨殺者」，要達到這個境界，眞的不容易。

〈13・13〉

孟子曰：「霸者之民驩虞如也；王者之民皞（ㄏㄠˋ）皞如也。殺之而不怨，利之而不庸，民日遷善而不知爲之者。夫君子所過者化，所存者神，上下與天地同流，豈曰小補之哉？」

孟子說：「霸主的百姓愉快歡喜的樣子，聖王的百姓心曠神怡的樣子。被殺了卻不怨恨，得到好處卻不感激，百姓每天趨向於善卻不知道誰使他們這樣。眞正的君子，經過之處都會感化百姓，心中所存則是神妙莫測，造化之功與天地一起運轉，這可以說是小小的補益嗎？」

「皞皞」就是廣大、自得之貌，這兩個字讀來就讓人覺得開闊而自在。「霸者」則是以小恩小惠，小小的補益，來贏得百姓愉快歡喜的樣子；「王者」是使百姓回復自然本性，並且日趨於善。

王者與霸者的分別

霸者是有所作爲，即有心要去做好事，稱霸之後就設法照顧百姓；王者不是刻意做好事，而是讓每一個人自動變成好人，讓每一個人懂得「向善」，然後「擇善固執」，這才是眞正的王者。做「霸者」的百姓，受到照顧會覺得很開心，但是靠不住，因爲這是由外而來的；做王者的百姓，社會風氣會出現根本的改變，亦即「所過者化」。

「君子所過者化，所存者神」，其中的「君子」，並非一般所說的有德者或有位者，而是指聖王而言，所以我把它譯爲「眞正的君子」，就是有德的讀書人。「所存者神」一語中的「神」，可參考本書〈14・25〉，神妙莫測的境界，是從一般人的眼光去看的；並且，這也是一般的語言文字所無法描述的境界。

儒家的思想，是希望造化之功與天地一起運轉，稱作天、地、人三才。爲什麼要加上人類呢？因爲人類可以破壞萬物，也可以保存萬物。人的力量很大，如果不能好好地去參贊天地的化育，就可能破壞自然界。自然界變好了，人就會過得比較安全，否則將來難免會有嚴重的後遺症。所以，人類想過得快樂，當然要珍惜大自然。善待大自然，就是善待人類自己。大自然即指天地萬物，與人類的努力可以相輔相成。

但是，誰能代表人類？聖人或君子。所以他們「上下與天地同流」。農業社會的春耕、夏耘、秋收、冬藏，就是與天地同流。有智慧的人，可以把天地當作流轉變化的過程，有如春夏秋冬四時的運行，不但不要破壞這種規律，還必須促成而使它變得更順利。

〈13・14〉

孟子曰：「仁言不如仁聲之入人深也，善政不如善教之得民也。善政，民畏之；善教，民愛之。善政得民財，善教得民心。」

孟子說：「仁德的言論不如仁德的音樂那麼使人感動，良好的政治不如良好的教育那麼獲得民心。良好的政治，百姓敬畏它；良好的教育，百姓愛慕它。良好的政治能聚斂百姓的財富，良好的教育能贏得民心的支持。」

言論比起音樂，感動人的力量確實有差別。音樂可以移風易俗，言論則難以普及推廣，限制顯然較大。言論只有少數人聽得懂，一旦不經常宣講，大家就忘記了；音樂有旋律與歌詞，一旦旋律出現，馬上感覺好像彼此之間可以溝通。

那麼，何謂仁德的音樂？古代製作音樂的目的比較明確，比如紀念舜與周武王的韶樂、武樂，是歌頌偉大聖王對百姓的照顧，所以稱作仁德的音樂。本來音樂做爲藝術，不應該有仁德或不仁德的區別，但是在那個時代不同。如果演奏一首樂曲而沒有任何主題，就變成靡靡之音了。

善政與善教

制定政策並立即執行，即使對百姓有利，也不見得會讓大家心悅誠服。至於教育，則是讓人懂得道理之後，自己願意去行善。所以良好的教育更能讓百姓心服口服。教育要靠循循善誘，人透過教育明白一些道理，就會留下永遠的記憶。譬如，我以前數學不好，一位老師耐心地把我教會了，我十分感激他，後來這位老師教誨同學要孝順，我就很容易聽從他的言論。老師重視學生時，學生也會更加重視自己，教育的作用就在此，這稱爲「善教」。像孔子、孟子教育學生，都是教導做人處事的道理。

「善政」得一切照規矩來，足以使百姓敬畏，然後又依法收稅，所以可以「得民財」。聚斂百姓的財富並非剝削他們，而是先讓百姓有錢，政府的稅收自然就增加了。「善教」是循循善誘，自然使百姓樂於服從，進而可以贏得民心。

此處爲什麼會把政治與教育併放在一起談？周朝初起時，從周公開始，就是想把政治與教育合一，把國家當作學校來辦，所以國家任何政策都要考慮其教育效果，現代也應該如此。舉例來說，假設某塊地有很多可能的用途，是要蓋一座美術館、遊樂場，還是蓋一間屠宰場？這時如果把政治當作教育來看，在上位者就不會只考慮利益，而會考慮到對百姓眞正有益的是什麼，對人性的發展最需要的是什麼。如此一來，政治與教育才可以合流，百姓也才會獲得眞正的福祉。

〈13・15〉

孟子曰：「人之所不學而能者，其良能也；所不慮而知者，其良知也。孩提之童，無不知愛其親者；及其長也，無不知敬其兄也。親親，仁也；敬長，義也。無他，達之天下也。」

孟子說：「人不經學習就能做的，那是良能；不用思考就知道的，那是良知。年幼的孩童，沒有不知道要愛慕父母的；長大以後，沒有不知道要敬重兄長的。愛慕父母，屬於仁德；敬重兄長，屬於義行。這沒有別的原因，因爲這兩種品德是天下通行的。」

良知與良能

「孩提之童，無不知愛其親者」是「良能」嗎？確實如此，小孩不愛慕父母的話，那是跟自己過不去。小孩從在襁褓中開始，眼睛一張開就看見父母的兩張臉。這兩張臉笑的話，小孩就有福了，要什麼有什麼；這兩張臉不笑的話，小孩就辛苦了。久而久之，出於本能或出於習慣，小孩就會希望這兩張臉笑，長大之後才發現，讓這兩張臉笑就是孝順。

依此看來，小孩希望父母快樂很可能是出於本能的「自利」需要，這並非壞事，而是自然發展形成的本能。事實上，小孩如果不知道保護自己，生命又怎麼存在下去？所以，即使在儒家的思想裡，「自利」也可以說是一個人生命的本能表現。

以上這種理解既符合經驗觀察，又可以找到心理學上的依據，目的是要指出：所謂良知與良能，一點都不神祕。孟子的說法具有「放諸四海而皆準」的普遍性。正因爲如此，我在譯文中，用「屬於」而避免用「等於」（或「就是」），如「愛慕父母屬於仁德」。即使把它譯爲「愛慕父母就是仁德」，也不代表人人皆「做到了」仁德，因爲孟子所說的只是兩個「無不知」，而不是已經具體的「實踐或擁有」仁德與義行。因此良知與良能，在其「本身」並不是善的，而是「對善的認知與要求」。

「良」爲自然之意，所謂「不學、不慮」是隨著人的生命而展現的能力與覺悟。天下人都有良知良能，所以仁德與義行可以引起所有人的響應。儒家把良知、良能點出之後，就給了人類一個非常正面的出發點。人生也由此可以走上善的途徑了。

〈13・16〉

孟子曰：「舜之居深山之中，與木石居，與鹿豕遊，其所以異於深山之野人者幾希。及其聞一善言，見一善行，若決江河，沛然莫之能禦也。」

孟子說：「舜住在深山裡的時候，與樹木、石頭作伴，與野鹿、山豬相處，他與深山裡的平凡百姓差不了多少。等到他聽了一句好的言語，看見一件好的行爲，學習的意願就像決了口的江河，澎湃之勢沒有人可以阻擋。」

舜是孟子最推崇的古代聖人，也是儒家一致推崇的最典型的模範。孟子認爲，舜是在「聞一善言，見一善行」之後，才引發內心的原始力量，從此努力行善，由此也可明白孟子的人性論是主張「向善」的。換言之，如果舜一直未能聞與見，則難免於一生是個深山野人。

舜是「性本善」嗎？事實上，他是聽到一句好的言論，看見一件好的行爲，才引發內心的力量，這正好說明了他是由「向善」的力量所促使。仔細讀這一章，就知道舜也不是「本善」，他若沒有聞、見任何示範，就不會覺悟做人處事的道理，也就無法引發「向善」的力量了。這說明「向善」需要引發，需要老師或善人來引領。

更有甚者，我們若把人界定爲「性本善」，那麼當一個人不能爲善而爲惡時，他就會產生自暴自棄的心理：反正我是做錯了，不如錯到底算了。這是非常微妙的一種心理反應。如果講人性「向善」的話，一個人永遠都有希望。這一念之差、一字之改，整個人類的心態就轉變了。

這就是爲什麼我要一而再、再而三地解釋孟子的「向善」之說，不是要把它當作我個人的一種偏好，或妄想標新立異，而是因爲這樣說才符合孟子的本意。

〈13．17〉

孟子曰：「無爲其所不爲，無欲其所不欲，如此而已矣。」

孟子說：「不要去做自己不屑於做的事，不要貪求自己不屑於貪求的東西，這樣就足夠了。」

既然不屑於做，為什麼還要告訴他不要去做呢？既然不屑於貪求，為什麼還要告訴他不要貪求呢？有些事的確是自己不屑於做的，後來還是做了；明明知道是自己不該貪求的東西，後來還是要貪求了。這就是人性的弱點，問題出在知與行不能配合。

如果把自己從小聽到老師所說的做人處事的道理，都理解而且也都做到了，那麼每一個人都可以成為聖人了。但是，為什麼我們明白很多道理卻還是做不到呢？原因是知道得不夠深刻，體驗得不夠敏銳，往往對於「要孝順，要友愛，要忠於自己的良知」等理論，讀懂就算了，眞要身體力行一輩子，談何容易啊。

所以，做人處事，須想清楚自己所不為與所不欲的事情是什麼，然後期許自己不要違背原則。人生之路雖然崎嶇，能夠謹記這兩點就不會有太大的過失了。這段話的前提應該是良好的教育，足以使人高尚其志——弄清楚什麼是自己不為的，什麼是自己不欲的，然後就眞的不為、不欲，這樣就夠了。

〈13・18〉

孟子曰：「人之有德慧術知者，恆存乎疢（ㄔㄣˋ）疾。獨孤臣孽子，其操心也危，其慮患也深，故達。」

孟子說：「人之所以具備德行、智慧、謀略、見識，常常是由於歷經災難。只有那些孤立之臣與庶孽之子，他們內心警惕不安，考慮禍害也很深遠，所以可以通達事理。」

「德慧術知」中的「德行」，是需要長期來實踐的；「智慧」是指天生才智的表現；「謀略」是指懂得如何去運用技巧；「知」就是見識，做到見多識廣。一個人要想具備這四點，常常是由於歷經災難之後。沒有經過磨練，怎麼可能具備德、慧、術、知呢？

孤立之臣是被國君疏遠的；「孽子」是指庶出之子，地位卑微。兩者都操危慮患，這是他們所處的環境使然，而人只有在警惕不安的情況之下才會特別小心。正如「生於憂患，而死於安樂」，人在憂患之中才能生存，因爲此時會考慮禍害而思慮深遠，所以可以通達事理。

當一個人通達事理時，就知道如何進退，明白哪些是自己的優勢，哪些是自己的劣勢；與別人相處時該讓步就讓步，該堅持就堅持，該客氣就客氣，該溝通就溝通。飽經憂患的孤臣孽子在考慮事情的時候往往比較周到，會退一步去設想，會預設各種不利的情況。相反的，一個人太順利的話，做事情往往很難成功，因爲他只看到順利的一面，不知道人生的複雜與艱險，也就很難行止合宜了。

〈13・19〉

孟子曰：「有事君人者，事是君則爲容悅者也；有安社稷臣者，以安社

稷爲悅者也；有天民者，達可行於天下而後行之者也；有大人者，正己而物正者也。」

孟子說：「有服事國君的人，那是把服事某個國君當作快樂的人；有安定國家的人，那是把安定國家當作快樂的人；有保全天性的人，那是看到他的理想可以在天下推行，然後才去推行的人；有德行完備的人，那是以端正自己來使別人端正的人。」

孟子詳述四種人品，位階由低而高，他們的快樂也由外而內。「天民」是保存天性的人，亦即天所生育的自然之民，《莊子．庚桑楚》上說：「人之所舍，謂之天民；天之所助，謂之天子。」由此也可以說「天民」是無位者，而「大人」則是有位者。大人能夠「正己而物正者也」，「物」在此可以包括人類在內。

這四種人都是做官的，第一種人層次最低，卻占了絕大多數。從第二種人開始，才可以算是好官，以安定社稷爲樂，由此造福百姓。天民是不會「枉己以事君」的，合則來，不合則去。至於大人，由於德行完備，可以風動草偃，化民成俗，如此不只是在服務百姓，還能帶領百姓走上人生正途。

〈13・20〉

孟子曰：「君子有三樂，而王天下不與存焉。父母俱存，兄弟無故，一樂也；仰不愧於天，俯不怍（ㄗㄨㄛˋ）於人，二樂也；得天下英才而教育之，三樂也。君子有三樂，而王天下不與存焉。」

孟子說：「君子有三種快樂，而稱王天下並不包括在內。父母都健康，兄弟無災無難，這是第一種快樂；對上無愧於天，對下無愧於人，這是第二種快樂；得到天下的優秀人才而教育他們，這是第三種快樂。君子有三種快樂，而稱王天下並不包括在內。」

基於這一章的重要性，我將詳述君子的「三樂」，以期大家能由此借鏡，找到眞正的快樂。

父母俱存，兄弟無故

「父母俱存，兄弟無故」，這種快樂乍聽之下，好像焦點在於小小的家庭中，而事實上，人有父母才可盡孝，有兄弟姊妹才可盡悌，由此推擴到其他人身上，稱爲順其自然。父母健在時，同父母相處得好、懂得孝順父母的人，自然比較懂得「老吾老以及人之老」的道理，而更願意去照顧其他有需要的老人家；兄弟姊妹都無災無難的人，看到年紀相仿者，比較容易把他們設想成自己的手足來對待，這也是順其自然。

很多人都觀察到，如果一個人是家中的獨子，因爲從小獨享父母的愛心與資源，進入學校後要學會與同學分享任何東西，往往比家中有兄弟姊妹者還需要花較長的時間。由此可見，孟子這句話是有道理的，我們千萬不要把它想成是只注意到自己家人的自私心態。事實上，他提供了讓人性可以自然擴充發展的觀點。

一直到父母過世以後，我才體悟到父母健在，對自己而言眞是一種快樂。因爲人的生命來源就是父母，不管自己做什麼他們都會接納、包容、鼓勵。一旦父母不在時，「樹欲靜而風不止」的感覺，又是何等的悽惶。同樣的，兄弟姊妹有如手足，既然源於同樣的父母，當然希望兄弟姊妹平安快樂，有什麼問題都樂於幫助解決。

這就是第一種快樂——順著生命自然的發展，讓一個人可以有很好的階梯或橋樑，把「人性向善」的「善」發揮出去，推己及人。這才合乎儒家的立場——「善」，就是我與別人之間適當關係的實現。每個人都能把握「人性向善」，把善實踐推廣，就是最大的快樂。

仰不愧於天

「仰不愧於天」，是指人對天會覺得愧或不愧，因爲「天」是至高主宰，天賦予人某種使命，亦即「存其心，養其性，所以事天也」（〈13．1〉）所肯定的。孟子對天的這種信念是一貫的。只有存著謙卑及敬畏的心，才有可能在德行上日新又新。

很多人把天理解爲「心」，認爲天就是良心，但是孟子並沒有這個意思。如果是仰不愧於「心」的話，很容易陷於主觀。良心的作用要針對「天」才能展現出來，人若是不能經常誠懇地反省自己、批評自己，心就無法發揮作用，由此衍生下去，就會變成自我中心，只顧自己、不顧別人，甚至狂妄自大了。

如果把這句話改成現代人的觀念：「對內無愧於心，對外無愧於人」，表面上好像十分通情達理，但「對內無愧於心」又要以什麼做爲標準？發生社會事件時，很多官員會說：「我無愧於心。」問題是誰要負責？人很容易陷於主觀，即使客觀上沒有故意去犯的惡行，也可能犯下錯誤。古代也有「清官殺人」之說，雖然清官從來不貪汙，但一旦他「覺得」某人是壞人而將之定罪，照樣是冤枉別人，也不能算是好官。所以，我們要隨時保持謙卑與敬畏，要仰不愧於天，「天」是大家的心所共同面對的主宰。從天來看的時候，每一個人都可能有所偏差，因此不能用自己的心來超越或代替別人的心，如此才會謙虛，敞開心胸，以及尊重別人的想法。

這個觀念的重點在於：一個人要眞誠，要對得起自己，不要找藉口，把任何事情都合理化。譬如，很多學生考試成績不好，就推說是因爲老師沒教好，或者當天下大雨所以沒心情等等，完全沒有檢討自己是否有好好用功，把「考不好」的行爲合理化。除此之外，最難的還是「仰不愧於天」。因爲看不到這樣的天，我們除了消極地不要找藉口或傷害別人之外，還要積極地去發展「向善」的人性。

教育並非專利

至於「得天下英才而教育之」的「教育」二字，並不是老師這一行的專利，而是每一位前輩或長輩都有的任務，只要把自己的專長或心得教給有上進心的青少年，就可以得到這種快樂。

像孔子、孟子這些聖人，幾百年才出一位，平常的傳承還需要無數老師不斷努力去介紹，去說清楚人生的道理，才能不斷發展下去，社會才有改善的希望。我常想，人生就像是善的勢力與惡的勢力在拔河比賽一樣，努力行善的人要堅持到底才能成功。很多人跑一半就累了，或者跑了一百步就停了下來，這時，一定要勉勵自己繼續堅持下去，因為努力行善是沒有盡頭的，就像人生必須一直往前繼續發展一樣。

如果問，孟子快樂嗎？我們現在知道了，由於他的真誠，答案應該是肯定的。

〈13・21〉

孟子曰：「廣土眾民，君子欲之，所樂不存焉；中天下而立，定四海之民，君子樂之，所性不存焉。君子所性，雖大行不加焉，雖窮居不損焉，分定故也。君子所性，仁義禮智根於心，其生色也睟（ㄙㄨㄟˋ）然，見於面，盎（ㄤˋ）於背，施於四體，四體不言而喻。」

孟子說：「廣大的土地與眾多的百姓，是君子所想要的，但是他的快樂不在這裡；站立在天下的中央，安定四海之內的百姓，君子樂於做到如此，但是他的本性並不表現在這裡。君子表現他的本性，即使理想完全實現，也不會增加一點；即使窮困隱居起來，也不會減少一點，這是由於本分已經確定的緣故。君子表現他的本性，仁德、義行、守禮、明智都根植在心中，它們產生的氣色是純和溫潤的，顯現在臉上，洋溢在背上，延伸到四肢，四肢不必等他吩咐就明白該怎麼做了。」

本章先分辨三個層次，「所欲」的是個人取得成就，「所樂」的是讓天下人幸福，「所性」的則是對自己負責，亦即可以實現人性的要求。

「君子所性」，是以心的四端爲根源，實現仁、義、禮、智，由此變化氣質，並且自然行善避惡。

「廣土眾民，君子欲之」，「君子」包括兩種人，一是有官位的人，二是有德行的人。不管是有官位還是有德行，總希望「廣土眾民」，能夠得君行道，讓自己的理想可以實現，這就是君子的欲望。

所欲、所樂再到所性，這些都證明了人一生下來並不立刻擁有仁、義、禮、智，而只是有「心」，也就是惻隱、羞惡、辭讓、是非這四端，然後再發展出「其生色也睟然，見於面，盎於背，施於四體」，亦即整個生命顯得溫和、圓潤，好像發出光明，如沐春風一樣。當看到言行合乎人性要求的人，就會覺得既愉悅又景仰。成爲一個完整的人，外在的得失成敗並不重要，要看自己有沒有實現內心的根本要求。

「四體不言而喻」，是指一個人如果實踐了仁、義、禮、智，生命就自然充滿活力。身是小體，心才是大體，而「養其小體爲小人，養其大體爲大人」。如果一見面就互相詢問「今天吃過飯了嗎？」只注意到養其小體，這就有小人之嫌；如果互相請教「今天行善了嗎？」這就是養其大體了。

有些人談儒家時，喜歡把西方的哲學家康德拿來一併討論。在康德看來，人的「身」屬於自然，「心」則屬於自由。譬如，肚子餓了會很難受，熬夜時會打瞌睡，這是自然的；「心」則是自由的，譬如，一個人肚子餓了要吃飯，但是父母沒吃，他就忍耐著不吃，因爲他要孝順，讓父母先吃飽再說。所以，行善是因爲我的心去違背自然、克服身體的惰性使然。這麼說來，康德的哲學變成：如果一個人要有道德，一定不能有快樂——他認爲快樂是一種情感，幫助別人如果會使自己覺得快樂的話，就有嫌疑是圖利於自己，這樣還是一種自私自利。

這樣的想法與儒家思想可以相提並論嗎？答案是否定的，本章就是證明。任意把中國哲學和西方哲學放在一起討論，不但容易混淆觀點，也沒有什麼必要性。只要能夠實事求是，扣緊原典來討論，就能夠透澈明白事理了。

〈13·22〉

孟子曰：「伯夷辟紂，居北海之濱，聞文王作，興曰：『盍歸乎來，吾聞西伯善養老者。』太公避紂，居東海之濱，聞文王作，興曰：『盍歸乎來，吾聞西伯善養老者。』天下有善養老，則仁人以爲己歸矣。五畝之宅，樹牆下以桑，匹婦蠶之，則老者足以衣帛矣。五母雞，二母彘（ㄓˋ），無失其時，老者足以無失肉矣。百畝之田，匹夫耕之，八口之家

可以無饑矣。所謂西伯善養老者，制其田里，教之樹畜，導其妻子使養其老。五十非帛不煖，七十非肉不飽；不煖不飽，謂之凍餒。文王之民無凍餒之老者，此之謂也。」

孟子說：「伯夷避開商紂，住在北海的海邊，聽說周文王奮發有爲，就振作起來說：『何不去投奔西伯！我聽說他善於奉養老人。』姜太公避開商紂，住在東海的海邊，聽說周文王奮發有爲，就振作起來說：『何不去投奔西伯！我聽說他善於奉養老人。』天下有善於奉養老人的人，仁者就把他當作自己的依靠了。五畝大的宅園中，在牆邊種植桑樹，婦女養蠶繅絲，老年人就都有絲綿衣穿了。飼養五隻母雞，兩隻母豬，不要耽誤牠們的繁殖期，老年人就都不會缺肉吃了。一百畝的土地，由男子耕種，八口之家就都不會挨餓了。所謂『西伯善於奉養老人』，就在於：規定百姓的田畝宅地，教會他們栽種畜牧；引導他們的妻小來奉養老人。五十歲的人沒有穿絲綿就不暖，七十歲的人沒有吃肉就不飽；穿不暖吃不飽，叫做受凍挨餓。周文王的百姓中，沒有受凍挨餓的老人，說的就是這種情況。」

本章前半段曾見於〈7．13〉，大意是說當國家經濟條件齊備之後，每個人都吃飽穿暖，尤其是老人家在五十歲、七十歲以後更是如此。老人家之所以値得照顧，是因爲每個人的生命都是整體的，年輕時希望得意發展，晚年時則希望受到良好的照顧，這樣就會覺得人生比較有盼望，而不會任意放棄生存的意願。

後半段則說明「西伯善養老」的具體做法。對百姓來說，平安度日、安養晚年，是基本的要求。

〈13・23〉

孟子曰：「易其田疇，薄其稅斂，民可使富也。食之以時，用之以禮，財不可勝用也。民非水火不生活，昏暮叩人之門戶求水火，無弗與者，至足矣。聖人治天下，使有菽粟如水火。菽粟如水火，而民焉有不仁者乎？」

孟子說：「整治他們的田地，減輕他們的稅收，就可以使百姓富足。按一定季節取食，依禮的規定消費，財物就用不完了。百姓沒有水與火就無法生活，晚上敲別人家門求水討火，沒有不給的，因爲家家都多得很。聖人治理天下，要使百姓的糧食多得像水火一樣。糧食像水火那麼多，百姓哪有不培養仁德的？」

這是先富後教的觀點，要使百姓「衣食足然後知榮辱」。孔子也曾談到「水火」，《論語・衛靈公》說：「民之於仁也，甚於水火。水火，吾見蹈而死者矣，未見蹈仁而死者也。」由此可知，百姓有了水火之後，還要進而行仁，但這並非孟子所想的那麼容易。

孔子也說過，讓百姓好好生育下一代，接著讓他們富足，接著好好教育他們，所謂「庶之、富之、教之」，只有少數政治人物做得到這三步。另一方面，人吃飽穿暖之後，又不見得眞的去學習與受教育，幾乎每個人都有自己的煩惱，所以，孔子認爲百姓需要仁德，是超過需要水與火。但是人必須有水、火才能活下去，進而又爲財而死、爲食而亡，卻沒有見過爲了實踐「仁」而犧牲的。孔子的話是在感嘆現實的狀況。

國家在發展經濟之後，一定要認眞辦好教育。經濟是幸福生活的「必要」條件，除此之外，還須提供心智與靈性的資源，做爲人生的「充分」條件。在孟子看來，那就是經由教育而鼓勵百姓實踐「仁德」了。

〈13・24〉

孟子曰：「孔子登東山而小魯，登泰山而小天下，故觀於海者難爲水，遊於聖人之門者難爲言。觀水有術，必觀其瀾。日月有明，容光必照焉。流水之爲物也，不盈科不行；君子之志於道也，不成章不達。」

孟子說：「孔子登上東山，覺得魯國變小了；登上泰山，覺得天下變小了；

所以看過大海的人，就很難被別的水吸引了；在聖人門下學習過的人，就很難被別的言論吸引了。觀賞水有特定的方法，一定要先看它形成的波瀾。太陽與月亮發出光輝，一點點縫隙都一定照到。流水的表現是，不把窪地注滿就不向前進展；君子立志追求正道，沒有精彩的成績，就不會通達。」

努力提高自己的眼界

東山是魯國境內的一座山，而東嶽泰山則是更爲高峻的。這個比喻說明，人如果抵達更高的層次，就不會被底下的小事情所限制了。

人要避免井底之蛙的困境，只有努力向上提升。眼界開闊之後，理想自然隨之高遠。然後參考「觀水、日月、流水」，不但要做到有源有本，還要腳踏實地，累積深厚功力，讓一切水到渠成。

因此，我們要按部就班地念書、思考，奠下穩妥的基礎，就像「日月有明，容光必照」，不能疏忽任何細節。我自己從事經典著作的解讀時，有些地方如果含混帶過，一般人也許不會挑剔，但是我對自己的挑戰是：每一個字都要有著落。這本書與其他類似書籍的最大差別就在於此，一字一句都不含糊籠統。

孟子藉著這些比喻，希望「君子之志於道也，不成章不達」。就是要每個人紮紮實實，從內心的眞誠出發，把四端的要求設法實現，久而久之，就自然通達了。

〈13・25〉

孟子曰：「雞鳴而起，孳孳爲善者，舜之徒也；雞鳴而起，孳孳爲利者，蹠（ㄓˊ）之徒也。欲知舜與蹠之分，無他，利與善之間也。」

孟子說：「聽到雞叫就起床，努力不倦地行善，是舜一類的人；聽到雞叫就起床，一直不停地求利，是蹠一類的人。想要知道舜與蹠的差異，不必找別的辦法，只在求利與行善之間去分辨而已。」

蹠就是盜跖。《莊子・盜跖》對此人有生動的描寫。不過在孟子看來，蹠是舜的反面代表。

求利與行善的分別

一天到晚想著怎麼去行善的，是舜；一天到晚想著怎麼去求利的，是蹠。對求利者而言，追求利益、賺很多錢有他的快樂，但是那種快樂很容易鈍化。快樂的刺激難免愈來愈弱，然後需要更多更大的利益才可維持下去。這就好比一個人第一次賺到一百萬元時很開心，當賺到兩百萬、三百萬、四百萬元以後，就沒什麼感覺了；如果再與別人的幾千萬、上億元相比，快樂就立刻打折扣了。

行善則不一樣，行善是由內而發的，因此心裡會覺得愈來愈充實。一直去實現該做的事，久而久之就可以集義，然後可以養氣，最後，就養成了浩然之氣。此時心裡覺得充實，快樂源源不絕，並且終其一生都平靜安詳。

〈13・26〉

孟子曰：「楊子取爲我，拔一毛而利天下，不爲也。墨子兼愛，摩頂放踵利天下，爲之。子莫執中。執中爲近之。執中無權，猶執一也。所惡執一者，爲其賊道也，舉一而廢百也。」

孟子說：「楊子主張『爲我』，拔一根汗毛可以對天下有利，他都不去做。墨子主張『兼愛』，摩禿頭頂、走傷腳跟，只要對天下有利，他都去做。子莫採取中間立場，採取中間立場就接近正確了。不過，採取中間立場而沒有變通，就好像執著在一點上。我們討厭執著在一點上，是因爲那樣會損害正道，抓住了一點而丟棄其他一切。」

楊子主張「爲我」，不贊成傷害自己的身體來幫助別人。他的主張有其立場：假設天下每一個人都管理好自己，至少不會出現許多莫名其妙的混亂事件。這樣的想法也有好處，就是都不去管別人的閒事。打開現在的報紙一看，大都是八卦閒事，大家繪聲繪影地傳來傳去，對別人沒有幫助，對自己也沒有幫助，實在是浪費生命。

只不過楊朱想得太簡單了。一個人如果正值盛年、壯年，且有工作，管好自己當然沒有問題，但是小時候一定需要別人的照顧才能成長；另外，老人家也需要幫忙，如果大家都只顧自己，他們怎麼辦？而自己年老時又怎麼辦？所以這種想法很難堅持一貫的立場，對老者、弱者、有困難或有殘疾的人都不適宜，楊朱所謂的「為己」，考慮的範圍太狹隘了。

墨子主張「兼愛」，意思是只要對天下有利的事他都會去做。這個理想很偉大，但是天下有幾個人能做到兼愛，對別人都一視同仁？一個人的力量又能有多大？墨子的主張對每個人來說，實行起來都非常困難，所以應用的範圍也很狹隘。

處世要考慮權宜變通

楊子與墨子已在〈6・9〉受到嚴厲的批評。那麼，避開這兩種極端，像子莫一般採取中間立場，是否可行？關鍵依然在於「權」字，要能考慮權宜變通，因為人生的處境是活潑的，人生的正途（道）也不可能一成不變。為了避免過於彈性而變成投機，一個人一定要以真誠做為做人處事的出發點。

此外，內心感受、對方期許、社會規範，這三點可以幫助我們如何去選擇善（權）。譬如，我年輕的時候，父母正值盛年，此時我盡孝的方法是：為了健康而陪他們爬山，順便增進親子關係；母親後來癱瘓了，我就陪她打麻將。孝順要視情況而定——希望父母快樂是孝心使然，這是真誠的，但是用什麼方法表達，則要隨時注意情況的變化，以採取合宜的方式。這正是儒家思想所重視的「權」，也就是變通，不執著於一點的意思。

〈13・27〉

孟子曰：「饑者甘食，渴者甘飲，是未得飲食之正也，饑渴害之也。豈唯口腹有饑渴之害？人心亦皆有害。人能無以饑渴之害爲心害，則不及人不爲憂矣。」

孟子說：「饑餓的人覺得任何食物都好吃，口渴的人覺得任何飲料都好喝，這並沒有嚐到飲食的正常味道，而是受了饑餓與口渴的損害啊。難道只有口與腹會有饑渴的損害？人心也有這一類的損害。人們能夠讓自己的心不要受到饑渴之類的損害，那麼就不會以趕不上別人爲憂慮了。」

一個人在饑餓的時候，只要有東西吃就會覺得很好吃；口渴的時候，光是喝水就覺得很甜美。「饑者甘食，渴者甘飲」，說的並非飲食本身好不好，而是一個人要求的問題。對孟子來說，人心的饑渴是指很少接觸善言善行，而「不及人」則是指富貴趕不上別人。人心若以行善爲滿足，自然不會羨慕別人的物質享受了。

愈有影響力，愈要懂得收斂

我們每天看到、聽到的，大都是報章雜誌的八卦、電視裡的新聞、網路媒體所傳來的資訊，如果自己缺乏判斷能力，難免在聽到泛泛之論，或有一點道理的話，就上當受騙了。我在演講或上課時，常常提醒自己不能憑口舌之利，顚倒是非黑白，這是很大的罪過。寫文章也一樣，我爲報章媒體寫文章時，也會特別提醒自己下筆要謹慎，這就是一種收斂。

有影響力的人一定要有這樣的警覺，更何況受教育最基本的表現，就是懂得與別人互相尊重，如果不喜歡別人在背後批評自己，就不要在背後批評別人，這是最基本的做人道理。學習儒家思想，最後就是要對得起自己以及做人的道理，儘量不要去製造事端。

佛家裡有「業」的觀念，譬如身業、口業、意業。業就是造業，也就是人無端製造一些問題出來，形成各種困擾。在戒除身、口、意三業方面都能夠修行到一定的程度，這個人就蛻變提升了。宗教裡的戒律與修行，都是勸人爲善的，任何一種宗教只要依照戒律來做，從起心動念開始提醒自己、修正自己、考驗自己、改善自己，一個人怎麼會不走上善途？

〈13・28〉

孟子曰：「柳下惠不以三公易其介。」

孟子說：「柳下惠不會因爲做了大官，就改變他的操守。」

「三公」一詞，有兩種說法，一是指太師、太傅、太保；二是指司馬、司徒、司空。都是輔佐國君的高官。

「介」是指操守，「其介如石」是稱讚一個人的操守像石頭一樣堅硬。「不以三公易其介」，是很不容易做到的事，很多人官做久了以後，與他人來往時，會想先知道對方的身分背景，然後再決定他的應對態度。像這樣一天到晚變換面具，又何苦呢？「介如石焉」一語，出自《易經．繫辭傳》對豫卦的解說。

〈13．29〉

孟子曰：「有爲者辟若掘井，掘井九軔（ㄖㄣˋ）而不及泉，猶爲棄井也。」

孟子說：「有所作爲的人就像挖一口井，挖到六、七丈深還沒有出現泉水，仍然是一口廢井。」

本章是借日常生活可以看到的經驗做爲比喻。七尺爲一「軔」（仞），九軔大概是六、七丈長。這一章可參考〈11．19〉的「夫仁，亦在乎熟之而已矣」。求知與行善，都必須累積到一定程度，才可轉化生命。

如果五穀沒有成熟，還不如稊稗；如果挖井沒有抵達泉水，只是一個無用的坑洞。這說明一個人修養自己的德行，需要長期努力，直到自己的生命改變爲止。一開始可能需要經常提醒自己要做好事、要努力做，到最後不必要求，自己就會主動去做，並且做出成果，這樣就成功了。

〈13・30〉

孟子曰：「堯、舜，性之也；湯、武，身之也；五霸，假之也。久假而不歸，惡知其非有也？」

孟子說：「堯、舜是順著本性去實行仁義的；商湯、周武王是靠著修身去實行仁義的；五霸是利用假借去實行仁義的。假借久了而不歸還，怎麼知道他們本來是沒有仁義的呢？」

孟子這段話的意思，是希望一般人即使是做做樣子去行仁義也好，做久了也會以假爲眞了。這就好像一個人穿上堯的衣服，說堯說的話，做堯做的事，久而久之就變成堯了。如果他這輩子能一直「裝」好人，最後進了墳墓，那麼他終究還是個好人。

孟子認爲，實行仁義有三種方式：性之、身之、假之。在教育時，由外至內，先強調「假之」，說明仁義對自己有利；再鼓勵「身之」，說明修身未必十分困難；最高目標則是「性之」，指出行善才是人性的正常發展。

前文提到「君子所欲」、「君子所樂」、「君子所性」，就是最好的例子：堯、舜是順著本性而眞誠，可以由內而發；商湯與周武王是不斷地修養自己，但是五霸如齊桓公、宋襄公、晉文公等，則是假借仁義的名義要使天下太平。

每一個人大概都會有「性之」、「身之」、「假之」三個階段：第一，覺得自己很難照本性的要求去行善時，那就先「假之」；第二，努力修養自己，讓善行實現出來；第三，自然而然，由內而發去行善。這三個階段就可以自然連貫起來。

〈13·31〉

公孫丑曰：「伊尹曰：『予不狎於不順，放太甲於桐，民大悅。太甲賢，又反之，民大悅。』賢者之爲人臣也，其君不賢，則固可放與？」

孟子曰：「有伊尹之志則可；無伊尹之志則簒也。」

公孫丑說：「伊尹說：『我不親近違逆仁義的人，因此把太甲放逐到桐邑，百姓非常高興。太甲變好了，又讓他回來即位，百姓也非常高興。』賢者做爲臣下，君主不好時，本來就可以將他放逐嗎？」

孟子說：「有伊尹那樣的心思，就可以；沒有伊尹那樣的心思，就是簒位了。」

伊尹之事，見〈6·9〉。他的心思不夾雜私利，完全爲國家與百姓著想。如果沒有孟子，這些古人很容易招致後人的誤解，像伊尹難免會被認爲是大逆不道。孟子的智慧就在於：把古代的書讀通之後，還能揣摩古聖先賢的心思；而且所說的都合乎他的大原則，言之成理，不得不讓人佩服。像這一類的故事，歷史上最有名的是周公與王莽。周公也曾受流言所困，後來他還政於成王，澄清了一切誤會；王莽則最後竟然篡了漢王室。所謂的「伊尹之志」，是需要在時間過程中加以檢驗的。

〈13・32〉

公孫丑曰：「《詩》曰：『不素餐兮。』君子之不耕而食，何也？」

孟子曰：「君子居是國也，其君用之，則安富尊榮；其子弟從之，則孝悌忠信。『不素餐兮』，孰大於是？」

公孫丑說：「《詩經・魏風・伐檀》上說：『不白白吃飯啊。』可是君子不耕種卻也吃飯，爲什麼呢？」

孟子說：「君子住在一個國家裡，國君任用他，就能帶來安定、富足、尊貴、榮耀；青少年跟隨他，就會變得孝順父母、尊敬兄長、辦事忠心、講求誠信。『不白白吃飯啊』，什麼功勞比他的更大？」

社會的需求是多方面的，如果要讓每個人都親自耕田才有飯吃，根本是不切實際的想法。孟子在前面〈5・4〉已經充分論證了農家之說的謬誤。

古代讀書人最希望的出路就是做官，如果國君任用，則理想可以實現。社會上沒有這種君子來教導的話，農夫就算耕田收成，結果大家搶著去吃，誰也吃不到，整個社會秩序也跟著亂了。教書的人聽到孟子的說法，一則以喜，一則以憂。喜的是，他充分肯定了教育的重大意義，認爲老師應該得到好的待遇；憂的是，老師眞的盡到職責，讓青少年做到「孝悌忠信」了嗎？

〈13・33〉

王子墊問曰：「士何事？」

孟子曰：「尚志。」

曰：「何謂尚志？」

曰：「仁義而已矣。殺一無罪非仁也，非其有而取之非義也。居惡在？仁是也；路惡在？義是也。居仁由義，大人之事備矣。」

王子墊請教說：「士人該做什麼事？」

孟子說：「提升自己的志向。」

王子墊說：「什麼叫做提升自己的志向？」

孟子說：「志於仁德與義行罷了。殺一個無罪的人，就不合乎仁德；不是自己該有的卻去取來，就不合乎義行。居住之處在哪裡？就是仁德；行走之路在哪裡？就是義行。居住於仁德，順著義行走，德行完備的人所該做的事就齊全了。」

王子墊是齊國王子，名墊。「尚志」即提升自己的志向。孟子也曾在〈3・2〉說過，聖人「行一不義，殺一不辜，而得天下，皆不爲也」，可見他對百姓生命的普遍重視，而孟子基本的觀點是對人權的尊重。

「居仁由義」就是內心要眞誠，發出行仁的要求，隨時要保持這種敏感狀態，然後，順著義理去做該做的事。孟子曾在〈7・10〉說：「仁，人之安宅也；義，人之正路也。」本章進而強調這是士的志向，做到了就合乎「大人」的資格了。

〈13・34〉

孟子曰：「仲子，不義與之齊國而弗受，人皆信之，是舍簞食豆羹之義也。人莫大焉亡親戚君臣上下。以其小者信其大者，奚可哉？」

孟子說：「陳仲子，不依正當方式送給他齊國，都不會接受，大家都相信這一點。不過這只是拒絕一筐飯、一碗湯那樣的義行罷了。人的過錯沒有比抹殺親戚、君臣、尊卑關係更大的了。因爲他有小義行，就相信他也有大義行，怎麼可以呢？」

陳仲子的事蹟，見〈6・10〉。他爲了保持操守廉潔，而對母親與哥哥所採取的態度，是孟子不以爲然的，人不應爲了小義而損害大義。

孟子站在不同的角度，提出他對某些事情的見解，這是因爲社會大眾很容易被蒙蔽，看到一個人在小事上很廉潔，就以爲他一路到底都很好，孟子則明確地指出：廉潔雖好，但是要分辨大小與輕重。

〈13・35〉

桃應問曰：「舜爲天子，皋陶爲士，瞽瞍殺人，則如之何？」

孟子曰：「執之而已矣。」

「然則舜不禁與？」

曰：「夫舜惡得而禁之？夫有所受之也。」

「然則舜如之何？」

曰：「舜視棄天下，猶棄敝屣（ㄒㄧˇ）也。竊負而逃，遵海濱而處，終身訢（ㄒㄧㄣ）然，樂而忘天下。」

桃應請教說：「舜是天子，皋陶是法官，如果瞽瞍殺了人，應該怎麼辦？」

孟子說：「逮捕他就是了。」

桃應說：「那麼舜不會阻止嗎？」

孟子說：「舜怎麼能阻止呢？皋陶是於法有據的。」

桃應說：「那麼，舜又怎麼辦呢？」

孟子說：「舜把丟棄天下看成像是丟棄破草鞋一樣。他會偷偷地背著父親逃跑，沿著海邊住下來，一輩子開開心心，快樂得忘記了天下。」

人生的許多事情都不能兩全其美。很多人偏偏喜歡兩全其美，希望最後大家都快樂，但是有這種可能嗎？人生就是選擇的過程，選擇的時候要分辨本末輕重。

本章談到面臨選擇時，舜寧可不做天子，而單純地做爲人子來保護父親。這裡並不只是談「法理不外人情」，而是如果舜既要當天子，又要保護父親，那就不對了。

舜的父親曾經想盡辦法幫助象來殺舜，這些孟子全都知道，但他還是這麼說，這表示孟子所取的立場，還是推崇孝道的。的確，當帝王、有權勢是一時的，爲人子卻是長久的；當帝王、當宰相或有錢、沒錢，那是外在條件的變化，但是沒有父母就沒有自己，想到這一點，就要好好盡到爲人子女的責任。

把握人生最重要的事

要做到像舜這樣，有深刻的信念、堅定的意志，清楚知道人生什麼事最重要，實在不容易。一個人能把握住最重要的事，生命就產生實在的質感了。

這種觀念，與孔子所謂「父爲子隱，子爲父隱，直在其中矣」（《論語・子路》）的立場是一致的。儒家並非以情害法，而是肯定人情爲恆在的，是人性的自然表現。

情與法不能兼顧時，則以不違人情爲要。

很多人批評儒家怎麼可以鼓勵知法犯法？但若法律離開人性的基礎，後果不堪設想。法律條文定得愈細，漏洞就多如牛毛，到最後變成沒有犯法就是好人，這麼一來，大家都會想盡辦法請律師去鑽漏洞了。像美國的辛普森殺妻案，他用錢請了最好的律師，最後律師發現檢察官沒有先取得搜索許可就逕行查證，因此整個證據無效。明明抓到了犯人，他也坦承不諱，律師照樣可以把他說成是無罪的。我們要生活在這樣的社會裡嗎？

所以，不要認爲儒家重視人情而忽略法律。法律是爲人而設的，當人的言行偏離人性的基礎時，法律就變成一個可怕的框框而已。

〈13・36〉

孟子自范之齊，望見齊王之子，喟然嘆曰：「居移氣，養移體，大哉居乎！夫非盡人之子與？」

孟子曰：「王子宮室、車馬、衣服，多與人同，而王子若彼者，其居使之然也；況居天下之廣居者乎？魯君之宋，呼於垤（ㄉㄝˊ）澤之門。守者曰：『此非吾君也，何其聲之似我君也？』此無他，居相似也。」

孟子從范邑到齊國，遠遠地看見齊王的兒子，就感嘆地說：「居住環境改變人的氣度，飲食奉養改變人的體態，環境的影響眞大啊！他不也是和一般人的兒子一樣嗎？」

孟子又說：「王子的住所、車馬、衣服多半與別人的相同，而王子卻這麼特別，就是因爲居住環境使他這樣的；何況是居住於天下最寬廣的住宅，亦即以仁德爲住所的人呢？有一次魯君到宋國去，在宋國的垤澤城門下呼喝，守門的說：『這個人不是我們的國君，爲什麼他的聲音這麼像我們的國君呢？』這沒有別的原因，所居住的環境相似罷了。」

本文所謂「齊王之子」，應是指齊宣王。

人的身體屬於自然界，就會有固定的規律，多照顧就會保養得好。譬如，家裡栽種的花，只要記得按時剪枝、施肥，就會長得漂亮，這與栽種者的道德無關，而屬於自然界的規律。孟子的這段話是針對客觀情況來說的。

我們常常說「心廣體胖」，不要只看到體胖，還要看到心廣，也就是心胸非常開闊。國君的兒子「居移氣、養移體」，住的環境那麼好，養得胖胖的，而孟子認爲身體胖不胖不重要，重要的是：是否「居天下之廣居，立天下之正位，行天下之大道」，這樣才是所謂的大丈夫。〈6・2〉

富貴之人，氣度、體態、聲音、容貌都與眾不同。那麼以仁爲居的人呢？如果能走上仁德這條路的話，環境是沒有辦法限制他的，而這條路是每個人都可以走的。這一章算是《孟子》裡比較輕鬆的一段了。

〈13·37〉

孟子曰：「食而弗愛，豕交之也；愛而不敬，獸畜之也。恭敬者，幣之未將者也。恭敬而無實，君子不可虛拘。」

孟子說：「只養活而不愛護，那就像對待豬一樣；只愛護而不恭敬，那就像畜養犬馬一樣。恭敬之心是在贈送禮物之前就具有的。只有恭敬的形式而沒有內在的心意，君子是不會被這種虛假的形式所拘束的。」

「禮」以恭敬之心為基礎，再表現為適當的形式。禮儀的規定十分複雜，因此要特別強調真誠的心意。孔子在《論語．八佾》說：「人而不仁，如禮何？人而不仁，如樂何？」他所謂的「仁」，就是指真誠的心意。

我這幾年很少應酬，別人如果邀約而沒有真誠的心意，我大多會婉拒赴約。為什麼我要這麼主觀的判斷別人？有誠意請我吃飯的，當然會先問我有沒有時間，但是很多人直接發帖子來，這種情況我是不奉陪的。

另一種狀況是，別人給你一個假的名聲，比如請你當顧問，之後就用這個來約束你，這同樣是沒有誠意的。做人要有原則，如果有人給你名位卻沒有給與實權，又以此限制你，這就叫做「虛拘」。朋友常常說，所謂「顧問」就是「顧影自憐、問心有愧」，有許多人都是顧而不問，這就是虛名。孟子認為不必要受這種限制，所以君子不可以虛拘，一切要看有無恭敬的心意。

〈13・38〉

孟子曰：「形色，天性也，唯聖人然後可以踐形。」

孟子說：「人的形體容貌是天生的，只有聖人可以完全實踐這種形體容貌的一切潛能。」

具有人的形色，就擁有人性的一切潛能。人既然是萬物之靈，則其潛能自然以「心之四端」為主，發展出來就是仁、義、禮、智的善行，完全實踐就是聖人的境界了。換言之，只有聖人是真正的、完全的人，亦即只有聖人是止於「至善」的人。我們則是擁有「向善」的本性，並且在「擇善」過程中繼續努力。

在這裡我們特別強調孟子的觀念——身心合一論。一個人通常只是注意他外在的表現能力，如保持身體健康，卻沒有努力去發揮內在的「向善」的人性。在儒家看來，人的一生中，還有向善的潛能要去實現，沒有實現以前，不能稱作真正的人，也就是君子。所以，人的生命是努力實現潛能的過程，是一個趨勢，是不斷向上成長的階段，沒有停下來的一日。

正如人的德行無法臻至完美，我們每天都會面對新的挑戰。從前可以做到的，並不保證將來也能做到，所以要隨時保持真誠，由真誠引發內心敏銳的力量，即使是處於不斷重複的狀況，也不會鬆懈下來。

譬如，為人師表者，每年教給學生大同小異的課程內容，如何不至於感到重複與乏味呢？我的方法是用《老子》所說的「敝而新成」（第十五章）——經常把自己當作是舊的，需要重新開始，每天都是新的一天。

人的生命都有豐富的潛能等待被開發實現，所以孟子這句話非常重要。聖人與平常人沒有兩樣，只是他把內在所具有的潛能全部實現出來，造就了不平凡的生命。

〈13・39〉

齊宣王欲短喪。公孫丑曰：「爲朞（ㄐㄧ）之喪，猶愈於已乎？」孟子曰：「是猶或紾其兄之臂，子謂之姑徐徐云爾，亦教之孝悌而已矣。」王子有其母死者，其傅爲之請數月之喪。公孫丑曰：「若此者何如也？」曰：「是欲終之而不可得也，雖加一日愈於已，謂夫莫之禁而弗爲者也。」

齊宣王想要縮短守喪的期限。公孫丑說：「爲父母守喪一年，總比完全不守喪好吧？」

孟子說：「這就像有人在扭他哥哥的手臂，你卻對他說暫且慢慢地扭吧。依我看，只要教導他孝順父母，尊敬兄長就行了。」

有個王子的生母過世，他的老師爲他請求君主，允許他守喪幾個月。公孫丑說：「像這樣的事，該怎麼看？」

孟子說：「這是想守喪三年而無法辦到的情況。即使多守喪一天也比不守喪好，這話是針對那些沒有人禁止而他自己不肯守喪的人所說的。」

古代守喪的期限是三年，三年是指二十五個月，並非三十六個月。第三年的第一個月滿了就算三年。公孫丑的問題，簡直就是孔子的學生宰我的翻版。宰我建議守喪一年，孔子當時把他好好教訓了一頓，孔子說的理由，正好透露出孔子對人性的看法。(《論語．陽貨》)

《儀禮．喪服記》規定，王子因爲父親還在，所以無法爲母親守喪三年。若是心中沒有哀思，守喪難免淪於形式。這也是一個禮與仁配合的問題。孟子說這話是針對齊宣王。齊宣王不想守喪，找了很多理由，恐怕也有許多大臣會替他找；相對的，王子是妾所生者，他的母親過世了，因爲國君與國君夫人還健在，所以他若守喪就是違禮了。

孟子所要表達的是，人碰到這樣的處境，一方面面對的是人內心的情感，另一方面則是社會的規定(禮)，兩者怎麼配合，確實需要智慧。

現代已經沒有這樣的問題了，因此重點應該放在一個人遵守所有的禮儀時，有沒有眞誠的心意，然後具體做法則視情況而調整。

〈13・40〉

孟子曰：「君子之所以教者五：有如時雨化之者，有成德者，有達財者，有答問者，有私淑艾（一）者。此五者，君子之所以教也。」

孟子說：「君子有五種教育的方法：有像及時雨那樣潤澤點化的，有成全品德的，有培養才幹的，有解答疑問的，有靠品德學問使別人私下受到教誨的。這五種就是君子施行教育的方法。」

孟子認爲第一種教育方法是「有如時雨化之者」，這就像所謂的及時雨，也就是適時的幫助。譬如，老師每天對學生說要幫他化解困難，但平常不需要的時候，學生對這句話根本沒有感覺；直到哪一天眞的遇到困難時，老師就他的情況給與建議，才能適時地讓他體悟。所以，老師對於長期跟在身邊的學生，可以因時、因地、因事而隨機指點，助其轉化提升。

接下來的「成德」、「達財」、「答問」這三種，分別針對品德、才幹、見識來指導，這是爲了考量學生的不同需求。

至於第五種方法：「有私淑艾者」，其字面的意義是「私拾取者」，意即老師的嘉言懿行廣爲流傳之後，有些人即使沒有親自受教的機會，也可以私下認眞學習。孟子對於孔子，即是如此。

〈13・41〉

公孫丑曰：「道則高矣，美矣，宜若登天然。似不可及也；何不使彼爲可幾及而日孳孳也？」

孟子曰：「大匠不爲拙工改廢繩墨，羿不爲拙射變其彀（ㄍㄡˋ）率。君子引而不發，躍如也。中道而立，能者從之。」

公孫丑說：「人生正道既高尚又美好，簡直就像登上天空一樣，似乎是不可能達到的；爲什麼不讓它變得有可能達到，然後人們可以每天努力去追求呢？」

孟子說：「高明的木匠不會爲了笨拙的工人而更改或廢棄繩墨，后羿不會爲了笨拙的射手而改變拉弓的標準。君子有如教人射箭，拉開了弓卻不發箭，做出躍躍欲試的樣子。他站在正道的中間，有能力的就會跟著他去學。」

《論語・雍也》有一則資料可供參考。冉求曰：「非不說子之道，力不足也。」子曰：「力不足者，中道而廢，今女畫。」孔子指正冉求的話是：「力量不夠的人，走到半路才會放棄。現在你卻是畫地自限。」在此所謂的「中道」是指半途。孟子本章所謂的「中道而立」，則是說君子站在正道的中間，歡迎別人來共襄盛舉，一起走上人生的坦途。

「中道而立，能者從之」，說得非常好！爲人師表者經常會有一股熱忱，希望能幫助許多人，但是當別人尚未準備好或能力不足時，該怎麼辦？孟子希望他的學生努力往上看齊，不能降低標準。譬如，我們提到儒家與道家的思想，不能光談怎麼孝順，見到父母要問好、鞠躬，這些都只是具體的做法而已，這樣就是降低了標準。眞正要談的，應該是談這些做法的理由，也就是「人性向善」、「天人合德」。沒有掌握住原則的話，光知道具體的做法又有什麼用？當具體的做法碰到困難的時候，一個人又如何堅持下去？

〈13・42〉

孟子曰：「天下有道，以道殉身；天下無道，以身殉道。未聞以道殉乎人者也。」

孟子說：「天下政治上軌道，就讓正道隨我的生命來實現；天下政治不上軌道，就讓我的生命爲正道而犧牲。沒有聽說犧牲正道去迎合別人的。」

「以道殉身」，是讓正道隨著我的生命來實現；相反的，「以身殉道」則是當天下政治不上軌道時，要犧牲生命去實現道。但是天下有道與無道，不宜以二分法界定，而應考量其趨勢。這樣才可符合儒家所標榜的「知其不可而爲之」。

孟子批評有些人雖然學習了正道，卻去迎合權貴之人。事實上，今天的社會與古代的差不多，許多人犧牲正道去迎合別人，尤其是去迎合長官、老闆等有權力、有財富者，雖然這樣的做法很難避免，卻是非常可惜的。

〈13・43〉

公都子曰：「滕更之在門也，若在所禮，而不答，何也？」

孟子曰：「挾貴而問，挾賢而問，挾長而問，挾有勳勞而問，挾故而問，皆所不答也。滕更有二焉。」

公都子說：「滕更在先生門下時，似乎是屬於要以禮相待的人，可是您卻不回答他的問題，爲什麼呢？」

孟子說：「仗著地位高而發問，仗著才幹多而發問，仗著年紀大而發問，仗著有功勞而發問，仗著老交情而發問，都是我不願意回答的。滕更占了其中兩項。」

孟子回答別人問題時，是很有原則的，不能仗著地位高、有才幹、年紀大、有功勞或老交情。而滕更是滕國國君的弟弟，他所挾的是貴與賢，有所倚仗而發問，不但少了一份誠意，也不容易謙虛上進。

請教別人問題的時候，當然要謙虛，希望眞正了解別人的意見，得到正確的指導。既然是去問孟子這位學識淵博的老師，一定是認爲自己有所不足，或者要驗證自己的心得，這個時候不能有所倚仗，否則就表示誠意不足，也就偏離了儒家思想的要求了。

〈13・44〉

孟子曰：「於不可已而已者，無所不已。於所厚者薄，無所不薄也。其進銳者，其退速。」

孟子說：「對於不可以停止的事卻停止了，那就沒有什麼事不可以停止了。對於應該厚待的人卻薄待他，那就沒有什麼人不可以薄待了。前進太猛的人，後退也很快。」

我常用「其進銳者，其退速」當作座右銘，在自己讀書或做任何事的時候，不疾不徐地隨時衡量、做好計畫，這不太容易做到。思考問題不能著急，許多事情的成功並不在於誰比較拚命，而是有沒有計畫，是否能做好時間管理。

「所厚者」是指應該厚待的人，對一個人來說當然是指家人、親戚、朋友。人如果對父母、兄弟姊妹不夠厚道，會對朋友很好嗎？我想不太可能。我雖然與兄弟姊妹平常很少來往，只要他們有事開口，我都會當成最重要的事來做，因爲自己的手足還是最親近的。一旦需要我幫忙就全力以赴，這叫做對於應該厚待的人不能夠輕忽。

孟子曾說：「父母俱存、兄弟無故，一樂也。」稱王天下還不算快樂，「父母俱存，兄弟無故」才是第一件最快樂的事。這種觀念涉及人性正常發展應該有的軌道與次序。

「不可已」是指擇善而言，必須固執一生。「所厚者」是依「愛的差等」而定。如果忽略基礎與根源，汲汲於追求世間成就，即使看來大有進展，其中卻隱含了後退的危機。「進銳退速」一語也提醒我們：學習要循序漸進，並且持之以恆。

〈13・45〉

孟子曰：「君子之於物也，愛之而弗仁；於民也，仁之而弗親。親親而仁民，仁民而愛物。」

孟子說：「君子對待萬物，愛惜而不施加仁德；對待百姓，施加仁德而不視爲親人。君子親愛自己的親人，進而以仁德施於百姓；以仁德施於百姓，進而愛惜萬物。」

君子對萬事萬物皆有差等

有次序，亦即有差等，如果對人沒有差等的話，最後很可能形成兩種情況：第一，成爲墨家所說的「兼愛」，對每一個人都同樣去愛，對自己的父母、親人、朋友，與對外人的愛護完全相同；第二，成爲道家的「天地不仁，以萬物爲芻狗，聖人不仁，以百姓爲芻狗」，既然不可能對誰特別好，最後可能對所有的人都不必好了。儒家的思想爲什麼能夠傳之久遠？因爲它最符合人性。一個人的力量有限，所以在實踐時要注意輕重緩急與變通。

譬如，我在公車上看到兩個老人家，一個是我的鄰居，另外一個是不認識的人，我當然考慮先讓座給鄰居，除非另一個看起來明顯更有需要，那麼，我的鄰居自然也會諒解。換言之，我對人的親善是有次序的。又好像我在校園裡看到兩個學生，一個是我教過的，一個是我不認識的，如果兩個人見到我都不理，我一定會對教過的學生感到難過，至於另外一個，因爲我不認識，當然也不會對他有什麼期待了。

君子對萬物、百姓、親人的態度，是有差等的。這是源自關係的遠近與情感的深淺，也正是順其自然的表現。

〈13・46〉

孟子曰：「知者無不知也，當務之爲急；仁者無不愛也，急親賢之爲務。堯、舜之知而不遍物，急先務也。堯、舜之仁不遍愛人，急親賢也。不能三年之喪，而緦（ㄙ）、小功之察；放飯流歠（ㄔㄨㄛˋ），而問無齒決，是之謂不知務。」

孟子說：「明智者沒有不想知道的，但急於知道當前該做的事；行仁者沒有不想愛護的，但務必先愛護親人與賢者。堯、舜的智慧不能完全知道一切事物，因爲急於知道首要任務；堯、舜的仁德不能普遍愛護一切的人，因爲急於先愛護親人與賢者。如果不能實行三年的喪禮，卻對緦麻三月、小功五月的喪禮仔細講求；在尊長面前大口吃飯、大口喝湯，卻講究不用牙齒咬斷乾肉，這就叫做不知道輕重緩急。」

古代服喪分爲斬衰、齊衰、大功、小功、緦麻五等，時間分別爲三年、一年、九個月、五個月、三個月。

這裡用了兩個例子來說明：其一，女婿爲岳父母守孝三個月，謂緦麻三月；外孫爲外祖父母守孝，謂小功五月；這都是古代社會講求的禮。如果一個人不去講究最主要的三年大喪（對父母守喪），反而去講究女婿、外孫如何守喪，這就是本末不分。其二，在尊長面前大口吃飯、喝湯，卻講究吃飯時旁枝末節的禮儀。古人食用乾肉不是先切斷，就是用手撕開，如果在嘴巴裡直接啃咬發出聲音，會被認爲是沒有修養的表現。這些都是本末倒置的作爲了。「當務之急」一詞，表示當前最急迫的任務。人生有各種選擇，什麼是最急迫的？孟子以堯、舜爲例，答案當然是實踐仁義了。我們研讀《孟子》至此，應該也會明白他的苦心與用心。

卷十四〈盡心篇〉下

〈14．1〉

孟子曰：「不仁哉梁惠王也！仁者以其所愛及其所不愛，不仁者以其所不愛及其所愛。」

公孫丑曰：「何謂也？」

「梁惠王以土地之故，糜爛其民而戰之，大敗；將復之，恐不能勝，故驅其所愛子弟以殉之，是之謂以其所不愛及其所愛也。」

孟子說：「梁惠王沒有仁德啊！有仁德的人由照顧他所愛的人推及他所不愛的人，沒有仁德的人由遺棄他所不愛的人禍及他所愛的人。」

公孫丑請教說：「這話是什麼意思呢？」

孟子說：「梁惠王爲了爭奪土地，驅使百姓去作戰，死傷慘重，大敗之後還想再戰，擔心不能取勝，就驅使他所愛的子弟去送死，所以我說他是由遺棄他所不愛的人禍及他所愛的人。」

「以其所愛及其所不愛」，和「老吾老以及人之老，幼吾幼以及人之幼」的意思，表面看來相近，就是一種推恩——把自己的恩情推出去，但是要有順序：先照顧自己所愛的人，有多餘的能力再照顧原來比較疏遠的人。俗話說「遠親不如近鄰」，也是這個意思，一個人不肯用心對待每天看到的鄰居，而去關心一個可能幾年都見不到的人，實在違反人之常情，因爲人與人之間是相互的，有多少付出，就有多少回饋。

有時候覺得自己擁有行動的能力，各種條件都具備了，不需要別人的幫助。而事實上，人有旦夕禍福，得意的時候需要爲失意的時候打算。儒家的這種觀念建立之後，每個人無論得意失意都有原則可以遵行，人生的路才走得穩。

有關梁惠王的事蹟，見〈1・5〉，在馬陵之役，還犧牲了太子申。爲了爭奪土地而打仗，實爲不仁不智。犧牲別人的子弟之後，還犧牲了自己的子弟，眞是不仁德，所以孟子才會批評他。人在一念之轉中，拋棄那些不愛的人，到最後還是得拋棄自己身邊原來所愛的人。

〈14・2〉

孟子曰：「春秋無義戰。彼善於此，則有之矣。征者，上伐下也，敵國不相征也。」

孟子說：「春秋時代沒有正當的戰爭。那一次戰爭比這一次的好些，倒還是有的。所謂征討，是指天子討伐諸侯，同等的諸侯國是不能互相征討的。」

這段話非常扼要，是孟子對春秋整個時代的評價。爲什麼孟子說「春秋無義戰」呢？當時的天子還在，只是沒有權力與勢力，以致諸侯之間互相爭霸，甚至互相爭戰。本來諸侯之間是平等的，打仗一定要等天子來下命令，彼此間沒有資格互相征討，畢竟社會還是要維持一定的秩序。

譬如，在孔子的時代，齊國的大臣陳恆把國君殺了，孔子建言給魯君，要討伐齊國的亂臣賊子，但魯君不敢。因爲魯國有三家大夫：孟孫、叔孫、季孫，他們全部反對這件事，而魯君也怕大夫們聯手將他除去，導致國家發生內亂，然後其他國家也可能爲了維護天下的秩序，又來設法征討不休。

像燕國發生內亂時，齊國平定之後就占領了燕國，當時孟子勸齊宣王不要占領燕國，把土地還給百姓，齊宣王不但不肯，還得意洋洋。結果兩年之後燕人起義，把齊兵趕走，齊宣王深覺慚愧。（〈4・9〉）

由此可見，春秋時代天子勢衰，以致發生戰爭，皆非天子之意，所以說「無義戰」。這種說法無異於反對絕大多數的戰爭。

〈14・3〉

孟子曰：「盡信《書》，則不如無《書》。吾於《武成》，取二三策而已

矣。仁人無敵於天下。以至仁伐至不仁，而何其血之流杵也？」

孟子說：「完全相信《尚書》所記的，還不如沒有《尚書》這本書。我對於〈武成〉一篇，只取其中兩、三編竹簡罷了。行仁者在天下沒有敵手，以最有仁德的周武王去討伐最無仁德的商紂，怎麼會使血流得把舂米的木棍都漂浮起來了呢？」

〈武成〉所記大概是周武王伐紂的事，描寫很多人死得慘烈。「血之流杵」有兩種可能：一是仍有一些小諸侯誓死支持商紂，商紂王雖然行暴政，但是他也提拔了許多人，這些人最後還是誓死效忠保護他；二是商紂許多士兵倒戈而互相殘殺。孟子在其他地方描寫周武王時，曾說百姓如何歡迎王師（〈2・10〉），武王又如何「一怒而安天下之民」（〈2・3〉），因此他認爲〈武成〉所寫的過於誇張。歷史記載本來是出於史官，史官（或其他作者）下筆時，確實可能有所偏差，因此讀者需要思考，不能盲目地接受書中所記。

〈14・4〉

孟子曰：「有人曰：『我善爲陳（ㄓㄣˋ），我善爲戰。』大罪也。國君好仁，天下無敵焉。南面而征，北狄怨；東面而征，西夷怨。曰：『奚爲

後我？』武王之伐殷也，革車三百兩（ㄌㄧㄤˋ），虎賁（ㄅㄣ）三千人。王曰：『無畏！寧爾也，非敵百姓也。』若崩厥角稽首。征之爲言正也，各欲正己也，焉用戰？」

孟子說：「有人說：『我善於布陣，我善於打仗。』這是大罪惡啊。國君愛好仁德，天下就沒有敵手。他向南方征伐，北邊的狄人就抱怨；他向東方征伐，西邊的夷人就抱怨，說：『爲什麼把我們放在後面？』周武王討伐殷商時，有戰車三百輛，勇士三千人。周武王向殷商的百姓說：『不要害怕！我是來安撫你們的，不是要與百姓爲敵的。』百姓叩頭額角碰地的聲音，像山陵崩塌一樣。『征』就是『正』的意思，各國都想要端正自己的話，又何必用到戰爭呢？」

「稽首」是指磕頭；「厥角」是指頭碰到地；「崩」是指像山崩一樣。「若崩厥角稽首」，是形容百姓叩頭額頭碰地的聲音，表示很有誠意。

孟子以「征」爲「正」，意思是：各國既然互相征伐，都希望走上「正」途，那麼何不先「正己」呢？孟子是反對戰爭的，孔子最謹慎的事是「齊（齋）、戰、疾」（《論語・述而》），他自然也是反對戰爭的。若要出兵爭討別國，何不先反省自己是否行得正？孟子的想法依然是「仁者無敵」，只是諸侯之間並無仁者。如果進而省思如何才算仁者，可能不易找到判斷標準。儒家要面對的是這樣的問題。

〈14・5〉

孟子曰：「梓匠輪輿，能與人規矩，不能使人巧。」

孟子說：「木匠與車匠能教人使用圓規及曲尺的方法，卻不能使人技術精巧。」

技術需要自己下工夫，所謂「熟能生巧」，然後才可抵達得心應手的程度。譬如，學習英文時，老師雖然能教ABCD與基本的字句、句型，但是怎樣能用得熟練而自然，都得靠自己。同樣去學習，擁有同樣的老師，眞正用功的人，一年下來就大幅領先其他人了。

〈14・6〉

孟子曰：「舜之飯糗茹草也，若將終身焉；及其爲天子也，被（ㄆㄧ）袗（ㄓㄣˇ）衣，鼓琴，二女果，若固有之。」

孟子說：「舜在吃乾糧啃野菜的時候，就像打算一輩子這麼過似的；等他當上了天子，穿著麻葛單衣，彈著琴，堯的兩個女兒侍候著，又像本來就享有這種生活似的。」

「二女果」的「果」是指侍候，就是一使眼色，馬上就有使眼色的結果，比如一說肚子餓，馬上有飯可吃。一個人要「若固有之」實屬不易。以前舜窮的時候，吃著乾糧啃著野菜，不會唉聲嘆氣；當了天子以後，有豪華的生活享受，又好像一切都很自然。孟子的這兩段話說明，一個人擁有什麼樣的物質條件並不重要，重要的是他在任何情況之下都可以安頓。

以「順」因應，人生隨處都能安頓

我年輕的時候，一路從助教、講師、副教授升上來，在尚未擔任正式教授時，常常覺得委屈。其實，如果真是人才，即使當助教也會很自在，好像一輩子就要當助教一樣。一個人做什麼事，無論貴賤，都能安頓自己，才是最重要的。這個世界由眾人的分工合作而組成，人在台下看久了，總有上台的一天。所以，還在台下時就要好好準備，等待機會來臨，才能一展所長。

舜先是逆來順受，後來則是順來順受。亦即無論任何遭遇，都以「順」來因應，因為他的快樂來源在內不在外。舜與其他人不同的地方，就在於他選擇的是人生的正當道路，並且不間斷地修德。

一個人的遭遇、成就如何，都是次要的，唯有讓眞誠的心發出自我要求的力量，並且加以實現，才會感覺到自己每天都有所成長。

我們在任何時刻與任何人往來，都是修德行善的機會，也是自我成長的考驗，舜就是把握了這一點，所以，整個的生命表現才會是「若將終身焉」。

〈14・7〉

孟子曰：「吾今而後知殺人親之重也：殺人之父，人亦殺其父；殺人之兄，人亦殺其兄。然則非自殺之也，一間（㈤）耳。」

孟子說：「我現在才知道殺害別人親人的嚴重性：殺了別人的父親，別人也殺他父親；殺了別人的哥哥，別人也殺他哥哥。雖然不是他自己殺了父親與哥哥，但相差實在不遠。」

做任何事都要留餘地

這章說的是所謂的「以牙還牙」。儒家希望我們不要讓家人陷入困境，做任何事情都要留點餘地，適可而止，這樣才不會引發後遺症。

如果今天得意了就任意批評別人，將來別人得意時想報復也是理所當然的，所以現在就提醒自己收斂一點。寫文章也是一樣，下筆要有分寸，儘量避免指涉別人的隱私或指桑罵槐，這就是自我警惕，爲他人留點餘地。因爲「天道好還」，我們怎麼對待別人，將來就會回報到自己身上；對別人厚道一點，等於對自己厚道一點。

本章要說的就是這種情況，親人爲什麼要代自己受過？因此，見到親人有難，首先要自省是否有過要改。

〈14・8〉

孟子曰：「古之為關也，將以禦暴；今之為關也，將以為暴。」

孟子說：「古代設立關卡，是用它來抵禦殘暴；現在設立關卡，卻是想用它來施行殘暴。」

古代的禍患來自外敵，現在的禍患來自昏君。這種情況在其他時代依然存在。孟子說的這句話雖然扼要，卻是一針見血。

孟子強調「域民不以封疆之界」（〈4・1〉），意思是：限制百姓不必用國家的疆界。百姓若是離心離德，把他們關在國內又有何意義？國君應該推行仁政，否則無法回應百姓的殷切期盼。

〈14・9〉

孟子曰：「身不行道，不行於妻子；使人不以道，不能行於妻子。」

孟子說：「自己不實踐正道，妻子兒女也不會實踐正道；不依正道去使喚別人，就連妻子兒女也使喚不動。」

古代家庭以男性爲主，言行具有示範作用，就是所謂的「身教」。身教不良，連妻子與兒女也不會盲目聽命。

這段話的基本原則是對的，無論爲人妻或爲人兒女，都應該各有走上正道的責任。對每一個人來說，如果自己不實踐正道，身邊的人也不會去實踐正道，身教還是勝於言教，這是不難理解的。

〈14・10〉

孟子曰：「周於利者，凶年不能殺；周於德者，邪世不能亂。」

孟子說：「財富充足的人，荒年也不能讓他困窘；德行高尚的人，亂世也不會讓他迷惑。」

「周」即充足；「殺」即缺乏。德行高尚的人，在亂世中也不會迷失方向，也就是所謂的「疾風知勁草，板蕩顯忠誠」。

本章的重點在於「周於德者」，至於如何才算「周於德」，則其要求恐無止境。這句話可以對照「君子固窮」來省思。「邪世不能亂」一語，正好爲我們提供了亂世中堅持德行的表率。不經嚴苛的檢驗，又怎能分辨君子與小人呢？

〈14・11〉

孟子曰：「好名之人，能讓千乘之國，苟非其人，簞食豆羹見（ㄒㄧㄢˋ）於色。」

孟子說：「愛好名聲的人，可以把千輛兵車的國家讓給別人，但是如果所讓的人不適合，就算要他讓出一筐飯一碗湯，也會露出不高興的臉色。」

「好名之人」所好的是在歷史上留名。要想留名，則須把國家讓給合適的人，否則如何留下善名？孔子說：「君子疾沒世而名不稱焉。」（《論語・衛靈公》）可見這是古人的共同願望。不過，孔子也說過：「君子去仁，惡乎成名？」（《論語・里仁》）由此可知儒家是要以行仁來成名的。

本章最重要的就是「讓」字。孔子在《論語・泰伯》說：「泰伯，其可謂至德也已矣。三以天下讓，民無得而稱焉。」就是稱讚泰伯表現了至高的德行，他多次把天下讓給人，百姓卻找不出具體的德行來讚美他。

泰伯亦即太伯，周文王的大伯。周朝祖先古公亶父有三子：泰伯、仲雍、季歷。季歷生子姬昌（周文王），古公亶父想把王位傳給季歷，泰伯與仲雍出走到後來的吳國，由季歷接位，以後才有周文王與其子武王的建立周朝。也因爲泰伯的禪讓，才使他留善名於天下。

〈14・12〉

孟子曰：「不信仁賢，則國空虛；無禮義，則上下亂；無政事，則財用不足。」

孟子說：「不信任仁人與賢者，國家人才就走光了；不能守禮行義，上下關係就會混亂；政事不上軌道，財政開支就不夠用。」

「國空虛」不是指國庫空虛，而是指國家缺少仁人與賢者。一個國家如果缺乏人才，對未來就無法做長遠的規畫，危機難免產生。這是爲政的簡明道理，應以知人善任爲先。仁人與賢者未能受到信任，則人才不敢貢獻力量，國家宛如無人可用。

至於禮義，是指守禮與行義，當然是政治人物必須依循的原則與理想。而政事是指政務與事務，孔子門下亦有「政事科」（冉有與子路，《論語・先進》），大家各司其職，按部就班，財用才不會構成問題。

〈14・13〉

孟子曰：「不仁而得國者，有之矣；不仁而得天下者，未之有也。」

孟子說：「沒有仁德而取得一個國家，有這樣的情況；沒有仁德而取得天下，那是從來不曾有過的。」

在封建制度之下，不仁者可能由於親人恩典而得國，如舜的弟弟象封於有庳。至於不仁者無法得天下，是因爲不可能獲得全部百姓的支持；世襲而得天下的，不在此列。

天下不可能讓不仁德的人取得，但是可以被他們繼承，像夏桀、商紂的王位就是繼承得來的，但是眞的得到天下的是商湯、周武王，他們是有仁德者。孟子之後雖然出現了秦始皇得天下，但秦始皇傳到二世，十幾年就被推翻了。

孟子此說在後代未必適用，比如楚漢相爭時，劉邦的仁德並不特別卓越，而項羽也是剛愎自用，但是天下就在他們手中翻騰，誰又奈何？這些是孟子始料未及的。不過，仔細思考孟子這段話中的道理，還是可以得到啓發，知道國家與天下之不同。

〈14・14〉

孟子曰：「民爲貴，社稷次之，君爲輕。是故得乎丘民而爲天子，得乎天子爲諸侯，得乎諸侯爲大夫。諸侯危社稷，則變置。犧牲既成，粢盛既絜（ㄐㄝˊ），祭祀以時，然而旱乾水溢，則變置社稷。」

孟子說：「百姓是最重要的，土穀之神位居其次，國君的分量最輕。所以，得到百姓的擁護就能做天子，得到天子的信任就能做諸侯，得到諸侯的賞識就能做大夫。諸侯危害了土穀之神，就要改立諸侯。犧牲是肥壯的、穀物是潔淨的，又是按時祭祀的，然而還是遭遇旱災水災，那就改立土穀之神。」

古代社稷（負責掌管土地、糧食的神）是指土穀之神。國家要成立，一定要有區域（土地）和穀物（糧食），因此國家不是單純的人群組織，還需要神明的保護，因而有各種祭祀活動。「社稷」固然可以引申爲國家，仍不可忽略其原有的宗教含義，亦即國家要有祖先宗廟、各種神明，以及相關的祭典，藉以安定百姓的心靈。

「丘民」本來是指區區小民，但是它代表多數百姓，有了多數百姓的支持，天子才可以有所作爲，所以「民爲貴」是一種「民爲邦本、本固邦寧」的思想。眞正的好帝王，像堯、舜、禹、湯、周武王等，都是替百姓服務的。

這裡的「民貴君輕」之說，屬於民本思想，孟子言之極有道理。民本不等於民主，因爲民主涉及制度規畫，是西方近代演變而成的政治制度。有民本思想，並不代表可以自行發展出民主制度。

〈14・15〉

孟子曰：「聖人，百世之師也，伯夷、柳下惠是也。故聞伯夷之風者，頑夫廉，懦夫有立志；聞柳下惠之風者，薄夫敦，鄙夫寬。奮乎百世之

上，百世之下，聞者莫不興起也。非聖人而能若是乎？而況於親炙之者乎？」

孟子說：「聖人是一百代人的老師，伯夷、柳下惠就是這樣的人。因此，聽說了伯夷作風的人，貪婪的變得廉潔了，懦弱的立定志向了；聽說了柳下惠作風的人，刻薄的變得敦厚了，狹隘的變得開朗了。他們在百代以前奮發有爲，百代以後聽說他們的事蹟的人沒有不振作起來的。不是聖人能夠有這樣的影響力嗎？對百代以後的人尚且如此，何況是對當時親身受過他們薰陶的人呢？」

本章前半段已見於〈10．1〉，孟子此處強調聖人的影響力，可以讓一般人取法乎上，覺悟自己也有上進的可能性。

「親炙」一詞的效應在孔子弟子身上最爲明顯。在伯夷、柳下惠的時代，身邊不一定有很多人知道或認同他們的言行爲聖。即使是像孔子這麼偉大的人，雖然有些追隨的學生，周圍還是有很多壞人，因此，連孔子都難免抱怨：「沒有人了解我呀！」（《論語・憲問》）

其實，聖人眞正偉大的地方，在於把他的理論實踐出來，影響他人，讓別人也能覺悟。這就是教育工作，也是孔子爲何被推崇爲「至聖先師」的主要原因。

〈14・16〉

孟子曰：「仁也者，人也。合而言之，道也。」

孟子說：「所謂仁德，說的就是人。人與仁德合在一起說，就是人生正道。」

這句話表面上看起來不太容易理解，關鍵在於最後的「道」字。「道」是人生的正路。

人生應該走什麼路？答案即是所謂的「人與仁德」合一。人與仁要合在一起，代表「人」不等於「仁」，但是人除了仁這條路之外別無選擇。這個仁德的「仁」不是由外面而來的，是人類內心本來就有的力量，但是先要眞誠，由此發出的力量才會使人生之路等同於仁義。

由此可見，「仁」是人的特色所在；沒有人，就不必談「仁」；要想了解人，則非談「仁」不可。人努力實踐「仁」，這種狀態就是走在人生正道上。

〈14・17〉

孟子曰：「孔子之去魯，曰：『遲遲吾行也，去父母國之道也。』去齊，接淅而行，去他國之道也。」

孟子說：「孔子離開魯國時，說：『我們慢慢走吧，這是離開祖國的態度。』他離開齊國時，把淘好的米撈起來就走，這是離開別的國家的態度。」

本章已見於〈10・1〉，那也是孟子稱讚孔子「聖之時者也」的一章。「接淅而行」，可見孔子的態度是非常堅決的。

〈14・18〉

孟子曰：「君子之戹（ㄜˋ）於陳、蔡之間，無上下之交也。」

孟子說：「孔子被困在陳國與蔡國之間，是由於同這兩國的君臣沒有交往的緣故。」

本章可參考《論語・先進》：子曰：「從我於陳、蔡者，皆不及門也。」孔子的意思是：跟隨我在陳國、蔡國之間的學生，與這兩國的君臣都沒有什麼交往。正好配合「無上下之交也」，所以他們才會困在那兒，只能吃乾糧，七天沒有燒火煮飯。

在閱讀《論語》此章時，有人將它理解爲「這些學生現在不在我的門下」。參考《孟子》本章，可知這樣的理解不對。由此亦可知，孔子不會反對正當的社交活動。所謂「在家靠父母，出外靠朋友」，原是人類社會的合理情況。

〈14・19〉

貉（ㄇㄛˋ）稽曰：「稽大不理於口。」

孟子曰：「無傷也。士憎茲多口。《詩》云：『憂心悄悄，慍於群小。』孔子也。『肆不殄（ㄊㄧㄢˇ）厥慍，亦不殞（ㄩㄣˇ）厥問。』文王也。」

貉稽說：「我被別人說了很多壞話。」

孟子說：「沒有關係。士人總會受到別人的任意批評。《詩經・邶風・柏舟》上說：『內心憂愁不已，討厭那群小人。』說的就是孔子。《詩經・大雅・綿》上說：『不消除別人的怨恨，也不損害自己的聲名。』說的就是周文王。」

止謗莫如自修

受人批評，並不值得擔心；要擔心的是：為了什麼事而受人批評？如果是堅持人生的理想與原則，則受人批評是為了「道不同不相為謀」（《論語・衛靈公》），那麼連孔子與周文王也難以避免，我們又何必在意呢？

我們平常會想到「有則改之，無則加勉」一語，但是讀書人難免有「文人相輕」的毛病，總是「自是而非彼」，互相批評不已，實為浪費生命。「止謗莫如自修」，我們努力修養自己都來不及了，哪還有時間去擔心別人說些什麼？

〈14・20〉

孟子曰：「賢者以其昭昭使人昭昭。今以其昏昏使人昭昭。」

孟子說：「賢明的人用自己覺悟的道理來使別人覺悟，現在的人卻想用自己沒想通的道理來使別人覺悟。」

在教書的時候常可看到這樣的情況。有些老師自己還沒有清楚理解，就希望別人覺悟。學生一提問題，他就說這個問題不重要，暫且不要討論。這樣能夠教給學生什麼呢？

能夠教導別人的，不外乎國君、父母、長官與老師。但是這些人都能覺悟他們用來教導別人的話嗎？人只要清楚自己在說什麼，以及爲什麼這樣說，人生何難之有？

一套理論要說清楚，其實並不困難，但是如果長期在講述，卻還是講不清楚，就代表自己可能尚未正確理解，不然就是這門學問本身有問題。由此看來，孟子這一章好像是在故意諷刺別人了。

〈14・21〉

孟子謂高子曰：「山徑之蹊，間介然用之而成路。爲間不用，則茅塞之矣。今茅塞子之心矣。」

孟子對高子說：「山坡上的小徑一點點寬，經常不斷去走才會變成路；只要一段時間沒有人走，茅草就會堵塞它了。現在茅草堵塞住你的心了。」

「今茅塞子之心矣」，代表高子有一段時間沒有認眞思考了。我們爬山時，會發現一些小路因爲一段時間沒有人走，就被雜草遮蓋，變成好像沒有路了。人也是一樣，如果沒有經常思考，沒有經常學習，腦袋就好像阻塞、封閉起來了，想不通很多道理。

由此看來，無論求學與做人，都要有恆；更重要的，則是保持心思的敏銳與靈活，準備隨時可以覺悟。

〈14・22〉

高子曰：「禹之聲，尚文王之聲。」

孟子曰：「何以言之？」

曰：「以追蠡（ㄆㄟ ㄌㄧˊ）。」

曰：「是奚足哉？城門之軌，兩馬之力與？」

高子說：「禹的音樂勝過周文王的音樂。」

孟子說：「憑什麼這樣說？」

高子說：「因爲禹的鐘鈕都快斷掉了。」

孟子說：「這怎麼足以證明呢？城門下的車跡很深，難道只是幾匹馬造成的嗎？」

「追」即鐘鈕，「蠡」就是快要斷掉的樣子。鐘鈕是用來掛鐘的，如果經常演奏，鐘鈕就會因爲震動而磨損到欲絕（蠡）的情況。「城門之軌」凹得很深，難道是幾匹馬拉車就可以變成這樣嗎？那是長期演變下來的結果。

孟子認爲禹的年代太久了，就像車軌不是一時可以造成的。所以，不足以用來證明他的音樂比周文王的音樂更好。孟子提醒高子要考慮到時間因素，否則很難加以比較。譬如，我們現在說夏禹的德行比周文王高，但是他們屬於不同的時代，實在很難相比，不過聖人有相通的地方，則是毫無問題的。

如果顏淵生在堯舜那個時代，說不定就會變成像大禹一般，八年在外治水，三過家門而不入。而大禹如果生在孔子的時代，說不定會「一簞食、一瓢飲、在陋巷」。這也是孟子的想法。意思是說不同的人在不一樣的處境裡，德行與操守是相同的，他會隨著條件的改變而顯示其德行的特色，所以很難分出誰比較傑出，或誰比較有德。

〈14・23〉

齊饑。陳臻曰：「國人皆以夫子將復爲發棠，殆不可復。」

孟子曰：「是爲馮婦也。晉人有馮婦者，善搏虎，卒爲善，士則之。野有衆逐虎，虎負嵎，莫之敢攖（二）。望見馮婦，趨而迎之。馮婦攘臂下車。衆皆悅之，其爲士者笑之。」

齊國遇到饑荒。陳臻說：「國內的人都以爲先生會再度勸說齊王打開棠的糧倉來救濟，大概不會再這麼做了吧？」

孟子說：「這樣做就成爲馮婦了。晉國有個叫馮婦的人，善於打老虎，後來改而行善，士人都效法他。有一次，野外有許多人在追逐一隻老虎，老虎跑到背靠山的角落，沒有人敢觸犯牠。人們遠遠看見了馮婦，就快步上前迎接。馮婦挽起袖子、伸出手臂，下車要去打老虎。大家都很高興，但是他卻被士人所嘲笑。」

「國人皆以夫子將復爲發棠」的「發」，是打開糧倉，發給大家糧食；「復」就是再度。這句話顯示，以前饑荒的時候，孟子曾經對國君提出類似的建議。針對學生的質疑，孟子總是實問虛答、常用比喻，讓學生自己思考其中的道理。

馮婦以前是打虎英雄，在社會上具有示範作用，所以他改而行善之後，會有士人起而效法。正因爲如此，他後來重操舊業，會受到士人嘲笑。歲月如流，人要不斷長進，如果齊王自己不知道開倉賑濟百姓，孟子再去勸說又有什麼意義？

〈14・24〉

孟子曰：「口之於味也，目之於色也，耳之於聲也，鼻之於臭（ㄒㄧㄡˋ）也，四肢之於安佚也，性也，有命焉，君子不謂性也。仁之於父子也，義之於君臣也，禮之於賓主也，智之於賢者也，聖人之於天道也，命也，有性焉，君子不謂命也。」

孟子說：「口對於美味，眼睛對於美色，耳朵對於好聽的聲音，鼻子對於香味，四肢對於安逸，都是出於本性的要求，但是能否得到要看命運，所以君子不說這些是本性。仁德對於父子關係，義行對於君臣關係，守禮對於賓主關係，明智對於賢者，聖人對於天道，都是屬於人的命運，但是其中也有本性的根據，所以君子不說這些是命運。」

「性」是本性，表現出先天而自然的要求，包括人與動物所共有的欲望。「命」是命運，屬於後天而人爲的規定，包括無可奈何的遭遇在內。在口、目、耳、鼻、四肢的功能方面，如果只求滿足其欲望，則將無從分辨人與動物的差異。

在人的世界，父子之間要求仁德，君臣之間要求義行，客人與主人之間要求守禮，賢者要求明智，天道則要求聖人才可體現，這些都是人類所規定的，也是沒有人可以逃避的命運。而這些規定也有人的本性爲其依據，所以君子不說這是人的命運。

孟子並沒有否定耳、目、口、鼻方面的天性，但是能否得到滿足，則由「命」來決定，所以不說這些是本性。至於各種善行，也並非完全是後天的，也有本性爲其基礎，亦即有人性向善的一面，不可說這些只是命而已。對人來說，「命」與「性」兩者不能完全分開。所以孟子才會說：「盡心，知性，知天；存心，養性，事天；修身以俟命。」（〈13・1〉）

〈14・25〉

浩生不害問曰：「樂正子，何人也？」

孟子曰：「善人也，信人也。」

「何謂善？何謂信？」

曰：「可欲之謂善，有諸己之謂信，充實之謂美，充實而有光輝之謂大，大而化之之謂聖，聖而不可知之之謂神。樂正子，二之中，四之下也。」

浩生不害問說：「樂正子是怎麼樣的人？」

孟子說：「是個行善的人，是個眞誠的人。」

浩生不害說：「什麼叫善？什麼叫眞？」

孟子說：「値得喜愛的行爲，叫做善；自己確實做到善，叫做眞；完完全全做到善，叫做美；完完全全做到善，並且發出光輝照耀別人，叫做大；發出光輝並且產生感化群眾的力量，叫做聖；聖到人們無法理解的程度，叫做神。樂正子是在善與眞二者之中，而在美、大、聖、神四者之下的人。」

「何謂善？何謂信？」這個問題問得好，因爲哲學家的第一個挑戰就是澄清概念。孟子列出六個層次，把生命發展的不同階段，以及最高的境界完全說出來了。

生命的六個層次

一、善：

「可欲之謂善」，可欲是就「心」之可欲而言，不能把它理解爲一般所謂身體的欲望。譬如，由於喜歡吃牛排，牛排變成善，豈不是很荒謬嗎？若是很多人一輩子吃不到牛排，他就不可能行善了嗎？所以，人生價值當然是要以人的大體——「心」爲主，心的可欲才叫做善。心是向善的力量，因此人生最直接的第一階段的成就即是「善」。

二、信：

「有諸己之謂信」，信者，眞也；由於人性向善，所以唯有親自實踐了善行，才可稱爲眞誠或眞正的人。說「可欲之謂善」時，只是看到別人的行爲；第二步還要自己去實踐，在自己身上做到善，才算是眞。譬如，舜聽到一句善的言語，看見一件善的行爲，內心立刻湧出了一股力量，「沛然莫之能禦」，然後努力去行善，就是做到了「信」。

三、美：

「充實之謂美」，「充實」是指在行善方面沒有任何欠缺，時時刻刻，念茲在茲。這種「美」顯然是人格之美。「美」有圓滿之意。「充實」代表沒有任何缺陷，沒有任何遺漏，完完全全做到善。

四、大：

更難的是「充實而有光輝之謂大」。一個人自身充實之後，德行會發出光輝照耀別人，稱爲大。我們在翻譯「大人」時，採用「德行完備的人」一詞，其故在此。「光輝」二字，不僅儒家會提出，在其他宗教，如佛教、天主教、基督教也都有類似的概念，聖人畫像的頭部都有光輝，以示其光照耀四方。

五、聖：

「聖人」可以化民成俗，亦即「大而化之之謂聖」，也就是一個人有如光明普照大地之外，還能產生感化群眾的力量，這叫做「聖」。一個人要成聖，必須有機會站在適當的位置上感化群眾。「光輝」是靜態的，「化」是動態的，要注意到兩者的差別。如果只有靜態的光輝，就是「大人」；如果能夠產生動態的力量去感動群眾，化解百姓的困難，使他們感覺人生充滿希望，那才是「聖人」。

六、神：

比聖人更崇高的就是神。至於「神」，既然是「不可知之」，孟子爲什麼又要指出來？原因就是不可爲人設限，同時也爲「天人合德」的妙境保留了可能性，可見儒家對人的理解實在透澈。佛教最高的境界叫做「不可思議境界」，就是不可能用言語來表達的，也就是佛經所謂的「言語道斷，心行處滅」，意即：一個人的言語失效了，心思能到的地方也不見了，再也不能用心思去想了。那就是菩薩境界。孟子所說的「聖而不可知之之謂神」，就是承認其境界「不可知之」。

這六個層次，既然我們前五步都能理解，就沒有理由質疑最後一步，換句話說，每個人心中始終要保持一種最大的可能性，就是承認人生有一個最高境界，等待我們去提升及體驗，人生的期盼確實永無止境。

〈14・26〉

孟子曰：「逃墨必歸於楊，逃楊必歸於儒。歸，斯受之而已矣。今之與楊、墨辯者，如追放豚，既入其苙（ㄌㄧˋ），又從而招之。」

孟子說：「避開墨子這一派，必定會歸入楊子這一派；避開楊子這一派，必定會回到儒家這一派。回來了，接納他們就是了。現在與楊子、墨子辯論的人，好像在追趕跑掉的豬，已經送回豬圈裡了，還要進一步把牠的腳拴住。」

孟子何出此言？墨子的「兼愛」與楊子的「為我」，有如鐘擺的兩端。實行兼愛而力不從心時，就會保守而為我；為我又行不通時，就會接受儒家的中庸之道。對於回歸的人，不必要求太過分，也不要勉強人家。孟子其意在此。

墨家主張「摩頂放踵，兼愛天下」，意即一個人到處奔走，從不替自己著想，把別人的父母當成自己的父母來照顧。另一方面，若是一個人只為自己著想，甚至「拔一毛利天下而不為」，即使是做一點點好事來幫助別人也不願意，那就變成楊朱，走上另一個極端了。

顯然，孟子的建議是：如果一個人要避開兩個極端，必須有所警覺，走向中間的道路，那就是儒家的「中庸之道」。

〈14・27〉

孟子曰：「有布縷之征，粟米之征，力役之征。君子用其一，緩其二；用其二而民有殍（ㄆㄧㄠˇ），用其三而父子離。」

孟子說：「有徵收布帛的稅，有徵收糧食的稅，有徵用人力的稅。君子採行其中一種，就暫時放過另外兩種。同時採行兩種，百姓就會有餓死的；同時採行三種，百姓就會父子離散了。」

這是古代百姓的壓力，好像只能任人宰割。最後所說的「父子離」，是家破人亡之意。徵稅要考慮百姓的負擔，所謂「民為貴」並非只是口號。孟子深思熟慮，說出這番話，但是歷代專制帝王又有誰聽得進這樣的逆耳忠言呢？

〈14·28〉

孟子曰：「諸侯之寶三：土地、人民、政事。寶珠玉者，殃必及身。」

孟子說：「諸侯有三件寶物：土地、百姓、政務。把珍珠美玉當作寶物的，災禍必定降到他身上。」

本章幾乎不用舉例了。諸侯當然要有土地與百姓，政務不處理好的話，百姓一定活不下去而逃往別的國家。但是許多諸侯還是把珠玉當作寶物，而最後災禍也一定會降到他們身上。這就是常說的「財聚則人散，財散則人聚」。由此可見，孟子希望諸侯珍惜「三寶」，善盡政治領袖的職責。

〈14·29〉

盆成括仕於齊。孟子曰：「死矣，盆成括！」盆成括見殺。門人問曰：「夫子何以知其將見殺？」曰：「其為人也小有才，未聞君子之大道也，則足以殺其軀而已矣。」

盆成括在齊國做官。孟子說：「盆成括要喪命了！」不久盆成括被殺。學生請教說：「先生怎麽知道他會被殺？」孟子說：「他這個人有點小才幹，但不懂得君子做人的大道理，那就足以招來殺身之禍了。」

「君子之大道」是什麽？自然是修身立德。不過，依此說法，官場上死於非命的人應該不少。因此，盆成括的「小有才」，恐怕要負更大的責任。盆成括「小有才」，喜歡賣弄本事，就容易有危險。其他人也許什麽事都不會，反而可以老實保命，所以人要常常使自己處於正當穩定的狀況中。

英國有句諺語說得好：「要做一個成功的國王，先做一個成功的人。」這句話適用於各行各業，無論是老師、商人、律師……都一樣，如果待人處事有問題的話，即使才華洋溢，也難保成功，因爲能力只能表現在某些層面，而做人處事的原則卻是兼顧全面的。

〈14・30〉

孟子之滕，館於上宮。有業屨（ㄐㄩˋ）於牖（ㄧㄡˇ）上，館人求之弗得。或問之曰：「若是乎從者之廋（ㄙㄡ）也？」曰：「子以是爲竊屨來與？」

曰：「殆非也。夫子之設科也，往者不追，來者不拒。苟以是心至，斯受之而已矣。」

孟子到了滕國，住在上宮賓館，守館的人把一雙沒織好的草鞋放在窗台上，結果不見了，也找不到。有人問孟子說：「這是跟隨你來的人把它藏起來了吧？」

孟子說：「你以爲這些人是爲了偷草鞋而來的嗎？」

那人說：「大概不是的。先生開設課程，對學生是離開的不追問，要來的不拒絕。只要他們誠心來學，就都接受罷了。」

古代一雙沒織完的草鞋值多少錢，我們無從得知，但偏偏不見了。這段小插曲說明孟子對學生的態度，也就是「往者不追，來者不拒」。

我現在對學生也是如此，不特別追問他們。有時候看到一些學生聽課聽了好多年，忽然不見了，隔了幾年又出現了，眞的很想問他：「別來可無恙？」但實在不方便問，因爲這是他的自由。其實，上課上久了，我還是認得每一個人，雖然名字不一定叫得出來，但什麼人沒有來上課，我一看就知道。現在的學生會覺得老師上課純粹是完成任務，對學生似乎沒什麼感情。其實做爲師生，應該以學問爲目標，互相切磋學習，總是有情分的，幾年沒見也不會生疏。

由本章可知孟子的態度，老師對學生循循善誘，但是不能保證學生立即從善如流。個別的學生應該爲自己的行爲負責，又怎能怪罪於老師呢？

〈14・31〉

孟子曰：「人皆有所不忍，達之於其所忍，仁也；人皆有所不爲，達之於其所爲，義也。人能充無欲害人之心，而仁不可勝用也；人能充無穿窬（ㄩˊ）之心，而義不可勝用也。人能充無受爾汝之實，無所往而不爲義也。士未可以言而言，是以言餂（ㄊㄧㄢˇ）之也；可以言而不言，是以不言餂之也，是皆穿窬之類也。」

孟子說：「每個人都有不忍心做的事，把它推廣到他所忍心做的事，就是仁德；每個人都有不願意做的事，把它推廣到他所願意做的事，就是義行。一個人能把不想害人的心擴充出去，仁德就用不盡了；一個人能把不願挖洞跳牆的心擴充出去，義行就做不完了；一個人能把不受人輕蔑的言行擴充出去，無論到任何地方都會合乎義行的要求。士人沒到可以說話時就說，這是用說話來套取別人的想法；可以說話時卻又不說，這是用不說話來套取別人的想法，這些都是挖洞跳牆一類的行爲。」

本章先說「達」，不忍即是惻隱之心，不爲即是羞惡之心，這兩者推廣開來就是仁德與義行。其次再談「充」，意思其實一樣。

「爾汝」即「你呀！你呀！」這個口語有輕蔑的意思。每個人都不喜歡別人對他這麼說；同樣的，若能夠不把這種言行擴充出去，就不會去任意輕蔑別人，到任何地方都會合乎義行的要求。

最後一句強調說話的時機很重要，說話不可勾心鬥角，從中取利。許多人說話的時候，還不知道對方的心態，會先用幾句話套套口風，譬如，可能先問他：「你覺得這個政府怎麼樣？」如果他說還不錯，就比較容易讓人了解他的心態。

孟子講得很含蓄，他認爲一個人可以說話時卻又不說，是用不說話來套取別人的想法，這些都是挖洞跳牆一類的行爲，因爲這代表一個人「不眞誠」，亦即違背儒家的原則，並且也錯過了做人的基本原則。

〈14・32〉

孟子曰：「言近而指遠者，善言也；守約而施博者，善道也。君子之言也，不下帶而道存焉；君子之守，修其身而天下平。人病舍其田而芸人之田，所求於人者重，而所以自任者輕。」

孟子說：「言語淺近而含義深遠，是善於說話；原則簡單而效果宏大，是善於辦事。君子所說的內容，是眼前常見的事，而道理就在其中；君子把握的原則，是修養自己而能使天下太平。人們的缺點就是放棄自己的田地，卻去替別人耕田，要求別人的很重，而加給自己的責任卻很輕。」

如果一個人說話時就事論事，一板一眼，把事情的根據與結果原原本本說出來，那麼他不能算是善於說話的人。眞正善於說話的人，言語平常而淺近，每一句都可以讓人聽得懂，但含義卻很深遠。

讀了《孟子》之後，我們慢慢熟悉他的說話模式，了解許多道理用比喻或類似寓言的方式來描述，會增加讀者的想像空間。兩點之間最短的距離是直線，這似乎再也清楚不過，但是在人的世界卻未必行得通。正如一個人說話要讓別人理解，最好的方式不一定是直接說明，有時必須繞一大圈，才能讓人恍然大悟、明白重點。這就是「言近而指遠」的意思。

「不下帶」是因爲古人「視不下帶」，眼睛只看著腰帶以上，就是指常見的一般事物。「道」是做人處事的道理。換句話說，一個人要談深刻的道理，不必說得大家都聽不懂。我教哲學幾十年來，對這句話可謂心有戚戚焉，所以再怎麼艱深的思想，我都設法講解得淺顯，讓別人容易理解。就如我們重讀古代經典，如果不能與現在的經驗配合，就沒有親切的感受，也談不上應用了。因此，做爲老師就要努力融會貫通、能近取譬，取現實生活所見的事物做爲驗證，由此顯示經典的永恆價值，即使相隔幾百年、幾千年，其中的道理同樣適用於人生。如果不能讓人從經驗中得到印證與啓發，即使全部背誦起來，又有什麼用處？

「舍其田而芸人之田」，這句話值得警惕，舉例來說，比如一個人喜歡建議別人穿什麼顏色的衣服、讀什麼樣的書、吃什麼樣的食物……很多人都有這樣的毛病，說起別人的事情頭頭是道，對自己的事情卻未必把握得住。這樣的人把精力放在注意別人的行止，卻沒有辦法改善自己，這確實是一種缺點。孔子說：「躬自厚而薄責於人，則遠怨矣」（《論語・衛靈公》），意思是對自己的要求要重，而少去責怪別人，如此就會減少別人的抱怨。因此，除非身分適當（如父母、師長），否則要求別人太多，就會忘了自己的責任。

〈14・33〉

孟子曰：「堯、舜，性者也；湯、武，反之也。動容周旋中禮者，盛德之至也。哭死而哀，非爲生者也。經德不回，非以干祿也。言語必信，非以正行也。君子行法，以俟命而已矣。」

孟子說：「堯、舜的作爲出於本性，商湯、周武王經由修身而回復本性。動作容貌與應對進退都合乎禮儀，那是德行的最高表現。爲死者悲哀哭泣，不是做給生者看的。實踐道德而不違背，不是用來謀求官職。言語一定信實，不是藉此端正自己的品行。君子按照法度做事，以此等待命運的安排罷了。」

本章描述堯、舜與商湯、周武王，雖然有「性者」與「反之」的差別，但是後續的表現並無不同，一切言行都是出於內在眞誠的力量，而不必考慮外在的遭遇。「動容周旋中禮者，盛德之至也」，說明了在儒家看來，人的善行要眞誠地由內而發之外，也要符合禮的規範，否則一個人很容易變成自以爲是——自以爲眞誠，做好人、做好事，卻全然達不到效果。禮是人群共同的生活規範，能夠做到眞誠而守禮，人生還有什麼困擾呢？

〈14・34〉

孟子曰：「說（ㄕㄨㄟˋ）大人，則藐之，勿視其巍巍然。堂高數仞，榱（ㄘㄨㄟ）題數尺，我得志，弗爲也。食前方丈，侍妾數百人，我得志，弗爲也。般（ㄆㄢˊ）樂飲酒，驅騁田獵，後車千乘，我得志，弗爲也。在彼者，皆我所不爲也；在我者，皆古之制也，吾何畏彼哉？」

孟子說：「向權貴進言，就要輕視他，不要把他高高在上的樣子放在眼裡。殿堂幾丈高，屋簷幾尺寬，如果我得志，不會這麼做；酒菜擺滿一大桌，幾百姬妾在侍候，如果我得志，不會這麼做；飲酒作樂，馳騁打獵，追隨的車子上千輛，如果我得志，不會這麼做。在他所做的，我都不會做；在我所做的，都符合古代制度，我爲什麼要怕他呢？」

由本章可知，孟子在本書中與諸侯交談時，爲何可以暢所欲言，不但做到不卑不亢，還常使聽者慚愧不安。他三次提及「我得志，弗爲也」，這個「弗爲」有「不屑於做」的意思。諸侯做得到這三個「弗爲」嗎？

孟子之所以宣稱「說大人，則藐之」，是因爲他在住的享樂、飲食方面的享樂以及遊樂三方面皆可自我約束，他能做到大官做不到的事，自然理直氣壯了。

通常大官的派頭很大，但是僅止於表面的張揚。像電影裡常演出古代大官出巡，一般百姓都要「迴避」、「肅靜」，那個陣仗很嚇人，但是那種場面只是外表罷了。電視裡也常介紹有錢人如何奢侈地過生活，我們必須進而思考，這些行爲是否值得效法。譬如，有錢人競相排隊購買三、五百萬的戒指，買到手的很得意，四處炫耀，讓人羨慕，這些都是靠外在來肯定自己的例子。

孟子提醒我們，如果自己將來得意的時候，也去做自己曾經輕視的事，與那些人不是一丘之貉了嗎？這就好像「何昔日之芳草兮，今直爲此蕭艾也」，意思是：今天的蕭艾，以前不也是芳草嗎？年輕時懷有純潔的理想，一旦得意之後心態就變了。一個人升官發財之後，還能保持純眞的赤子之心嗎？往往是連身段與姿態也隨之改變了。

我常提醒自己，成名之後不要有身段，即使我演講時別人態度很客氣，也千萬不要有讓自己厭惡的氣息。有些人是靠自己的職位來襯托他的人格尊嚴，然而一旦少了那個職位之後，他還剩下什麼？這是值得我們終身謹愼思考的問題。

〈14・35〉

孟子曰：「養心莫善於寡欲。其爲人也寡欲，雖有不存焉者，寡矣；其爲人也多欲，雖有存焉者，寡矣。」

孟子說：「修養內心的方法，沒有比減少欲望更好的了。一個人如果欲望很少，那麼內心即使有迷失的部分，也是很少的；一個人如果欲望很多，那麼內心即使有保存的部分，也是很少的。」

欲望多半是向外的追逐，修養則是向內的自我要求。人的力量有限，不是此消彼長就是彼消此長，因此必須有所選擇。若想做到「存」其內心，最好的方法是寡欲，由此自然就會修養內心了。如何在自己的內心與外在欲望之間，找到一個適當的比例，這是值得省思的。

本章可參考〈8・19〉：「人之所以異於禽獸者幾希，庶民去之，君子存之」；以及〈11・8〉：「雖存乎人者，豈無仁義之心哉？」若想做到「存」，最好的方法是寡欲，一消一長，全在自己的選擇。

〈14・36〉

曾皙嗜羊棗，而曾子不忍食羊棗。

公孫丑問曰：「膾炙與羊棗孰美？」
孟子曰：「膾炙哉！」
公孫丑曰：「然則曾子何為食膾炙而不食羊棗？」
曰：「膾炙所同也，羊棗所獨也。諱名不諱姓，姓所同也，名所獨也。」

曾皙喜歡吃羊棗，曾子因而不忍吃羊棗。
公孫丑請教說：「烤肉與羊棗，哪一樣好吃？」
孟子說：「烤肉呀！」
公孫丑說：「那麼曾子為什麼吃烤肉而不吃羊棗？」
孟子說：「烤肉是大家都喜歡的，而羊棗是曾皙獨有的嗜好。就像避諱是只避名不避姓，因為姓是很多人共用的，而名是一個人獨有的。」

「膾炙人口」代表好吃的東西，後來演變為大家津津樂道的事件。為了解答學生的疑惑，孟子說了一個姓與名的比喻，十分貼切。《老子》裡說「道，可道，非常道」，在漢朝初期的版本是「道，可道，非恆道」，因為漢文帝名叫劉恆，就不准用「恆」這個字，而改為「常」字。這是古代「諱名不諱姓」的習慣。

一般人都覺得烤肉比羊棗好吃，但是曾參的父親曾皙喜歡吃羊棗，所以曾參寧可吃烤肉而不吃羊棗；父親過世後，曾參也不忍再吃羊棗，因為睹物思人而心生不捨。

他的孝順的確有值得學習之處。

〈14・37〉

萬章問曰：「孔子在陳曰：『盍歸乎來！吾黨之小子狂簡，進取，不忘其初。』孔子在陳，何思魯之狂士？」

孟子曰：「孔子曰：『不得中道而與之，必也狂獧乎！狂者進取，獧者有所不爲也。』孔子豈不欲中道哉？不可必得，故思其次也。」

「敢問何如斯可謂狂矣？」

曰：「如琴張、曾皙、牧皮者，孔子之所謂狂矣。」

「何以謂之狂也？」

曰：「其志嘐（ㄒㄧㄠ）嘐然，曰：『古之人！古之人。』夷考其行，而不掩焉者也。狂者又不可得，欲得不屑不潔之士而與之，是獧也，是又其次也。孔子曰：『過我門而不入我室，我不憾焉者，其唯鄉原（ㄩㄢˋ）乎！鄉原，德之賊也。』」

曰：「何如斯可謂之鄉原矣？」

曰：「『何以是嘐嘐也？言不顧行，行不顧言，則曰：古之人，古之人。行何爲踽（ㄐㄩˇ）踽涼涼？生斯世也，爲斯世也，善斯可矣。』閹然媚於世也者，是鄉原也。」

萬章曰：「一鄉皆稱原人焉，無所往而不爲原人，孔子以爲德之賊，何哉？」

曰：「非之無舉也，刺之無刺也。同乎流俗，合乎汙世。居之似忠信，行之似廉潔。眾皆悅之，自以爲是，而不可與入堯、舜之道，故曰『德之賊』也。孔子曰：『惡似而非者』：惡莠（一ㄡ），恐其亂苗也；惡佞，恐其亂義也；惡利口，恐其亂信也；惡鄭聲，恐其亂樂也；惡紫，恐其亂朱也；惡鄉原，恐其亂德也。君子反經而已矣。經正，則庶民興；庶民興，斯無邪慝（ㄊㄜˋ）矣。」

萬章請教說：「孔子在陳國說：『爲什麼不回魯國去呢！我家鄉的弟子們有狂放的也有狷介的，但都奮發進取而不忘原有的志向。』孔子在陳國時，爲什麼思念魯國的狂放之士呢？」

孟子說：「孔子說過：『找不到行爲適中的人來交往，就一定要找到狂者與狷者了！狂者奮發上進，狷者有所不爲。』孔子難道不想結交行爲適中的人嗎？既然不是一定找得到，就找次一等的。」

萬章說：「請問怎樣的人可以稱爲狂者？」

孟子說：「像琴張、曾皙、牧皮，就是孔子所說的狂者。」

萬章說：「爲什麼說他們狂放呢？」

孟子說：「他們志向高遠，開口就說：『古人啊，古人啊。』考察他們的行爲，卻與他們的言論未必吻合。如果連這種狂放之士也結交不到，就想找到不屑於做壞事的人來交往，這就是狷介之士，是再次一等的。孔子說：『走過我的門口而不進我屋子，我不感到遺憾的，大概只有鄉愿吧！鄉愿是傷害道德的人。』」

萬章說：「怎樣的人可以稱爲鄉愿呢？」

孟子說：「他們批評狂者說：『爲什麼志向要那麼高遠？言論照應不到行爲，行爲也照應不到言論，開口就說：古人啊，古人啊。』他們又批評狷者說：『做人爲什麼那麼孤孤單單？活在這個社會上，爲這個社會做點事，只要過得去就可以了。』像這樣遮遮掩掩想討好世人的就是鄉愿。」

萬章說：「全鄉的人都說他是忠厚的人，所到之處也表現出是個忠厚的人，孔子卻認爲他是傷害道德的人，爲什麼呢？」

孟子說：「這種人，要指摘他，舉不出具體的事；要責罵他，也沒什麼可責罵的；他順從流行的風潮，迎合汙濁的社會，爲人好像忠誠老實，做事好像方正乾淨，大家都喜歡他，他也認爲自己很好，但是卻不可能同他一起實踐堯、舜的正道，所以說他是『傷害道德的人』。孔子說過：『要厭惡似是而非的東西』：厭惡莠草，是擔心它混淆了禾苗；厭惡賣弄聰明，是擔心它混淆了義行；厭惡犀利口才，是擔心它混淆了眞實；厭惡鄭國的樂曲，是擔心它混淆了雅樂；厭惡紫色，是擔心它混淆了正紅色；厭惡鄉愿，是擔心他混淆了道德。君子要使一切事物回復到恆常的正道罷了。正道確立了，百姓就會振作起來；百姓振作起來，就不會出現邪惡的事了。」

本章評鑒人物，大體依孔子之說。《論語・子路》上有：子曰：「不得中行而與之，必也狂狷乎！狂者進取，狷者有所不爲也。」孟子以琴張、曾皙、牧皮三人爲狂者的代表，但是其中只有曾皙的資料保存下來，另兩人則不詳。

「狂者」即奮發上進的人，「狷者」即有所不爲的人。我們要注意順序，一定要先學會不屑於做沒有水準的事，然後才能夠狂放地往上奮鬥，最後達到言行適中。

至於曾皙的「狂」，可見於他與孔子的對話。

孔子問學生的志向，曾皙回答：「暮春者，春服既成；冠者五六人，童子六七人，浴乎沂，風乎舞雩，詠而歸。」（《論語．先進》）別的學生老老實實，有的要當政治家（如冉有），有的要當軍事家（如子路），有的要當外交家（如公西華），到了曾皙的時候，他就「搞怪」地說：春天快結束了，穿上春天的衣服，帶著五、六個大人及六、七個小孩，在沂水邊上洗洗澡，到舞雩台上吹吹風，再一邊唱歌一邊回家。這表達了他想隨遇而安的志向。這種境界連孔子也爲之心動，聽完之後喟然而嘆說：「吾與點也。」意即：我欣賞曾點的志向。

聽了孔子的回答後，曾皙追問爲什麼某個同學不太好？爲什麼某個同學有問題？由此可見，他是一個狂者，但是還不夠踏實，仍有與人比較之心。「中行」才是理想的人格，當狂則狂，當狷則狷，否則也可能與「鄉愿」混淆。

至於「鄉愿」，孔子在《論語．陽貨》說：「鄉原，德之賊也。」「鄉愿」就是一般所謂的好好先生，貌似忠厚而沒有原則（或者這就是他的原則）。孟子爲了批判「似是而非」，一連舉了六個例子。我們在引申使用時，必須先自我檢討，以免「言不顧行，行不顧言」。

〈14・38〉

孟子曰：「由堯、舜至於湯，五百有餘歲，若禹、皋陶，則見而知之；若湯，則聞而知之。由湯至於文王，五百有餘歲。若伊尹、萊朱，則見而知之；若文王，則聞而知之。由文王至於孔子，五百有餘歲，若太公望、散宜生，則見而知之；若孔子，則聞而知之。由孔子而來至於今，百有餘歲，去聖人之世若此其未遠也，近聖人之居若此其甚也，然而無有乎爾，則亦無有乎爾！」

孟子說：「從堯、舜到商湯，歷經五百多年，像禹、皋陶是親自見到而知道堯、舜的；像商湯，是聽人說才知道堯、舜的。從商湯到周文王，也歷經五百多年，像伊尹、萊朱是親自見到而知道商湯的；像周文王，是聽人說才知道商湯的。從周文王到孔子，又歷經五百多年，像太公望、散宜生，是親自見到而知道周文王的；像孔子，是聽人說才知道周文王的。從孔子到今天，不過一百多年，離開聖人的時代像這樣的不遠，距離聖人的家鄉像這樣的接近，但是已經沒有繼承的人了，那麼也就真的沒有繼承的人了！」

這是全書的最後一章，表達了很深的感嘆。孟子對自己身負的使命十分清楚，就是希望在孔子之後的未來，有人可以經由他而知道孔子，然後重新開啓一個偉大的時代。孟子的任務不但完成了，並且他本人也出類拔萃，成爲古聖先賢之一。這也是他偉大的地方，所以後代把他稱作「亞聖」。

讀完孟子全部的著作與思想之後，清楚發現他能夠把儒家「人性向善」的觀點充分發揮出來，用各種方式去辯護、去加以證明。

同樣是繼承孔子的儒家思想，像荀子的，說法就大不相同。荀子的學生，如李斯、韓非，後來都成了法家的代表人物；孟子也有學生，這些學生都還堅持儒家的立場，只是未能在亂世中得君行道而已。孟子的重要性毋庸置疑，唯有他能完整地繼承並發揚孔子的思想。

通讀《孟子》全書，一定要認眞體會的，就是「人性向善」的觀念。我們在解讀過程中談到的應用與例子，在現代社會中也可以充分予以驗證。

國家圖書館出版品預行編目資料

人性向善：傅佩榮談孟子／傅佩榮著. -- 第一版. --
臺北市：天下遠見, 2007.10
面； 公分. --（心理勵志；233）

ISBN 978-986-216-030-5（精裝）

1. （周）孟軻　2. 學術思想　3. 哲學

121.26　　96020899

典藏天下文化叢書的5種方法

1.網路訂購

歡迎全球讀者上網訂購，最快速、方便、安全的選擇

天下文化書坊 www.bookzone.com.tw

2.請至鄰近各大書局選購

3.團體訂購，另享優惠

請洽讀者服務專線(02)2662-0012 或 (02)2517-3688 分機904

單次訂購超過新台幣一萬元，台北市享有專人送書服務。

4.加入天下遠見讀書俱樂部

■ 到專屬網站 rs.bookzone.com.tw 登錄「會員邀請書」

■ 到郵局劃撥 帳號：19581543　戶名：天下遠見出版股份有限公司

(請在劃撥單通訊處註明會員身分證字號、姓名、電話和地址)

5.親至天下遠見文化事業群專屬書店「93巷・人文空間」選購

地址：台北市松江路93巷2號1樓　電話：(02)2509-5085

心理勵志 233A

人性向善

傅佩榮談孟子

作　　者／傅佩榮
總編輯／吳佩穎
責任編輯／李麗玲、方怡雯（特約）、蔡佩熒（特約）
封面暨美術設計／連紫吟、曹任華（特約）

出版者／遠見天下文化出版股份有限公司
創辦人／高希均、王力行
遠見・天下文化 事業群榮譽董事長／高希均
遠見・天下文化 事業群董事長／王力行
天下文化社長／王力行
天下文化總經理／鄧瑋羚
國際事務開發部兼版權中心總監／潘欣
法律顧問／理律法律事務所陳長文律師　　著作權顧問／魏啓翔律師
社　址／台北市 104 松江路 93 巷 1 號 2 樓
讀者服務專線／(02)2662-0012
傳　真／(02)2662-0007；2662-0009
電子信箱／cwpc@cwgv.com.tw
直接郵撥帳號／1326703-6 號　遠見天下文化出版股份有限公司

電腦排版／立全電腦印前排版有限公司
製版廠／東豪印刷事業有限公司
印刷廠／祥峰印刷事業有限公司
裝訂廠／聿成裝訂股份有限公司
登記證／局版台業字第 2517 號
總經銷／大和書報圖書股份有限公司　　電話／（02）8990-2588
出版日期／2007年10月31日第一版　2018年9月12日第二版
2024年03月15日第二版第3次印行
定價／600 元
EAN : 4713510945605
書號：BBP233A

天下文化官網 — bookzone.cwgv.com.tw

天下·文化
BELIEVE IN READING